企业所得税汇算清缴实务丛书

企业所得税汇算清缴精选实务问答

（2020 年版）

《企业所得税汇算清缴实务丛书》编写组　编

中国财经出版传媒集团
中国财政经济出版社

图书在版编目（CIP）数据

企业所得税汇算清缴精选实务问答：2020年版／《企业所得税汇算清缴实务丛书》编写组编. --北京：中国财政经济出版社，2020.3

（企业所得税汇算清缴实务丛书）

ISBN 978-7-5095-9595-4

Ⅰ.①企… Ⅱ.①企… Ⅲ.①企业所得税-税收管理-中国-问题解答 Ⅳ.①F812.424-44

中国版本图书馆CIP数据核字（2020）第025165号

责任编辑：吕小军　李筱文　谷兴华等　　　　责任校对：李　丽

中国财政经济出版社 出版

URL：http：//www.cfeph.cn

E-mail：cfeph@cfeph.cn

社址：北京市海淀区阜成路甲28号　邮政编码：100142

营销中心电话：010-88191537

北京中兴印刷有限公司印刷　各地新华书店经销

787×1092毫米　16开　20.25印张　436 000字

2020年3月第1版　2020年3月北京第1次印刷

定价：86.00元

ISBN 978-7-5095-9595-4

（图书出现印装问题，本社负责调换）

本社质量投诉电话：010-88190744

打击盗版举报热线：010-88191661　QQ：2242791300

前　言

一年一度的企业所得税汇算清缴工作是企业全年经营状况的核算总结，也是税务机关贯彻落实各项企业所得税政策的具体体现。为便于税务干部和纳税人掌握企业所得税政策和制度规定，顺利完成2019年度汇算清缴工作，正确理解《中华人民共和国企业所得税法》及其实施条例、企业所得税现行有效税收政策，我们组织税务系统所得税管理人员和有关专家编写了《企业所得税汇算清缴精选实务问答（2020年版）》。

本书收集梳理了近年企业所得税汇算清缴过程中纳税人比较关心的热点、难点问题，并精选摘要汇总，以问答的形式体现。全书共收录了400多个精选问题及解析。这些问题主要来源于各基层税务部门、12366纳税服务热线以及税务学校、学院反馈的常见实务问题。为便于阅读和学习，我们组织了财税专家及税校专业老师，除了对这些问题根据现行有效企业所得税法律法规进行合规性审核外，还结合问答属性按照《中华人民共和国企业所得税法》立法体系进行了分类归纳，不仅使问题和回复更贴近财税实务，而且阅读和查找也非常方便。

本书的主要阅读对象为企事业单位的办税人员、财会人员、财务经理、税务经理、财务总监、CFO、总会计师等财务一线工作人员，同时对税务干部和企事业单位的董事长、总经理等管理层也具有一定的参考价值。限于水平和时间，对书中存在的问题，欢迎广大读者和专家批评指正。

《企业所得税汇算清缴实务丛书》编写组

2020年2月

目　录

第一部分　收入类

征税收入

1. 销售商品收到预付款，发票已开，但没有实际发货，是否应确认企业所得税收入？

问：2018 年 12 月，甲公司收到乙公司购买商品的 250 万元预付款，根据乙公司要求开具增值税发票，但是没有发货。甲公司在 12 月就此笔业务确认了增值税销项税，是否同时确认企业所得税收入？

答：《中华人民共和国增值税暂行条例》（以下简称《增值税暂行条例》）第十九条规定，增值税纳税义务发生时间，“（一）销售货物或者应税劳务，为收讫销售款项或者取得索取销售款项凭据的当天；先开具发票的，为开具发票的当天”。

《国家税务总局关于确认企业所得税收入若干问题的通知》（国税函〔2008〕875 号）第一条规定：

“（一）企业销售商品同时满足下列条件的，应确认收入的实现：

1. 商品销售合同已经签订，企业已将商品所有权相关的主要风险和报酬转移给购货方；

2. 企业对已售出的商品既没有保留通常与所有权相联系的继续管理权，也没有实施有效控制；

3. 收入的金额能够可靠地计量；

4. 已发生或将发生的销售方的成本能够可靠地核算。

（二）符合上款收入确认条件，采取下列商品销售方式的，应按以下规定确认收入实现时间：

1. 销售商品采用托收承付方式的，在办妥托收手续时确认收入。

2. 销售商品采取预收款方式的，在发出商品时确认收入。

……”

根据上述规定，销售商品如果提前开具发票，开具发票的当天即为确认增值税纳税义务发生时间，按规定缴纳增值税。但企业所得税上要求销售商品时需同时满足国税函〔2008〕875号文第一条第（二）项规定的条件采取预收款方式的，在发出商品时确认收入。因此，甲公司采取预收款方式销售商品，先开具发票，但商品未发出，应按规定要缴纳增值税；企业所得税处理上不需要确认收入。

2. 在建工程项目达到预定可使用状态前，试生产对外取得的收入，在企业所得税上是冲减在建工程成本，还是确认收入？

问：某太阳能电站，2019年10月基本建成，已经试运行发电，企业认为尚未达到预定可使用状态，因此没有转固定资产。2019年有几百万元的试运行发电收入，根据会计准则的规定，我们冲减了在建工程成本。汇算清缴时，该笔收入如何进行处理？

答：《企业会计制度》第三十一条规定，工程达到预定可使用状态前因进行试运转所发生的净支出，计入工程成本。企业的在建工程项目在达到预定可使用状态前所取得的试运转过程中形成的、能够对外销售的产品，其发生的成本计入在建工程成本，销售或结转为库存商品时，按实际销售收入或按预计售价冲减工程成本。《企业会计准则第4号——固定资产》规定，试运行的净支出应计入固定资产的成本。

《中华人民共和国企业所得税法》（以下简称《企业所得税法》）第六条规定，企业以货币形式和非货币形式从各种来源取得的收入，为收入总额。第八条规定，企业实际发生的与取得收入有关的、合理的支出，包括成本、费用、税金、损失和其他支出，准予在计算应纳税所得额时扣除。

《国家税务总局关于确认企业所得税收入若干问题的通知》（国税函〔2008〕875号）第一条规定："企业销售商品同时满足下列条件的，应确认收入的实现：

1. 商品销售合同已经签订，企业已将商品所有权相关的主要风险和报酬转移给购货方；

2. 企业对已售出的商品既没有保留通常与所有权相联系的继续管理权，也没有实施有效控制；

3. 收入的金额能够可靠地计量；

4. 已发生或将发生的销售方的成本能够可靠地核算。"

《企业所得税汇算清缴管理办法》（国税发〔2009〕79号）第三条规定，凡在纳税年度内从事生产、经营（包括试生产、试经营），无论是否在减税、免税期间，也无论盈利或亏损，均应按照《企业所得税法》及其实施条例和本办法的有关规定进行企业所得税汇算清缴。

因此，该太阳能电站在2019年度汇算清缴申报时，应按规定对试运行取得的收入进行纳税申报，同时与取得收入有关的、合理的支出，准予在计算应纳税所得额时扣除。属于税会差异应该进行纳税调整。对于由此产生的固定资产计税基础的税会差异，也应在相关年度进行纳税调整。

3. 新品样品送给客户试用是否应确认收入？

问：某生产企业开发新产品的样品送给客户试用，未取得收入，未开具发票也未签订合同，是否要确认收入缴纳企业所得税？

答：《中华人民共和国企业所得税法实施条例》（以下简称《企业所得税法实施条例》）的第二十五条规定，企业发生非货币性资产交换，以及将货物、财产、劳务用于捐赠、偿债、赞助、集资、广告、样品、职工福利或者利润分配等用途的，应当视同销售货物、转让财产或者提供劳务，但国务院财政、税务主管部门另有规定的除外。

《国家税务总局关于确认企业所得税收入若干问题的通知》（国税函〔2008〕875号）中规定："一、除企业所得税法及实施条例另有规定外，企业销售收入的确认，必须遵循权责发生制原则和实质重于形式原则。企业销售商品同时满足下列条件的，应确认收入的实现：

1. 商品销售合同已经签订，企业已将商品所有权相关的主要风险和报酬转移给购货方；

2. 企业对已售出的商品既没有保留通常与所有权相联系的继续管理权，也没有实施有效控制；

3. 收入的金额能够可靠地计量；

4. 已发生或将发生的销售方的成本能够可靠地核算。"

《国家税务总局关于企业处置资产所得税处理问题的通知》（国税函〔2008〕828号）第二条规定："企业将资产移送他人的下列情形，因资产所有权属已发生改变而不属于内部处置资产，应按规定视同销售确定收入。（一）用于市场推广或销售。"

依据上述规定，该企业开发新产品虽属于样品无偿送给客户，但该样品所有权属已发生改变而不属于内部处置资产，应按规定视同销售确定收入，缴纳企业所得税。

4. 跨年度收取的物业管理费，何时确认收入？

问：物业公司一次性预收业主跨年度的物业管理费，应在何时确认企业所得税收入？

答：根据《中华人民共和国企业所得税法实施条例》（中华人民共和国国务院令第512号，以下简称《企业所得税法实施条例》）第九条规定，企业应纳税所得额的计算，以权责发生制为原则，属于当期的收入和费用，不论款项是否收付，均作为当期的收入和费用；不属于当期的收入和费用，即使款项已经在当期收付，均不作为当期的收入和费用。本条例和国务院财政、税务主管部门另有规定的除外。

根据《国家税务总局关于确认企业所得税收入若干问题的通知》（国税函〔2008〕875号）第二条第（四）款第八项规定，长期为客户提供重复的劳务收取的劳务费，在相关劳务活动发生时确认收入。

因此，物业公司预收业主跨年度的物业管理费，在实际提供物业管理服务时确认企业所得税收入。

5. 采取以旧换新方式销售商品，企业所得税方面如何确认收入？

问：企业销售商品采取以旧换新方式的，在企业所得税上收入是以净额确认还是全额确认？

答：根据《国家税务总局关于确认企业所得税收入若干问题的通知》（国税函〔2008〕875 号）的规定，除企业所得税法及实施条例另有规定外，企业销售收入的确认，必须遵循权责发生制原则和实质重于形式原则。同时，第一条第（四）项规定，销售商品以旧换新的，销售商品应当按照销售商品收入确认条件确认收入，回收的商品作为购进商品处理。

因此，企业销售商品采取以旧换新方式的，必须遵循权责发生制原则和实质重于形式原则，销售商品应当按照销售商品收入确认条件来确认收入，回收的商品作为购进商品处理。

6. 以固定资产对外投资，企业所得税如何确认收入？

问：某公司 2018 年以设备对外进行投资，可以分期缴纳企业所得税吗？

答：《企业所得税法实施条例》（中华人民共和国国务院令第 512 号）第二十五条规定："企业发生非货币性资产交换，以及将货物、财产、劳务用于捐赠、偿债、赞助、集资、广告、样品、职工福利或者利润分配等用途的，应当视同销售货物、转让财产或者提供劳务，但国务院财政、税务主管部门另有规定的除外。"

《财政部　国家税务总局关于非货币性资产投资企业所得税政策问题的通知》（财税〔2014〕116 号）第一条规定，居民企业（以下简称企业）以非货币性资产对外投资确认的非货币性资产转让所得，可在不超过 5 年期限内，分期均匀计入相应年度的应纳税所得额，按规定计算缴纳企业所得税。

《国家税务总局关于非货币性资产投资企业所得税有关征管问题的公告》（国家税务总局公告 2015 年第 33 号）第一条规定：实行查账征收的居民企业（以下简称企业）以非货币性资产对外投资确认的非货币性资产转让所得，可自确认非货币性资产转让收入年度起不超过连续 5 个纳税年度的期间内，分期均匀计入相应年度的应纳税所得额，按规定计算缴纳企业所得税；第四条规定，企业选择适用本公告第一条规定进行税务处理的，应在非货币性资产转让所得递延确认期间每年企业所得税汇算清缴时，填报《中华人民共和国企业所得税年度纳税申报表》中《企业重组纳税调整明细表》（A105100）第 13 行"其中：以非货币性资产对外投资"的相关栏目，并向主管税务机关报送《非货币性资产投资递延纳税调整明细表》。

企业应同时根据《财政部　国家税务总局关于非货币性资产投资企业所得税政策问题的通知》（财税〔2014〕116 号）、《国家税务总局关于非货币性资产投资企业所得税有关征管问题的公告》（国家税务总局公告 2015 年第 33 号）等规范性文件的具体要求做好税务处理工作。

7. 《企业所得税法》规定股权转让收入何时确认？

问：我公司对投资于 A 公司的股权转让给 B 公司，股权转让协议签订的时间为 2018 年 12 月，但到工商部门办理股权变更手续的时间为 2019 年 1 月。我公司应何时确认股权转让收入？

答：《关于贯彻落实企业所得税法若干税收问题的通知》（国税函〔2010〕79 号）

规定，企业转让股权收入，应于转让协议生效且完成股权变更手续时，确认收入的实现。转让股权收入扣除为取得该股权所发生的成本后，为股权转让所得。企业在计算股权转让所得时，不得扣除被投资企业未分配利润等股东留存收益中按该项股权所可能分配的金额。

《国家税务总局关于企业取得财产转让等所得企业所得税处理问题的公告》（国家税务总局公告 2010 年第 19 号）的规定，企业取得财产（包括各类资产、股权、债权等）转让收入、债务重组收入、接受捐赠收入、无法偿付的应付款收入等，不论是以货币形式，还是非货币形式体现，除另有规定外，均应一次性计入确认收入的年度计算缴纳企业所得税。

因此，该公司应该在 2019 年 1 月确认股权转让收入。

8. 已作坏账损失处理后又收回的应收款项是否需要缴纳企业所得税？

问：企业应收账款已作坏账损失处理，一年后又收回该项账款是否需要缴纳企业所得税？

答：根据《企业所得税法实施条例》第二十二条规定，企业所得税法第六条第（九）项所称其他收入，是指企业取得的除企业所得税法第六条第（一）项至第（八）项规定的收入外的其他收入，包括企业资产溢余收入、逾期未退包装物押金收入、确实无法偿付的应付款项、已作坏账损失处理后又收回的应收款项、债务重组收入、补贴收入、违约金收入、汇兑收益等。

《企业所得税法实施条例》第三十二条规定，企业已经作为损失处理的资产，在以后纳税年度又全部收回或者部分收回时，应当计入当期收入。

因此，该企业对已作坏账损失处理后又收回的应收款项应计入收回当年的收入总额缴纳企业所得税。

9. 资产负债日后发生的销售退回在哪个年度确认企业所得税收入？

问：企业 2018 年 3 月，发生销售退回，将 2017 年度开具的增值税专用发票做红字冲减，根据会计准则规定，资产负债日后发生的销售退回，冲减 2017 年度收入，企业所得税上是否可以相应调整该年度收入？

答：《企业会计准则》规定：企业已经确认销售商品收入的售出商品发生销售退回的，应当在发生时冲减当期销售商品收入。销售退回属于资产负债表日后事项的，适用《企业会计准则第 29 号——资产负债表日后事项》。销售退回，是指企业售出的商品由于质量、品种不符合要求等原因而发生的退货。

根据《国家税务总局关于确认企业所得税收入若干问题的通知》（国税函〔2008〕875 号）第一条第（四）项规定，企业因售出商品的质量不合格等原因而在售价上给的减让属于销售折让；企业因售出商品质量、品种不符合要求等原因而发生的退货属于销售退回。企业已经确认销售收入的售出商品发生销售折让和销售退回，应当在发生当期冲减当期销售商品收入。

因此，该企业在 2018 年度发生的销售退回，应当冲减 2018 年的销售商品收入。

10. 撤回或减少投资，如何确认企业所得税收入？

问：投资企业从被投资企业撤回或减少投资，这部分撤回或者减少的投资是否需要确认收入？

答：根据《国家税务总局关于企业所得税若干问题的公告》（国家税务总局公告 2011 年第 34 号）第五条规定，投资企业从被投资企业撤回或减少投资，其取得的资产中，相当于初始出资的部分，应确认为投资收回；相当于被投资企业累计未分配利润和累计盈余公积按减少实收资本比例计算的部分，应确认为股息所得；其余部分确认为投资资产转让所得。

因此，投资企业撤回或减少投资，应根据上述文件规定，分别计算所得来进行企业所得税纳税申报。

11. 股权溢价形成的资本公积转增股本是否需要缴纳企业所得税？

问：某企业 2018 年对外投资的股权溢价，形成的资本公积转增了股本，该企业是否需要就该笔业务申报缴纳企业所得税？

答：根据《国家税务总局关于贯彻落实企业所得税法若干税收问题的通知》（国税函〔2010〕79 号）的规定，企业权益性投资取得股息、红利等收入，应以被投资企业股东会或股东大会作出利润分配或转股决定的日期，确定收入的实现。被投资企业将股权（票）溢价所形成的资本公积转为股本的，不作为投资方企业的股息、红利收入，投资方企业也不得增加该项长期投资的计税基础。

因此，对被投资企业将股权溢价所形成的资本公积转为股本的，不作为投资方企业的股息、红利收入，投资方企业也不得增加该项长期投资的计税基础。对于投资企业，由于此业务没有发生股权转让，因此不需要申报缴纳企业所得税。

12. 资产评估增值是否需要缴纳企业所得税？

问：某公司由于改制，发生资产评估增值，是否该业务应缴纳企业所得税？

答：《企业所得税法实施条例》第五十六条规定，企业的各项资产，包括固定资产、生物资产、无形资产、长期待摊费用、投资资产、存货等，以历史成本为计税基础。前款所称历史成本，是指企业取得该项资产时实际发生的支出。企业持有各项资产期间资产增值或者减值，除国务院财政、税务主管部门规定可以确认损益外，不得调整该资产的计税基础。

该公司对资产进行评估时，如果评估后该项资产的所有权仍属于该公司，其资产的计税成本不变，资产评估增值部分不缴纳企业所得税；如果评估后该项资产用于对外投资等情形改变了资产的所有权，该公司应按资产的公允价值确认收入，按历史成本确认资产的计税基础减除已经按照规定扣除的折旧、折耗、摊销、准备金等后的余额作为扣除项目，计算缴纳企业所得税。

此外，《财政部　国家税务总局关于企业改制上市资产评估增值企业所得税处理政策的通知》（财税〔2015〕65 号）第一条规定：“符合条件的国有企业，其改制上市过程中发生资产评估增值可按以下规定处理：（一）国有企业改制上市过程中发生的资产评估增值，应缴纳的企业所得税可以不征收入库，作为国家投资直接转增该企业国有资本金（含资本公积，下同），但获得现金及其他非股权对价部分，应按规定缴纳企业所得税。”本通知执行时间 2015 年 1 月 1 日至 2018 年 12 月 31 日。延续政策可以参考《财政部　税务总局关于企业改制上市资产评估增值企业所得税处理政策的通知》（财税〔2019〕62 号）。

《国家税务总局关于全民所有制企业公司制改制企业所得税处理问题的公告》（国家税务总局公告 2017 年第 34 号）第一条规定：“一、全民所有制企业改制为国有独资公司或者国有全资子公司，属于财税〔2009〕59 号文件第四条规定的‘企业发生其他法律形式简单改变’的，可依照以下规定进行企业所得税处理：改制中资产评估增值不计入应纳税所得额；资产的计税基础按其原有计税基础确定；资产增值部分的折旧或者摊销不得在税前扣除。”

该公司如果是有符合上述条件的全民所有制企业改制或国有企业改制上市过程中发生的资产评估增值可参照进行处理。

13. 合伙企业的法人企业如何确认企业所得税收入？

问：合伙企业并未作出利润分配的决定也未实际分配，那么作为合伙人的法人企业，是否需要确认收入缴纳企业所得税？

答：《财政部　国家税务总局关于合伙企业合伙人所得税问题的通知》（财税〔2008〕159 号）第二条规定，合伙企业以每一个合伙人为纳税义务人。合伙企业合伙人是自然人的，缴纳个人所得税；合伙人是法人和其他组织的，缴纳企业所得税。文件第三条规定，合伙企业生产经营所得和其他所得采取“先分后税”的原则。前款所称生产经营所得和其他所得，包括合伙企业分配给所有合伙人的所得和企业当年留存的所得（利润）。

因此，不论合伙企业是否作出利润分配决定，只要其有留存利润，那么法人企业也应将该部分的留存利润按规定的分配比例，计算确认为当期收入，并入应纳税所得额。

14. 代扣代缴个人所得税的手续费是否要缴企业所得税？

问：我单位根据新个税法代扣代缴职工的个人所得税，取得了税务机关支付的手续费，是否要缴企业所得税？

答：《企业所得税法》第六条规定：“企业以货币形式和非货币形式从各种来源取得的收入，为收入总额。包括：（一）销售货物收入；（二）提供劳务收入；（三）转让财产收入；（四）股息、红利等权益性投资收益；（五）利息收入；（六）租金收入；（七）特许权使用费收入；（八）接受捐赠收入；（九）其他收入。”

企业所得税的应税收入应当包括除国务院、财政部和国家税务总局规定的免税和不征税收入以外的所有收入。你单位代扣代缴个人所得税取得的手续费收入应当作为企业所得税的应税收入依法计算缴纳企业所得税。

15. 长期应付未付款项是否应确认企业所得税收入？

问：我企业账上3年以上的应付未付款项，是否应作为收入并入应纳税所得额？

答：《企业所得税法实施条例》第二十二条规定：企业所得税法第六条第（九）项所称其他收入，是指企业取得的除企业所得税法第六条第（一）项至第（八）项规定的收入外的其他收入，包括企业资产溢余收入、逾期未退包装物押金收入、确实无法偿付的应付款项、已作坏账损失处理后又收回的应收款项、债务重组收入、补贴收入、违约金收入、汇兑收益等。

企业所得税法目前对确实无法偿付的应付款项，并没有量化时间为三年以上要确认其他收入的规定。企业如果在注销清算时仍有应付未付款项，确属于无法偿付的应付款项，应作为处置收益并入清算所得。

16. 工程预收款，先开具发票，但尚未开工，企业所得税是否应确认收入？

问：某建筑企业有一笔房地产工程预收款，尚未开工，但已开具发票，是否应确认此笔收入为当期企业所得税应纳税所得额预缴企业所得税？

答：《国家税务总局关于确认企业所得税收入若干问题的通知》（国税函〔2008〕875号）规定，“二、企业在各个纳税期末，提供劳务交易的结果能够可靠估计的，应采用完工进度（完工百分比）法确认提供劳务收入。提供劳务交易的结果能够可靠估计，是指同时满足下列条件：1. 收入的金额能够可靠地计量。2. 交易的完工进度能够可靠地确定。3. 交易中已发生和将发生的成本能够可靠地核算”。

该建筑企业的工程预收款，未开工不具备上述收入确认条件，在该纳税期不应作为企业所得税应纳税所得额预缴企业所得税。

17. 企业所得税的确认收入时间与增值税收入是否一致？

问：税务机关在申报监控中发现我公司的企业所得税的收入小于增值税收入，需要解释原因。请问企业所得税的确认收入时间与增值税收入是否一致？

答：不完全一致。增值税收入以营业收入为主，而企业所得税收入包括营业收入、营业外收入、投资收益、视同销售收入等。两者在收入上的比较往往是在营业收入上，而增值税和企业所得税在收入的确认时点和确认的金额等方面都存在着一定差异。

例如，《增值税暂行条例》第十九条规定：“增值税纳税义务发生时间：（一）发生应税销售行为，为收讫销售款项或者取得索取销售款项凭据的当天；先开具发票的，为开具发票的当天。”而《企业所得税法实施条例》（中华人民共和国国务院令第512号）第九条规定，企业应纳税所得额的计算，以权责发生制为原则，属于当期的收入和费用，不论款项是否收付，均作为当期的收入和费用；不属于当期的收入和费用，即使款项已经在当期收付，均不作为当期的收入和费用。

《国家税务总局关于确认企业所得税收入若干问题的通知》（国税函〔2008〕875号）第一条规定：“一、除企业所得税法及实施条例另有规定外，企业销售收入的确认，必须遵循权责发生制原则和实质重于形式原则。

（一）企业销售商品同时满足下列条件的，应确认收入的实现：

1. 商品销售合同已经签订，企业已将商品所有权相关的主要风险和报酬转移给购货方；

2. 企业对已售出的商品既没有保留通常与所有权相联系的继续管理权，也没有实施有效控制；

3. 收入的金额能够可靠地计量；

4. 已发生或将发生的销售方的成本能够可靠地核算。”

企业先开具发票，而没有发出商品，需要在当期确认增值税收入，而商品所有权没有转移，不需要同时确认企业所得税收入。

又如，企业销售使用过的小汽车，原值15万元，出售价格10万元，开具增值税发票。会计处理通过固定资产清理归集，最后固定资产净损失2万元，计入营业外支出。此笔业务中，增值税收入确认为10万元，企业所得税以资产处置后的净值计入营业外支出，在营业收入中没有体现，两者存在差异。

18. 买一赠一的商品企业所得税如何确认收入？

问：甲公司为房地产开发企业，销售商品房采取“买房送电视”的组合销售方式，商品房和电视如何确认收入。

答：《国家税务总局关于确认企业所得税收入若干问题的通知》（国税函〔2008〕875号）第四条规定，企业以买一赠一方式组合销售本企业商品，不属于捐赠，应将总销售金额按各项商品的公允价值的比例来分摊确认各项的销售收入。

《国家税务总局关于企业处置资产所得税处理问题的通知》（国税函〔2008〕828号）中讲的捐赠是指无偿赠送。房地产企业向业主销售开发产品的同时，向业主赠送电视等，不属于无偿赠送，因为赠送物品的前提是必须购房。

因此，甲公司应将卖房的总销售金额按房屋和电视的公允价值的比例来分摊确认各项的销售收入。

19. 房地产开发企业将建成的幼儿园捐赠，是否应计企业所得税收入？

问：房地产企业将建好的幼儿园赠与当地教育局，如何缴纳企业所得税？

答：国家税务总局印发的《房地产开发经营业务企业所得税处理办法》（国税发〔2009〕31号）第七条规定，企业将开发产品用于捐赠、赞助、职工福利、奖励、对外投资、分配给股东或投资人、抵偿债务、换取其他企事业单位和个人的非货币性资产等行为，应视同销售，于开发产品所有权或使用权转移，或于实际取得利益权利时确认收入（或利润）的实现。第十七条规定，企业在开发区内建造的会所、物业管理场所、电站、热力站、水厂、文体场馆、幼儿园等配套设施，属于非营利性且产权属于全体业主的，或无偿赠与地方政府、公用事业单位的，可将其视为公共配套设施，其建造费用按公共配套设施费的有关规定进行处理。

对该业务应具体问题具体分析，如是非配套设施赠与业务，应视同销售，于开发产品所有权或使用权转移，或于实际取得利益权利时确认收入（或利润）的实现；如是开发区内的配套设施赠与业务，根据国税发〔2009〕31 号第十七条文件规定，可将其视为公共配套设施，其建造费用按公共配套设施费的有关规定进行处理。

20. 企业享受的小微企业减免增值税，是否征收企业所得税？

问：某增值税小规模纳税人，月销售收入不超过 10 万元，享受小微企业免征增值税优惠，该项减免是否征收企业所得税？

答：《增值税会计处理规定》（财会〔2016〕22 号）第二条第（十）项关于小微企业免征增值税的会计处理规定，小微企业在取得销售收入时，应当按照税法的规定计算应交增值税，并确认为应交税费，在达到增值税制度规定的免征增值税条件时，将有关应交增值税转为当期损益。会计处理应借记“应交税费——应交增值税”科目，贷记“其他收益”科目。

《财政部　国家税务总局关于财政性资金行政事业性收费政府性基金有关企业所得税政策问题的通知》（财税〔2008〕151 号）第一条规定：“（一）企业取得的各类财政性资金，除属于国家投资和资金使用后要求归还本金的以外，均应计入企业当年收入总额；（二）对企业取得的由国务院财政、税务主管部门规定专项用途并经国务院批准的财政性资金，准予作为不征税收入，在计算应纳税所得额时从收入总额中减除；（三）纳入预算管理的事业单位、社会团体等组织按照核定的预算和经费报领关系收到的由财政部门或上级单位拨入的财政补助收入，准予作为不征税收入，在计算应纳税所得额时从收入总额中减除，但国务院和国务院财政、税务主管部门另有规定的除外。本条所称财政性资金，是指企业取得的来源于政府及其有关部门的财政补助、补贴、贷款贴息，以及其他各类财政专项资金，包括直接减免的增值税和即征即退、先征后退、先征后返的各种税收，但不包括企业按规定取得的出口退税款；所称国家投资，是指国家以投资者身份投入企业，并按有关规定相应增加企业实收资本（股本）的直接投资。”

因此，该项免征的增值税应并入收入总额（营业外收入或其他收益）申报缴纳企业所得税。

21. 外购资产在视同销售时如何确定收入额？

问：我公司外购一批整理箱用于市场推广，视同销售时，可以按外购价格确认企业所得税收入吗？如何进行纳税申报？

答：《国家税务总局关于企业处置资产所得税处理问题的通知》（国税函〔2008〕828 号）第二条规定：“企业将资产移送他人的下列情形，因资产所有权属已发生改变而不属于内部处置资产，应按规定视同销售确定收入。（一）用于市场推广或销售。”

《国家税务总局关于企业所得税有关问题的公告》（国家税务总局公告 2016 年第 80 号）第二条规定，企业发生《国家税务总局关于企业处置资产所得税处理问题的通知》（国税函〔2008〕828 号）第二条规定情形的，除另有规定外，应按照被移送资产的公允价值确定销售收入。

因此，贵公司外购整理箱用于市场推广，在确认视同销售时，应以公允价值确定企业所得税视同销售收入。例如，整理箱购入价格 5 000 元，当前市场价格 5 200 元，会计上不确认收入。在企业所得税年度纳税申报表 A105010 第 3 行第 1 列“税收金额”和第 2 列“纳税调整金额”填报 5 200，在第 13 行第 1 列“税收金额”填报 5 000，在第 13 行第 2 列“纳税调整金额”填报 -5 000 元。不考虑其他因素，A105100 第 2 行第 2 列“税收金额”和第 3 列“调增金额”填报 5 200，A105000 第 13 行第 2 列“税收金额”和第 4 列“调减金额”填报 5 000 。

22. 限售股解禁前转让是否应纳所得税？

问：A 公司于 2018 年 7 月份将未解禁的限售股 100 万股，转让给其他企业，取得转让收入 700 万元。请问，这部分转让收入是否需要缴纳企业所得税？

答：《国家税务总局关于企业转让上市公司限售股有关所得税问题的公告》（国家税务总局公告 2011 年第 39 号）第三条规定，企业在限售股解禁前将其持有的限售股转让给其他企业或个人，企业应按减持在证券登记结算机构登记的限售股取得的全部收入，计入企业当年度应税收入计算纳税。企业持有的限售股在解禁前已签订协议转让给受让方，但未变更股权登记、仍由企业持有的，企业实际减持该限售股取得的收入，依照本条规定纳税后，其余额转付给受让方的，受让方不再纳税。

因此，A 公司取得的限售股转让收入应并入 2018 年度应纳税所得额，缴纳企业所得税。

23. 企业将自建商品房转为自用，是否视同销售确认收入？

问：某房地产开发企业将自建商品房转为自用，是否视同销售确认收入缴纳企业所得税？

答：根据《国家税务总局关于企业处置资产所得税处理问题的通知（国税函〔2008〕828 号）第一条规定：“企业发生下列情形的处置资产，除将资产转移至境外以外，由于资产所有权属在形式和实质上均不发生改变，可作为内部处置资产，不视同销售确认收入，相关资产的计税基础延续计算。

（一）将资产用于生产、制造、加工另一产品；

（二）改变资产形状、结构或性能；

（三）改变资产用途（如，自建商品房转为自用或经营）；

（四）将资产在总机构及其分支机构之间转移；

（五）上述两种或两种以上情形的混合；

（六）其他不改变资产所有权属的用途。”

因此，房地产开发企业将自建商品房转为自用，所有权未发生转移，不需要视同销售确认收入。

24. 房地产开发企业开发的产品如何确定完工时间？

问：某房地产开发企业“威尼斯广场”小区项目预售 5 年，商品房销售率达到 8%，仍未进行完工结算，请问房地产开发企业开发的产品如何确定完工时间？

答：《国家税务总局关于印发〈房地产开发经营业务企业所得税处理办法〉的通

知》（国税发〔2009〕31号）第三条规定："企业房地产开发经营业务包括土地的开发，建造、销售住宅、商业用房以及其他建筑物、附着物、配套设施等开发产品。除土地开发之外，其他开发产品符合下列条件之一的，应视为已经完工：

（一）开发产品竣工证明材料已报房地产管理部门备案。

（二）开发产品已开始投入使用。

（三）开发产品已取得了初始产权证明。"

《关于房地产开发企业开发产品完工条件确认问题的通知》（国税函〔2010〕201号）规定，房地产开发企业建造、开发的开发产品，无论工程质量是否通过验收合格，或是否办理完工（竣工）备案手续以及会计决算手续，当企业开始办理开发产品交付手续（包括入住手续）、或已开始实际投入使用时，为开发产品开始投入使用，应视为开发产品已经完工。房地产开发企业应按规定及时结算开发产品计税成本，并计算企业当年度应纳税所得额。

因此，开发产品只要符合上述条件之一的，房地产开发企业应按规定及时结算开发产品计税成本，并计算此前以预售方式销售开发产品所取得收入的实际毛利额，同时将开发产品实际毛利额与其对应的预计毛利额之间的差额，计入当年（完工年度）应纳税所得额。

25. 核定征收企业发生转让财产取得的收入，如何确认企业所得税收入？

问：我公司2018年企业所得税采取"核定应税所得率"方式征收企业所得税，当年转让使用过的汽车取得的收入10万元，汽车购入价格14万元，已计提折旧3.5万元，企业所得税收入按什么确认？

答：《国家税务总局关于企业所得税核定征收若干问题的通知》（国家税务总局公告2012年第27号）第二条规定，依法按核定应税所得率方式核定征收企业所得税的企业，取得的转让股权（股票）收入等转让财产收入，应全额计入应税收入额，按照主营项目（业务）确定适用的应税所得率计算征税，若主营项目（业务）发生变化，应在当年汇算清缴时，按照变化后的主营项目（业务）重新确定适用的应税所得率计算征税。

因此，贵公司申报收入总额应按10万元确认。

26. 资管产品管理人如何确认企业所得税收入？

问：某资产管理公司作为资产管理人，共管理8个资管产品项目，2018年收取管理费1 000万元，当年运营管理的资管产品发生增值税含税收入2亿元。对于上述业务，资产管理公司按1 000万元确认，还是将其管理的资管产品2亿元收入也计入其收入总额申报企业所得税？

答：资产管理公司与资管产品属于不同的主体，其运营管理资管产品实现的收入归属于资管产品，不归属于资产管理公司。资产管理公司因运营管理资管产品而收取的管理费收入，属于资产管理公司的收入。因此资产管理公司应将2018年度因运营管理资管产品而取得的1 000万元管理费收入计入自身收入，无需将其管理的资管产品实现的

2 亿元收入计入自身收入。

27. 关于企业政策性搬迁所得税征收管理问题

问：我公司租赁 A 企业厂房用于生产经营，2018 年由于该位置被政策实施搬迁而从 A 企业得到停业补偿，我公司可否适用企业政策性搬迁所得税相关政策？

答：根据《企业政策性搬迁所得税管理办法》（国家税务总局 2012 年 40 号公告）的相关规定，享受该政策的企业应为不动资产的权属所有人。承租人获得的补偿款不属于企业政策性搬迁取得的补偿收入，应按提前解除租赁合同（协议）取得的补偿收入进行税务处理。

28. 投资收益可以享受递延纳税政策吗？

问：A 公司取得股权投资转让收益 2 000 多万元，占年度应纳所得额的 50% 以上，可否分五年均匀确认转让收益。如果可以要办什么手续，什么时候办理？

答：根据《国家税务总局关于贯彻落实企业所得税法若干税收问题的通知》（国税函〔2010〕79 号）规定："三、关于股权转让所得确认和计算问题：

企业转让股权收入，应于转让协议生效、且完成股权变更手续时，确认收入的实现。转让股权收入扣除为取得该股权所发生的成本后，为股权转让所得。企业在计算股权转让所得时，不得扣除被投资企业未分配利润等股东留存收益中按该项股权所可能分配的金额。"

根据《国家税务总局关于企业取得财产转让等所得企业所得税处理问题的公告》（国家税务总局公告 2010 年第 19 号）规定：

企业取得财产（包括各类资产、股权、债权等）转让收入、债务重组收入、接受捐赠收入、无法偿付的应付款收入等，不论是以货币形式、还是非货币形式体现，除另有规定外，均应一次性计入确认收入的年度计算缴纳企业所得税。

上述除另有规定指的是：根据《财政部、国家税务总局关于企业重组业务企业所得税处理若干问题的通知》（财税〔2009〕59 号）文件规定：

"五、企业重组同时符合下列条件的，适用特殊性税务处理规定：

（一）具有合理的商业目的，且不以减少、免除或者推迟缴纳税款为主要目的。

（二）被收购、合并或分立部分的资产或股权比例符合本通知规定的比例。

（三）企业重组后的连续 12 个月内不改变重组资产原来的实质性经营活动。

（四）重组交易对价中涉及股权支付金额符合本通知规定比例。

（五）企业重组中取得股权支付的原主要股东，在重组后连续 12 个月内，不得转让所取得的股权。

六、企业重组符合本通知第五条规定条件的，交易各方对其交易中的股权支付部分，可以按以下规定进行特殊性税务处理：（一）企业债务重组确认的应纳税所得额占该企业当年应纳税所得额 50% 以上，可以在 5 个纳税年度的期间内，均匀计入各年度的应纳税所得额。

满足上述两条规定的可以适用递延纳税，否则均应一次性计入确认收入的年度计算缴纳企业所得税。”

29. 企业未能按合同约定的时间取得境外特许权使用费，是否需要确认收入？

问：境内 A 公司受权境外 B 公司使用该公司专利技术，按合同约定每年收取特许权使用费 100 万美元，2019 年，A 公司并未实际收到该笔费用，请问是否需要在当年确认企业所得税收入？

答：根据《国家税务总局关于发布〈企业境外所得税收抵免操作指南〉的公告》（国家税务总局公告 2010 年第 1 号）第三条第一项中规定，企业来源于境外的利息、租金、特许权使用费、转让财产等收入，若未能在合同约定的付款日期当年收到上述所得，仍应按有关合同约定应付交易对价款的日期确认收入实现。

30. 收到的基金分红是否需要缴纳企业所得税？

问：我单位在证券公司购买了基金，该基金分红后我公司收到的分红是否需要缴纳企业所得税？

答：根据《财政部　国家税务总局关于企业所得税若干优惠政策的通知》（财税〔2008〕1 号）第二条规定：“（一）对证券投资基金从证券市场中取得的收入，包括买卖股票、债券的差价收入，股权的股息、红利收入，债券的利息收入及其他收入，暂不征收企业所得税。（二）对投资者从证券投资基金分配中取得的收入，暂不征收企业所得税。（三）对证券投资基金管理人运用基金买卖股票、债券的差价收入，暂不征收企业所得税。”因此，你单位取得的基金分红暂不缴纳企业所得税。

31. 技术转让中仪器销售收入是否能并入技术转让收入享受企业所得税优惠？

问：甲企业 2018 年发生技术转让收入 100 万元，其中仪器销售收入 8 万元是否能并入技术转让收入享受企业所得税优惠？

答：《国家税务总局关于技术转让所得减免企业所得税有关问题的通知》（国税函〔2009〕212 号）规定，技术转让收入是指当事人改造技术转让合同后获得的价款，不包括销售或转让设备、仪器、零部件、原材料等非技术性收入。

因此，仪器销售收入不能并入技术转让收入享受减免企业所得税优惠。

32. 内地企业投资者买卖香港基金取得所得是否确认收入？

问：内地企业投资者通过基金互认买卖香港基金份额，取得所得是否需要缴纳企业所得税？

答：《财政部　国家税务总局　证监会关于内地与香港基金互认有关税收政策的通知》（财税〔2015〕125 号）第一条规定，对内地企业投资者通过基金互认买卖香港基金份额取得的转让差价所得，计入其收入总额，依法征收企业所得税。第一条第四款规定，对内地企业投资者通过基金互认从香港基金分配取得的收益，计入其收入总额，依法征收企业所得税。第七条规定，本通知自 2015 年 12 月 18 日起执行。

内地企业投资者从 2015 年 12 月 18 日起通过基金互认买卖香港基金份额，取得所得应申报缴纳企业所得税。

33. 企业发生的盘盈是否需要并入收入总额？

问：甲企业2019年发生库存商品盘盈5万元，是否需要并入收入总额？

答：根据《企业所得税法》第六条第（九）项规定，企业以货币形式和非货币形式从各种来源取得的收入，为收入总额。包括其他收入。

根据《企业所得税法实施条例》第二十二条规定，企业所得税法第六条第（九）项所称其他收入，是指企业取得的除企业所得税法第六条第（一）项至第（八）项规定的收入外的其他收入，包括企业资产溢余收入、逾期未退包装物押金收入、确实无法偿付的应付款项、已作坏账损失处理后又收回的应收款项、债务重组收入、补贴收入、违约金收入、汇兑收益等。

因此，企业发生盘盈，属于其他收入范围，应并入收入总额。

34. 逾期贷款利息可冲减应纳税所得额吗？

问：某银行2019年发生逾期贷款利息50万元，未实际收到，是否需要确认企业所得税收入？

答：国家税务总局《关于金融企业贷款利息收入确认问题的公告》（国家税务总局公告2010年第23号）第一条规定，金融企业按规定发放的贷款，属于未逾期贷款（含展期，下同），应根据先收利息后收本金的原则，按贷款合同确认的利率和结算利息的期限计算利息，并于债务人应付利息的日期确认收入的实现；属于逾期贷款，其逾期后发生的应收利息，应于实际收到的日期，或者虽未实际收到，但会计上确认为利息收入的日期，确认收入的实现。第二条规定，金融企业已确认为利息收入的应收利息，逾期90天仍未收回，且会计上已冲减了当期利息收入的，准予抵扣当期应纳税所得额。该公告明确规定了逾期90天以后仍未收回的贷款利息，准予冲减当期应纳税所得额，不缴纳企业所得税。

35. 企业取得的财产转让收入，可以分期确认收入吗？

问：甲企业2019年取得股权转让收入5 000万元，可以享受5年分期递延确认收入吗？

答：根据《国家税务总局关于企业取得财产转让等所得企业所得税处理问题的公告》（国家税务总局公告2010年第19号）第一条规定，企业取得财产（包括各类资产、股权、债权等）转让收入、债务重组收入、接受捐赠收入、无法偿付的应付款收入等，不论是以货币形式，还是非货币形式体现，除另有规定外，均应一次性计入确认收入的年度计算缴纳企业所得税。因此，甲企业2019年取得股权转让收入5 000万元，应一次性确认收入。

36. 融资性售后回租业务中，承租人出售资产的行为，是否需要缴纳企业所得税？

问：A公司是融资性售后回租业务承租人，2019年将该资产出售，是否需要缴纳企业所得税？

答：《国家税务总局关于融资性售后回租业务中承租方出售资产行为有关税收问题的公告》（国家税务总局公告 2010 年第 13 号）第二条规定，根据现行企业所得税法及有关收入确定规定，融资性售后回租业务中，承租人出售资产的行为，不确认为销售收入，对融资性租赁的资产，仍按承租人出售前原账面价值作为计税基础计提折旧。租赁期间，承租人支付的属于融资利息的部分，作为企业财务费用在税前扣除。

37. 企业取得股东划入资产是否缴纳企业所得税？

问：某企业 2019 年 5 月取得股东划入资产，是否需要申报缴纳企业所得税？

答：《国家税务总局关于企业所得税应纳税所得额若干问题的公告）（国家税务总局公告 2014 年第 29 号）第二条规定："企业接收股东划入资产（包括股东赠予资产、上市公司在股权分置改革过程中接收原非流通股股东和新非流通股股东赠予的资产、股东放弃本企业的股权，下同），凡合同、协议约定作为资本金（包括资本公积）且在会计上已做实际处理的，不计入企业的收入总额，企业应按公允价值确定该资产的计税基础。企业接收股东划入资产，凡作为收入处理的，应按公允价值计入收入总额，计算缴纳企业所得税，同时按公允价值确定该项资产的计税基础。"

38. 母公司向其子公司提供咨询服务，收取的服务费是否需要缴纳企业所得税？

问：某母公司 A 向其控股子公司 B 提供咨询服务，收取服务费并开具增值税发票。母公司此笔业务是否需要缴纳企业所得税？

答：《国家税务总局关于母子公司间提供服务支付费用有关企业所得税处理问题的通知》（国税发〔2008〕86 号）第二条规定，母公司向其子公司提供各项服务，双方应签订服务合同或协议，明确规定提供服务的内容、收费标准及金额等，凡按上述合同或协议规定所发生的服务费，母公司应作为营业收入申报纳税；子公司作为成本费用在税前扣除。

39. 企业取得集团总部的补贴收入，是否缴纳企业所得税？

问：某企业 2019 年取得集团总部的补贴收入，是否需要申报缴纳企业所得税？

答：根据《企业所得税法》第六条规定：企业以货币形式和非货币形式从各种来源取得的收入，为收入总额。包括：（九）其他收入。根据《企业所得税法实施条例》第二十二条企业所得税法第六条第（九）项所称其他收入，是指企业取得的除企业所得税法第六条第（一）项至第（八）项规定的收入外的其他收入，包括企业资产溢余收入、逾期未退包装物押金收入、确实无法偿付的应付款项、已作坏账损失处理后又收回的应收款项、债务重组收入、补贴收入、违约金收入、汇兑收益等。

因此，该企业 2019 年取得集团总部的补贴收入，需要申报缴纳企业所得税。

40. 企业增资扩股、稀释股权是否征收企业所得税？

问：企业在增资扩股、稀释股权的行为需要缴纳企业所得税吗？

答：《企业所得税法》第六条及其实施条例相关条款规定了企业所得税收入的不同类型，企业增资扩股（稀释股权），是企业股东投资行为，可直接增加企业的实收资本（股本），没有取得企业所得税应税收入，不作为企业应税收入征收企业所得税，也不存在征税问题。

41. 取得关联企业自行发行的永续债利息收入，是否可以适用股息、红利企业所得税政策？

问：企业自行向关联企业发行未约定固定偿还期限的永续债，对于投资方取得的永续债利息收入能否按照64号公告的规定执行？

答：《财政部　国家税务总局关于永续债企业所得税政策问题的公告》（财政部　税务总局公告2019年第64号）第六条所规定，本公告所称永续债是指经国家发展改革委员会、中国人民银行、中国银行保险监督管理委员会、中国证券监督管理委员会核准，或经中国银行间市场交易商协会注册、中国证券监督管理委员会授权的证券自律组织备案，依照法定程序发行、附赎回（续期）选择权或无明确到期日的债券，包括可续期企业债、可续期公司债、永续债务融资工具（含永续票据）、无固定期限资本债券等。

因此，企业自行发行的永续债不适用财政部、税务总局公告2019年第64号。不可以适用股息、红利企业所得税政策。

42. 资产证券化产品次级债利息收入是否属于税法上的利息收入？

问：证券公司购买的资产证券化产品次级债取得的利息收入是否属于税法上的利息收入，应按合同约定应收利息的日期确定收入，还是按会计核算确认利息收入的时点确认收入？

答：《企业所得税实施条例》第十八条规定："利息收入，是指企业将资金提供他人使用但不构成权益性投资，或者因他人占用本企业资金取得的收入，包括存款利息、贷款利息、债券利息、欠款利息等收入。利息收入，按照合同约定的债务人应付利息的日期确认收入的实现。"

因此，购买资产证券化产品次级债取得的利息属于利息收入，应将取得收款权利的时点，即按照合同约定的资产证券化产品的发行方应付利息的日期作为确认收入的时点。

43. 向下属公司无偿划拨土地与设备是否涉及企业所得税？

问：甲公司是国有企业，持有A公司100%股权。现甲公司将一块账面价值1 000万元，评估值2 000万元的土地，以及账面价值500万元的设备无偿划拨给A公司。请问：甲公司是否涉及企业所得税问题？

答：《企业所得税法实施条例》第二十五条规定，企业发生非货币性资产交换，以及将货物、财产、劳务用于捐赠、偿债、赞助、集资、广告、样品、职工福利或者利润分配等用途的，应当视同销售货物、转让财产或者提供劳务，但国务院财政、税务主管部门另有规定的除外。

《财政部　国家税务总局关于促进企业重组有关企业所得税处理问题的通知》（财税〔2014〕109号）第三条关于股权、资产划转规定："对100%直接控制的居民企业之间，以及受同一或相同多家居民企业100%直接控制的居民企业之间按账面净值划转股权或资产，凡具有合理商业目的、不以减少、免除或者推迟缴纳税款为主要目的，股权或资产划转后连续12个月内不改变被划转股权或资产原来实质性经营活动，且划出方企业和划入方企业均未在会计上确认损益的，可以选择按以下规定进行特殊性税务处理：

1. 划出方企业和划入方企业均不确认所得。

2. 划入方企业取得被划转股权或资产的计税基础，以被划转股权或资产的原账面净值确定。"

根据上述文件的规定，符合上述无偿划转特殊性税务处理的，可按上述规定进行企业所得税处理，否则，企业应按视同转让财产，确认转让所得，按规定缴纳企业所得税。

44. 房地产开发公司"以房抵债"如何进行企业所得税处理？

问：一家房地产开发公司，因资金不足拖欠建筑公司100万元工程款。后经双方协商达成以一套商品房抵债的协议。房地产开发公司用于抵债的房产账面成本为80万元，市场售价为120万元。

对于这种"以房抵债"行为，房地产开发公司应如何进行会计与税务处理？

答：一、会计处理

《企业会计准则第12号——债务重组》第五条规定，以非现金资产清偿债务的，债务人应当将重组债务的账面价值与转让的非现金资产公允价值之间的差额，计入当期损益。转让的非现金资产公允价值与其账面价值之间的差额，计入当期损益。

《企业会计准则第12号——债务重组》应用指南第三条第（一）项第三款规定，非现金资产为存货的，应当作为销售处理，按照《企业会计准则第14号——收入》的规定，以其公允价值确认收入，同时结转相应的成本。

二、企业所得税

《企业所得税法实施条例》第二十五条规定，企业发生非货币性资产交换，以及将货物、财产、劳务用于捐赠、偿债、赞助、集资、广告、样品、职工福利或者利润分配等用途的，应当视同销售货物、转让财产或者提供劳务，但国务院财政、税务主管部门另有规定的除外。

《国家税务总局关于房地产开发经营业务企业所得税处理办法的通知》（国税发〔2009〕31号）第七条规定："企业将开发产品用于捐赠、赞助、职工福利、奖励、对外投资、分配给股东或投资人、抵偿债务、换取其他企事业单位和个人的非货币性资产等行为，应视同销售，于开发产品所有权或使用权转移，或于实际取得利益权利时确认收入（或利润）的实现。确认收入（或利润）的方法和顺序为：（一）按本企业近期或本年度最近月份同类开发产品市场销售价格确定；（二）由主管税务机关参照当地同类开发产品市场公允价值确定；（三）按开发产品的成本利润率确定。开发产品的成本利润率不得低于15%，具体比例由主管税务机关确定。”《国家税务总局关于企业处置资产所得税处理问题的通知》（国税函〔2008〕828号）第二条规定：“企业将资产移送他人的下列情形，因资产所有权属已发生改变而不属于内部处置资产，应按规定视同销售确定收入。（一）用于市场推广或销售。”

《国家税务总局关于企业所得税有关问题的公告》（国家税务总局公告2016年第80号）第二条规定，企业发生《国家税务总局关于企业处置资产所得税处理问题的通知》（国税函〔2008〕828号）第二条规定情形的，除另有规定外，应按照被移送资产的公允价值确定销售收入。

根据上述规定，房地产开发企业“以房抵债”，一是账务上应作为销售核算，按照以房抵债协议确定的所抵债务账面价值，借记“应付账款”100万元，将按照商品房公允价值确认销售收入，贷记“主营业务收入”120万元，将商品房公允价值与所抵债务账面价值之间的差额确认为债务重组损失，借记“营业外支出——债务重组损失”20万元；同时结转商品房成本，借记“主营业务成本”80万元，贷记“开发产品”80万元；二是税务处理中，如果按最新会计准则按公允价值做收入处理，不存在税会差异，则不需要进行纳税调整。如果未确认收入，需要纳税调整，即按市场售价120万元确认视同销售收入，同时将80万元的房产账面成本确认为视同销售成本。如果未按公允价值确认收入，也需要按公允价值对债务重组事项进行相应的纳税调整。

45. 关联企业间的非货币性资产投资行为何时确认收入？

问：企业与关联企业之间发生非货币性资产投资行为应在何时确认收入的实现？

答：《财政部　国家税务总局关于非货币性资产投资企业所得税政策问题的通知》（财税〔2014〕116号）第二条规定，企业以非货币性资产对外投资，应对非货币性资产进行评估并按评估后的公允价值扣除计税基础后的余额，计算确认非货币性资产转让所得。

企业以非货币性资产对外投资，应于投资协议生效并办理股权登记手续时，确认非货币性资产转让收入的实现。

《国家税务总局关于非货币性资产投资企业所得税有关征管问题的公告》（国家税务总局公告2015年第33号）第二条规定，关联企业之间发生的非货币性资产投资行为，投资协议生效后12个月内尚未完成股权变更登记手续的，于投资协议生效时，确认非货币性资产转让收入的实现。

根据上述规定，企业以非货币性资产对外投资，应于投资协议生效并办理股权登记手续时，确认非货币性资产转让收入的实现，关联企业在协议生效后12个月内尚未完成股权变更登记手续的，应当于投资协议生效时确认收入的实现。

46. 支付德国企业的咨询服务费涉及哪些税款？

问：我公司与德国某先进企业B签订咨询服务合同价款为60万欧元，合同分为三部分：现场调研准备部分40万欧元、德国培训部分20万欧元、技术支持部分（德国企业说此部分为诀窍转让免费）。就合同的前两部分德国企业是否需要缴纳企业所得税？

我们主管税务机关把整个合同 60 万欧元都确认为技术诀窍转让。但 B 企业说它在与中国其他企业合作时仅对技术诀窍部分缴纳税款，对前两部分所得是免税的，具体依据就是合同和双边协定。B 企业说此合同的执行是为了提高国内企业的生产管理技术，属于技术进步应该免税。有这方面的政策吗？

答：《国家税务总局关于执行税收协定特许权使用费条款有关问题的通知》（国税函〔2009〕507 号）第五条规定，在转让或许可专有技术使用权过程中，如技术许可方派人员为该项技术的使用提供有关支持、指导等服务并收取服务费，无论是单独收取还是包括在技术价款中，均应视为特许权使用费，适用税收协定特许权使用费条款的规定。但如上述人员的服务已构成常设机构，则对服务部分的所得应适用税收协定营业利润条款的规定。如果纳税人不能准确计算应归属常设机构的营业利润，则税务机关可根据税收协定常设机构利润归属原则予以确定。

根据上述规定，因 B 公司向贵公司转让技术诀窍而发生的现场调研服务费和培训服务费，应视同特许权使用费。

《企业所得税法实施条例》第七条规定："企业所得税法第三条所称来源于中国境内、境外的所得，按照以下原则确定：……（二）提供劳务所得，按照劳务发生地确定。"

如果现场调研服务、培训服务与转让技术诀窍无关，现场调研服务因劳务发生地在境内，属于来源于境内的所得，根据《企业所得税法》第二条、第三条规定，B 公司应在境内缴纳企业所得税；如未在境内构成常设机构，可享受中德税收协定营业利润条款待遇，免予缴纳企业所得税。培训服务如劳务发生地在境外，不属于来源于境内的所得，不需在境内缴纳企业所得税。

47. 企业资产零对价转让是否缴纳企业所得税？

问：一国有企业改制成立 A 控股公司，A 公司下设全资子公司 B 公司以及 C 公司，现在 A 公司要求 B 公司将国有划拨土地资产以零对价形式转让给 C 公司，是否缴纳企业所得税？

答：《企业所得税法实施条例》第二十五条规定，企业发生非货币性资产交换，以及将货物、财产、劳务用于捐赠、偿债、赞助、集资、广告、样品、职工福利或者利润分配等用途的，应当视同销售货物、转让财产或者提供劳务，但国务院财政、税务主管部门另有规定的除外。

《财政部　国家税务总局关于促进企业重组有关企业所得税处理问题的通知》（财税〔2014〕109 号）第三条关于股权、资产划转规定，对 100% 直接控制的居民企业之间，以及受同一或相同多家居民企业 100% 直接控制的居民企业之间按账面净值划转股权或资产，凡具有合理商业目的、不以减少、免除或者推迟缴纳税款为主要目的，股权或资产划转后连续 12 个月内不改变被划转股权或资产原来实质性经营活动，且划出方企业和划入方企业均未在会计上确认损益的，可以选择按以下规定进行特殊性税务处理：

1. 划出方企业和划入方企业均不确认所得。

2. 划入方企业取得被划转股权或资产的计税基础，以被划转股权或资产的原账面净值确定。

第四条规定，本通知自 2014 年 1 月 1 日起执行。本通知发布前尚未处理的企业重组，符合本通知规定的可按本通知执行。

根据上述规定，符合上述无偿划转特殊性税务处理的，可按上述规定进行企业所得税处理，否则，企业应按视同转让财产，确认转让所得缴纳企业所得税。

48. 企业取得的出口退税款是否需要缴纳企业所得税？

答：根据《财政部　国家税务总局关于财政性资金、行政事业性收费、政府性基金有关企业所得税政策问题的通知》（财税〔2008〕151 号）规定："企业取得的各类财政性资金，除属于国家投资和资金使用后要求归还本金的以外，均应计入企业当年收入总额"。……本条所称财政性资金，是指企业取得的来源于政府及其有关部门的财政补助、补贴、贷款贴息，以及其他各类财政专项资金，包括直接减免的增值税和即征即退、先征后退、先征后返的各种税收，但不包括企业按规定取得的出口退税款；所称国家投资，是指国家以投资者身份投入企业，并按有关规定相应增加企业实收资本（股本）的直接投资。"

上述文件明确规定财政性资金不包括企业按规定取得的出口退税款，出口退税款不属于会计损益，不属于收入总额，也不属于财政性资金，因此，不需要缴纳企业所得税。

49. 企业政策性搬迁中发生的搬迁资产处置收入是指哪些收入？

答：根据《国家税务总局关于发布〈企业政策性搬迁所得税管理办法〉的公告》（国家税务总局公告 2012 年第 40 号）的第七条规定：企业搬迁资产处置收入，是指企业由于搬迁而处置企业各类资产所取得的收入。

企业由于搬迁处置存货而取得的收入，应按正常经营活动取得的收入进行所得税处理，不作为企业搬迁收入。"

50. 铁路债券具体都包括哪些？可以在预缴环节享受减半征税优惠吗？

问：企业投资者持有 2019—2023 年发行的铁路债券，在 2023 年以后年度取得利息收入的，可以在预缴环节享受减半征税优惠吗？

答：《财政部　税务总局关于铁路债券利息收入所得税政策的公告》（财政部　税务总局公告 2019 年第 57 号）第一条规定，对企业投资者持有 2019—2023 年发行的铁路债券取得的利息收入，减半征收企业所得税。第二条规定，对个人投资者持有 2019—2023 年发行的铁路债券取得的利息收入，减按 50% 计入应纳税所得额计算征收个人所得税。税款由兑付机构在向个人投资者兑付利息时代扣代缴。

铁路债券是指以中国铁路总公司为发行和偿还主体的债券，包括中国铁路建设债券、中期票据、短期融资券等债务融资工具。

铁路债券一般为中长期债券，在债券发行后的很长一段时间内，投资者都会取得利息收入。财政部、税务总局 2019 年第 57 号公告仅限定铁路债券的发行时间，未限定企业取得利息收入的时间。因此，只要企业投资者持有 2019—2023 年发行的铁路债券，在 2023 年以后年度取得的利息收入，仍可享受减半征收企业所得税优惠。

企业投资者持有铁路债券取得的利息收入，在预缴纳税申报时，即可享受减半征收企业所得税优惠政策。企业投资者未在取得利息收入的当月（季）及时享受的，可在以后月（季）预缴申报时或年度汇算清缴时统一享受。

不征税收入

1. 什么是企业所得税不征税收入？不征税收入有哪些？

答：《企业所得税法》第七条规定："收入总额中的下列收入为不征税收入：（一）财政拨款；（二）依法收取并纳入财政管理的行政事业性收费、政府性基金；（三）国务院规定的其他不征税收入。"

《所得税法实施条例》第二十六条规定，企业所得税法第七条第（一）项所称财政拨款，是指各级人民政府对纳入预算管理的事业单位、社会团体等组织拨付的财政资金，但国务院和国务院财政、税务主管部门另有规定的除外。

企业所得税法第七条第（二）项所称行政事业性收费，是指依照法律法规等有关规定，按照国务院规定程序批准，在实施社会公共管理，以及在向公民、法人或者其他组织提供特定公共服务过程中，向特定对象收取并纳入财政管理的费用。

企业所得税法第七条第（二）项所称政府性基金，是指企业依照法律、行政法规等有关规定，代政府收取的具有专项用途的财政资金。

企业所得税法第七条第（三）项所称国务院规定的其他不征税收入，是指企业取得的，由国务院财政、税务主管部门规定专项用途并经国务院批准的财政性资金。

《财政部　国家税务总局关于财政性资金、行政事业性收费、政府性基金有关企业所得税政策问题的通知》（财税〔2008〕151 号）规定明确如下：

"一、财政性资金

（一）企业取得的各类财政性资金，除属于国家投资和资金使用后要求归还本金的以外，均应计入企业当年收入总额。

（二）对企业取得的由国务院财政、税务主管部门规定专项用途并经国务院批准的财政性资金，准予作为不征税收入，在计算应纳税所得额时从收入总额中减除。

（三）纳入预算管理的事业单位、社会团体等组织按照核定的预算和经费报领关系收到的由财政部门或上级单位拨入的财政补助收入，准予作为不征税收入，在计算应纳税所得额时从收入总额中减除，但国务院和国务院财政、税务主管部门另有规定的除外。

本条所称财政性资金，是指企业取得的来源于政府及其有关部门的财政补助、补贴、贷款贴息，以及其他各类财政专项资金，包括直接减免的增值税和即征即退、先征后退、先征后返的各种税收，但不包括企业按规定取得的出口退税款；所称国家投资，是指国家以投资者身份投入企业、并按有关规定相应增加企业实收资本（股本）的直接投资。

二、关于政府性基金和行政事业性收费

（一）企业按照规定缴纳的、由国务院或财政部批准设立的政府性基金以及由国务院和省、自治区、直辖市人民政府及其财政、价格主管部门批准设立的行政事业性收费，准予在计算应纳税所得额时扣除。

企业缴纳的不符合上述审批管理权限设立的基金、收费，不得在计算应纳税所得额时扣除。

（二）企业收取的各种基金、收费，应计入企业当年收入总额。

（三）对企业依照法律、法规及国务院有关规定收取并上缴财政的政府性基金和行政事业性收费，准予作为不征税收入，于上缴财政的当年在计算应纳税所得额时从收入总额中减除；未上缴财政的部分，不得从收入总额中减除。

三、企业的不征税收入用于支出所形成的费用，不得在计算应纳税所得额时扣除；企业的不征税收入用于支出所形成的资产，其计算的折旧、摊销不得在计算应纳税所得额时扣除。”

《财政部 国家税务总局关于专项用途财政性资金企业所得税处理问题的通知》（财税〔2011〕70号）规定明确如下：

“一、企业从县级以上各级人民政府财政部门及其他部门取得的应计入收入总额的财政性资金，凡同时符合以下条件的，可以作为不征税收入，在计算应纳税所得额时从收入总额中减除：

（一）企业能够提供规定资金专项用途的资金拨付文件；

（二）财政部门或其他拨付资金的政府部门对该资金有专门的资金管理办法或具体管理要求；

（三）企业对该资金以及以该资金发生的支出单独进行核算。

二、根据实施条例第二十八条的规定，上述不征税收入用于支出所形成的费用，不得在计算应纳税所得额时扣除；用于支出所形成的资产，其计算的折旧、摊销不得在计算应纳税所得额时扣除。

三、企业将符合本通知第一条规定条件的财政性资金作不征税收入处理后，在5年（60个月）内未发生支出且未缴回财政部门或其他拨付资金的政府部门的部分，应计入取得该资金第六年的应税收入总额；计入应税收入总额的财政性资金发生的支出，允许在计算应纳税所得额时扣除。”

《国家税务总局关于企业所得税应纳税所得额若干税务处理问题的公告》（国家税务总局公告2012年第15号）第七条规定，企业取得的不征税收入，应按照《财政部 国家税务总局关于专项用途财政性资金企业所得税处理问题的通知》（财税〔2011〕70号，以下简称《通知》）的规定进行处理。凡未按照《通知》规定进行管理的，应作为企业应税收入计入应纳税所得额，依法缴纳企业所得税。

根据企业所得税相关政策，对企业取得的财政拨款、依法收取并纳入财政管理的行政事业性收费、政府性基金以及符合条件的财政性资金可作为不征税收入，在计算应纳税所得额时从收入总额中减除。需要注意的是，企业取得的不征税收入需按照相关规定进行管理，否则应作为企业应税收入计入应纳税所得额，依法缴纳企业所得税。

《财政部　国家税务总局关于进一步鼓励软件产业和集成电路产业发展企业所得税政策的通知》（财税〔2012〕27 号）第五条规定，符合条件的软件企业按照《财政部　国家税务总局关于软件产品增值税政策的通知》（财税〔2011〕100 号）规定取得的即征即退增值税款，由企业专项用于软件产品研发和扩大再生产并单独进行核算，可以作为不征税收入，在计算应纳税所得额时从收入总额中减除。

《财政部　税务总局关于全国社会保障基金有关投资业务税收政策的通知》（财税〔2018〕94 号）第二条规定，对社保基金取得的直接股权投资收益、股权投资基金收益，作为企业所得税不征税收入。

《财政部　税务总局关于基本养老保险基金有关投资业务税收政策的通知》（财税〔2018〕95 号）第二条规定，对社保基金会及养老基金投资管理机构在国务院批准的投资范围内，运用养老基金投资取得的归属于养老基金的投资收入，作为企业所得税不征税收入。

2. “不征税收入”可以计入“其他收益”吗？

问：新会计准则增加了“其他收益”科目，请问什么情况下，不征税收入需要计入该科目？税前如何扣除？

答：2017 年修订印发了《企业会计准则第 16 号——政府补助》（财会〔2017〕15 号）中对于政府补助准则规定，与企业日常活动相关的政府补助，应当按照经济业务实质，计入其他收益或冲减相关成本费用。与企业日常活动无关的政府补助，应当计入营业外收支。

政府补助有两种会计处理方法：总额法和净额法。总额法是在确认政府补助时，将其全额一次或分次确认为收益，而不是作为相关资产账面价值或者成本费用等的扣减。净额法是将政府补助确认为对相关资产账面价值或者所补偿成本费用等的扣减。

新准则还对总额法计算做了新的科目设置，企业选择总额法对与日常活动相关的政府补助进行会计处理的，增设“6117 其他收益”科目进行核算。“其他收益”科目核算总额法下与日常活动相关的政府补助以及其他与日常活动相关且应直接计入本科目的项目。对于总额法下与日常活动相关的政府补助，企业在实际收到或应收时，或者将先确认为“递延收益”的政府补助分摊计入收益时，借记“银行存款”“其他应收款”“递延收益”等科目，贷记“其他收益”科目。期末，应将本科目余额转入“本年利润”科目，本科目结转后应无余额。

以下实例解释了在新准则下如何在税前扣除。

例如，2018 年大华公司在本市承担了节能环保改造工程，6 月购置了一批设备，已经达到预定使用状态，并向政府申请财政补助。当月底，华丰公司收到当地政府财政资金 100 万元，作为购置设备的补助，符合不征税收入条件。该批设备的不含税价格为

500 万元，以直线法折旧，会计折旧年限为 10 年。

会计处理：

1. 如果该公司选择以总额法进行会计处理

（1）企业购置设备时：

借：固定资产　　5 000 000

　　应交税费——应交增值税（进项税额）　　800 000

　　贷：银行存款　　5 800 000

（2）收到政府财政资金时：

借：银行存款　　1 000 000

　　贷：递延收益　　1 000 000

（3）2018 年，该设备计提折旧：$500/120 \times 6 = 25$（万元）

借：生产成本　　250 000

　　贷：累计折旧　　250 000

同时确认其他收益 $= 100 \div 120 \times 6 = 5$（万元）

借：递延收益　　50 000

　　贷：其他收益　　50 000

税会差异及税务处理：

（1）大华公司将政府补助作为不征税收入处理。则当年度计入损益的 5 万元作纳税调整减少。同时，购入设备的会计账面价值为 500 万元，由于不征税收入所形成的资产计算的折旧不得在税前扣除，因此该设备的计税基础为 400 万元，资产账面原值与计税基础差异对应的部分折旧需作纳税调整增加。

在纳税申报时，A 企业 2018 年度填报《专项用途财政性资金纳税调整明细表》（A105040），在本年“符合不征税收入条件的财政性资金”的“金额”列和“支出情况”的支出金额列分别填写 100 万元，在本年“符合不征税收入条件的财政性资金”的“其中：计入本年损益的金额”填写 5 万元，形成纳税调整减少 5 万元。同时，应填报《资产折旧、摊销情况及纳税调整明细表》（A105080），因计提原值的调整原因形成纳税调增 5 万元（如下表所示）。

A105040　专项用途财政性资金纳税调整明细表　　单位：万元

行次	项目	取得年度	财政性资金	其中：符合不征税收入条件的财政性资金		本年支出情况		本年结余情况		
				金额	其中：计入本年损益的金额	支出金额	其中：费用化支出金额	结余金额	其中：上缴财政金额	应计入本年应税收入金额
		1	2	3	4	10	11	12	13	14
5	前一年度	2017								
6	本年	2018	100	100	5	100	0	0		
7	合计	*	100	100	5	100	0	0		

注：单位按万元填写。

A105080　资产折旧、摊销及纳税调整明细表　　单位：万元

行次	项目	账载金额			税收金额			纳税调整金额
		资产原值	本年折旧、摊销额	累计折旧、摊销额	资产计税基础	税收折旧、摊销额	累计折旧、摊销额	
		1	2	3	4	5	8	9（2－5）
1	一、固定资产	500	25	25	400	20	20	5
4	（三）与生产经营活动有关的器具、工具、家具等	500	25	25	400	20	20	5

注：单位按万元填写。

（2）大华公司将政府补助作为应税收入处理。如前所述，政府补助在收到当期应全额计入当年收入总额，会计确认为递延收益的部分应纳税调增，形成会计收入与计税收入的时间性差异。纳税申报时，应通过《未按权责发生制确认收入纳税调整明细表》（A105020）。该表账载金额填写5万元，税收金额填写100万元，形成纳税调增95万元，以后各年再做相应的纳税调整减少（如下表所示）。

A105020　未按权责发生制确认收入纳税调整明细表　　单位：万元

行次	项目	合同金额（交易金额）	账载金额		税收金额		纳税调整金额
			本年	累计	本年	累计	
		1	2	3	4	5	6（4－2）
9	三、政府补助递延收入		5	5	5	100	100
10	（一）与收益相关的政府补助						
11	（二）与资产相关的政府补助		5	5	100	100	95

注：单位按万元填写。

A105000　纳税调整项目明细表　　单位：万元

行次	项目	账载金额	税收金额	调增金额	调减金额
		1	2	3	4
1	一、收入类调整项目（2＋3＋…8＋10＋11）	*	*		
3	（二）未按权责发生制原则确认的收入	5	100	95	0

注：单位按万元填写。

3. 货币性基金的投资分红是否属于不征税收入？

问：某公司购买了货币性基金，2019年得到该基金分红。分红收入是否属于不征税收入？

答：根据《财政部　国家税务总局关于企业所得税若干优惠政策的通知》（财税〔2008〕1号）第二条规定，对投资者从证券投资基金分配中取得的收入，暂不征收企

业所得税。

《公开募集证券投资基金运作管理办法》第十三条的规定，货币市场基金属于公开募集证券投资基金

因此，依据财税〔2008〕1号文件第二条的规定，投资者从证券投资基金分配中取得的收入，属于暂不征收企业所得税的收入。

4. 非营利性组织为政府机构提供培训服务收取的费用是否免征企业所得税？

问：我单位具有非营利组织资格，最近政府部门提供培训取得收入是否能享受免税优惠？

答：根据《中华人民共和国企业所得税法》第二十六条第四项规定，符合条件的非营利组织的收入免征企业所得税。

根据《中华人民共和国企业所得税法实施条例》第八十五条规定，企业所得税法第二十六条第四项所称符合条件的非营利组织的收入，不包括非营利组织从事营利性活动取得的收入，但国务院财政、税务主管部门另有规定的除外。

同时，根据《财政部 国家税务总局关于非营利组织企业所得税免税收入问题的通知》（财税〔2009〕122号）规定，非营利组织的下列收入为免税收入：

“（一）接受其他单位或者个人捐赠的收入；

（二）除《中华人民共和国企业所得税法》第七条规定的财政拨款以外的其他政府补助收入，但不包括因政府购买服务取得的收入；

（三）按照省级以上民政、财政部门规定收取的会费；

（四）不征税收入和免税收入孳生的银行存款利息收入；

（五）财政部、国家税务总局规定的其他收入。”

根据上述规定，非营利性组织为政府机构提供培训服务收取的费用，属于提供营利性活动取得的收入，不属于企业所得税免税收入，应按规定缴纳企业所得税。

同时增加研发费用，加计扣除应以税前扣除的研发费用为基数。但企业未进行相应调整的，税前扣除的研发费用与会计的扣除金额相同，应以会计上冲减后的余额计算加计扣除金额。比如，某企业当年发生研发支出200万元，取得政府补助50万元，当年会计上的研发费用为150万元，未进行相应的纳税调整，则税前加计扣除金额为150×50%=75万元。

5. 取得政府的用工补贴，是否属于不征税收入？

问：公司招用失业人员因而取得政府的用工补贴，是否属于不征税收入，是否需要缴纳企业所得税？

答：先判断是否满足不征税收入条件：依据《财政部 国家税务总局关于专项用途财政性资金企业所得税处理问题的通知》（财税〔2011〕70号）第一条的规定，“企业从县级以上各级人民政府财政部门及其他部门取得的应计入收入总额的财政性资金，凡同时符合以下条件的，可以作为不征税收入，在计算应纳税所得额时从收入总额中减除：（一）企业能够提供规定资金专项用途的资金拨付文件；（二）财政部门或其他拨

付资金的政府部门对该资金有专门的资金管理办法或具体管理要求；（三）企业对该资金以及以该资金发生的支出单独进行核算。”

因此，您企业取得的“用工补贴”等财政性资金，同时符合上述条件的，可以作为不征税收入，在计算企业所得税应纳税所得额时从收入总额中减除。否则，应当依法计算缴纳企业所得税。

6. 出口退税是否属于不征税收入？

问：我企业每年都有出口退税款，是否属于政府补助利得享受不征税收入？

答：根据《财政部　国家税务总局关于财政性资金行政事业性收费政府性基金有关企业所得税政策问题的通知》（财税〔2008〕151号）第一条第一款规定：“（一）企业取得的各类财政性资金，除属于国家投资和资金使用后要求归还本金的以外，均应计入企业当年收入总额。……本条所称财政性资金，是指企业取得的来源于政府及其有关部门的财政补助、补贴、贷款贴息，以及其他各类财政专项资金，包括直接减免的增值税和即征即退、先征后退、先征后返的各种税收，但不包括企业按规定取得的出口退税款；所称国家投资，是指国家以投资者身份投入企业、并按有关规定相应增加企业实收资本（股本）的直接投资。”

上述文件明确规定财政性资金不包括企业按规定取得的出口退税款，出口退税款不属于会计损益，不属于收入总额，也不属于不征税收入，因此，不需要缴纳企业所得税。

7. 社会团体取得的拨款是否属于不征税收入？

问：我单位是经相关部门批准成立的社会团体，现受市文化旅游局的委托，组织足球赛，经费由旅游局拨款。请问，这笔拨款是否属于不征税收入，是否要缴纳企业所得税？

答：根据《财政部　国家税务总局关于财政性资金、行政事业性收费、政府性基金有关企业所得税政策问题的通知》（财税〔2008〕151号）第一条规定：

“一、财政性资金

（一）企业取得的各类财政性资金，除属于国家投资和资金使用后要求归还本金的以外，均应计入企业当年收入总额。

（二）对企业取得的由国务院财政、税务主管部门规定专项用途并经国务院批准的财政性资金，准予作为不征税收入，在计算应纳税所得额时从收入总额中减除。

（三）纳入预算管理的事业单位、社会团体等组织按照核定的预算和经费报领关系收到的由财政部门或上级单位拨入的财政补助收入，准予作为不征税收入，在计算应纳税所得额时从收入总额中减除，但国务院和国务院财政、税务主管部门另有规定的除外。

……”

《财政部　国家税务总局关于非营利组织企业所得税免税收入问题的通知》（财税〔2009〕122号）规定，自2008年1月1日起，符合条件的非营利组织的下列收入为企业所得税免税收入："（一）接受其他单位或者个人捐赠的收入。（二）除《中华人民共和国企业所得税法》第七条规定的财政拨款以外的其他政府补助收入，但不包括因政府购买服务取得的收入。（三）按照省级以上民政、财政部门规定收取的会费。（四）不征税收入和免税收入孳生的银行存款利息收入。（五）财政部、国家税务总局规定的其他收入。"

因此，只有是纳入预算管理的社会团队，按照核定的预算和经费报领关系收到的由财政部门或上级单位拨入的财政补助收入，准予作为不征税收入。此项收到的拨款属于政府购买服务行为，不属于不征税收入。此外，即使贵单位已通过非营利组织免税资格认定，如其取得的拨款属于政府购买服务取得的收入，则不能列入免税收入范围，需要计算缴纳企业所得税。

8. 不征税收入处理的财政性资金用于研发活动所形成的费用能否加计扣除？

问：我企业取得财政性资金，享受不征税收入，这部分资金用于研发时，费用能加计扣除吗？

答：根据《国家税务总局关于企业研究开发费用税前加计扣除政策有关问题的公告》（国家税务总局公告2015年第97号）第二条第（五）项规定：

"二、研发费用归集

（五）财政性资金的处理

企业取得作为不征税收入处理的财政性资金用于研发活动所形成的费用或无形资产，不得计算加计扣除或摊销。"

因此，贵企业取得的财政性资金，享受不征税收入，如果该资金用于研发时，费用支出不得计算加计扣除。

9. 取得政府土地返还款是否属于不征税收入？

问：我公司从事房地产开发业务，通过政府出让取得一宗土地。因当时和政府约定，土地竞标时超过和政府约定价格的部分由政府返还给我公司，现已收到政府返还款5000万元。

我公司是将这笔返还计入当期损益缴纳企业所得税，还是冲减土地成本。

答：《财政部　国家税务总局关于财政性资金、行政事业性收费、政府性基金有关企业所得税政策问题的通知》（财税〔2008〕151号）规定，企业取得的各类财政性资金，除属于国家投资和资金使用后要求归还本金的以外，均应计入企业当年收入总额。

上述财政性资金，是指企业取得的来源于政府及其有关部门的财政补助、补贴、贷款贴息，以及其他各类财政专项资金，包括直接减免的增值税和即征即退、先征后退、先征后返的各种税收，但不包括企业按规定取得的出口退税款；所称国家投资，是指国家以投资者身份投入企业，并按有关规定相应增加企业实收资本（股本）的直接投资。

《财政部　国家税务总局关于专项用途财政性资金企业所得税处理问题的通知》（财税〔2011〕70号）第一条规定，"企业从县级以上各级人民政府财政部门及其他部门取得的应计入收入总额的财政性资金，凡同时符合以下条件的，可以作为不征税收入，在计算应纳税所得额时从收入总额中减除：

（一）企业能够提供规定资金专项用途的资金拨付文件；

（二）财政部门或其他拨付资金的政府部门对该资金有专门的资金管理办法或具体管理要求；

（三）企业对该资金以及以该资金发生的支出单独进行核算。”

上述不征税收入用于支出所形成的费用，不得在计算应纳税所得额时扣除；用于支出所形成的资产，其计算的折旧、摊销不得在计算应纳税所得额时扣除。

根据上述规定，企业取得的财政性资金符合上述条件的可作为不征税收入。企业取得政府土地出让金返还款，是政府为了招商引资所给予企业的一种财政优惠，通常情况并没有规定专项用途，对于企业取得的这类没有规定专项用途的财政返还收入，需要计入当期的应纳税所得额缴纳企业所得税。

第二部分 扣除类

常规扣除项

1. 集团内母子公司共同发生的支出，如何进行分摊和税前扣除？

问：我们公司集团总部召集子公司开会，住宿费、会议费等的发票均开具给母公司，但款项需要分摊到各个子公司。子公司是否可以用发票复印件和分割单作为企业所得税税前扣除凭证？

答：根据《国家税务总局关于发布〈企业所得税税前扣除凭证管理办法〉的公告》（国家税务总局公告2018年第28号）第十八条规定："企业与其他企业（包括关联企业）、个人在境内共同接受应纳增值税劳务（以下简称'应税劳务'）发生的支出，采取分摊方式的，应当按照独立交易原则进行分摊，企业以发票和分割单作为税前扣除凭证，共同接受应税劳务的其他企业以企业开具的分割单作为税前扣除凭证。"

因此，子公司可以用发票复印件和分割单作为企业所得税税前扣除凭证。

2. 服务行业的主营业务成本包含哪些内容？

问：咨询公司、驾驶员培训学校等服务行业的主营业务成本包含哪些内容？营业费用、管理费用如何区分？为什么汇算申报时税务机关总是提示收入与成本不匹配？

答：对于服务行业，主营业成本要依据具体服务的项目、性质来定，因行业不同，主营业成本包含的内容也不尽相同。最主要的一点是，主营业务成本是与主营业务收入直接相关的支出。

主营业务成本应当包含：提供服务（劳务）人员的职工薪酬、使用设备的折旧、无形资产摊销、水电费、修理费、取暖费、房租、相关支出等。例如：咨询或调查人员的工资、咨询调查项目发生的资料费、电话费、服务费、电脑折旧费等。驾驶员培训学校主营业务成本包括的教练员工资、汽车折旧、修理费等。

营业费用主要是不可以转入主营业务成本的辅助性经营支出，营业费用包括运输费、装卸费、包装费、广告费、保险费、展览费等。

管理费用主要核算企业为组织和管理企业生产经营所发生的管理费用，包括企业在筹建期间内发生的开办费、董事会费、管理部门职工工资及福利费、工会经费、物料消耗、低值易耗品摊销、办公费、差旅费、诉讼费、业务招待费、排污费等。

《企业会计准则——基本准则》第三十五条规定，企业为生产产品、提供劳务等发生的可归属于产品成本、劳务成本等的费用，应当在确认产品销售收入、劳务收入等时，将已销售产品、已提供劳务的成本等计入当期损益。

会计核算上，营业收入应与营业成本在确认的时点上相匹配；主营业务收入应当有一定的主营业务成本与之匹配。

在汇算清缴申报时，如果出现收入与成本不匹配的提示往往是营业收入与营业成本在金额是存在了不匹配的情形。例如，营业收入有发生额，营业成本为零，或营业成本有发生额，营业收入为零的情形；"提供劳务收入"有发生额，"提供劳务成本"为零，但"销售材料成本"有发生额的明细项目收入与成本不匹配的情形。遇到该种情况，应具体问题具体分析，对于会计科目记载有误的，应当及时进行会计差错更正。

3. 建筑企业施工过程中使用的电、热、水费用税前扣除如何处理？

问：A 企业为建筑施工企业。A 企业承包了 B 企业的某项建筑安装工程。施工过程中，A 企业使用了电、热、水等，有两种情况：

第一，B 企业为 A 企业开具了电、热、水的增值税专用发票，在工程款支付时扣除。请问，对应这些发票，A 企业和 B 企业分别怎样进行账务处理？

第二，如果 A 企业使用的水电等，B 企业未开具任何发票，在工程结算时扣减工程量，并扣减支付的工程款，是否可以？有何税务风险？如果可以，A、B 企业如何进行账务处理？

答：第一，A 企业施工过程中使用 B 企业的电、热、水，按实际用量结算的，B 企业属于转售电、热、水行为。A、B 之间应就此买卖电、热、水行为开具发票并纳税。

（1）A 企业账务处理。

①取得电、热、水发票：

借：工程施工

　　应交税费——应交增值税（进项税额）

　　贷：应付账款——B 企业

②工程结算：

借：应收账款——B 企业

　　贷：工程结算

③确认收入及成本：

借：主营业务成本

　　工程施工——毛利

　　贷：主营业务收入

　　　　应交税费——应交增值税（销项税额）

同时，进行以下账务处理：

借：工程结算

贷：工程施工——成本

工程施工——毛利

④实际收款时：

借：银行存款

应付账款——B 企业

贷：应收账款——B 企业

（2）B 企业账务处理。

①开具电、热、水发票：

借：应收账款——A 企业

贷：其他业务收入

应交税费——应交增值税（销项税额）

②结算：

借：应付账款——A 企业

贷：应收账款——A 企业

银行存款

③支付发包工程款：

借：在建工程

应交税费——应交增值税（进项税额）

贷：应付账款——A 企业

第二，假定 A 公司决算报告中最终确认应收 B 公司工程款 100 万元，其中 B 转售水电金额为 10 万元。

（1）B 公司对转售水电收入 10 万元应进行增值税申报并给 A 公司开具发票；未开具水电费发票的，A 公司工程施工成本中对应的水电费成本不得在企业所得税税前扣除；

（2）A 公司应按工程全部应收款项确认建筑服务收入 100 万元，并开具 100 万元的发票给 B 公司，B 公司据此确定在建工程转为固定资产的计税成本 100 万元，并按规定计提折旧；而不能自行减除水电款部分，仅开具 90 万元的发票给 B 公司；如果仅开具 90 万元发票的，B 公司企业所得税税前扣除折旧时，只能以 90 万元为计税基础计算扣除。

4. 核定征收转为查账征收后，之前发生的成本支出可以税前扣除吗？

问：我企业 2018 年采取核定征收方式缴纳企业所得税，在 2019 年转为查账征收方式。企业在 2018 年支出的成本是否可以在 2019 年企业所得税税前扣除？

答：根据《中华人民共和国企业所得税法实施条例》（中华人民共和国国务院令第 512 号）第九条规定，企业应纳税所得额的计算，以权责发生制为原则，属于当期的收入和费用，不论款项是否收付，均作为当期的收入和费用；不属于当期的收入和费用，即使款项已经在当期收付，均不作为当期的收入和费用。本条例和国务院财政、税务主管部门另有规定的除外。

因此，企业在 2018 年支出的成本应归属于 2018 年，不可以在 2019 年企业所得税税前扣除。

5. 企业维简费支出如何在税前扣除？

问：我企业发生计提维简费支出，如何在汇算清缴时税前扣除？

答：企业维简费，是专项用于企业维持简单再生产和安全生产设施支出方面的资金。

会计处理：

（1）企业按规定标准提取维简费时，借记“利润分配——提取专项储备”科目，贷记“盈余公积——专项储备”科目。

（2）按规定范围使用维简费购建安全防护设备、设施等形成固定资产时，借记“固定资产（在建工程）”科目，贷记“银行存款”科目，同时，冲减“盈余公积——专项储备”科目，但冲减金额以“盈余公积——专项储备”科目余额冲减至零为限，应借记“盈余公积——专项储备”科目，贷记“利润分配——提取专项储备”科目；企业应当按规定计提折旧，计入有关成本费用。

（3）按规定范围使用维简费进行费用性支出时，借记“管理费用”等科目，贷记“银行存款”等科目，同时，冲减“盈余公积——专项储备”科目，但冲减金额以“盈余公积——专项储备”科目余额冲减至零为限，应借记“盈余公积——专项储备”科目，贷记“利润分配——提取专项储备”科目。

税务处理：

《国家税务总局关于企业维简费支出企业所得税税前扣除问题的公告》（税务总局公告 2013 年第 67 号）规定，自 2013 年 1 月 1 日起，企业维简费支出按照以下规定在税前扣除：

“（一）企业实际发生的维简费支出，属于收益性支出的，可作为当期费用税前扣除；属于资本性支出的，应计入有关资产成本，并按企业所得税法规定计提折旧或摊销费用在税前扣除。”

例如，A 公司执行企业会计准则，2013 年按销售收入的 2% 计提维简费 100 万元，从税后利润中列支；当年实际发生安全技能培训支出 20 万元；2013 年 3 月，购入用于安全生产方面的固定资产 216 万元，当月投入使用。假如购入的该类固定资产残值率为 5%，会计计提折旧年限为 6 年，税法规定为 10 年，2013 年公司实现利润总额为 300 万元，所得税税率为 25%，不考虑其他纳税调整因素，那么 A 公司 2013 年该如何申报缴纳所得税？

A 公司 2013 年计提的维简费支出，是按会计准则从税后利润中计提，不影响当期损益，不涉及所得税，所以，企业当年计提的维简费不作纳税调整。会计计提时，借记成本费用科目，贷记专项储备科目。同时，A 公司当年实际发生了维简费，企业应计入管理费用，税法也允许税前扣除，因此，也不作纳税调整；但对于固定资产折旧，由于会计和税法计提年限不同，需要作适当的调整。

A公司2013年应调增应纳税所得额为10.26万元（216×95%÷6÷12×9－216×95%÷10÷12×9），应申报缴纳所得税为77.565万元［(300＋10.26)×25%］。

税务总局公告2013年第67号规定，本公告实施前，企业按照有关规定提取且已在当期税前扣除的维简费，按以下规定处理：

“(一)尚未使用的维简费，并未作纳税调整的，可不作纳税调整，应首先抵减2013年实际发生的维简费，仍有余额的，继续抵减以后年度实际发生的维简费，至余额为零时，企业方可按照本公告第一条规定执行；已作纳税调整的，不再调回，直接按照本公告第一条规定执行。

(二)已用于资产投资并形成相关资产全部成本的，该资产提取的折旧或费用摊销额，不得税前扣除；已用于资产投资并形成相关资产部分成本的，该资产提取的折旧或费用摊销额中与该部分成本对应的部分，不得税前扣除；已税前扣除的，应调整作为2013年度应纳税所得额。”

例如，B公司执行小企业会计准则，2013年计提维简费90万元，在管理费用中列支。同时，当年实际发生维简费30万元，但企业并未作纳税调整。假定2013年公司实现利润总额为200万元，所得税税率为25%，不考虑其他纳税调整因素，那么B公司2013年该如何申报缴纳所得税？

由于该企业2013年计提的维简费支出，计入了管理费用，影响了当期损益，相应也涉及所得税，但由于该企业计提的维简费是67号文件公告公布以前计提的，所以，税法总的原则是不调整，只抵减以后实际发生的维简费，至余额为零为止。这样，B公司2013年不调整维简费，维简费余额为60万元（90－30），待以后使用，2013年应申报缴纳所得税为50万元。如果B公司计提的维简费已经作了纳税调整，那么纳税调整的，不再调回，2013年应申报缴纳所得税为65万元［(200＋60)×25%］。

例如，C公司执行小企业会计准则，2013年1月计提维简费200万元，在管理费用中列支，但企业当年并未实际发生维简费，也未作纳税调整。2013年2月，C公司把计提的维简费150万元，用来购买固定资产，对甲公司实施短期投资。2013年12月8日，该笔投资收回，共取得全部款项170万元，账面反映该笔投资所得为20万元。假定C公司2013年实现利润总额为300万元，所得税税率为25%，不考虑其他纳税调整因素，那么C公司2013年该如何申报缴纳所得税？

由于C公司2013年计提的维简费支出，计入了管理费用，影响了当期损益；同时，该企业又把该部分款项用于购买实物对外投资。显然，同一笔款项形成了两笔支出：一是管理费用支出；二是投资成本。根据67号文件公告精神，已用于资产投资并形成相关资产部分成本的，该资产提取的折旧或费用摊销额中与该部分成本对应的部分，不得税前扣除。所以，C公司2013年应按规定调整维简费，应调增应纳税所得额150万元，调整后维简费余额为50万元（200－150），待以后使用。这样，2013年应申报缴纳所得税为112.5万元［(300＋150)×25%］。

6. 货款支付时间和发票取得时间不一致，企业所得税如何税前扣除？

问：我公司2018年签订一份合同，应支付对方5000万元，我公司已于2018年11

月全额支付完毕，但对方只给我公司开具了 1000 万元发票，余额部分的发票将在 2016 年开具，即在 2019 年 5 月 31 日前开给我公司。请问：2019 年开的余额发票（在 2019 年入账）能否在 2018 年所得税汇算清缴时扣除？假如 2018 年度汇算时，可以全额扣除，那么 2019 年汇算清缴时，怎么办？（因为余额部分的发票是在 2019 年入账的）

答：《企业所得税法实施条例》第九条规定，企业应纳税所得额的计算，以权责发生制为原则，属于当期的收入和费用，不论款项是否收付，均作为当期的收入和费用；不属于当期的收入和费用，即使款项已经在当期收付，均不作为当期的收入和费用。本条例和国务院财政、税务主管部门另有规定的除外。

《国家税务总局关于企业所得税若干问题的公告》（国家税务总局公告 2011 年第 34 号）第六条关于企业提供有效凭证时间问题规定，企业当年度实际发生的相关成本、费用，由于各种原因未能及时取得该成本、费用的有效凭证，企业在预缴季度所得税时，可暂按账面发生金额进行核算；但在汇算清缴时，应补充提供该成本、费用的有效凭证。

《企业所得税税前扣除凭证管理办法》（国家税务总局公告 2018 年第 28 号）第五条规定，企业发生支出，应取得税前扣除凭证，作为计算企业所得税应纳税所得额时扣除相关支出的依据。

第六条规定，企业应在当年度企业所得税法规定的汇算清缴期结束前取得税前扣除凭证。

《企业会计准则——基本准则》第九条规定，企业应当以权责发生制为基础进行会计确认、计量和报告。

第十二条规定，企业应当以实际发生的交易或者事项为依据进行会计确认、计量和报告，如实反映符合确认和计量要求的各项会计要素及其他相关信息，保证会计信息真实可靠，内容完整。

根据上述规定，该项目核算无论税法还是会计核算，都要求以权责发生制为原则，因此款项支付时间和发票取得时间都不是确认费用扣除时点的依据，如果该服务完全发生在 2018 年，则汇算清缴前取得发票的，可以在税前扣除，2019 年入账处理的不能重复扣除，应当根据实际发生的年度进行相应的纳税调整；如果该项服务持续时间跨年度，则应当按照权责发生制原则确认在 2018 年和以后年度税前扣除的金额。

7. 为员工在异地缴纳的社保费用能否税前扣除？

问：我是一家基金公司，注册地在新疆，但员工均在不同城市开展业务，为这些员工在工作生活地缴纳的统筹，以复印件的形式能否在新疆公司报销，税前能否扣除？这样操作的风险是什么？

答：首先，关于为员缴纳社保费用扣除的问题，根据《企业所得税法实施条例》第三十五条规定，企业依照国务院有关主管部门或者省级人民政府规定的范围和标准为职工缴纳的基本养老保险费、基本医疗保险费、失业保险费、工伤保险费、生育保险费等基本社会保险费和住房公积金，准予扣除。企业为投资者或者职工支付的补充养老保险费、补充医疗保险费，在国务院财政、税务主管部门规定的范围和标准内，准予扣除。

《社会保险法》第四条规定，中华人民共和国境内的用人单位和个人依法缴纳社会保险费，有权查询缴费记录、个人权益记录，要求社会保险经办机构提供社会保险咨询等相关服务。

第五十七条规定，用人单位应当自成立之日起三十日内凭营业执照、登记证书或者单位印章，向当地社会保险经办机构申请办理社会保险登记。

第五十八条规定，用人单位应当自用工之日起三十日内为其职工向社会保险经办机构申请办理社会保险登记。未办理社会保险登记的，由社会保险经办机构核定其应当缴纳的社会保险费。

第六十条规定，用人单位应当自行申报、按时足额缴纳社会保险费，非因不可抗力等法定事由不得缓缴、减免。职工应当缴纳的社会保险费由用人单位代扣代缴，用人单位应当按月将缴纳社会保险费的明细情况告知本人。

无雇工的个体工商户、未在用人单位参加社会保险的非全日制从业人员以及其他灵活就业人员，可以直接向社会保险费征收机构缴纳社会保险费。

所以，企业依照国务院有关主管部门或者省级人民政府规定的范围和标准为职工缴纳的基本养老保险费、基本医疗保险费、失业保险费、工伤保险费、生育保险费等基本社会保险费和住房公积金，准予扣除。如果贵公司在异地设立的分支机构开展业务并实行汇总纳税，分支机构在异地替员工缴纳的社会保险可以扣除；如果通过与劳务派遣公司签订劳务派遣合同，由派遣公司与员工签订劳动合同，为员工在异地上社保，也可以凭劳务派遣发票在税前扣除。

其次，企业缴纳的社会保险费，以开具的财政票据为税前扣除凭证。

根据《企业所得税税前扣除凭证管理办法》（国家税务总局公告 2018 年第 28 号）第二条规定，本办法所称税前扣除凭证，是指企业在计算企业所得税应纳税所得额时，证明与取得收入有关的、合理的支出实际发生，并据以税前扣除的各类凭证。

第五条规定，企业发生支出，应取得税前扣除凭证，作为计算企业所得税应纳税所得额时扣除相关支出的依据。

第八条规定，税前扣除凭证按照来源分为内部凭证和外部凭证。外部凭证是指企业发生经营活动和其他事项时，从其他单位、个人取得的用于证明其支出发生的凭证，包括但不限于发票（包括纸质发票和电子发票）、财政票据、完税凭证、收款凭证、分割单等。

因此，缴纳社会保险费用一定要有财政票据才能为税前扣除凭证。职工自行申报社会保险到公司报销，不符合税前扣除的要求，不得在企业所得税前扣除。

8. 企业将应缴纳的社会保险金以现金向员工发放能否税前扣除？

问：企业对临时用工人员的养老保险没有上交社会保险部门，而是以工资名义现金发放养老保险金。以现金形式发放养老保险金能否税前扣除？是否有这方面的税收政策规定。

答：《企业所得税法实施条例》第三十四条规定，企业发生的合理的工资薪金支出，准予扣除。

前款所称工资薪金，是指企业每一纳税年度支付给在本企业任职或者受雇的员工的所有现金形式或者非现金形式的劳动报酬，包括基本工资、奖金、津贴、补贴、年终加薪、加班工资，以及与员工任职或者受雇有关的其他支出。

第三十五条规定，企业依照国务院有关主管部门或者省级人民政府规定的范围和标准为职工缴纳的基本养老保险费、基本医疗保险费、失业保险费、工伤保险费、生育保险费等基本社会保险费和住房公积金，准予扣除。

根据上述规定，只有按规定的范围和标准缴纳的“五险一金”才能在税前扣除，没有上缴至国家主管部门的“五险一金”不得在税前扣除。但对于现金支付给任职或受雇员工的合理的工资薪金可以全额在税前扣除。

9. 无偿借入设备发生的维修费能否税前扣除？

问：我们公司是机械加工企业，有一部分机器设备是无偿借用另一个企业的（关联方），这些设备在生产过程中发生维修费用。这些维修费能否在我公司企业所得税前扣除？

答：《企业所得税法》第八条规定，企业实际发生的与取得收入有关的、合理的支出，包括成本、费用、税金、损失和其他支出，准予在计算应纳税所得额时扣除。

根据上述规定，贵公司借用机构设备用于生产经营，其发生的维修费属于与取得收入相关的支出，可以在税前扣除。

10. 融资租赁费可以在税前一次性扣除吗？

问：公司融资租赁方式租入的机器设备，融资租赁费可以在税前一次性扣除吗？

答：根据《所得税法实施条例》（中华人民共和国国务院令第 512 号）第四十七条第二款规定，以融资租赁方式租入固定资产发生的租赁费支出，按照规定构成融资租入固定资产价值的部分应当提取折旧费用，分期扣除。

11. 向境外支付的咨询费，以什么凭证进行税前扣除？

问：甲公司向新加坡某公司支付咨询费 106 万元，请问以什么凭证作为合法有效税前扣除凭证？

答：根据《国家税务总局关于发布〈企业所得税税前扣除凭证管理办法〉的公告》（国家税务总局公告 2018 年第 28 号）第十一条规定，企业从境外购进货物或者劳务发生的支出，以对方开具的发票或者具有发票性质的收款凭证、相关税费缴纳凭证作为税前扣除凭证。

《中华人民共和国发票管理办法》第三十三条规定，单位和个人从中国境外取得的与纳税有关的发票或者凭证，税务机关在纳税审查时有疑义的，可以要求其提供境外公证机构或者注册会计师的确认证明，经税务机关审核认可后，方可作为记账核算的凭证。

根据《营业税改征增值税试点实施办法》（财税〔2016〕36 号附件 1）第六条规

定，中华人民共和国境外（以下称境外）单位或者个人在境内发生应税行为，在境内未设有经营机构的，以购买方为增值税扣缴义务人。

因此，甲公司在向新加坡公司支付咨询费时，应以对方开具的发票或者具有发票性质的收款凭证，以及代扣相关税费凭证作为企业所得税税前扣除凭证。当税务机关在纳税审查时有疑义的，根据其要求，提供境外公证机构或者注册会计师的确认证明，经税务机关审核认可后，方可作为合法有效的税前扣除凭证。

12. 辞退福利如何税前扣除？

问：企业因与部分职工解除劳动关系支付的辞退福利，属于工资薪金的范畴吗？能否税前扣除？

答：根据《企业所得税法实施条例》第三十四条规定，企业发生的合理的工资、薪金支出，准予扣除。

前款所称工资、薪金，是指企业每一纳税年度支付给在本企业任职或者受雇的员工的所有现金形式或者非现金形式的劳动报酬，包括基本工资、奖金、津贴、补贴、年终加薪、加班工资，以及与员工任职或者受雇有关的其他支出。

《企业会计准则第 9 号——职工薪酬》第二条规定，职工薪酬，是指企业为获得职工提供的服务或解除劳动关系而给予的各种形式的报酬或补偿。职工薪酬包括短期薪酬、离职后福利、辞退福利和其他长期职工福利。企业提供给职工配偶、子女、受赡养人、已故员工遗属及其他受益人等的福利，也属于职工薪酬。

辞退福利，是指企业在职工劳动合同到期之前解除与职工的劳动关系，或者为鼓励职工自愿接受裁减而给予职工的补偿。

根据上述规定，辞退福利，属于会计上的职工薪酬范围，但不属于企业所得税法中规定的工资薪金。企业与职工解除劳动合同而支付的合理的补偿费，属于与生产经营有关的必要而合理的支出。

由于辞退福利分为职工有选择权和没有选择权两种情况，因此在企业所得税前扣除时也有所不同：

（1）如果职工没有继续在职的选择权，那么辞退福利被视同因与职工解除劳动关系给予的补偿。企业对已达一定工作年限、一定年龄或接近退休年龄的职工内部退养支付的一次性生活补贴，以及企业支付给解除劳动合同职工的一次性补偿支出（包括买断工龄支出）等，原则上可以在企业所得税税前扣除。

（2）如果职工有继续在职的选择权，那么辞退福利属于或有事项，通过预计负债计入费用。《企业所得税法》第八条规定，企业实际发生的与取得收入有关的、合理的支出，包括成本、费用、税金、损失和其他支出，准予在计算应纳税所得额时扣除，因此，由企业确认的预计负债而计入费用的金额不允许税前扣除。

13. 上市公司股权激励将未发放的股权列入资本公积汇算清缴时是否需要调整？

问：我公司是上市公司，2018 年实施股权激励计划，将未发放的股权列入资本公积，企业所得税汇算清缴时是否需要进行纳税调增处理？

答：根据《国家税务总局关于我国居民企业实行股权激励计划有关企业所得税处理问题的公告》（国家税务总局公告 2012 年第 18 号）规定："二、上市公司依照《管理办法》要求建立职工股权激励计划，并按我国企业会计准则的有关规定，在股权激励计划授予激励对象时，按照该股票的公允价格及数量，计算确定作为上市公司相关年度的成本或费用，作为换取激励对象提供服务的对价。上述企业建立的职工股权激励计划，其企业所得税的处理，按以下规定执行：

（一）对股权激励计划实行后立即可以行权的，上市公司可以根据实际行权时该股票的公允价格与激励对象实际行权支付价格的差额和数量，计算确定作为当年上市公司工资薪金支出，依照税法规定进行税前扣除。

（二）对股权激励计划实行后，需待一定服务年限或者达到规定业绩条件（以下简称等待期）方可行权的。上市公司等待期内会计上计算确认的相关成本费用，不得在对应年度计算缴纳企业所得税时扣除。在股权激励计划可行权后，上市公司方可根据该股票实际行权时的公允价格与当年激励对象实际行权支付价格的差额及数量，计算确定作为当年上市公司工资薪金支出，依照税法规定进行税前扣除。"

因此，上市公司在等待期间，根据股票的公允价格及股票数量，计算出总额，会计上计算确认为相关成本费用，其对应科目为待结转的"其他资本公积"，不得在对应年度计算缴纳企业所得税时扣除，要进行纳税调增处理。

14. 支付给临时工的工资支出能否税前扣除？

问：我们公司根据生产经营情况经常雇用临时工，这些临时聘用的人员签订有劳动合同，但还没上交各种保险，给他们支付的工资能否税前扣除？

答：《劳动合同法》第七条规定，用人单位自用工之日起即与劳动者建立劳动关系。用人单位应当建立职工名册备查。

第十条规定，建立劳动关系，应当订立书面劳动合同。已建立劳动关系，未同时订立书面劳动合同的，应当自用工之日起一个月内订立书面劳动合同。用人单位与劳动者在用工前订立劳动合同的，劳动关系自用工之日起建立。

《国家税务总局关于企业所得税应纳税所得额若干税务处理问题的公告》（国家税务总局公告 2012 年第 15 号）第一项关于季节工、临时工等费用税前扣除问题规定，企业因雇用季节工、临时工、实习生、返聘离退休人员以及接受外部劳务派遣用工所实际发生的费用，应区分为工资薪金支出和职工福利费支出，并按《企业所得税法》规定在企业所得税前扣除。其中属于工资薪金支出的，准予计入企业工资薪金总额的基数，作为计算其他各项相关费用扣除的依据。

《企业所得税法实施条例》第三十四条规定，企业发生的合理的工资薪金支出，准予扣除。前款所称工资薪金，是指企业每一纳税年度支付给在本企业任职或者受雇的员工的所有现金形式或者非现金形式的劳动报酬，包括基本工资、奖金、津贴、补贴、年终加薪、加班工资，以及与员工任职或者受雇有关的其他支出。

根据上述规定，企业所得税的工资税前扣除不是以是否缴纳各种保险为前提，因此，贵公司与临时雇佣的人员签订有劳动合同，说明贵公司与临时雇佣人员建立了劳动关系，该人员属于在贵公司受雇的员工。贵公司向其支付的合理的工资薪金可以在税前扣除。

需要注意的是，目前很多省出台规定，支付给临时用工人员的工资，计算到社会保险的统筹基数，需要按规定计算缴纳社会保险。该问题在具体执行时各地税务机关可能有不同理解，请与当地主管税务机关确认为好。

15. 职工宿舍楼计提折旧是否需要计入福利费？

问：职工食堂、职工浴室、理发室、医务所、托儿所、疗养院等集体福利部门的建筑物（如宿舍、食堂楼房）计提的折旧，能否计入职工福利费，在不超过工资总额14%比例内扣除？

答：《财政部关于企业加强职工福利费财务管理的通知》（财企〔2009〕242号）第一条规定，企业职工福利费是指企业为职工提供的除职工工资、奖金、津贴、纳入工资总额管理的补贴、职工教育经费、社会保险费和补充养老保险费（年金）、补充医疗保险费及住房公积金以外的福利待遇支出，包括发放给职工或为职工支付的以下各项现金补贴和非货币性集体福利：

“（二）企业尚未分离的内设集体福利部门所发生的设备、设施和人员费用，包括职工食堂、职工浴室、理发室、医务所、托儿所、疗养院、集体宿舍等集体福利部门设备、设施的折旧、维修保养费用以及集体福利部门工作人员的工资薪金、社会保险费、住房公积金、劳务费等人工费用。”

《国家税务总局关于企业工资薪金及职工福利费扣除问题的通知》（国税函〔2009〕3号）第三条关于职工福利费扣除问题规定：“《实施条例》第四十条规定的企业职工福利费，包括以下内容：

（一）尚未实行分离办社会职能的企业，其内设福利部门所发生的设备、设施和人员费用，包括职工食堂、职工浴室、理发室、医务所、托儿所、疗养院等集体福利部门的设备、设施及维修保养费用和福利部门工作人员的工资薪金、社会保险费、住房公积金、劳务费等。”

根据上述规定，对尚未实行分离办社会职能的企业发生的职工食堂、职工浴室、理发室、医务所、托儿所、疗养院、集体宿舍等集体福利部门设备、设施的折旧可以计入职工福利费在不超过工资总额14%比例内扣除，但不包括建筑物（如宿舍、食堂楼房）计提的折旧。

16. 企业以现金形式发放的职工餐补是否可以税前扣除？

问：我企业以现金形式向职工发放餐补，是否可以税前扣除？

答：根据《国家税务总局关于企业工资薪金和职工福利费等支出税前扣除问题的公告》（国家税务总局公告2015年第34号）第一条规定，列入企业员工工资薪金制度、固定与工资薪金一起发放的福利性补贴，符合《国家税务总局关于企业工资薪金及职工福利费扣除问题的通知》（国税函〔2009〕3号）第一条规定的，可作为企业发生的工资薪金支出，按规定在税前扣除。

不能同时符合上述条件的福利性补贴，应作为国税函〔2009〕3 号文件第三条规定的职工福利费，按规定计算限额税前扣除。

根据《国家税务总局关于企业工资薪金及职工福利费扣除问题的通知》（国税函〔2009〕3 号）第一条规定："关于合理工资薪金问题《实施条例》第三十四条所称的'合理工资薪金'，是指企业按照股东大会、董事会、薪酬委员会或相关管理机构制订的工资薪金制度规定实际发放给员工的工资薪金。税务机关在对工资薪金进行合理性确认时，可按以下原则掌握：

（一）企业制订了较为规范的员工工资薪金制度；

（二）企业所制订的工资薪金制度符合行业及地区水平；

（三）企业在一定时期所发放的工资薪金是相对固定的，工资薪金的调整是有序进行的；

（四）企业对实际发放的工资薪金，已依法履行了代扣代缴个人所得税义务；

（五）有关工资薪金的安排，不以减少或逃避税款为目的。"

第三条规定，关于职工福利费扣除问题："《实施条例》第四十条规定的企业职工福利费，包括以下内容：

（一）尚未实行分离办社会职能的企业，其内设福利部门所发生的设备、设施和人员费用，包括职工食堂、职工浴室、理发室、医务所、托儿所、疗养院等集体福利部门的设备、设施及维修保养费用和福利部门工作人员的工资薪金、社会保险费、住房公积金、劳务费等。

（二）为职工卫生保健、生活、住房、交通等所发放的各项补贴和非货币性福利，包括企业向职工发放的因公外地就医费用、未实行医疗统筹企业职工医疗费用、职工供养直系亲属医疗补贴、供暖费补贴、职工防暑降温费、职工困难补贴、救济费、职工食堂经费补贴、职工交通补贴等。

（三）按照其他规定发生的其他职工福利费，包括丧葬补助费、抚恤费、安家费、探亲假路费等。"

因此，企业以现金形式发放的职工餐补若列入企业员工工资薪金制度、固定与工资薪金一起发放，且符合工资薪金相关规定的，可作为工资薪金支出，按规定在税前扣除；若不符合工资薪金相关规定，但符合职工福利费相关规定的，可作为福利费按规定在税前扣除。

17. 固定补贴是否属于工资薪金？

问：我公司按照工资薪金制度规定，在岗职工每月有 300 元住房补贴，与工资同时发放。该项住房补贴按照会计规定并入工资总额，税法上要作为福利费还是工资薪金税前扣除？

答：《国家税务总局关于企业工资薪金和职工福利费等支出税前扣除问题的公告》（国家税务总局公告 2015 年第 34 号）第一条关于企业福利性补贴支出税前扣除问题规定，列入企业员工工资薪金制度、固定与工资薪金一起发放的福利性补贴，符合《国家税务总局关于企业工资薪金及职工福利费扣除问题的通知》（国税函〔2009〕3 号）

第一条规定的，可作为企业发生的工资薪金支出，按规定在税前扣除。

不能同时符合上述条件的福利性补贴，应作为国税函〔2009〕3号文件第三条规定的职工福利费，按规定计算限额税前扣除。

根据上述规定，贵公司发放的住房补贴符合上述条件，可作为工资薪金支出按规定在税前扣除。

18. 实习生工资能否税前扣除？

问：我公司与某高校签订实习协议，作为该学校的实习基地，每年接受该校即将毕业的学生到公司实习，并支付给实习学生一定的工资，这部分工资支出能否在企业所得税税前扣除？

答：《国家税务总局关于企业所得税应纳税所得额若干税务处理问题的公告》（国家税务总局公告2012年第15号）第一条关于季节工、临时工等费用税前扣除问题规定，企业因雇用季节工、临时工、实习生、返聘离退休人员以及接受外部劳务派遣用工所实际发生的费用，应区分为工资薪金支出和职工福利费支出，并按《企业所得税法》规定在企业所得税前扣除。其中属于工资薪金支出的，准予计入企业工资薪金总额的基数，作为计算其他各项相关费用扣除的依据。（注：根据《国家税务总局关于企业工资薪金和职工福利费等支出税前扣除问题的公告》（国家税务总局公告2015年第34号）规定，此条款有关企业接受外部劳务派遣用工的相关规定废止。）

根据上述规定，贵公司向实习生支付的工资属于工资薪金支出，可以税前扣除。

19. 劳务派遣用工支出如何税前扣除？

问：我公司接受劳务公司劳务派遣用工，每月支付劳务公司劳务费并取得对方开具的劳务费发票，该部分劳务费用是否作为工资薪金税前扣除？

答：《国家税务总局关于企业工资薪金和职工福利费等支出税前扣除问题的公告》（国家税务总局公告2015年第34号）第三条关于企业接受外部劳务派遣用工支出税前扣除问题规定，企业接受外部劳务派遣用工所实际发生的费用，应分两种情况按规定在税前扣除：按照协议（合同）约定直接支付给劳务派遣公司的费用，应作为劳务费支出；直接支付给员工个人的费用，应作为工资薪金支出和职工福利费支出。其中属于工资薪金支出的费用，准予计入企业工资薪金总额的基数，作为计算其他各项相关费用扣除的依据。

根据上述规定，贵公司接受劳务派遣用工，向劳务公司支付费用并取得劳务费发票，应当作为劳务费支出，不作为工资薪金税前扣除。

20. 代扣代缴的社会保险及个人所得税是否可作为合理工资薪金扣除？

问：某员工基本工资5 000元，社会保险及个人所得税1 000元，实发工资4 000元。税收认定的工资薪金总额为5 000元还是4 000元。公司为个人代扣代缴的社会保险费及税金是否可以作为合理费用税前扣除？

答：《企业所得税法实施条例》第三十五条规定，企业依照国务院有关主管部门或者省级人民政府规定的范围和标准为职工缴纳的基本养老保险费、基本医疗保险费、失业保险费、工伤保险费、生育保险费等基本社会保险费和住房公积金，准予扣除。

企业为投资者或者职工支付的补充养老保险费、补充医疗保险费，在国务院财政、税务主管部门规定的范围和标准内，准予扣除。

《企业财务通则》第四十六条第（五）款规定，企业不得承担应由个人承担的其他支出。

《国家税务总局关于雇主为雇员承担全年一次性奖金部分税款有关个人所得税计算方法问题的公告》（国家税务总局公告2011年第28号）第四条规定，雇主为雇员负担的个人所得税款，应属于个人工资薪金的一部分。凡单独作为企业管理费列支的，在计算企业所得税时不得税前扣除。

《国家税务总局关于企业工资薪金及职工福利费扣除问题的通知》（国税函〔2009〕3号）第二条关于工资薪金总额问题规定："《实施条例》第四十、四十一、四十二条所称的'工资薪金总额'，是指企业按照本通知第一条规定实际发放的工资薪金总和，不包括企业的职工福利费、职工教育经费、工会经费以及养老保险费、医疗保险费、失业保险费、工伤保险费、生育保险费等社会保险费和住房公积金。属于国有性质的企业，其工资薪金，不得超过政府有关部门给予的限定数额；超过部分，不得计入企业工资薪金总额，也不得在计算企业应纳税所得额时扣除。"

根据上述规定，雇主为雇员负担的个人所得税款，应属于个人工资薪金的一部分。凡单独作为企业管理费列支的，在计算企业所得税时不得税前扣除。因此，企业可税前扣除的工资薪金总额为5 000元，公司为个人代扣代缴的社会保险及个人所得税，属于个人应承担的支出，不属于与取得收入有关的合理支出，如果企业负担，则不可以税前扣除，如果企业不负担，则通过往来和应交税费科目核算，不属于企业的支出，不存在税前扣除问题。

21. 工作服费用是否属于职工福利费？

问：我公司属于大型生产企业，为统一公司形象，为职工定制了统一的工作服饰，要求职工在工作期间必须穿工作服上班，否则要罚款，该部分工作服费用是否计入职工福利费在税前限额扣除？

答：《国家税务总局关于企业所得税若干问题的公告》（国家税务总局公告2011年第34号）第二条关于企业员工服饰费用支出扣除问题规定，"企业根据其工作性质和特点，由企业统一制作并要求员工工作时统一着装所发生的工作服饰费用，根据《企业所得税法实施条例》第二十七条的规定，可以作为企业合理的支出给予税前扣除"。

根据上述规定，贵公司发生的工作服费用不属于职工福利费，可以作为企业合理的支出直接税前扣除。

22. 军转干部安置费能否在税前扣除？

问：军转干部安置费及政府摊派的费用是否可税前扣除？

答：《企业所得税法》第八条规定，企业实际发生的与取得收入有关的、合理的支出，包括成本、费用、税金、损失和其他支出，准予在计算应纳税所得额时扣除。

《军队转业干部安置暂行办法》第五十八条规定，军队转业干部安置经费，分别列入中央财政、地方财政和军费预算，并根据经济社会发展，逐步加大投入。

根据上述规定，企业发生的与生产经营有关的、合理的支出，可以在税前扣除。但与取得收入无关的其他支出，不得在税前扣除。军转干部安置费以及政府摊派费用属于与生产经营无关的支出，不得在税前扣除。

23. 企业自办刊物支付的稿费是否可以税前扣除？

问：我公司自办内部期刊，投稿人为公司员工，为鼓励大家积极投稿，设定了稿费支付标准，每季度支付的稿费在管理费用——宣传费中列支，后附投稿员工名单，这笔费用是否属于工资？能否在企业所得税税前扣除？

答：《国家税务总局关于企业工资薪金及职工福利费扣除问题的通知》（国税函〔2009〕3号）第一项关于合理工资薪金问题规定："《实施条例》第三十四条所称的'合理工资薪金'，是指企业按照股东大会、董事会、薪酬委员会或相关管理机构制订的工资薪金制度规定实际发放给员工的工资薪金。税务机关在对工资薪金进行合理性确认时，可按以下原则掌握：

（一）企业制订了较为规范的员工工资薪金制度；

（二）企业所制订的工资薪金制度符合行业及地区水平；

（三）企业在一定时期所发放的工资薪金是相对固定的，工资薪金的调整是有序进行的；

（四）企业对实际发放的工资薪金，已依法履行了代扣代缴个人所得税义务；

（五）有关工资薪金的安排，不以减少或逃避税款为目的。"

根据上述规定，对于员工在本单位期刊发表作品所取得的稿费收入，其性质属于工资性收入，可以自制表格的形式发放，属于合理的工资薪金在企业所得税前扣除。

24. 职工出差培训，餐费、住宿费、差旅费税前应如何扣除？

问：职工出差培训，发生的餐费、住宿费、差旅费算不算教育经费？

答：《财政部　中共中央组织部　国家公务员局关于印发〈中央和国家机关培训费管理办法〉的通知》（财行〔2013〕523号）第八条规定："本办法所称培训费，是指各单位开展培训直接发生的各项费用支出，包括住宿费、伙食费、培训场地费、讲课费、培训资料费、交通费、其他费用。

（一）住宿费是指参训人员及工作人员培训期间发生的租住房间的费用。

（二）伙食费是指参训人员及工作人员培训期间发生的用餐费用。

（三）培训场地费是指用于培训的会议室或教室租金。

（四）讲课费是指聘请师资授课所支付的必要报酬。

（五）培训资料费是指培训期间必要的资料及办公用品费。

（六）交通费是指用于接送以及统一组织的与培训有关的考察、调研等发生的交通支出。

（七）其他费用是指现场教学费、文体活动费、医药费以及授课教师交通、食宿等支出。”

《财政部 国家机关事务管理局 中共中央直属机关事务管理局关于印发〈中央和国家机关会议费管理办法〉的通知》（财行〔2013〕286 号）第十四条规定：“会议费开支范围包括会议住宿费、伙食费、会议室租金、交通费、文件印刷费、医药费等。

前款所称交通费是指用于会议代表接送站，以及会议统一组织的代表考察、调研等发生的交通支出。

会议代表参加会议发生的城市间交通费，按照差旅费管理办法的规定回单位报销。”

《财政部 全国总工会 发展改革委 教育部科技部 国防科工委 人事部 劳动保障部国资委 国家税务总局 全国工商联关于印发〈关于企业职工教育经费提取与使用管理的意见〉的通知》（财建〔2006〕317 号）第三条第五款规定：“企业职工教育培训经费列支范围包括：……6. 企业组织的职工外送培训的经费支出。”

第六款规定，经单位批准或按国家和省、市规定必须到本单位之外接受培训的职工，与培训有关的费用由职工所在单位按规定承担。

根据上述规定，培训费是指各单位开展培训直接发生的各项费用支出，包括住宿费、伙食费、培训场地费、讲课费、培训资料费、交通费、其他费用。住宿费是指参训人员及工作人员培训期间发生的租住房间的费用。交通费是指用于接送以及统一组织的与培训有关的考察、调研等发生的交通支出。参加培训人员发生的城市间交通费，按照差旅费管理办法的规定回单位报销。伙食费是指参训人员及工作人员培训期间发生的用餐费用。上述培训费列入职工教育经费核算。

25. 员工接受继续教育学费，可以所得税税前扣除吗？

问：我企业为员工报销接受继续教育所发生的学费，是否可以按职工教育经费报销？

答：根据《中华人民共和国企业所得税法》（中华人民共和国主席令第 63 号）规定，企业实际发生的与取得收入有关的、合理的支出，包括成本、费用、税金、损失和其他支出，准予在计算应纳税所得额时扣除。

根据《关于企业职工教育经费提取与使用管理的意见》（财建〔2006〕317 号）规定，企业职工参加社会上的学历教育以及个人为取得学位而参加的在职教育，所需费用应由个人承担，不能挤占企业的职工教育培训经费。

因此，企业员工接受继续教育所发生的学费属于员工个人消费，不属于职工教育经费的范畴，不得税前扣除。

26. 以前年度未拨缴的工会经费，怎么处理？

问：某公司本年度工会经费已计提拨缴，并有工会组织开具的专用收据。但存在以前年度未拨缴的工会经费，如果拨缴，能否税前扣除；如果不拨缴，怎么处理？

答：根据《中华人民共和国企业所得税法实施条例》（中华人民共和国国务院令第

512 号）第九条规定：企业应纳税所得额的计算，以权责发生制为原则，属当期的收入和费用，不论款项是否收付，均作为当期的收入和费用；不属于当期的收入和费用，即使款项已经在当期收付，均不作为当期的收入和费用。以前年度未拨缴的工会经费不能作为本年度的费用税前扣除。

27. 企业购买预付卡所得税税前如何扣除？

问：企业为职工办理节日福利，向商场办理了充值预付卡，并取得发票，如何在税前扣除？

答：对于企业购买、充值预付卡，应在业务实际发生时税前扣除。按照购买或充值、发放和使用等不同情形进行以下税务处理：

（1）在购买或充值环节，预付卡应作为企业的资产进行管理，购买或充值时发生的相关支出不得税前扣除；

（2）在发放环节，凭相关内外部凭证，证明预付卡所有权已发生转移的，根据使用用途进行归类，按照税法规定进行税前扣除（例如，发放给职工的可作为工资、福利费，用于交际应酬的作为业务招待费进行税前扣除）；

（3）本企业内部使用的预付卡，在相关支出实际发生时，凭相关凭证在税前扣除。

28. 企业欠缴的土地增值税、房产税能否在企业所得税税前列支？

问：我企业 2018 年欠缴土地增值税、房产税 120 万元，在会计上已作计提处理，请问能否在 2018 年度企业所得税税前扣除？

答：根据《国家税务总局关于发布〈企业所得税税前扣除凭证管理办法〉的公告》（国家税务总局公告 2018 年第 28 号）第四条规定，税前扣除凭证在管理中遵循真实性、合法性、关联性原则。真实性是指税前扣除凭证反映的经济业务真实，且支出已经实际发生；合法性是指税前扣除凭证的形式、来源符合国家法律、法规等相关规定；关联性是指税前扣除凭证与其反映的支出相关联且有证明力。

第十七条规定，除发生本办法第十五条规定的情形外，企业以前年度应当取得而未取得发票、其他外部凭证，且相应支出在该年度没有税前扣除的，在以后年度取得符合规定的发票、其他外部凭证或者按照本办法第十四条的规定提供可以证实其支出真实性的相关资料，相应支出可以追补至该支出发生年度税前扣除，但追补年限不得超过五年。

您企业会计上已作处理的土地增值税、营业税发生欠缴的，虽然已经按权责发生制进行会计处理，但该支出没有实际发生，在年度企业所得税汇算清缴结束前未取得相关完税证明的，应作纳税调增处理，待取得完税证明后，在规定的时限内追补确认。

29. 上级机关收取的管理费能否税前扣除？

问：目前母公司拟按照销售收入的 0.5% 收取子公司的管理费用（上级管理费），是否能在企业所得税前扣除？依据是什么？

答：《国家税务总局关于母子公司间提供服务支付费用有关企业所得税处理问题的

通知》（国税发〔2008〕86 号）第一条规定，母公司为其子公司提供各种服务而发生的费用，应按照独立企业之间公平交易原则确定服务的价格，作为企业正常的劳务费用进行税务处理。

母子公司未按照独立企业之间的业务往来收取价款的，税务机关有权予以调整。

第二条规定，母公司向其子公司提供各项服务，双方应签订服务合同或协议，明确规定提供服务的内容、收费标准及金额等，凡按上述合同或协议规定所发生的服务费，母公司应作为营业收入申报纳税；子公司作为成本费用在税前扣除。

第四条规定，母公司以管理费形式向子公司提取费用，子公司因此支付给母公司的管理费，不得在税前扣除。

第五条规定，子公司申报税前扣除向母公司支付的服务费用，应向主管税务机关提供与母公司签订的服务合同或者协议等与税前扣除该项费用相关的材料。不能提供相关材料的，支付的服务费用不得税前扣除。

根据上述规定，母公司基于向子公司提供管理服务而收取的费用，母公司应作为营业收入申报缴纳企业所得税，子公司作为成本费用在税前扣除。

母公司不提供服务仅以管理费形式向子公司提取管理费用，子公司不得在税前扣除。

30. 筹建期间发生的招待费如何进行税前扣除？

问：我公司从 2018 年筹建，2019 年 3 月份正式开业取得营业收入。筹建期间发生的业务招待费支出计入开办费，如何进行税前扣除？此外 2019 年 4 月份发生与开业有关的费用（开业庆典费用，纪念品费用等），是否可以继续计入开办费还是计入当期损益？

答：《企业会计准则应用指南——会计科目和主要账务处理》“6602 管理费用”规定，企业在筹建期间内发生的开办费，包括人员工资、办公费、培训费、差旅费、印刷费、注册登记费以及不计入固定资产价值的借款费用等，借记“管理费用”科目，贷记“银行存款”科目。

《国家税务总局关于企业所得税若干税务事项衔接问题的通知》（国税函〔2009〕98 号）关于开（筹）办费的处理规定，新税法中开（筹）办费未明确列作长期待摊费用，企业可以在开始经营之日的当年一次性扣除，也可以按照新税法有关长期待摊费用的处理规定处理，但一经选定，不得改变。

《国家税务总局关于企业所得税应纳税所得额若干税务处理问题的公告》（国家税务总局公告 2012 年第 15 号）第五条的规定，企业在筹建期间，发生的与筹办活动有关的业务招待费支出，可按实际发生额的 60% 计入企业筹办费，并按有关规定在税前扣除；发生的广告费和业务宣传费，可按实际发生额计入企业筹办费，并按有关规定在税前扣除。

根据上述规定，并参照国家税务总局关于筹建期间业务招待费、广告费等费用的处理规定，企业在开始经营后发生的与开业有关的费用，按规定计入当期损益，不再作为开办费处理。

假设贵公司2018年度筹建期间发生筹建费用50万，其中业务招待费1万元，2019年1月进入经营期（不考虑其他因素），则开办费及招待费调整的账务处理及所得税申报如下：

会计准则与小企业会计准则的处理基本一致，均是在费用发生时计入“管理费用”；而企业会计制度的会计处理是要先计入“长期待摊费用”，然后在开始生产经营的当月起一次计入开始生产经营当月的损益，借记“管理费用”科目。

（1）如果企业适用企业会计准则或小企业会计准则。

2018年度

①会计处理：

借：管理费用——开办费　　500 000

　　贷：银行存款　　500 000

②税务处理：2018年度A类年度所得税申报表的填报。

第1步，填报《期间费用明细表》（A104000）（如下表所示）。

A104000　期间费用明细表

行次	项目	销售费用	其中：境外支付	管理费用	其中：境外支付
		1	2	3	4
25	二十五、其他			500 000	
26	合计（1+2+3+…25）	—	—	500 000	—

第2步：填报《纳税调整项目明细表》（A105000）（如下表所示）。

A105000　纳税调整项目明细表

行次	项目	账载金额	税收金额	调增金额	调减金额
		1	2	3	4
12	二、扣除类调整项目（13+14+…24+26+27+28+29+30）	*	*	500 000	
30	（十七）其他	500 000		500 000	

2019年度：

税务处理：A类年度所得税申报表的填报。

其一，如果企业选择了一次性扣除，则允许扣除金额为49.6万元［（50－1）+1×60%］，需要填报A105000表，进行纳税调减扣除（如下表所示）。

A105000　纳税调整项目明细表

行次	项目	账载金额	税收金额	调增金额	调减金额
		1	2	3	4
12	三、扣除类调整项目（13+14+…+26+27+28+29+30）	*	*		496 000
30	（十七）其他		496 000		496 000

其二，如果企业选择长期摊销（假设按三年），则当年允许扣除金额为 16.33 万元（49.6÷3），需要填报 A105080 表，进行摊销（如下表所示）。

A105080 资产折旧、摊销及纳税调整明细表

行次	项目	账载金额			税收金额					纳税调整金额
		资产原值	本年折旧、摊销额	累计折旧、摊销额	资产计税基础	税收折旧、摊销额	享受加速折旧政策的资产按税收一般规定计算的折旧、摊销额	加速折旧、摊销统计额	累计折旧、摊销额	
		1	2	3	4	5	6	7＝5－6	8	9（2－5）
28	四、长期待摊费用				496 000	165 333.33	*	*		－165 333.33
32	（四）开办费				496 000	165 333.33	*	*		－165 333.33

（2）企业如果适用的是企业会计制度。

①会计处理。

2018 年度发生开办费时：

借：长期待摊费用——开办费　　500 000

　贷：银行存款　　500 000

2019 年结束筹建期时（一次性扣除）：

借：管理费用——开办费　　500 000

　贷：长期待摊费用　　500 000

2019 年结束筹建期时（分三年摊销）：

借：管理费用——开办费　　166 700

　贷：长期待摊费用　　166 700

②税务处理：2018 年度 A 类年度所得税申报表的填报如下表所示。

A105080 资产折旧、摊销及纳税调整明细表

行次	项目	账载金额			税收金额					纳税调整金额
		资产原值	本年折旧、摊销额	累计折旧、摊销额	资产计税基础	税收折旧、摊销额	享受加速折旧政策的资产按税收一般规定计算的折旧、摊销额	加速折旧、摊销统计额	累计折旧、摊销额	
		1	2	3	4	5	6	7＝5－6	8	9（2－5）
28	四、长期待摊费用	500 000			496 000		*	*		0
32	（四）开办费	500 000			496 000		*	*		0

③税务处理：2019 年度 A 类年度所得税申报表的填报。

其一，如果企业选择了一次性扣除，则允许扣除金额为49.6万元［（50－1）＋1×60%］，需要填报A105080表，进行纳税调减扣除如下表所示。

A105080　资产折旧、摊销及纳税调整明细表

行次	项目	账载金额			税收金额					纳税调整金额
		资产原值	本年折旧、摊销额	累计折旧、摊销额	资产计税基础	税收折旧、摊销额	享受加速折旧政策的资产按税收一般规定计算的折旧、摊销额	加速折旧、摊销统计额	累计折旧、摊销额	
		1	2	3	4	5	6	7＝5－6	8	9（2－5）
28	四、长期待摊费用	500 000	500 000	500 000	496 000	496 000	*	*		4 000
32	（四）开办费	500 000	500 000	500 000	496 000	496 000	*	*		4 000

其二，如果企业选择长期摊销（假设按三年），则当允许扣除金额为16.33万元（49.6÷3），需要填报A105080表，进行摊销如下表所示。

A105080　资产折旧、摊销及纳税调整明细表

行次	项目	账载金额			税收金额					纳税调整金额
		资产原值	本年折旧、摊销额	累计折旧、摊销额	资产计税基础	税收折旧、摊销额	享受加速折旧政策的资产按税收一般规定计算的折旧、摊销额	加速折旧、摊销统计额	累计折旧、摊销额	
		1	2	3	4	5	6	7＝5－6	8	9（2－5）
28	四、长期待摊费用	500 000	166 666.67	166 666.67	496 000	165 333.33	*	*		－1 333.34
32	（四）开办费	500 000	166 666.67	166 666.67	496 000	165 333.33	*	*		－1 333.34

如果企业在年度中间进入经营期，则应当将当年度的费用归集分为筹建和经营的两个时间段，筹建期间的会计和税务处理参照上述规则。

31. 被认定为善意取得的虚开增值税专用发票能否在税前扣除？

问：甲公司取得一张合计116万的增值税专用发票，被税务机关认定为善意取得的虚开增值税专用发票，则16万的进项税额转出后，该张发票的价税合计116万能否在税前扣除？

答：根据《国家税务总局关于发布〈企业所得税税前扣除凭证管理办法〉的公告》（国家税务总局公告2018年第28号）第十二条规定，企业取得私自印制、伪造、变造、作废、开票方非法取得、虚开、填写不规范等不符合规定的发票（以下简称“不合规发票”），以及取得不符合国家法律、法规等相关规定的其他外部凭证（以下简称

“不合规其他外部凭证”)，不得作为税前扣除凭证。

第十三条规定，企业应当取得而未取得发票、其他外部凭证或者取得不合规发票、不合规其他外部凭证的，若支出真实且已实际发生，应当在当年度汇算清缴期结束前，要求对方补开、换开发票、其他外部凭证。补开、换开后的发票、其他外部凭证符合规定的，可以作为税前扣除凭证。

第十四条规定，企业在补开、换开发票、其他外部凭证过程中，因对方注销、撤销、依法被吊销营业执照、被税务机关认定为非正常户等特殊原因无法补开、换开发票、其他外部凭证的，可凭以下资料证实支出真实性后，其支出允许税前扣除：“（一）无法补开、换开发票、其他外部凭证原因的证明资料（包括工商注销、机构撤销、列入非正常经营户、破产公告等证明资料）；（二）相关业务活动的合同或者协议；（三）采用非现金方式支付的付款凭证……”

其中，第一项至第三项为必备资料。

同时，根据《国家税务总局关于纳税人善意取得虚开的增值税专用发票处理问题的通知》（国税发〔2000〕187号）规定，购货方与销售方存在真实的交易，销售方使用的是其所在省（自治区、直辖市和计划单列市）的专用发票，专用发票注明的销售方名称、印章、货物数量、金额及税额等全部内容与实际相符，且没有证据表明购货方知道销售方提供的专用发票是以非法手段获得的，对购货方不以偷税或者骗取出口退税论处。

购货方能够重新从销售方取得防伪税控系统开出的合法、有效专用发票的，或者取得手工开出的合法、有效专用发票且取得了销售方所在地税务机关或者正在依法对销售方虚开专用发票行为进行查处证明的，购货方所在地税务机关应依法准予抵扣进项税款或者出口退税。

从上述企业所得税和增值税的相关规定看出，认定为善意取得虚开的增值税专用发票，必须是建立在购销双方存在真实交易基础上的，如果购货方能够重新从销售方取得防伪税控系统开出的合法、有效的专用发票，仍可以抵扣。因此，在被认定为善意取得的虚开增值税专用发票后，甲公司应根据税务总局2018年第28号文件公告第十三条、第十四的规定，对该项业务在限定的时间内进行补开、换开发票，如果因对方注销、撤销、依法被吊销营业执照、被税务机关认定为非正常户等特殊原因无法补开、换开发票的，还可以凭相关资料来证实支出真实性后进行企业所得税的税前扣除。如果缺少必备资料，则无法在税前扣除。

32. 雇主责任险与公众责任险是否可在企业所得税税前扣除？

问：雇主责任险与公众责任险是否可以在企业所得税税前扣除？政策依据都有哪些？

答：依据《国家税务总局关于责任保险费企业所得税税前扣除有关问题的公告》（国家税务总局公告2018年第52号），企业参加雇主责任险、公众责任险等责任保险，按照规定缴纳的保险费，准予在企业所得税税前扣除。

适用于2018年度及以后年度企业所得税汇算清缴。

33. 企业员工因出差乘坐交通工具发生的人身意外保险支出是否可在企业所得税税前扣除？

问：企业员工因出差乘坐交通工具发生的人身意外保险支出，能否扣除？

答：根据《国家税务总局关于企业所得税有关问题的公告》（国家税务总局公告2016年第80号）第一条规定，关于企业差旅费中人身意外保险费支出税前扣除问题：企业职工因公出差乘坐交通工具发生的人身意外保险支出，准予企业在计算应纳税所得额时扣除。

因此，员工出差乘坐交通工具发生的人身意外保险支出，准予扣除。

34. 团体意外伤害保险能否税前扣除？

问：公司给全体人员参加的团体人身意外伤害保险，附加意外伤害医疗保险，保单中注明一类人员和三类人员，该保险是否属于商业保险的范畴？在计算应纳税所得额时，是否需调增应纳税所得额？

答：《企业所得税法实施条例》第三十六条规定，除企业依照国家有关规定为特殊工种职工支付的人身安全保险费和国务院财政、税务主管部门规定可以扣除的其他商业保险费外，企业为投资者或者职工支付的商业保险费，不得扣除。

根据上述规定，只有为特殊工种职工支付的人身安全保险费以及国务院财政、税务主管部门规定的其他商业保险费可以税前扣除，但目前财政部、国家税务总局尚未对"其他商业保险费"和"特殊工种职工"进行界定，此类保险费，其依据必须是法定的，即是国家其他法律法规强制规定企业应当为其职工投保的人身安全保险，如果不是国家法律法规所强制性规定的，企业自愿为其职工投保的所谓人身安全保险而发生的保险费支出是不准予税前扣除的。原《高危行业企业安全生产费用财务管理暂行办法》（国发〔2004〕2号）第十八条规定，企业应当为从事高空、高压、易燃、易爆、剧毒、放射性、高速运输、野外、矿井等高危作业的人员办理团体人身意外伤害保险或个人意外伤害保险，但该文件2012年已经废止。现行法律规定应为职工办理意外伤害险的文件，如《中华人民共和国建筑法》第四十八条规定，建筑施工企业应当依法为职工参加工伤保险缴纳工伤保险费。鼓励企业为从事危险作业的职工办理意外伤害保险，支付保险费。《中华人民共和国煤炭法》第三十七条规定，煤矿企业应当依法为职工参加工伤保险缴纳工伤保险费。鼓励企业为井下作业职工办理意外伤害保险，支付保险费。上述列举之外企业为其他职工购买的意外伤害险、意外医疗险等，其保险费不能税前扣除，应调增应纳税所得额。

35. 工伤赔款能否税前扣除？

问：我公司2018年发生员工工伤赔偿，能否在税前扣除？

答：根据《国家税务总局关于企业工资薪金及职工福利费扣除问题的通知》（国税函〔2009〕3号）第三条规定，企业职工福利费，包括以下内容："（二）为职工卫生保健、生活、住房、交通等所发放的各项补贴和非货币性福利，包括企业向职工发放的因公外地就医费用、未实行医疗统筹企业职工医疗费用、职工供养直系亲属医疗补贴、供暖费补贴、职工防暑降温费、职工困难补贴、救济费、职工食堂经费补贴、职工交通补贴等。（三）按照其他规定发生的其他职工福利费，包括丧葬补助费、抚恤费、安家费、探亲假路费等。”

企业按照《工伤保险条例》及相关规定所支付工伤补助费用等，可凭劳动保障、法院等部门相关证明，以及赔偿款支付凭证等资料，在税前扣除。

企业职工因公伤亡而发生的医疗类费用支出在医疗统筹以外支付的部分，以及丧葬补助费、抚恤费应在职工福利费中列支；企业职工因公伤亡而发生的补偿金可以直接在税前扣除。职工发生与企业无关的伤亡事故，企业给予的各类慰问补助费用应在职工福利费中列支。企业应取得伤亡职工的伤亡证明、调解或判决资料、支付凭证等相关资料，作为企业职工因公伤亡而发生的补偿金相关证据。

36. 贴现利息高于同期银行承兑汇票的贴现利息，能否在企业所得税前扣除？

问：企业取得企业商业承兑汇票，到开户银行票据贴现，银行贴现利息高于同期银行承兑汇票的贴现利息，能否在企业所得税前扣除？

答：根据《中华人民共和国企业所得税法实施条例》（国务院令第 512 号）第三十八条规定：“企业在生产经营活动中发生的下列利息支出，准予扣除：（一）非金融企业向金融企业借款的利息支出、金融企业的各项存款利息支出和同业拆借利息支出、企业经批准发行债券的利息支出；（二）非金融企业向非金融企业借款的利息支出，不超过按照金融企业同期同类贷款利率计算的数额的部分。”

因此，企业取得企业商业承兑汇票，银行贴现利息高于同期银行承兑汇票的贴现利息，准予在税前扣除。

37. 关联方的利息支出是否可税前扣除？

问：企业支付给关联方的利息支出是否可以在计算应纳税所得额时扣除？

答：《财政部　国家税务总局关于企业关联方利息支出税前扣除标准有关税收政策问题的通知》（财税〔2008〕121 号）规定：“一、在计算应纳税所得额时，企业实际支付给关联方的利息支出，不超过以下规定比例和税法及其实施条例有关规定计算的部分，准予扣除，超过的部分不得在发生当期和以后年度扣除。企业实际支付给关联方的利息支出，除符合本通知第二条规定外，其接受关联方债权性投资与其权益性投资比例为：（一）金融企业，为 5:1；（二）其他企业，为 2:1。

二、企业如果能够按照税法及其实施条例的有关规定提供相关资料，并证明相关交易活动符合独立交易原则的；或者该企业的实际税负不高于境内关联方的，其实际支付给境内关联方的利息支出，在计算应纳税所得额时准予扣除。”

例如，甲公司（非金融企业）的权益性投资为 3 300 万元。2019 年按同期金融机构贷款利率从其关联方借款 9 900 万元，发生借款利息 450 万元。

该公司接受关联方债权性投资与其权益性投资比例为 3（9 900 ÷ 3 300），大于其接受关联方债权性投资与其权益性投资比例限额，因此需要调整应纳税所得额：

不得扣除的利息支出=年度实际支付的全部关联方利息×(1-标准比例÷关联债资比例)=450×(1-2÷3)=150(万元)

38. 房地产企业借款利息如何在企业所得税前扣除?

问:我单位是房地产集团公司,由成员企业统一向银行借款,分摊集团内部其他成员企业使用,利息如何税前扣除?

答:《国家税务总局关于印发〈房地产开发经营业务企业所得税处理办法〉的通知》(国税发〔2009〕31号)第二十一条规定:“企业的利息支出按以下规定进行处理:(一)企业为建造开发产品借入资金而发生的符合税收规定的借款费用,可按企业会计准则的规定进行归集和分配,其中属于财务费用性质的借款费用,可直接在税前扣除。(二)企业集团或其成员企业统一向金融机构借款分摊集团内部其他成员企业使用的,借入方凡能出具从金融机构取得借款的证明文件,可以在使用借款的企业间合理的分摊利息费用,使用借款的企业分摊的合理利息准予在税前扣除。”

根据《市场监管总局关于做好取消企业集团核准登记等4项行政许可等事项衔接工作的通知》(国市监企注〔2018〕139号)规定:取消《企业集团登记证》核发,强化企业信息公示。不再单独登记企业集团,不再核发《企业集团登记证》,并认真做好以下衔接工作:

(1)放宽名称使用条件,各级工商和市场监管部门对企业集团成员企业的注册资本和数量不做审查;

(2)强化企业集团信息公示。取消企业集团核准登记后,集团母公司应当将企业集团名称及集团成员信息通过国家企业信用信息公示系统向社会公示。本通知下发前已经取得《企业集团登记证》的,可以不再公示。

综上所述,取消企业集团核准登记以后,我们判断企业是否为企业集团时可以参考两个方面的信息:

第一,是否拥有企业集团证书。这个是未取消企业集团核准登记前成立的企业集团。

第二,是否在国家企业信用信息公示系统中公示集团公司及其集团成员的信息。

39. 投资未到位而发生的利息支出是否可以税前扣除?

问:企业成立时,注册资金未全部到位,后开展经营又发生银行借款利息支出,是否可以全额扣除。

答:《国家税务总局关于企业投资者投资未到位而发生的利息支出企业所得税前扣除问题的批复》(国税函〔2009〕312号)规定:凡企业投资者在规定期限内未缴足其应缴资本额的,该企业对外借款所发生的利息,相当于投资者实缴资本额与在规定期限内应缴资本额的差额应计付的利息,其不属于企业合理的支出,应由企业投资者负担,不得在计算企业应纳税所得额时扣除。企业每一计算期不得扣除的借款利息=该期间借款利息额×(该期间未缴足注册资本额÷该期间借款额)。

例如,某公司2018年1月向银行按照5.4%的年利率借入400万元,向一私营企业以 8% 的年利率借入 200 万元，全年发生利息支出 37.6 万元，公司甲股东欠缴资本额 300 万元，则该公司 2008 年不得扣除的借款利息为 21.4 万元［200 ×（8% －5.4%）+（400 ×5.4% +200 ×5.4%）×300 ÷（400 +200）］。允许该公司税前扣除利息支出为 16.2 万元（37.6－21.4）。

40. 购买期权发生的手续费如何税前扣除？

问：企业在购买期权时发生的手续费是在购买时税前扣除还是在交割时税前扣除？会计上又如何处理？

答：《企业所得税法实施条例》第五十六条规定，企业的各项资产，包括固定资产、生物资产、无形资产、长期待摊费用、投资资产、存货等，以历史成本为计税基础。

前款所称历史成本，是指企业取得该项资产时实际发生的支出。

企业持有各项资产期间资产增值或者减值，除国务院财政、税务主管部门规定可以确认损益外，不得调整该资产的计税基础。

《企业会计准则——应用指南》附录一《会计科目和主要账务处理》第 3101 衍生工具科目第三项规定，企业取得衍生工具时，按其公允价值，借记本科目，按发生的交易费用，借记“投资收益”科目，按实际支付的金额，贷记“银行存款”“存放中央银行款项”等科目。

根据上述规定，企业在购买期权时发生的手续费是在购买时应当计入期权成本，不能直接税前扣除；会计处理时可以计入当期损益。

41. 国有公司上市评估增值的固定资产，增值部分如何在税前扣除？

问：某国有公司是 2014 年改制上市的，在上市前对其控股子公司的全部资产进行了评估，子公司按固定资产评估值计提折旧，2014 年汇算清缴时对评估增值部分的折旧进行了纳税调增处理。根据财税〔2015〕65 号文件规定，在 2015 年度汇算清缴时是否可以对 2014 年度调增的折旧做纳税调减处理？

问题：随着《财政部　国家税务总局关于企业改制上市资产评估增值企业所得税处理政策的通知》（财税〔2015〕65 号，以下简称“65 号文”）的印发，在 2015 年度汇算清缴时是否可以对 2014 年度调增的折旧做纳税调减处理？

答：根据《财政部　国家税务总局关于企业改制上市资产评估增值企业所得税处理政策的通知》（财税〔2015〕65 号，以下简称“65 号文”）第一条第（三）款规定，经确认的评估增值资产，可按评估价值入账并按有关规定计提折旧或摊销，在计算应纳税所得额时允许扣除。

第四条规定，本通知执行期限为 2015 年 1 月 1 日至 2018 年 12 月 31 日。

第五条规定，本通知发布前发生的国有企业改制上市事项，符合本通知规定且未就资产评估增值缴纳企业所得税的，可按本通知执行；已就资产评估增值缴纳企业所得税的，不再退还。

由于该企业是 2014 年度进行改制上市的，并且已经对固定资产评估增值部分的折旧所做的纳税调增处理，不属于65号文规定的执行期限。且“已就资产评估增值缴纳企业所得”税，也不适用65号文规定的追溯执行条件。因此，在2015年度企业所得税汇算清缴时，不可以对2014年度评估增值折旧调增事项做纳税转回（调减）处理。

42. 负责多家公司的高管发生差旅费如何税前扣除？

问：我公司是在天津注册成立的公司，所有经营业务均发生在天津。由于总经理受母公司的委派，除了负责天津公司之外，还需要负责上海、中国香港、泰国等公司的业务，但是去上海、中国香港和泰国的差旅费在天津公司报销，这种差旅费能否在天津公司税前扣除？

答：《企业所得税法》第八条企业实际发生的与取得收入有关的、合理的支出，包括成本、费用、税金、损失和其他支出，准予在计算应纳税所得额时扣除。

《企业所得税法实施条例》第二十七条规定，企业所得税法第八条所称有关的支出，是指与取得收入直接相关的支出。

企业所得税法第八条所称合理的支出，是指符合生产经营活动常规，应当计入当期损益或者有关资产成本的必要和正常的支出。

根据上述规定，总经理为处理上海、中国香港、泰国等公司的业务而发生的差旅费，属于与天津公司取得收入无关的支出，不能税前扣除。

43. 董事成员的差旅费能否税前扣除？

问：我公司为一项重大决策召开董事会，报销了部分不在公司任职的董事的机票费用，这个机票款是否可以在税前列支？

答：董事会会费，是指企业最高权力机构（如董事会）及其成员为履行职能而发生的各项费用，包括差旅费、会议费等。

《企业所得税法》第八条规定，企业实际发生的与取得收入有关的、合理的支出，包括成本、费用、税金、损失和其他支出，准予在计算应纳税所得额时扣除。

因此，支付董事会及其成员与生产经营相关的差旅费，允许税前扣除。

44. 租赁农村土地是否能税前扣除？

问：我公司从村委会租赁了一块集体所有权的土地，同时购买了其土地上建筑的蔬菜大棚，这种情况下，我公司租赁的土地和购买的大棚应该做何种账务处理？怎么入账，入账后如何摊销或折旧？摊销或折旧后，是否能税前扣除？

答：《企业会计准则——应用指南》附录一《会计科目和主要账务处理》第“1801长期待摊费用”科目规定：

“一、本科目核算企业已经发生但应由本期和以后各期负担的分摊期限在1年以上的各项费用。

二、本科目应按费用项目进行明细核算。

三、企业发生的长期待摊费用，借记本科目，贷记有关科目。

摊销长期待摊费用时，借记“管理费用”“销售费用”等科目，贷记本科目。

四、本科目期末借方余额，反映企业尚未摊销完毕的长期待摊费用的摊余价值。”

《企业会计准则第 4 号——固定资产》第三条规定，固定资产，是指同时具有下列特征的有形资产：

“（一）为生产商品、提供劳务、出租或经营管理而持有的；

（二）使用寿命超过一个会计年度。使用寿命，是指企业使用固定资产的预计期间，或者该固定资产所能生产产品或提供劳务的数量。”

第十四条规定，企业应当对所有固定资产计提折旧。但是，已提足折旧仍继续使用的固定资产和单独计价入账的土地除外。折旧，是指在固定资产使用寿命内，按照确定的方法对应计折旧额进行系统分摊。

《企业所得税法》第八条规定，企业实际发生的与取得收入有关的、合理的支出，包括成本、费用、税金、损失和其他支出，准予在计算应纳税所得额时扣除。

第十一条规定，在计算应纳税所得额时，企业按照规定计算的固定资产折旧，准予扣除。

第十三条规定，在计算应纳税所得额时，企业发生的下列支出作为长期待摊费用，按照规定摊销的，准予扣除：

“（一）已足额提取折旧的固定资产的改建支出；

（二）租入固定资产的改建支出；

（三）固定资产的大修理支出；

（四）其他应当作为长期待摊费用的支出。”

根据上述规定，贵公司租赁的土地使用权，应作为长期待摊费用核算，购买的蔬菜大棚，符合固定资产条件的，应作为固定资产核算。长期待摊费用应在受益期限内分期摊销，固定资产在达到预定可使用状态次月起计提折旧。与生产经营有关的折旧及摊销，准予在计算应纳税所得额时扣除。提醒注意的是，贵公司在支付土地使用权租赁费及大棚价款时，应当取得符合税法规定的相关票据。

45. 对外赠送产品视同销售缴纳的增值税能否税前扣除？

问：企业生产销售食品，对外赠送产品时的账务处理为：

借：销售费用　　736

　贷：库存商品　　600

　　应交税费——应交增值税（销项税额）　　136

企业所得税纳税调整视同销售收入 800 元，视同销售成本 600 元。应交税金（销项税额）136 元，是否依据《企业所得税法实施条例》第三十一条的规定，企业所得税法第八条所称税金，是指企业发生的除企业所得税法和允许抵扣的增值税以外的各项税金及其附加。所以，不得在企业所得税税前扣除？

答：《企业所得税法实施条例》第三十一条规定，企业所得税法第八条所称税金，是指企业发生的除企业所得税和允许抵扣的增值税以外的各项税金及其附加。

根据上述规定，企业视同销售增值税计入销售费用的金额，是企业实际发生的除“企业所得税和允许抵扣的增值税”以外的税金，可以税前扣除。

46. 企业扶贫捐赠所得税税前扣除，如何获知目标脱贫地区的具体名单？

问：我公司2017年度有向贫困地区的公益性捐赠，想知道该地区是否在目标脱贫地区名单内，请问如何能何获知目标脱贫地区的具体名单？

答：根据《财政部　税务总局　国务院扶贫办关于企业扶贫捐赠所得税税前扣除政策的公告》（财政部　税务总局　国务院扶贫办公告2019年第49号）国家税务总局政策解读一规定，“四、如何获知目标脱贫地区的具体名单?”“目标脱贫地区”包括832个国家扶贫开发工作重点县、集中连片特困地区县（新疆阿克苏地区6县1市享受片区政策）和建档立卡贫困村。目标脱贫地区的具体名单由县级以上政府的扶贫工作部门掌握。考虑到建档立卡贫困村数量众多，且实施动态管理，因此《公告》未附“目标脱贫地区”的具体名单，企业如有需要可向当地扶贫工作部门查阅或问询。

47. 公益性捐赠是否需要视同销售？

问：我企业发生的公益性捐赠是否需要做视同销售？

答：《企业所得税法实施条例》第二十五条规定，企业发生非货币性资产交换，以及将货物、财产、劳务用于捐赠、偿债、赞助、集资、广告、样品、职工福利或者利润分配等用途的，应当视同销售货物、转让财产或者提供劳务，但国务院财政、税务主管部门另有规定的除外。

根据上述规定，在企业所得税上，纳税人发生的货物、财产、劳务的捐赠行为，均需视同销售；对公益性的捐赠，纳税人是通过政策规定的捐赠途径、限制比例内的，可以在税前扣除。

48. 企业发行的永续债需要符合哪些条件，才可以在企业所得税税前扣除？

问：企业发行永续债需哪些条件，才可以在企业所得税税前扣除？哪些情况发行利息不能扣除？

答：根据《关于永续债企业所得税政策问题的公告》（财政部　税务总局公告2019年第64号）第一条规定，企业发行的永续债，可以适用股息、红利企业所得税政策，即投资方取得的永续债利息收入属于股息、红利性质，按照现行企业所得税政策相关规定进行处理，其中，发行方和投资方均为居民企业的，永续债利息收入可以适用企业所得税法规定的居民企业之间的股息、红利等权益性投资收益免征企业所得税规定；同时发行方支付的永续债利息支出不得在企业所得税税前扣除。

第二条规定，企业发行符合规定条件的永续债，也可以按照债券利息适用企业所得税政策，即：发行方支付的永续债利息支出准予在其企业所得税税前扣除；投资方取得的永续债利息收入应当依法纳税。

第三条规定，本公告第二条所称符合规定条件的永续债，是指符合下列条件中5条（含）以上的永续债：

“（一）被投资企业对该项投资具有还本义务；

（二）有明确约定的利率和付息频率；

（三）有一定的投资期限；

（四）投资方对被投资企业净资产不拥有所有权；

（五）投资方不参与被投资企业日常生产经营活动；

（六）被投资企业可以赎回，或满足特定条件后可以赎回；

（七）被投资企业将该项投资计入负债；

（八）该项投资不承担被投资企业股东同等的经营风险；

（九）该项投资的清偿顺序位于被投资企业股东持有的股份之前。”

因此，属于上述文件第一条规定的永续债，发行方支付的永续债利息支出不允许在税前扣除，同时发行方和投资方均为居民企业的，永续债利息收入可以适用股息、红利等权益性投资收益免征企业所得税。符合第二条和第三条规定的条件，发行方支付的永续债利息支出准予在其企业所得税税前扣除，但投资方利息收入应当依法纳税。

49. 影院交付的电影专项资金如何在税前扣除？

问：影院交付的国家电影事业发展专项资金能否在企业所得税税前扣除？

答：《财政部　国家新闻出版广电总局关于印发〈国家电影事业发展专项资金征收使用管理办法〉的通知》（财税〔2015〕91号）第三条规定，电影专项资金属于政府性基金，全额上缴中央和地方国库，纳入中央和地方政府性基金预算管理。

第七条规定，办理工商注册登记的经营性电影放映单位，应当按其电影票房收入的5%缴纳电影专项资金。

《企业所得税法》第八条规定，企业实际发生的与取得收入有关的、合理的支出，包括成本、费用、税金、损失和其他支出，准予在计算应纳税所得额时扣除。

《企业所得税法实施条例》第二十七条规定，企业所得税法第八条所称有关的支出，是指与取得收入直接相关的支出。

企业所得税法第八条所称合理的支出，是指符合生产经营活动常规，应当计入当期损益或者有关资产成本的必要和正常的支出。

第三十三条规定，企业所得税法第八条所称其他支出，是指除成本、费用、税金、损失外，企业在生产经营活动中发生的与生产经营活动有关的、合理的支出。

根据上述规定，电影院上缴的电影事业发展专项资金属于政府性基金，属于电影院发生的与取得收入有关的、合理的支出，可以凭缴费凭证在税前扣除。

50. 如何认定会议费用列支范围？

问：公司举办经销我公司产品的客户开会，发生的食宿费用是列支会议费还是业务招待费用？会议费列支范围是否区分公司内部人员与公司外部人员？

答：《财政部　国管局　中直管理局关于印发〈中央和国家机关会议费管理办法〉的通知》（财行〔2013〕286号）第十四条规定，会议费开支范围包括会议住宿费、伙食费、会议室租金、交通费、文件印刷费、医药费等。

前款所称交通费是指用于会议代表接送站，以及会议统一组织的代表考察、调研等发生的交通支出。

会议代表参加会议发生的城市间交通费，按照差旅费管理办法的规定回单位报销。

根据《企业所得税法》规定：企业实际发生的与取得收入有关的、合理的支出，包括成本、费用、税金、损失和其他支出，准予在计算应纳税所得额时扣除。有关的支出是指与取得收入直接相关的支出。合理的支出是指符合生产经营活动常规，应当计入当期损益或者有关资产成本的必要和正常的支出。

因此，企业负担与本企业生产经营有关的客户的交通、食宿等费用，如果符合业务招待费范畴的，相关支出可以在业务招待费中列支。

根据上述文件的规定，会议费的列支范围应当区分公司内部人员和外部人员，外部人员发生的食宿费应当作为业务招待费处理，内部人员发生的可以作为会议费列支。

限额扣除项

1. 企业为员工支付的通讯费、交通费、取暖费等如何区分是福利费还是工资薪金?

问：我企业在为员工报销通讯费、交通费、取暖费时，如何区分是应记入福利费还是工资薪金?

答：根据《国家税务总局关于企业工资薪金及职工福利费扣除问题的通知》（国税函〔2009〕3 号）第三条规定：“《实施条例》第四十条规定的企业职工福利费，包括以下内容：（一）尚未实行分离办社会职能的企业，其内设福利部门所发生的设备、设施和人员费用，包括职工食堂、职工浴室、理发室、医务所、托儿所、疗养院等集体福利部门的设备、设施及维修保养费用和福利部门工作人员的工资薪金、社会保险费、住房公积金、劳务费等。（二）为职工卫生保健、生活、住房、交通等所发放的各项补贴和非货币性福利，包括企业向职工发放的因公外地就医费用、未实行医疗统筹企业职工医疗费用、职工供养直系亲属医疗补贴、供暖费补贴、职工防暑降温费、职工困难补贴、救济费、职工食堂经费补贴、职工交通补贴等。（三）按照其他规定发生的其他职工福利费，包括丧葬补助费、抚恤费、安家费、探亲假路费等。”

《国家税务总局关于企业工资薪金和职工福利费等支出税前扣除问题的公告》（国家税务总局公告 2015 年第 34 号）第一条规定，列入企业员工工资薪金制度、固定与工资薪金一起发放的福利性补贴，符合《国家税务总局关于企业工资薪金及职工福利费扣除问题的通知》（国税函〔2009〕3 号）第一条规定的，可作为企业发生的工资薪金支出，按规定在税前扣除。

由于企业对员工由于经营需要而产生的交通费、取暖费等报销仍采取“凭票报销”，或实行任票限额报销制度，未进行货币化改革，按月固定发放，那么该项支出不能计入工资薪金，应计入福利费税前计算限额扣除。如果上述费用进行货币化改革，列入企业员工工资薪金制度、固定与工资薪金一起发放，那么可以作为企业发生的工资薪金支出，按规定在税前扣除。

对于通讯费，在国税函〔2009〕3 号第三条对职工福利费的范围列举中并未列举，但是根据《财政部关于企业加强职工福利费财务管理的通知》（财企〔2009〕42 号）第二条规定，企业为职工提供的交通、住房、通讯待遇，已经实行货币化改革的，按月按标准发放或支付的住房补贴、交通补贴或者车改补贴、通讯补贴，应当纳入职工工资总额，不再纳入职工福利费管理；尚未实行货币化改革的，企业发生的相关支出作为职工福利费管理。因此通讯费的支出可以参照交通费等支出进行处理。

2. 外派高管报销的房租能否税前扣除？

问：我公司总部在北京，现公司的部分高管人员需要派遣到外地工作，在外地租房，公司予以报销。这笔费用应计入职工工资总额还是福利费？如何缴税？

答：《企业会计准则第 9 号——职工薪酬》应用指南规定，将企业拥有的房屋等资产无偿提供给职工使用的，应当根据受益对象，将该住房每期应计提的折旧计入相关资产成本或当期损益，同时确认应付职工薪酬。租赁住房等资产供职工无偿使用的，应当根据受益对象，将每期应付的租金计入相关资产成本或当期损益，并确认应付职工薪酬。难以认定受益对象的非货币性福利，直接计入当期损益和应付职工薪酬。

《国家税务总局关于企业工资薪金及职工福利费扣除问题的通知》（国税函〔2009〕3 号）第三条规定，"《实施条例》第四十条规定的企业职工福利费，包括以下内容：

（一）尚未实行分离办社会职能的企业，其内设福利部门所发生的设备、设施和人员费用，包括职工食堂、职工浴室、理发室、医务所、托儿所、疗养院等集体福利部门的设备、设施及维修保养费用和福利部门工作人员的工资薪金、社会保险费、住房公积金、劳务费等。

（二）为职工卫生保健、生活、住房、交通等所发放的各项补贴和非货币性福利，包括企业向职工发放的因公外地就医费用、未实行医疗统筹企业职工医疗费用、职工供养直系亲属医疗补贴、供暖费补贴、职工防暑降温费、职工困难补贴、救济费、职工食堂经费补贴、职工交通补贴等。"

《国家税务总局关于企业工资薪金和职工福利费等支出税前扣除问题的公告》（国家税务总局公告 2015 年第 34 号）第一条规定，列入企业员工工资薪金制度、固定与工资薪金一起发放的福利性补贴，符合《国家税务总局关于企业工资薪金及职工福利费扣除问题的通知》（国税函〔2009〕3 号）第一条规定的，可作为企业发生的工资薪金支出，按规定在税前扣除。

企业对员工住房提供的非货币福利，由于不是固定与工资薪金一起发放，那么该项支出不能计入工资薪金，应计入福利费税前计算限额扣除。

3. 职工疗养费能否税前扣除？

问：职工疗养是否允许税前扣除，在方式上是否一定要集体统一组织？

答：《财政部关于企业加强职工福利费财务管理的通知》（财企〔2009〕242 号）规定，企业职工福利费是指企业为职工提供的除职工工资、奖金、津贴、纳入工资总额管理的补贴、职工教育经费、社会保险费和补充养老保险费（年金）、补充医疗保险费及住房公积金以外的福利待遇支出，包括发放给职工或为职工支付的以下各项现金补贴和非货币性集体福利：

"（一）为职工卫生保健、生活等发放或支付的各项现金补贴和非货币性福利，包括职工因公外地就医费用、暂未实行医疗统筹企业职工医疗费用、职工供养直系亲属医疗补贴、职工疗养费用、自办职工食堂经费补贴或未办职工食堂统一供应午餐支出、符合国家有关财务规定的供暖费补贴、防暑降温费等。"

根据上述规定，组织员工疗养所发生的费用在账务处理时可计入职工福利费，但在税前扣除时应按照《国家税务总局关于企业工资薪金及职工福利费扣除问题的通知》（国税函〔2009〕3号）所列举内容依规定的标准扣除，该文件没有列举的，不能作为福利费在税前扣除。

个别地区也有税务机关明确规定列入福利费处理，具体情况可以咨询当地税务机关。

4. 员工异地体检企业所得税如何处理？

问：我公司在全国各地设有服务网点，每年一次的体检是给每个员工提供的福利。但是因为外地长住人员较多，回公司本部体检十分不便。让员工在工作地点进行体检账务如何处理？

答：《财政部关于企业加强职工福利费财务管理的通知》（财企〔2009〕242号）第一条规定，企业职工福利费是指企业为职工提供的除职工工资、奖金、津贴、纳入工资总额管理的补贴、职工教育经费、社会保险费和补充养老保险费（年金）、补充医疗保险费及住房公积金以外的福利待遇支出，包括发放给职工或为职工支付的以下各项现金补贴和非货币性集体福利：

"（一）为职工卫生保健、生活等发放或支付的各项现金补贴和非货币性福利，包括职工因公外地就医费用、暂未实行医疗统筹企业职工医疗费用、职工供养直系亲属医疗补贴、职工疗养费用、自办职工食堂经费补贴或未办职工食堂统一供应午餐支出、符合国家有关财务规定的供暖费补贴、防暑降温费等。"

《国家税务总局关于企业工资薪金及职工福利费扣除问题的通知》（国税函〔2009〕3号）第三条第二款规定，企业职工福利费包括为职工卫生保健、生活、住房、交通等所发放的各项补贴和非货币性福利，包括企业向职工发放的因公外地就医费用、未实行医疗统筹企业职工医疗费用、职工供养直系亲属医疗补贴、供暖费补贴、职工防暑降温费、职工困难补贴、救济费、职工食堂经费补贴、职工交通补贴等。因此企业为新员工进行入职体检产生的费用按照企业职工福利费进行税前扣除。

根据上述规定，职工体检费属于福利费的核算范围，在哪体检不影响账务处理。至于报销的程序按公司报销制度规定办理。

5. 一次性补发住房补贴如何在税前扣除？

问：某公司因经营效益不好，对改制前的住房补贴一直未发放。2015年效益有所好转，在取得上级主管部门同意后，一次性补发住房补贴，计入管理费用中。请问要纳入福利费核算吗？如果纳入福利费核算，那么 2015 年度福利费将远远超标，我公司是不是要多承担企业所得税？

答：《财政部关于企业加强职工福利费财务管理的通知》（财企〔2009〕242 号）第二条规定，企业为职工提供的交通、住房、通讯待遇，已经实行货币化改革的，按月按标准发放或支付的住房补贴、交通补贴或者车改补贴、通讯补贴，应当纳入职工工资总额，不再纳入职工福利费管理；尚未实行货币化改革的，企业发生的相关支出作为职工福利费管理，但根据国家有关企业住房制度改革政策的统一规定，不得再为职工购建住房。

《国家税务总局关于企业工资薪金及职工福利费扣除问题的通知》（国税函〔2009〕3 号）第三条第二款规定："（二）为职工卫生保健、生活、住房、交通等所发放的各项补贴和非货币性福利，包括企业向职工发放的因公外地就医费用、未实行医疗统筹企业职工医疗费用、职工供养直系亲属医疗补贴、供暖费补贴、职工防暑降温费、职工困难补贴、救济费、职工食堂经费补贴、职工交通补贴等。"

《国家税务总局关于企业工资薪金和职工福利费等支出税前扣除问题的公告》（国家税务总局公告 2015 年第 34 号）第一条规定，列入企业员工工资薪金制度、固定与工资薪金一起发放的福利性补贴，符合《国家税务总局关于企业工资薪金及职工福利费扣除问题的通知》（国税函〔2009〕3 号）第一条规定的，可作为企业发生的工资薪金支出，按规定在税前扣除。

贵公司补发的住房补贴如果不符合国家税务总局公告 2015 年第 34 号的规定，应作为国税函〔2009〕3 号文件第三条规定的职工福利费，按规定计算限额税前扣除。

《国家税务总局关于企业所得税应纳税所得额若干税务处理问题的公告》（国家税务总局公告 2012 年第 15 号）第六条规定，根据《中华人民共和国税收征收管理法》的有关规定，对企业发现以前年度实际发生的、按照税收规定应在企业所得税前扣除而未扣除或者少扣除的支出，企业做出专项申报及说明后，准予追补至该项目发生年度计算扣除，但追补确认期限不得超过 5 年。

企业由于上述原因多缴的企业所得税税款，可以在追补确认年度企业所得税应纳税款中抵扣，不足抵扣的，可以向以后年度递延抵扣或申请退税。

亏损企业追补确认以前年度未在企业所得税前扣除的支出，或盈利企业经过追补确认后出现亏损的，应首先调整该项支出所属年度的亏损额，然后再按照弥补亏损的原则计算以后年度多缴的企业所得税款，并按前款规定处理。

根据上述规定，住房补贴属于福利费的税前扣除的范围，在不超过税法规定的扣除限额内税前扣除（属于 34 号公告明确的可以作为工资薪金支出扣除的除外）。补发以前年度的住房补贴，如果属于以前年度已做会计处理计入费用，实际发生的应扣未扣支出，可以做出专项申报及说明后，准予追补至该项目发生年度计算扣除，但追补确认期限不得超过 5 年。

6. 年终奖金是否需要计提工会经费？

问；年底计提的年终奖金是否作为工资、薪金总额作为基数计提工会经费？

答：年终奖金属于工资、薪金总额，需计提工会经费。

《企业所得税法实施条例》第四十一条规定，企业拨缴的职工工会经费，不超过工资、薪金总额2%的部分，准予扣除。

〔释义〕本条是关于职工工会经费支出的扣除规定。本条规定的扣除基准是职工工资、薪金总额，虽然与《中华人民共和国工会法》所用的扣除基准“工资总额”用语上有所差异，其所表述的实际内容是一致的，是指企业支付给所有与本企业有劳动关系的人员的工资性支出，包括基本工资、奖金、津贴、补贴、年终加薪、加班工资，以及与任职或者受雇有关的其他支出的总额。

《中华人民共和国工会法》第四十二条明确规定：“建立工会组织的企业、事业单位、机关按每月全部职工工资总额的百分之二向工会拨缴的经费。”

根据上述规定，企业年底计提的年终奖金应作为工资、薪金总额计提工会经费。

7. 员工离职一次性补偿是否作为计提三项经费的基数？

问：员工离职一次性补偿，是否作为计提三项经费的基数？

答：《企业所得税法实施条例》第三十四条规定，企业发生的合理的工资薪金支出，准予扣除。

前款所称工资薪金，是指企业每一纳税年度支付给在本企业任职或者受雇的员工的所有现金形式或者非现金形式的劳动报酬，包括基本工资、奖金、津贴、补贴、年终加薪、加班工资，以及与员工任职或者受雇有关的其他支出。

第四十条规定，企业发生的职工福利费支出，不超过工资、薪金总额14%的部分，准予扣除。

第四十一条规定，企业拨缴的工会经费，不超过工资、薪金总额2%的部分，准予扣除。

第四十二条规定，除国务院财政、税务主管部门另有规定外，企业发生的职工教育经费支出，不超过工资、薪金总额2.5%的部分，准予扣除；超过部分，准予在以后纳税年度结转扣除。

《国家税务总局关于企业工资薪金及职工福利费扣除问题的通知》（国税函〔2009〕3号）第二条关于工资薪金总额问题中规定：“《实施条例》第四十、四十一、四十二条所称的‘工资薪金总额’，是指企业按照本通知第一条规定实际发放的工资薪金总和，不包括企业的职工福利费、职工教育经费、工会经费以及养老保险费、医疗保险费、失业保险费、工伤保险费、生育保险费等社会保险费和住房公积金。属于国有性质的企业，其工资薪金，不得超过政府有关部门给予的限定数额；超过部分，不得计入企业工资薪金总额，也不得在计算企业应纳税所得额时扣除。”

《国家统计局关于工资总额组成的规定》（国家统计局令1990年第1号）第十一条规定，“下列各项不列入工资总额的范围”，其中，“（十）劳动合同制职工解除劳动合同时由企业支付的医疗补助费、生活补助费等。”

根据上述规定，计提三项经费的基数仅仅指“工资薪金总额”，员工离职一次性补偿属于会计上的职工薪酬范围，但不属于企业所得税法中规“工资薪金总额”的范畴，不能作为计提三项经费的基数。企业与职工解除劳动合同而支付的合理的补偿费，属于与生产经营有关的必要而合理的支出。

8. 私营公司发生的党组织工作经费能否税前扣除？

问：我单位是一家私营贸易公司，发生的党组织工作经费在计算企业所得税时能否税前扣除？

答：《中共中央组织部　财政部　国家税务总局关于非公有制企业党组织工作经费问题的通知》（组通字〔2014〕42 号）第二条规定，根据《中华人民共和国公司法》“公司应当为党组织的活动提供必要条件”规定和中办发〔2012〕11 号文件“建立并落实税前列支制度”等要求，非公有制企业党组织工作经费纳入企业管理费列支，不超过职工年度工资薪金总额 1% 的部分，可以据实在企业所得税前扣除。

因此，党组织工作经费应是实际发生额，不超过职工年度工资薪金总额 1% 的部分，可据实在企业所得税前扣除。

党组织工作经费必须用于企业党的建设，使用范围主要包括：

（1）开展党内学习教育，召开党内会议，开展“两学一做”学习教育、“三会一课”、主题党日，培训党员、入党积极分子和党务工作者，订阅或购买用于开展党员教育的报刊、资料、音像制品和设备，进行党内宣传，摄制党员电教片；

（2）组织开展创先争优和党员先锋岗、党员责任区、党员突击队、党员志愿服务等主题实践活动；

（3）表彰奖励先进基层党组织、优秀共产党员和优秀党务工作者；

（4）党组织换届、流动党员管理、组织关系接转、党旗党徽配备、党建工作调查研究；

（5）走访、慰问、补助生活困难党员和老党员；

（6）租赁和修缮、维护党组织活动场所，新建、购买活动设施，研发和维护党建工作信息化平台；

（7）其他与党的建设直接相关的工作。凡属党费使用范围的，先从留存党费中开支，不足部分从纳入管理费用列支的党组织工作经费中支出。

9. 补缴养老保险能否税前扣除？

问：企业在本年度补缴之前年度养老保险金，在汇算清缴时是否需要做纳税调整？

答：《企业所得税法实施条例》规定，企业应纳税所得额的计算，以权责发生制为原则，属于当期的收入和费用，不论款项是否收付，均作为当期的收入和费用；不属于当期的收入和费用，即使款项已经在当期收付，均不作为当期的收入和费用。

《国家税务总局关于企业所得税应纳税所得额若干税务处理问题的公告》（国家税务总局公告 2012 年第 15 号）第六条，关于以前年度发生应扣未扣支出的税务处理问题规定：

根据《中华人民共和国税收征收管理法》的有关规定，对企业发现以前年度实际发生的、按照税收规定应在企业所得税前扣除而未扣除或者少扣除的支出，企业做出专项申报及说明后，准予追补至该项目发生年度计算扣除，但追补确认期限不得超过5年。

企业由于上述原因多缴的企业所得税税款，可以在追补确认年度企业所得税应纳税款中抵扣，不足抵扣的，可以向以后年度递延抵扣或申请退税。

亏损企业追补确认以前年度未在企业所得税前扣除的支出，或盈利企业经过追补确认后出现亏损的，应首先调整该项支出所属年度的亏损额，然后再按照弥补亏损的原则计算以后年度多缴的企业所得税款，并按前款规定处理。

根据上述规定，对于企业之前年度发生的养老保险金支出应做专项申报及说明后，追补至该年度税前扣除，追补确认期限不得超过5年。

10. 超标住房公积金如何纳税调整？

问：缴纳住房公积金基数超标，已缴纳个人所得税，企业所得税需要调整吗？

答：《企业所得税法实施条例》第三十五条规定，企业依照国务院有关主管部门或者省级人民政府规定的范围和标准为职工缴纳的基本养老保险费、基本医疗保险费、失业保险费、工伤保险费、生育保险费等基本社会保险费和住房公积金，准予扣除。

《建设部　财政部　中国人民银行关于住房公积金管理若干具体问题的指导意见》（建金管〔2005〕5号）第二条规定，设区城市（含地、州、盟，下同）应当结合当地经济、社会发展情况，统筹兼顾各方面承受能力，严格按照《企业所得税法实施条例》的规定程序，合理确定住房公积金缴存比例。单位和职工缴存比例不应低于5%，原则上不高于12%。采取提高单位住房公积金缴存比例方式发放职工住房补贴的，应当在个人账户中予以注明。未按照规定程序报省、自治区、直辖市人民政府批准的住房公积金缴存比例，应予以纠正。

第三条规定，缴存住房公积金的月工资基数，原则上不应超过职工工作地所在设区城市统计部门公布的上一年度职工月平均工资的2倍或3倍。具体标准由各地根据实际情况确定。职工月平均工资应按国家统计局规定列入工资总额统计的项目计算。

根据上述规定，按照建金管〔2005〕5号文件规定标准缴纳的住房公积金允许在税前扣除，超过标准的部分应做纳税调整。

11. 仅为企业高管缴纳的年金能否税前扣除？

问：企业只为高层管理人员缴纳补充养老保险，是否可税前扣除？如可以扣除，是按高管人员的工资总额5%在税前扣除吗？

答：《财政部　国家税务总局关于补充养老保险费补充医疗保险费有关企业所得税政策问题的通知》（财税〔2009〕27号）规定，企业根据国家有关政策规定，为在本企业任职或者受雇的全体员工支付的补充养老保险费、补充医疗保险费，分别在不超过职工工资总额5%标准内的部分，在计算应纳税所得额时准予扣除；超过的部分，不予扣除。

根据上述规定，企业若只为高管人员缴纳的年金保险，不能税前扣除。

12. 未实际支付的企业年金能否税前扣除？

问：我公司2014年实行企业年金管理，当年计提了年金，并且得到人社部门的备案批复。但由于时间紧张，未及时支付托管单位，在进行企业所得税汇算清缴时，能否税前扣除？

答：《财政部 国家税务总局关于补充养老保险费补充医疗保险费有关企业所得税政策问题的通知》（财税〔2009〕27号）规定，自2008年1月1日起，企业根据国家有关政策规定，为在本企业任职或者受雇的全体员工支付的补充养老保险费、补充医疗保险费，分别在不超过职工工资总额5%标准内的部分，在计算应纳税所得额时准予扣除；超过的部分，不予扣除。

《国家税务总局关于企业所得税若干问题的公告》（国家税务总局公告2011年第34号）第六条关于企业提供有效凭证时间问题规定，企业当年度实际发生的相关成本、费用，由于各种原因未能及时取得该成本、费用的有效凭证，企业在预缴季度所得税时，可暂按账面发生金额进行核算；但在汇算清缴时，应补充提供该成本、费用的有效凭证。

根据上述规定，贵公司计提的企业年金没有实际支付，如果在汇算清缴前实际支付并取得相关的支付凭证的，可以税前扣除。汇算清缴结束前，如果没有实际支付并取得相关凭证，应当做纳税调增处理。

13. 财务人员购买专业书籍是否可以计入职工教育经费？

问：我公司为提高财务人员业务水平，购买一批专业书籍，该支出能否计入职工教育经费？职工教育经费都能列支哪些支出？税前扣除比例是多少？

答：《财政部 全国总工会 发展改革委 教育部科技部 国防科工委 人事部劳动保障部国资委 国家税务总局 全国工商联关于印发〈关于企业职工教育经费提取与使用管理的意见〉的通知》（财建〔2006〕317号）第三条第（五）项规定，企业职工教育培训经费列支范围包括：

（1）上岗和转岗培训；

（2）各类岗位适应性培训；

（3）岗位培训、职业技术等级培训、高技能人才培训；

（4）专业技术人员继续教育；

（5）特种作业人员培训；

（6）企业组织的职工外送培训的经费支出；

（7）职工参加的职业技能鉴定、职业资格认证等经费支出；

（8）购置教学设备与设施；

（9）职工岗位自学成才奖励费用；

（10）职工教育培训管理费用；

（11）有关职工教育的其他开支。

《企业所得税法实施条例》第四十二条规定，除国务院财政、税务主管部门另有规定外，企业发生的职工教育经费支出，不超过工资、薪金总额2.5%的部分，准予扣除；超过部分，准予在以后纳税年度结转扣除。

《财政部　国家税务总局关于高新技术企业职工教育经费税前扣除政策的通知》（财税〔2015〕63号）第一条规定，高新技术企业发生的职工教育经费支出，不超过工资薪金总额8%的部分，准予在计算企业所得税应纳税所得额时扣除；超过部分，准予在以后纳税年度结转扣除。

根据上述规定，贵公司购买专业书籍提高职工专业素质，可以计入职工教育经费，一般企业职工教育经费不超过工资、薪金总额8%的部分，准予扣除。

14. 员工死亡抚恤金及困难补助费能否在税前扣除？

问：我公司某员工死亡，我公司支付了死亡人员的家属抚恤金及困难补助费，该费用能否在企业所得税税前全额扣除？

答：《企业所得税法实施条例》第四十条规定，企业发生的职工福利费支出，不超过工资薪金总额14%的部分，准予扣除。

《国家税务总局关于企业工资薪金及职工福利费扣除问题的通知》（国税函〔2009〕3号）第三条规定："《实施条例》第四十条规定的企业职工福利费，包括以下内容：

（三）按照其他规定发生的其他职工福利费，包括丧葬补助费、抚恤费、安家费、探亲假路费等。"

根据上述规定，支付给死亡职工家属的抚恤金及困难补助费，属于其他职工福利费范畴，企业所得税前作为职工福利费限额扣除。

15. 困难企业未实际缴纳的社会保险是否需要纳税调整？

问：在企业所得税汇算清缴时，因企业资金困难未实际缴纳的社会保险和住房公积金能否在企业所得税税前扣除？是否还需要纳税调整？

答：《企业所得税法实施条例》第三十五条规定，企业依照国务院有关主管部门或者省级人民政府规定的范围和标准为职工缴纳的基本养老保险费、基本医疗保险费、失业保险费、工伤保险费、生育保险费等基本社会保险费和住房公积金，准予扣除。

企业为投资者或者职工支付的补充养老保险费、补充医疗保险费，在国务院财政、税务主管部门规定的范围和标准内，准予扣除。

《国家税务总局关于企业所得税若干问题的公告》（国家税务总局公告2011年第34号）第六条规定，企业当年度实际发生的相关成本、费用，由于各种原因未能及时取得该成本、费用的有效凭证，企业在预缴季度所得税时，可暂按账面发生金额进行核算；但在汇算清缴时，应补充提供该成本、费用的有效凭证。

《国家税务总局关于发布〈企业所得税税前扣除凭证管理办法〉的公告》（国家税务总局公告2018年第28号）第五条规定，企业发生支出，应取得税前扣除凭证，作为计算企业所得税应纳税所得额时扣除相关支出的依据。

第六条规定，企业应在当年度企业所得税法规定的汇算清缴期结束前取得税前扣除凭证。

根据上述规定，汇算清缴时仍未实际缴纳的社会保险及住房公积金不得税前扣除，计提而未缴部分要进行纳税调整。

16. 计提但未实际列支的教育经费是否需要纳税调增？

问：假设我单位2018 年按 8% 准予扣除的教育经费为 100 万元，计提 100 万元，实际支出 80 万元，20 万元在“应付职工薪酬——教育经费”科目列支，但没有实际支出。这 20 万元是否需要纳税调整？如果需要纳税调增，假设 2019 年同样准予扣除 100 万元，计提 100 万元，但实际支付 120 万元。这 20 万元是否可以纳税调减吗？

答：《企业所得税法实施条例》第四十二条规定，除国务院财政、税务主管部门另有规定外，企业发生的职工教育经费支出，不超过工资薪金总额 2.5% 的部分，准予扣除；超过部分，准予在以后纳税年度结转扣除。

《财政部　税务总局关于企业职工教育经费税前扣除政策的通知》（财税〔2018〕51 号）第一条规定，企业发生的职工教育经费支出，不超过工资薪金总额 8% 的部分，准予在计算企业所得税应纳税所得额时扣除；超过部分，准予在以后纳税年度结转扣除。

第二条规定，本通知自 2018 年 1 月 1 日起执行。

根据上述规定，如果贵公司 2018 年度实际发生额 80 万元，不超过工资薪金总额 8% 即 100 万元，2018 税前可扣除的职工教育经费为 80 万元，多计提但未实际发生的 20 万元进行纳税调增，根据年度申报表 A105050 表第 5 行第 6 列“纳税调整金额”的计算公式 6 = 1 – 5，即账载金额 – 税收金额 = 调增金额，如下表所示。

A105050　职工薪酬支出及纳税调整明细表（2018 年）

行次	项目	账载金额	实际发生额	税收规定扣除率	以前年度累计结转扣除额	税收金额	纳税调整金额	累计结转以后年度扣除额
		1	2	3	4	5	6（1 – 5）	7（2 + 4 – 5）
4	三、职工教育经费支出			*				*
5	其中：按税收规定比例扣除的职工教育经费	100	80	0.08	0	80	20	

2019 年实际发生 120 万元超过了可扣除限额即 100 万元，那么 2019 年税前可扣除的职工教育经费为 100 万元。超过的 20 万元，由于是实际已经支付，可以进行扣除，但超过的本年扣除限额，需要结转至 2020 年及以后年度扣除。根据年度申报表 A105050 表第 5 行第 6 列“纳税调整金额”的计算公式 7 = 2 + 4 – 5，即实际发生金额 + 以前年度结转金额 – 税收金额 = 结转金额，如下表所示。

A105050　职工薪酬支出及纳税调整明细表（2019 年）

行次	项目	账载金额	实际发生额	税收规定扣除率	以前年度累计结转扣除额	税收金额	纳税调整金额	累计结转以后年度扣除额
		1	2	3	4	5	6（1-5）	7（2+4-5）
4	三、职工教育经费支出			*				*
5	其中：按税收规定比例扣除的职工教育经费	100	120	0.08	0	100	0	20

假如 2020 年计提 80 万元，实际发生额 80 万元，工资薪金总额的 8% 为 90 万元，税前可扣除的职工教育经费为 90 万元（80+10）；剩余 10 万元继续往后结转，如下表所示。

A105050　职工薪酬支出及纳税调整明细表（2019 年）

项目	账载金额	实际发生额	税收规定扣除率	以前年度累计结转扣除额	税收金额	纳税调整金额	累计结转以后年度扣除额
	1	2	3	4	5	6（1-5）	7（2+4-5）
三、职工教育经费支出			*				*
其中：按税收规定比例扣除的职工教育经费	80	80	0.08	20	90	-10	10

17. 年终聚餐费用税前如何列支？

问：我单位组织全体员工年终聚餐费用和迎春晚会的费用能否在税前列支？

答：《企业所得税法》第八条规定，企业实际发生的与取得收入有关的、合理的支出，包括成本、费用、税金、损失和其他支出，准予在计算应纳税所得额时扣除。

《企业所得税法实施条例》第二十七条规定，企业所得税法第八条所称有关的支出，是指与取得收入直接相关的支出。

企业所得税法第八条所称合理的支出，是指符合生产经营活动常规，应当计入当期损益或者有关资产成本的必要和正常的支出。

根据《中华总工会印发的〈工会经费收支管理办法〉的通知》（总工办发〔2017〕32 号）第八条（二）款规定："文体活动支出。用于基层工会开展或参加上级工会组织的职工业余文体活动所需器材、服装、用品等购置、租赁与维修方面的支出以及活动场地、交通工具的租金支出等，用于文体活动优胜者的奖励支出，用于文体活动中必要的伙食补助费……文体活动中开支的伙食补助费，不得超过当地差旅费中的伙食补助标准。"

根据上述规定，企业组织全体员工年终聚餐费用和迎春晚会的费用应由工会经费开支，作为工会经费在税前扣除。

18. 工会经费是按工资薪金实发数还是应发数作为扣除依据？

问：工会经费，按工资薪金的 2% 计缴扣除。这个工资薪金是实发数还是应发数？

答：《企业所得税法实施条例》第三十四条规定，企业发生的合理的工资薪金支出，准予扣除。

前款所称工资薪金，是指企业每一纳税年度支付给在本企业任职或者受雇的员工的所有现金形式或者非现金形式的劳动报酬，包括基本工资、奖金、津贴、补贴、年终加薪、加班工资，以及与员工任职或者受雇有关的其他支出。

第四十一条规定，企业拨缴的工会经费，不超过工资薪金总额2%的部分，准予扣除。

根据上述规定，对于拨缴工会经费的依据，应以纳税人实际支付给在本企业任职或者受雇的员工的所有现金形式或者非现金形式的劳动报酬为基数进行计算，也就是实际发生数额。

19. 筹建期的工会经费怎么处理？

问：筹建期缴纳的工会经费，当期计入管理费用开办费，在筹建期结束后是否要转回？该怎么做分录？

答：《企业会计准则——应用指南》附录一《会计科目和主要账务处理》第6602管理费用科目第一条规定，本科目核算企业为组织和管理企业生产经营所发生的管理费用，包括企业在筹建期间内发生的开办费、董事会和行政管理部门在企业的经营管理中发生的或者应由企业统一负担的公司经费（包括行政管理部门职工工资及福利费、物料消耗、低值易耗品摊销、办公费和差旅费等）、工会经费、董事会费（包括董事会成员津贴、会议费和差旅费等）、聘请中介机构费、咨询费（含顾问费）、诉讼费、业务招待费、房产税、车船使用税、土地使用税、印花税、技术转让费、矿产资源补偿费、研究费用、排污费等。

管理费用的主要账务处理：“（一）企业在筹建期间内发生的开办费，包括人员工资、办公费、培训费、差旅费、印刷费、注册登记费以及不计入固定资产成本的借款费用等在实际发生时，借记管理费用（开办费），贷记银行存款等科目。”

根据上述规定，筹建期缴纳的工会经费，借记：管理费用（开办费），贷记：银行存款等科目即可。

20. 与企业生产经营有关的企业外部人员的交通费用能否据实在所得税前扣除？

问：我公司聘请老师为我们做ISO认证，我公司承担老师的往来差旅费，该差旅费可否税前列支？是否涉及其他税种，比如个人所得税、营业税？

答：根据《企业所得税法》规定，企业实际发生的与取得收入有关的、合理的支出，包括成本、费用、税金、损失和其他支出，准予在计算应纳税所得额时扣除。有关的支出是指与取得收入直接相关的支出。合理的支出是指符合生产经营活动常规，应当计入当期损益或者有关资产成本的必要和正常的支出。

因此，企业负担与本企业生产经营有关的客户的交通、食宿等费用，如果符合业务招待费范畴的，相关支出可以在业务招待费中列支。

21. 如何计算集团公司业务招待费扣除限额？

问：集团公司会计报表上投资收益 1 000 万元，实质是投资收益 1 200 万元，投资损失 200 万元，净收益 1 000 万元。计算业务招待费税前扣除限额时应按 1 000 万元计算还是 1 200 万元？政策依据是什么？

答：《国家税务总局关于贯彻落实企业所得税法若干税收问题的通知》（国税函〔2010〕79 号）第八条规定，关于从事股权投资业务的企业业务招待费计算问题规定，对从事股权投资业务的企业（包括集团公司总部、创业投资企业等），其从被投资企业所分配的股息、红利以及股权转让收入，可以按规定的比例计算业务招待费扣除限额。

根据上述规定，从事股权投资的企业在计算可扣除业务招待费的基数时，应分析投资收益 1 200 万元中哪些是股息、红利及股权转让收入，不能单纯地理解是 1 200 万元还是 1 000 万元。例如，投资收益 1000 万元为取得股息收入 1200 万元，转让股权损失 200 万元（股权转让收入 800 万元，该股权成本为 1 000 万元），则计算业务招待费税前扣除限额基数为2 000 万元（1 200 + 800）。

22. 工程建设中发生的业务招待费如何在税前扣除？

问：我公司是小型水电站开发、经营的企业，公司只有水电站投资建设项目，无其他业务，在水电站的开发、建设过程中，发生的请客吃饭是记入在建工程，转入固定资产，还是计入当期损益，在进行所得税汇算时应如何处理？

答：《企业会计准则第 4 号——固定资产》第九条规定，自行建造固定资产的成本，由建造该项资产达到预定可使用状态前所发生的必要支出构成。

业务招待费不属于建造固定资产的必要支出，不作为固定资产成本归集。

《企业所得税法实施条例》第五十八条规定：“固定资产按照以下方法确定计税基础：

（二）自行建造的固定资产，以竣工结算前发生的支出为计税基础。”

第四十三条规定，企业发生的与生产经营活动有关的业务招待费支出，按照发生额的 60% 扣除，但最高不得超过当年销售（营业）收入的 5‰。

根据上述规定，在建工程列支的招待费支出，属于与生产经营活动有关的业务招待费支出。该支出不属于自建固定资产发生的支出，不计入固定资产的计税基础。应按招待费税前扣除规定处理。

23. 客户旅游门票支出可否作为业务招待费在税前扣除？如何区分业务招待费？

问：我公司请客户旅游过程中的门票费用，作为业务招待费报销，是否涉及企业所得税补税问题？业务招待费如何区分？

答：《企业所得税法实施条例》第二十七条规定，企业所得税法第八条所称有关的支出，是指与取得收入直接相关的支出。

企业所得税法第八条所称合理的支出，是指符合生产经营活动常规，应当计入当期损益或者有关资产成本的必要和正常的支出。

第四十三条规定，企业发生的与生产经营活动有关的业务招待费支出，按照发生额的 60% 扣除，但最高不得超过当年销售（营业）收入的 5‰。

《财政部关于印发〈行政事业单位业务招待费列支管理规定〉的通知》（财预字〔1998〕159 号）第四条规定，业务招待费，具体反映行政事业单位为执行公务或开展业务活动而开支的接待费，包括交通费、用餐费和住宿费以及各级党委、政府接待办（接待处）用于接待的费用。

根据上述规定，企业为生产经营业务活动的需要，用于招待客户发生的相关费用应作为业务招待费。企业不得承担属于个人娱乐、旅游等支出。不能在企业所得税税前扣除，确因企业生产经营需要而发生的旅游景点参观费，应可以税前扣除。

在业务招待费的范围上，不论是财务会计制度还是新旧税法都未给予准确的界定。在税务执法实践中，一般来讲，招待费范围如下：

（1）因企业生产经营需要而宴请或工作餐的开支；

（2）因企业生产经营需要赠送纪念品的开支；

（3）因企业生产经营需要而发生的旅游景点参观费和交通费及其他费用的开支；

（4）因企业生产经营需要而发生的业务关系人员的差旅费开支；同时，要严格区分给客户的回扣、贿赂等非法支出，对此不能作为业务招待费而应直接作纳税调整。

24. 业务招待费与会议费、业务宣传费、误餐费有何区别？

问：如何区分业务招待费与会议费、业务宣传费、误餐费项目？

答：《企业所得税法实施条例》第四十三条规定，企业发生的与生产经营活动有关的业务招待费支出，按照发生额的 60% 扣除，但最高不得超过当年销售（营业）收入的 5‰。会计准则规定，业务招待费作为企业生产、经营业务的合理费用，可以据实列支。

合理界定业务招待费的范围：

业务招待费的支付范围通常界定为餐饮、香烟、水果、食品、正常的娱乐活动等产生的费用支出。具体范围包括：因生产经营需要而宴请或工作餐的开支、赠送纪念品的开支、发生的景点参观费及其他费用的开支、发生的业务关系人员的差旅费开支。一般来讲，外购礼品用于赠送的，应作为业务招待费。

计算业务招待费基数：

根据税法及会计准则的规定，业务招待费扣除限额的计算基数不仅包括利润表中的营业收入，还包括以下几个方面：

一是纳税人根据会计准则确认的主营业务收入、其他业务收入，以及根据税收规定确认的视同销售收入作为计算业务招待费扣除限额的计算基数，营业外收入不包括在内。

二是股权投资企业计算业务招待费的基数。《国家税务总局关于贯彻落实企业所得税法若干税收问题的通知》（国税函〔2010〕79 号）第八条规定，对从事股权投资业务的企业（包括集团公司总部、创业投资企业等），其从被投资企业所分配的股息、红利以及股权转让收入，可以按规定的比例计算业务招待费扣除限额。

业务招待费扣除限额的计算：

一是开办（筹建）期间业务招待费的处理。《国家税务总局关于企业所得税应纳税所得额若干税务处理的公告》（国家税务总局公告2012年第15号）第五条规定，企业在筹建期间，发生的与筹办活动有关的业务招待费支出，可按实际发生额的60%计入企业筹办费，并按有关规定在税前扣除。

二是生产经营期间业务招待费扣除限额的确定。税法规定，企业发生的与生产经营有关的业务招待费支出，按照发生额的60%扣除，但最高不得超过当年销售（营业）收入的5‰。

注意事项：

业务招待费与会议费的区别。纳税人发生的与其经营活动有关的会议费，税务机关要求提供证明资料的，应能够提供证明其真实性的合法凭证，否则不得在税前扣除。

业务招待费与业务宣传费的区别。外购礼品用于赠送的，应作为业务招待费。如果礼品和赠品是纳税人自行生产或经过委托加工，对企业的形象、产品有标记及宣传作用的，也可作为业务宣传费。同时，要区分给客户的回扣、贿赂等非法支出，以及与企业生产经营活动无关的职工福利、职工奖励、企业销售产品而产生的佣金和支付给个人的劳务支出，这些费用均不能作为业务招待费支出。

业务招待费与误餐费的区别。误餐费是企业职工因工作无法回企业食堂或者家中进餐而得到补偿，而业务招待费是对外接待业务企业和个人而发生的吃、用等费用，它的消费主体是企业以外的个人，不是本企业的员工。

25. 售货赠送的产品能否作为促销费用？

问：因销售产品而赠送的产品是否可以作为促销支出？

答：《国家税务总局关于折扣额抵减增值税应税销售额问题通知》（国税函〔2010〕56号）规定：《国家税务总局关于印发〈增值税若干具体问题的规定〉的通知》（国税发〔1993〕154号）第二条第（二）项规定："纳税人采取折扣方式销售货物，如果销售额和折扣额在同一张发票上分别注明的，可按折扣后的销售额征收增值税"。纳税人采取折扣方式销售货物，销售额和折扣额在同一张发票上分别注明是指销售额和折扣额在同一张发票上的"金额"栏分别注明的，可按折扣后的销售额征收增值税。未在同一张发票"金额"栏注明折扣额，而仅在发票的"备注"栏注明折扣额的，折扣额不得从销售额中减除。

《国家税务总局关于确认企业所得税收入若干问题的通知》（国税函〔2008〕875号）规定，企业以买一赠一等方式组合销售本企业商品的，不属于捐赠，应将总的销售金额按各项商品的公允价值的比例来分摊确认各项的销售收入。

根据上述规定，在买一赠一等方式组合销售下，在计算增值税时可将赠品视为实物折扣，如将销售额和折扣额在同一张发票上注明，则可按折扣后的销售额计提增值税。在计算企业所得税对赠品不确认为捐赠，将总的销售金额按各项商品的公允价值的比例来分摊确认各项的销售收入；在结转成本时，因赠品的收入已分摊确认，所以其成本应结转至"主营业务成本"，不做销售费用——促销费用处理。

26. 化妆品销售企业发生的广告费如何税前扣除？

问：我企业是某化妆品的省级代理公司，主营批发，2018 年度发生的化妆品广告费是否可以按照财税〔2017〕41 号的 30% 比例扣除？

答：《财政部　国家税务总局关于广告费和业务宣传费支出税前扣除政策的通知》（财税〔2017〕41 号）第一条规定，对化妆品制造或销售、医药制造和饮料制造（不含酒类制造）企业发生的广告费和业务宣传费支出，不超过当年销售（营业）收入 30% 的部分，准予扣除；超过部分，准予在以后纳税年度结转扣除。

第四条规定，本通知自 2016 年 1 月 1 日起至 2020 年 12 月 31 日止执行。

与旧文件对比，新文件由“化妆品制造和销售”企业变为“化妆品制造或销售”企业发生的广告费支出，可以按不超过当年销售（营业）收入 30% 的部分扣除。因此，你企业虽然是化妆品经销企业，但是从 2016 年度起，广告费支出可以按不超过当年销售（营业）收入 30% 的比例扣除。

27. 从事股权投资业务的企业广告宣传费如何扣除？

问：《国家税务总局关于贯彻落实企业所得税法若干税收问题的通知》（国税函〔2010〕79 号）第八条规定，对从事股权投资业务的企业（包括集团公司总部、创业投资企业等），其从被投资企业所分配的股息、红利以及股权转让收入，可以按规定的比例计算业务招待费扣除限额。

对于从事股权投资业务的企业所发生的广告宣传费，能否按从被投资企业所分配的股息、红利以及股权转让收入的比例，计算广告宣传费扣除限额？

答：《企业所得税实施条例》第四十三条规定，企业发生的与生产经营活动有关的业务招待费支出，按照发生额的 60% 扣除，但最高不得超过当年销售（营业）收入的 5‰。

第四十四条规定，企业发生的符合条件的支出，除国务院财政、税务主管部门另有规定外，不超过当年销售（营业）收入 15% 的部分，准予扣除；超过部分，准予在以后纳税年度结转扣除。

《国家税务总局关于贯彻落实企业所得税法若干税收问题的通知》（国税函〔2010〕79 号）第八条规定，对从事股权投资业务的企业（包括集团公司总部、创业投资企业等），其从被投资企业所分配的股息、红利以及股权转让收入，可以按规定的比例计算业务招待费扣除限额。

根据上述规定，虽然《企业所得税实施条例》中计算业务招待费、广告费和业务宣传费税前扣除限额的基数同为当年销售（营业）收入，但是国税函〔2010〕79 号文件仅对从事股权投资业务企业的业务招待费税前扣除限额进行了特殊明确。因此，在国家税务总局未进一步明确之前，从事股权投资业务企业的广告费和业务宣传费税前扣除政策不能比照业务招待费扣除限额的计算，其计算基数不包括从被投资企业所分配的股息、红利以及股权转让收入。

28. 关联企业的广告费和业务宣传费分摊扣除是否还要计算限额？

问：我公司与集团公司企业之间进行广告费分摊扣除，请问分摊到我公司上的广告费是否还需要按不超过当年销售（营业）收入15%的限额进行扣除？

答：《企业所得税法实施条例》第四十四条规定，企业发生的符合条件的广告费和业务宣传费支出，除国务院财政、税务主管部门另有规定外，不超过当年销售（营业）收入15%的部分，准予扣除；超过部分，准予在以后纳税年度结转扣除。

根据《财政部　国家税务总局关于广告费和业务宣传费支出税前扣除政策的通知》（财税〔2017〕41号）的第二条规定，对签订广告费和业务宣传费分摊协议（以下简称分摊协议）的关联企业，其中一方发生的不超过当年销售（营业）收入税前扣除限额比例内的广告费和业务宣传费支出可以在本企业扣除，也可以将其中的部分或全部按照分摊协议归集至另一方扣除。另一方在计算本企业广告费和业务宣传费支出企业所得税税前扣除限额时，可按照上述办法归集至本企业的广告费和业务宣传费不计算在内。

第四条规定，本通知自2016年1月1日起至2020年12月31日止执行。

因此，贵公司接受分摊来的广告费不需要计算限额扣除。

29. 公益性捐赠支出具体范围有哪些？

问：哪些属于可以税前扣除的公益性捐赠？

答：《企业所得税法实施条例》第五十一条规定，企业所得税法第九条所称公益性捐赠，是指企业通过公益性社会组织或者县级以上人民政府及其部门，用于符合法律规定的慈善活动、公益事业的捐赠。

《财政部　国家税务总局民政部关于公益性捐赠税前扣除有关问题的通知》（财税〔2008〕160号）第三条规定："用于公益事业的捐赠支出，是指《中华人民共和国公益事业捐赠法》规定的向公益事业的捐赠支出，具体范围包括：

（一）救助灾害、救济贫困、扶助残疾人等困难的社会群体和个人的活动；

（二）教育、科学、文化、卫生、体育事业；

（三）环境保护、社会公共设施建设；

（四）促进社会发展和进步的其他社会公共和福利事业。"

根据上述规定，捐赠支出用于上述公益事业的，属于公益性捐赠。

30. 公益性群众团体税前扣除资格如何申请？

问：公益性群众团体是指哪些群众团体？如何申请公益性捐赠税前扣除资格？

答：《财政部　国家税务总局关于通过公益性群众团体的公益性捐赠税前扣除有关问题的通知》（财税〔2009〕124号）第四条规定："本通知第一条和第二条所称的公益性群众团体，是指同时符合以下条件的群众团体：

（一）符合《中华人民共和国企业所得税法实施条例》第五十二条第（一）项至第（八）项规定的条件；

（二）县级以上各级机构编制部门直接管理其机构编制；

（三）对接受捐赠的收入以及用捐赠收入进行的支出单独进行核算，且申请前连续 3 年接受捐赠的总收入中用于公益事业的支出比例不低于 70%。"

第五条规定："符合本通知第四条规定的公益性群众团体，可按程序申请公益性捐赠税前扣除资格。

（一）由中央机构编制部门直接管理其机构编制的群众团体，向财政部、国家税务总局提出申请；

（二）由县级以上地方各级机构编制部门直接管理其机构编制的群众团体，向省、自治区、直辖市和计划单列市财政、税务部门提出申请；

（三）对符合条件的公益性群众团体，按照上述管理权限，由财政部、国家税务总局和省、自治区、直辖市、计划单列市财政、税务部门分别每年联合公布名单。名单应当包括继续获得公益性捐赠税前扣除资格和新获得公益性捐赠税前扣除资格的群众团体，企业和个人在名单所属年度内向名单内的群众团体进行的公益性捐赠支出，可以按规定进行税前扣除。"

31. 向县级以上党群组织捐赠并取得合法凭据可否税前扣除？

问：我单位向市委统战部、团委、妇联等党群组织的捐赠，并取得捐赠票据，能否在企业所得税税前扣除？

答：《财政部　国家税务总局　民政部关于公益性捐赠税前扣除有关问题的补充通知》（财税〔2010〕45号）规定，企业或个人通过获得公益性捐赠税前扣除资格的公益性社会团体或县级以上人民政府及其组成部门和直属机构，用于公益事业的捐赠支出，可以按规定进行所得税税前扣除。

县级以上人民政府及其组成部门和直属机构的公益性捐赠税前扣除资格不需要认定。

因此，企业通过市委统战部、团委、妇联等党群组织的公益性捐赠，虽取得捐赠票据，但不允许税前扣除。县级以上人民政府及其组成部门和直属机构不包括市委统战部、团委、妇联等党群组织。

32. 通过有资质的公益性单位定向捐赠是否属于公益性捐赠？

问：我单位拟对一所大学进行捐赠，由于该大学没有取得捐赠扣除资质，故我单位与一家取得资格的公益单位签订三方合同，将款项拨给该公益单位，并指定捐赠受益人为学校。我单位取得公益单位开具的接受捐赠发票。凭三方合同协议与捐赠发票是否可以税前扣除。还是只能与公益单位签订协议，取得公益单位的发票。不能在合同里体现指定的学校名称？

答：《财政部　国家税务总局关于通过公益性群众团体的公益性捐赠税前扣除有关问题的通知》（财税〔2009〕124 号）第三条规定，本通知第一条和第二条所称的公益事业，是指《中华人民共和国公益事业捐赠法》规定的下列事项：

"（二）教育、科学、文化、卫生、体育事业。"

《财政部　国家税务总局　民政部关于公益性捐赠税前扣除有关问题的补充通知》

（财税〔2010〕45 号）第三条规定，对获得公益性捐赠税前扣除资格的公益性社会团体，由财政部、国家税务总局和民政部以及省、自治区、直辖市、计划单列市财政、税务和民政部门每年分别联合公布名单。名单应当包括当年继续获得公益性捐赠税前扣除资格和新获得公益性捐赠税前扣除资格的公益性社会团体。

企业或个人在名单所属年度内向名单内的公益性社会团体进行的公益性捐赠支出，可按规定进行税前扣除。

第五条规定，对于通过公益性社会团体发生的公益性捐赠支出，企业或个人应提供省级以上（含省级）财政部门印制并加盖接受捐赠单位印章的公益性捐赠票据，或加盖接受捐赠单位印章的《非税收入一般缴款书》收据联，方可按规定进行税前扣除。

对于通过公益性社会团体发生的公益性捐赠支出，主管税务机关应对照财政、税务、民政部门联合公布的名单予以办理，即接受捐赠的公益性社会团体在名单内的，企业或个人在名单所属年度向名单内的公益性社会团体进行的公益性捐赠支出可按规定进行税前扣除；接受捐赠的公益性社会团体不在名单内，或虽在名单内但企业或个人发生的公益性捐赠支出不属于名单所属年度的，不得扣除。

根据上述规定，你单位对在名单所属年度内向名单内的公益性社会团体进行捐赠，并在捐赠协议中约定资金专项用于××大学的教育事业。该捐赠属于教育事项捐赠，属公益性捐赠。你单位在取得公益性捐赠票据后，可按规定进行税前扣除。

33. 公益性捐赠能否在纳税调整后税前扣除？

问：企业发生的公益性捐赠支出扣除限额如何规定？若企业核算利润为负数，但纳税调整后有应税所得，捐赠支出能否扣除？

答：《企业所得税法》第九条规定，企业发生的公益性捐赠支出，在年度利润总额 12% 以内的部分，准予在计算应纳税所得额时扣除；超过年度利润总额 12% 的部分，准予结转以后 3 年内在计算应纳税所得额时扣除。

年度利润总额，是指企业依照国家统一会计制度的规定计算的年度会计利润。

《财政部　国家税务总局　民政部关于公益性捐赠税前扣除有关问题的通知》（财税〔2008〕160 号）第一条规定，企业通过公益性社会团体或者县级以上人民政府及其部门，用于公益事业的捐赠支出，在年度利润总额 12% 以内的部分，准予在计算应纳税所得额时扣除。年度利润总额，是指企业按照国家统一会计制度的规定计算的大于零的数额。

《财政部　国家税务总局关于通过公益性群众团体的公益性捐赠税前扣除有关问题的通知》（财税〔2009〕124 号）第一条规定，企业通过公益性群众团体用于公益事业的捐赠支出，在年度利润总额 12% 以内的部分，准予在计算应纳税所得额时扣除。年度利润总额，是指企业依照国家统一会计制度的规定计算的大于零的数额。

根据上述规定，企业通过公益性社会团体、县级以上人民政府及其部门或者公益性群众团体用于公益事业的捐赠支出，在年度利润总额 12% 以内的部分可以税前扣除，超过部分准予结转以后三年内在计算应纳税所得额时扣除。在汶川地震灾后恢复重建、奥运会、冬奥会、目标脱贫地区捐赠等特殊事项时，有专门文件规定捐赠可以全额税前扣除。现行有效的全额扣除文件有：

《财政部 税务总局 海关总署关于北京 2022 年冬奥会和冬残奥会税收政策的通知》（财税〔2017〕60 号）第三规定，对北京 2022 年冬奥会、冬残奥会、测试赛参与者实行以下税收政策：

“（一）对企业、社会组织和团体赞助、捐赠北京 2022 年冬奥会、冬残奥会、测试赛的资金、物资、服务支出，在计算企业应纳税所得额时予以全额扣除。”

《财政部 税务总局 国务院扶贫办关于企业扶贫捐赠所得税税前扣除政策的公告》（财政部 税务总局 国务院扶贫办公告 2019 年第 49 号）第一条规定，自 2019 年 1 月 1 日至 2022 年 12 月 31 日，企业通过公益性社会组织或者县级（含县级）以上人民政府及其组成部门和直属机构，用于目标脱贫地区的扶贫捐赠支出，准予在计算企业所得税应纳税所得额时据实扣除。在政策执行期限内，目标脱贫地区实现脱贫的，可继续适用上述政策。

会计核算的年度利润总额为负数的企业，即使纳税调整后有应税所得，发生的公益性捐赠支出除上述特殊规定外，不得税前扣除。

34. 企业外购图书对外捐赠是否计缴企业所得税？

问：公司外购图书捐赠给福建省读书援助协会，是否缴纳企业所得税？

答：《企业所得税法实施条例》第二十五条规定，企业发生非货币性资产交换，以及将货物、财产、劳务用于捐赠、偿债、赞助、集资、广告、样品、职工福利或者利润分配等用途的，应当视同销售货物、转让财产或者提供劳务，但国务院财政、税务主管部门另有规定的除外。

《国家税务总局关于企业处置资产所得税处理问题的通知》（国税函〔2008〕828 号）第二条规定，企业将资产移送他人的下列情形，因资产所有权属已发生改变而不属于内部处置资产，应按规定视同销售确定收入。

“（五）用于对外捐”。

《国家税务总局关于企业所得税有关问题的公告》（国家税务总局公告 2016 年第 80 号）第二条企业移送资产所得税处理问题规定，企业发生《国家税务总局关于企业处置资产所得税处理问题的通知》（国税函〔2008〕828 号）第二条规定情形的，除另有规定外，应按照被移送资产的公允价值确定销售收入。

第三条施行时间规定，本公告适用于 2016 年度及以后年度企业所得税汇算清缴。

企业需根据上述规定对无偿赠送给其他单位的货物进行企业所得税处理。

若企业捐赠当年，福建省读书援助协会取得福建省财政厅、福建省税务局、福建省民政厅联合发文确定为公益性捐赠所得税税前扣除资格，企业可凭其开具的捐赠票据依法享受税前扣除。

35. 对村民的实物捐赠如何在税前扣除？

问：我单位对矿山所在乡的村民捐赠棉被等实物共计 10 万元左右，取得了棉被销售方的发票，我单位能否作捐赠支出，此支出能否在税前扣除？如何扣除？

答：《企业所得税法实施条例》第二十五条规定，企业发生非货币性资产交换，以及将货物、财产、劳务用于捐赠、偿债、赞助、集资、广告、样品、职工福利或者利润分配等用途的，应当视同销售货物、转让财产或者提供劳务，但国务院财政、税务主管部门另有规定的除外。

《企业所得税法》第九条规定，企业发生的公益性捐赠支出，在年度利润总额12%以内的部分，准予在计算应纳税所得额时扣除；超过年度利润总额12%的部分，准予结转以后三年内在计算应纳税所得额时扣除。

年度利润总额，是指企业依照国家统一会计制度的规定计算的大于零的数额。

第十条规定，在计算应纳税所得额时，下列支出不得扣除：

“（五）本法第九条规定以外的捐赠支出。”

第十六条规定，企业转让资产，该项资产的净值，准予在计算应纳税所得额时扣除。

《财政部　国家税务总局　民政部关于公益性捐赠税前扣除有关问题的通知》（财税〔2008〕160号）第一条规定，企业通过公益性社会团体或者县级以上人民政府及其部门，用于公益事业的捐赠支出，在年度利润总额12%以内的部分，准予在计算应纳税所得额时扣除。年度利润总额，是指企业依照国家统一会计制度的规定计算的大于零的数额。

第三条规定，本通知第一条所称的用于公益事业的捐赠支出，是指《中华人民共和国公益事业捐赠法》规定的向公益事业的捐赠支出，具体范围包括：

（一）救助灾害、救济贫困、扶助残疾人等困难的社会群体和个人的活动；

（二）教育、科学、文化、卫生、体育事业；

（三）环境保护、社会公共设施建设；

（四）促进社会发展和进步的其他社会公共和福利事业。

《财政部　国家税务总局　民政部关于公益性捐赠税前扣除有关问题的补充通知》（财税〔2010〕45号）第一条规定，企业或个人通过获得公益性捐赠税前扣除资格的公益性社会团体或县级以上人民政府及其组成部门和直属机构，用于公益事业的捐赠支出，可以按规定进行所得税税前扣除。

县级以上人民政府及其组成部门和直属机构的公益性捐赠税前扣除资格不需要认定。

第三条规定，对获得公益性捐赠税前扣除资格的公益性社会团体，由财政部国家税务总局和民政部以及省、自治区、直辖市、计划单列市财政、税务和民政部门每年分别联合公布名单。名单应当包括当年继续获得公益性捐赠税前扣除资格和新获得公益性捐赠税前扣除资格的公益性社会团体。

企业或个人在名单所属年度内向名单内的公益性社会团体进行的公益性捐赠支出，可按规定进行税前扣除。

第五条规定，对于通过公益性社会团体发生的公益性捐赠支出，企业或个人应提供省级以上（含省级）财政部门印制并加盖接受捐赠单位印章的公益性捐赠票据，或加盖接受捐赠单位印章的《非税收入一般缴款书》收据联，方可按规定进行税前扣除。

根据上述规定，企业对外捐赠棉被等实物，应当视同销售货物，按规定缴纳企业所得税；同时公益性捐赠支出，应通过公益性社会团体或者县级以上人民政府及其部门，并取得符合规定的公益性捐赠票据，在年度利润总额12%以内的部分，准予在计算应纳税所得额时扣除；超过年度利润总额12%的部分，准予结转以后三年内在计算应纳税所得额时扣除。

36. 向境外的社会组织实施股权捐赠的，是否可以税前扣除？

问：企业向中华人民共和国境外的社会组织实施股权捐赠的，是否可以按财税〔2016〕45号文件规定进行企业所得税处理？

答：根据《财政部　国家税务总局关于公益股权捐赠企业所得税政策问题的通知》（财税〔2016〕45号）第四条规定，本通知所称股权捐赠行为，是指企业向中华人民共和国境内公益性社会团体实施的股权捐赠行为。企业向中华人民共和国境外的社会组织或团体实施的股权捐赠行为不适用本通知规定。

37. 公益性捐赠支出扣除限额基数是否包括免税投资收益？

问：计算捐赠扣除限额时，规定是会计利润的12%，免税的投资收益是否包含在其中？

答：修订后的《企业所得税法实施条例》第五十三条规定，企业当年发生以及以前年度结转的公益性捐赠支出，不超过年度利润总额12%的部分，准予扣除。

年度利润总额，是指企业依照国家统一会计制度的规定计算的年度会计利润。

根据上述规定，计算公益性捐赠扣除的基数为企业按照会计制度计算的年度会计利润，企业的投资收益属于会计利润的一部分，应当包含在内。

38. 公益性捐赠支出是否在应税和免税项目之间分配？

问：我是种子新品种培育企业，按照税法相关规定种子新品种培育所得享受企业所得税减免的政策，同时我们公司在正常经营过程中有很大部分利息收入，这块利息收入我们单独核算并缴纳企业所得税。2014年度我们单位发生一笔公益性捐赠支出金额相当大，我们在年度汇缴时按照会计利润的12%计算的可以税前扣除的捐赠支出是否要在应税项目和免税项目之间进行分配？如果分配的话按照什么样的比例分配？

答：《企业所得税法》第五条规定，企业每一纳税年度的收入总额，减除不征税收入、免税收入、各项扣除以及允许弥补的以前年度亏损后的余额，为应纳税所得额。

《企业所得税法实施条例》第五十三条规定，企业发生的公益性捐赠支出，不超过年度利润总额12%的部分，准予扣除。

年度利润总额，是指企业依照国家统一会计制度的规定计算的年度会计利润。

第八十六条规定，企业所得税法第二十七条第（一）项规定的企业从事农、林、牧、渔业项目的所得，可以免征、减征企业所得税，是指："（一）企业从事下列项目的所得，免征企业所得税：

1. 蔬菜、谷物、薯类、油料、豆类、棉花、麻类、糖料、水果、坚果的种植；

2. 农作物新品种的选育。”

第一百零二条规定，企业同时从事适用不同企业所得税待遇的项目的，其优惠项目应当单独计算所得，并合理分摊企业的期间费用；没有单独计算的，不得享受企业所得税优惠。

根据上述规定，企业每一纳税年度的收入总额，减除不征税收入、免税收入、各项扣除以及允许弥补的以前年度亏损后的余额，为应纳税所得额。因此，可以税前扣除的捐赠支出不需要在应税项目和免税项目之间进行分配。

39. 向国际会计准则基金会的捐赠支出能否税前扣除？

问：我公司为上市公司，每年向国际会计准则基金会捐赠 2 万美元，能否税前扣除？

答：《企业所得税法》第九条规定，企业发生的公益性捐赠支出，在年度利润总额 12% 以内的部分，准予在计算应纳税所得额时扣除。

第十条规定，在计算应纳税所得额时，下列支出不得扣除：

“（五）本法第九条规定以外的捐赠支出。”

《企业所得税法实施条例》第五十一条规定，企业所得税法第九条所称公益性捐赠，是指企业通过公益性社会组织或者县级以上人民政府及其部门，用于符合法律规定的慈善活动、公益事业的捐赠。

《国家税务总局关于公益性捐赠税前扣除有关问题的通知》（财税〔2008〕160 号）第三条规定，本通知第一条所称的用于公益事业的捐赠支出，是指《中华人民共和国公益事业捐赠法》规定的向公益事业的捐赠支出，具体范围包括：……

第四条规定，本通知第一条所称的公益性社会团体和第二条所称的社会团体均指依据国务院发布的《基金会管理条例》和《社会团体登记管理条例》的规定，经民政部门依法登记、符合以下条件的基金会、慈善组织等公益性社会团体：……

根据上述规定，国际会计准则基金会不是按照国务院发布的《基金会管理条例》和《社会团体登记管理条例》的规定，经民政部门依法登记的基金会。企业向国际会计准则基金会的捐赠，不属于公益性捐赠，该项支出不得在税前扣除。

40. 如何确认受赠资产的价值？

问：某企业购买了糖果、文具和一些教学辅助设备等实物通过市政府捐赠给社会福利院的残障儿童，接受捐赠的福利院应如何确定该批实物的价值？企业在捐赠时还需要提交什么材料以取得捐赠票据？

答：《财政部　国家税务总局民政部关于公益性捐赠税前扣除有关问题的通知》（财税〔2008〕160 号）第九条规定，公益性社会团体和县级以上人民政府及其组成部门和直属机构在接受捐赠时，捐赠资产的价值，按以下原则确认：

（一）接受捐赠的货币性资产，应当按照实际收到的金额计算；

（二）接受捐赠的非货币性资产，应当以其公允价值计算。捐赠方在向公益性社会团体和县级以上人民政府及其组成部门和直属机构捐赠时，应当提供注明捐赠非货币性资产公允价值的证明，如果不能提供上述证明，公益性社会团体和县级以上人民政府及其组成部门和直属机构不得向其开具公益性捐赠票据。

根据上述规定，福利院应当按照公允价值确定该批受赠货物的价值，捐赠方应当提供捐赠非货币性资产公允价值的证明取得公益性捐赠票据。

41. 捐赠支出应当取得何种票据？

问：符合条件可以进行企业所得税前扣除的企业公益性捐赠，对取得的公益性捐赠票据有哪些规定？

答：《财政部　国家税务总局　民政部关于公益性捐赠税前扣除有关问题的补充通知》（财税〔2010〕45号）第五条的规定，对于通过公益性社会团体发生的公益性捐赠支出，企业或个人应提供省级以上（含省级）财政部门印制并加盖接受捐赠单位印章的公益性捐赠票据，或加盖接受捐赠单位印章的《非税收入一般缴款书》收据联，方可按规定进行税前扣除。

《财政部关于印发〈公益事业捐赠票据使用管理暂行办法〉的通知》（财综〔2010〕12号）第二条规定，本办法所称的公益事业捐赠票据（以下简称捐赠票据），是指各级人民政府及其部门、公益性事业单位、公益性社会团体及其他公益性组织（以下简称公益性单位）按照自愿、无偿原则，依法接受并用于公益事业的捐赠财物时，向提供捐赠的自然人、法人和其他组织开具的凭证。

第三条规定，捐赠票据是会计核算的原始凭证，是财政、税务、审计、监察等部门进行监督检查的依据。

捐赠票据是捐赠人对外捐赠，并根据国家有关规定申请捐赠款项税前扣除的有效凭证。

因此，企业发生公益性捐赠，应提供省级以上（含省级）财政部门印制并加盖接受捐赠单位印章的公益性捐赠票据，或加盖接受捐赠单位印章的《非税收入一般缴款书》收据联，方可按规定进行税前扣除。

42. 协助参与投标支付的服务费如何税前列支？

问：我公司在生产经营活动中，会全权委托经销商（代理商）代表我公司参与投标，如果中标，经销商（代理商）以我公司的名义与终端客户签订合同，我们向终端客户销售货物，开具发票并收取货款。考虑到经销商（代理商）在投标过程中付出的劳务，我们相应地会支付服务费（有时称佣金）给经销商（代理商），他们会开具或由税务机关开具服务费发票给我们。此类服务费是否可以税前列支，是否可以根据《财政部　国家税务总局关于企业手续费及佣金支出税前扣除政策的通知》（财税〔2009〕29号）规定，其他企业，按与具有合法经营资格中介服务机构或个人（不含交易双方及其雇员、代理人和代表人等）所签订服务协议或合同确认的收入金额的5%计算限额。另外我们的经销商（代理商）基本都是机械销售公司或贸易公司。

答：《企业所得税法》第八条规定，企业实际发生的与取得收入有关的、合理的支出，包括成本、费用、税金、损失和其他支出，准予在计算应纳税所得额时扣除。

《企业所得税法实施条例》第二十七条，企业所得税法第八条所称有关的支出，是指与取得收入直接相关的支出。

企业所得税法第八条所称合理的支出，是指符合生产经营活动常规，应当计入当期损益或者有关资产成本的必要和正常的支出。

《财政部 国家税务总局关于企业手续费及佣金支出税前扣除政策的通知》（财税〔2009〕29号）是根据《企业所得税法》和《企业所得税法实施条例》有关规定，对企业发生的手续费及佣金支出税前扣除政策进行规范。企业发生与生产经营有关的手续费及佣金支出，应与具有合法经营资格中介服务企业或个人签订代办协议或合同，并按国家有关规定支付手续费及佣金。而贵公司与代理商发生以上业务，国家并没有强制性规定要求与具有合法经营资格中介服务企业或个人签订代办协议或合同，要求按国家有关规定支付手续费及佣金。而是企业间发生一般的经营行为，只要双方签订合同，明确约定双方的权利义务，代理商确实按照合同的约定为贵公司提供的具体服务行为，贵公司因此支付相应的款项。服务费符合《企业所得税法》和《企业所得税法实施条例》的以上规定，即可以税前列支。无需根据财税〔2009〕29号文件的规定按与具有合法经营资格中介服务机构或个人（不含交易双方及其雇员、代理人和代表人等）所签订服务协议或合同确认的收入金额的5%计算限额扣除。相反，如果发生的服务费与实际业务不符，即使服务费未超过所签订服务协议或合同确认的收入金额的5%，也不得在税前扣除。

43. 电信企业手续费支出是否可以税前扣除？

问：我公司为了扩大经营业务，增加销售业绩，在发展客户的过程中，需要支付客户手续费或佣金。我公司支付客户的手续费或佣金，是否可以在企业所得税税前扣除？

答：《国家税务总局关于电信企业手续费及佣金支出税前扣除问题的公告》（国家税务总局公告2013年第59号）规定，国家税务总局公告2012年第15号第四条所称电信企业手续费及佣金支出，仅限于电信企业在发展客户、拓展业务等过程中因委托销售电话入网卡、电话充值卡所发生的手续费及佣金支出。

《国家税务总局关于企业所得税应纳税所得额若干税务处理问题的公告》（国家税务总局公告2012年第15号）第四条规定，电信企业在发展客户、拓展业务等过程中（如委托销售电话入网卡、电话充值卡等），需向经纪人、代办商支付手续费及佣金的，其实际发生的相关手续费及佣金支出，不超过企业当年收入总额5%的部分，准予在企业所得税前据实扣除。

因此，电信企业在发展客户、拓展业务等过程中因委托销售电话入网卡、电话充值卡所发生的手续费及佣金支出符合上述规定，不超过规定计算限额的可以税前全额扣除。超过规定计算限额的部分，不可以在企业所得税税前扣除。

44. 为老年公寓免费提供取暖，如何确定捐赠金额？

问：我单位属发电、供热企业，打算给老年公寓的取暖费实行捐赠。捐赠的金额是按成本价还是按市价计算？

答：《增值税暂行条例实施细则》第四条规定："单位或个体经营者的下列行为，视同销售货物：……（8）将自产、委托加工或购买的货物无偿赠送他人。"

第十六条规定，纳税人有条例第七条所称价格明显偏低并无正当理由或者有本细则第四条所列视同销售货物行为而无销售额者，按下列顺序确定销售额：

（一）按纳税人最近时期同类货物的平均销售价格确定；

（二）按其他纳税人最近时期同类货物的平均销售价格确定；

（三）按组成计税价格确定。组成计税价格的公式为：

组成计税价格 = 成本 ×（1 + 成本利润率）

另外提醒注意以下政策文件：

《财政部　国家税务总局关于供热企业增值税房产税城镇土地使用税优惠政策的通知》（财税〔2016〕94 号）规定：向居民供热而取得的采暖费收入，包括供热企业直接向居民收取的、通过其他单位向居民收取的和由单位代居民缴纳的采暖费。

《企业所得税法实施条例》第二十五条规定，企业发生非货币性资产交换，以及将货物、财产、劳务用于捐赠、偿债、赞助、集资、广告、样品、职工福利或者利润分配等用途的，应当视同销售货物、转让财产或者提供劳务，但国务院财政、税务主管部门另有规定的除外。

《国家税务总局关于企业处置资产所得税处理问题的通知》（国税函〔2008〕828 号）第二条规定："企业将资产移送他人的下列情形，因资产所有权属已发生改变而不属于内部处置资产，应按规定视同销售确定收入。……（五）用于对外捐赠。"

《国家税务总局关于企业所得税有关问题的公告》（国家税务总局公告 2016 年第 80 号）第二条规定，企业发生《国家税务总局关于企业处置资产所得税处理问题的通知》（国税函〔2008〕828 号）第二条规定情形的，除另有规定外，应按照被移送资产的公允价值确定销售收入。

第三条规定，本公告适用于 2016 年度及以后年度企业所得税汇算清缴。

根据上述规定，无偿赠送自产的暖气，增值税按规定顺序确定销售额，企业所得税处理时应按照被移送资产的公允价值确定销售收入。

45. 金融企业涉农贷款和中小企业贷款损失准备金如何在企业所得税税前扣除？

问：财税〔2015〕3 号执行到期后，有最新对融企业涉农贷款和中小企业贷款损失准备金如何在企业所得税税前扣除的规定吗？

答：根据《财政部　税务总局关于金融企业涉农贷款和中小企业贷款损失准备金税前扣除有关政策的公告》（财政部　税务总局公告 2019 年第 85 号）规定，自 2019 年 1 月 1 日起执行至 2023 年 12 月 31 日，金融企业根据《贷款风险分类指引》（银监发〔2007〕54 号），对其涉农贷款和中小企业贷款进行风险分类后，按照以下比例计提的贷款损失准备金，准予在计算应纳税所得额时扣除：（1）关注类贷款，计提比例为 2%；（2）次级类贷款，计提比例为 25%；（3）可疑类贷款，计提比例为 50%；（4）损失类贷款，计提比例为 100%。

金融企业发生的符合条件的涉农贷款和中小企业贷款损失，应先冲减已在税前扣除的贷款损失准备金，不足冲减部分可据实在计算应纳税所得额时扣除。

46. 金融企业准予当年企业所得税税前扣除的贷款损失准备金如何扣除？

问：金融企业准予当年企业所得税税前扣除的贷款损失准备金如何计算？金融企业准予税前提取贷款损失准备金的贷款资产范围包括哪些？

答：根据《财政部　税务总局关于金融企业贷款损失准备金企业所得税税前扣除有关政策的公告》（财政部　税务总局公告2019年第86号）第一条规定："自2019年1月1日起执行至2023年12月31日，金融企业准予税前提取贷款损失准备金的贷款资产范围包括：（一）贷款（含抵押、质押、保证、信用等贷款）；（二）银行卡透支、贴现、信用垫款（含银行承兑汇票垫款、信用证垫款、担保垫款等）、进出口押汇、同业拆出、应收融资租赁款等具有贷款特征的风险资产；（三）由金融企业转贷并承担对外还款责任的国外贷款，包括国际金融组织贷款、外国买方信贷、外国政府贷款、日本国际协力银行不附条件贷款和外国政府混合贷款等资产。"

第二条规定："金融企业准予当年税前扣除的贷款损失准备金计算公式如下：准予当年税前扣除的贷款损失准备金＝本年末准予提取贷款损失准备金的贷款资产余额×1%－截至上年末已在税前扣除的贷款损失准备金的余额

金融企业按上述公式计算的数额如为负数，应当相应调增当年应纳税所得额。"

第三条规定："金融企业发生的符合条件的贷款损失，应先冲减已在税前扣除的贷款损失准备金，不足冲减部分可据实在计算当年应纳税所得额时扣除。"

47. 金融贷款损失准备金的税前扣除政策是否同时适用财政部、税务总局公告2019年第85号和财政部、税务总局公告2019年第86号规定？

问：我企业是城市商业银行，在贷款损失准备金的税前扣除政策是否同时适用财政部、税务总局公告2019年第85号和财政部、税务总局公告2019年第86号规定？

答：根据《财政部　税务总局关于金融企业贷款损失准备金企业所得税税前扣除有关政策的公告》（财政部　税务总局公告2019年第86号）第五条规定，金融企业涉农贷款和中小企业贷款损失准备金的税前扣除政策，凡按照《财政部　税务总局关于金融企业涉农贷款和中小企业贷款损失准备金税前扣除有关政策的公告》（财政部　税务总局公告2019年第85号）的规定执行的，不再适用财政部、税务总局公告2019年第86号第一条至第四条的规定。

48. 呆账准备金会计计提比例低于税法规定能否调减？

问：金融企业会计上以低于1%的比例提取呆账准备金，在所得税年度申报时是否可以按1%的标准提取进行纳税调整？

答：根据《国家税务总局关于企业所得税应纳税所得额若干税务处理问题的公告》（国家税务总局公告2012年第15号）第八条规定，根据《企业所得税法》第二十一条规定，对企业依据财务会计制度规定，并实际在财务会计处理上已确认的支出，凡没有超过《企业所得税法》和有关税收法规规定的税前扣除范围和标准的，可按企业实际会计处理确认的支出，在企业所得税前扣除，计算其应纳税所得额。

因此，金融企业在低于 1% 的比例范围内提取的呆账准备金应按会计上实际提取的数额申报扣除，不得按 1% 的标准再进行纳税调减。

49. 小额贷款公司准备金如何税前扣除？

答：根据《财政部　国家税务总局关于小额贷款公司有关税收政策的通知》（财税〔2017〕48 号）规定，自 2017 年 1 月 1 日至 2019 年 12 月 31 日，对经省级金融管理部门（金融办、局等）批准成立的小额贷款公司，按年末贷款余额的 1% 计提的贷款损失准备金准予在企业所得税税前扣除。具体政策口径按照《财政部　国家税务总局关于金融企业贷款损失准备金企业所得税税前扣除有关政策的通知》（财税〔2015〕9 号）执行。

《财政部　国家税务总局关于金融企业贷款损失准备金企业所得税税前扣除有关政策的通知》（财税〔2015〕9 号）规定，根据《中华人民共和国企业所得税法》及《中华人民共和国企业所得税法实施条例》的有关规定，现就政策性银行、商业银行、财务公司、城乡信用社和金融租赁公司等金融企业提取的贷款损失准备金的企业所得税税前扣除政策问题，通知如下：

“一、准予税前提取贷款损失准备金的贷款资产范围包括：

（一）贷款（含抵押、质押、担保等贷款）；

（二）银行卡透支、贴现、信用垫款（含银行承兑汇票垫款、信用证垫款、担保垫款等）、进出口押汇、同业拆出、应收融资租赁款等各项具有贷款特征的风险资产；

（三）由金融企业转贷并承担对外还款责任的国外贷款，包括国际金融组织贷款、外国买方信贷、外国政府贷款、日本国际协力银行不附条件贷款和外国政府混合贷款等资产。

二、金融企业准予当年税前扣除的贷款损失准备金计算公式如下：

准予当年税前扣除的贷款损失准备金 = 本年末准予提取贷款损失准备金的贷款资产余额 ×1% - 截至上年末已在税前扣除的贷款损失准备金的余额。

金融企业按上述公式计算的数额如为负数，应当相应调增当年应纳税所得额。

三、金融企业的委托贷款、代理贷款、国债投资、应收股利、上交央行准备金以及金融企业剥离的债权和股权、应收财政贴息、央行款项等不承担风险和损失的资产，不得提取贷款损失准备金在税前扣除。

四、金融企业发生的符合条件的贷款损失，应先冲减已在税前扣除的贷款损失准备金，不足冲减部分可据实在计算当年应纳税所得额时扣除。”

50. 关联企业之间支付技术服务费是否可税前扣除？

问：我企业与关联企业之间有支付技术服务费的情况发生，如何进行扣除？有无相关标准和规定？

答：《企业所得税法》第四十一条规定，企业与其关联方之间的业务往来，不符合独立交易原则而减少企业或者其关联方应纳税收入或者所得额的，税务机关有权按照合理方法调整。

《企业所得税法实施条件》第一百二十一条规定，税务机关根据税收法律、行政法规的规定，对企业做出特别纳税调整的，应当对补征的税款自税款所属年度的次年 6 月 1 日起至补缴税款之日止的期间，按日加收利息。

第一百二十三条规定，企业与其关联方之间的业务往来，不符合独立交易原则，或者企业实施其他不具有合理商业目的的安排的，税务机关有权在该业务发生的纳税年度起 10 年内，进行纳税调整。

因此，关联企业之间支付技术服务费要按照独立交易原则进行，具体标准符合营业常规。具体可参考《国家税务总局关于印发〈特别纳税调整实施办法［试行］〉的通知》（国税发〔2009〕2 号）。

扣除凭证管理

1. 哪些支付事项，即使取得发票也不得税前扣除？

问：哪些支付事项，即使取得发票也不能在企业所得税税前扣除？

答：根据《国家税务总局关于发布〈企业所得税税前扣除凭证管理办法》〉的公告》（国家税务总局公告 2018 年第 28 号）第二条规定，本办法所称税前扣除凭证，是指企业在计算企业所得税应纳税所得额时，证明与取得收入有关的、合理的支出实际发生，并据以税前扣除的各类凭证。

第四条规定，税前扣除凭证在管理中遵循真实性、合法性、关联性原则。真实性是指税前扣除凭证反映的经济业务真实，且支出已经实际发生；合法性是指税前扣除凭证的形式、来源符合国家法律、法规等相关规定；关联性是指税前扣除凭证与其反映的支出相关联且有证明力。

一般而言，纳税人只要提供真实、合法、有效凭据，方可在税前扣除。但是，并不是只要取得发票就可以税前扣除，还要注意相关特殊的税收规定。因此，对于税法有特殊规定的，即使取得合法有效凭证，也要按照税法规定进行扣除。也就是说，支付成本费用事项，即使取得合法凭证税前扣除也不可任性。依据现行的企业所得税政策法规，总结归纳以下十六种支付事项，即使取得了合法凭证，也不得在税前扣除。

（1）公益性捐赠超出限定范围的凭据。近几年，国家出台了一系列新的鼓励捐赠税前扣除的优惠政策，对企事业单位、社会团体和个人等社会力量，通过非营利性的社会团体和国家机关的特殊情况下公益性捐赠，在缴纳企业所得税时，可以全额在当年度应纳税所得额中扣除。同时，税收政策还规定了九种情形的企业公益性捐赠，不允许税前扣除。包括：超过年度利润总额 12% 限额的；未取得法定扣除凭据的；不在捐赠支出名单内或不属于名单所属年度的；公益性捐赠逾期支出的；纳税申报证明材料不全的；各种赞助性支出的；企业亏损公益性捐赠的；非公益性捐赠的；核定征收企业捐赠支出的。

（2）非转账方式支付的手续费及佣金凭证。《财政部　国家税务总局关于企业手续费及佣金支出税前扣除政策的通知》（财税〔2009〕29 号）明确，除委托个人代理外，企业以现金等非转账方式支付的手续费及佣金不得在税前扣除。也就是说，如果不是以转账形式支付，即使业务真实，并取得中介服务机构的发票，也不能够在税前扣除。所以，要求必须通过银行转账，只有符合这些规定才能扣除。

（3）境外发票有异议不能提供境外公证证明。《发票管理办法》第三十四条规定，单位和个人从中国境外取得与纳税有关的发票或者凭证，税务机关在纳税审查时有疑义的，可以要求其提供境外公证机构或者注册会计师的确认证明，经税务机关审核认可后，方可作为记账核算的凭证。境外发票可以作为税前扣除的凭证，但税务稽查时，如果对境外发票有异议的，可以要求企业提供境外公证机构或境外注册会计师的证明，不能提供证明的，一律不得税前扣除。

（4）发行权益性证券支付的手续费及佣金凭证。《财政部　国家税务总局关于企业手续费及佣金支出税前扣除政策的通知》（财税〔2009〕29 号）规定，企业为发行权益性证券，支付给有关证券承销机构的手续费及佣金，不得在税前扣除。

（5）发放工资薪金没有代扣代缴个人所得税。根据《国家税务总局关于企业工资薪金及职工福利费扣除问题的通知》（国税函〔2009〕3 号）的规定，已经代扣代缴了个人所得税，是税务机关判断税前列支工资薪金是否合理的衡量条件之一，因此企业发放的工资薪金如果没有代扣代缴个人所得税，存在不允许在企业所得税税前扣除的风险。

（6）商业保险费用支出凭证。《企业所得税法实施条例》第三十六条规定，除企业依照国家有关规定为特殊工种职工支付的人身安全保险费和国务院财政、税务主管部门规定可以扣除的其他商业保险费外，企业为投资者或者职工支付的商业保险费，不得扣除。企业按国家规定为特殊工种职工支付的法定人身安全保险费，以及国务院财政、税务主管部门规定可以税前扣除的商业保险费，准予税前扣除。即企业为其投资者或者职工投保商业保险所发生的保险费支出，仅限于以上列举的两种，才准予税前扣除。商业保险费不得税前扣除。

（7）超过扣除范围和定额标准的各项费用凭证。企业所得税允许扣除的具体项目，要按照规定的范围、标准在税前扣除。超出税前扣除范围、超过税前扣除标准的凭据支出，一律不得税前扣除。税收法规有具体扣除范围和标准（比例或金额），实际发生的费用超过或高于法定范围和定额标准的部分不得税前扣除。超过扣除范围和定额标准不得税前扣除的费用类别包括：职工福利费、职工教育经费、职工工会经费、业务招待费、广告费和业务宣传费、捐赠支出、利息支出、手续费、佣金支出、五险一金、补充养老和补充医疗保险等。例如，业务招待费凭证超过当年销售收入的 5‰不得税前扣除。《企业所得税法实施条例》第四十三条规定，企业发生的与生产经营活动有关的业务招待费支出，按照发生额的 60% 扣除，但最高不得超过当年销售（营业）收入的 5‰。因此，税法规定扣除有限额的，此时不能按合法有效凭证金额进行扣除，而应该按税法规定来扣除。

（8）工资薪金总额超过限定数额。纳税人支付给本单位员工的工资薪金，以工资表和相应的支付单据为税前扣除凭证。纳税人应按规定保管工资分配方案、工资结算单、纳税人与职工签订的劳动合同、个人所得税扣缴情况以及社保机构盖章的社会保险名单清册等证明材料，作为备查资料。按照《国家税务总局关于企业工资薪金及职工福利费扣除问题的通知》（国税函〔2009〕3号）第二条的规定，国有性质企业发生的接受外部劳务派遣用工费用中已确认的工资薪金支出，应计入本企业工资薪金总额。工资薪金总额不得超过政府有关部门给予的限定数额，超过部分，不得计入企业工资薪金总额，也不得在计算企业应纳税所得额时扣除。

（9）不能提供会议费证明材料的会议费发票。纳税人发生的会议费，以发票和支付单据为税前扣除凭证。企业发生的与取得收入有关的合理的会议费支出，应按主管税务机关要求，能够提供证明其真实性的合法凭证及相关材料，否则，不得在税前扣除。会议费证明材料应包括：会议时间、地点、预算、出席人员、内容、目的、费用标准、支付凭证等。

（10）未经申报的资产损失凭证。企业发生的资产损失，应按规定的程序和要求向主管税务机关申报后方能在税前扣除。未经申报的损失，不得在税前扣除。

（11）行政罚款、司法罚金及没收财物的损失凭证。《企业所得税法》第十条明确规定，支付给行政机关的罚款、司法机关的罚金和被行政机关或司法机关没收财物的损失不得税前扣除；但因为违背经济合同支付给对方的违约金、罚款、滞纳金、诉讼费、延期付款的利息等，均属于与取得收入有关的支出，可以据实扣除。

（12）企业管理费列支个人所得税的完税凭证。《国家税务总局关于雇主为雇员承担全年一次性奖金部分税款有关个人所得税计算方法问题的公告》（国家税务总局公告2011年第28号）第四条的规定，雇主为雇员负担的个人所得税款，应属于个人工资薪金的一部分，按照工资薪金支出的扣除标准进行税务处理。凡单独作为企业管理费列支的，在计算企业所得税时不得税前扣除。

（13）烟草企业烟草广告费和业务宣传费凭证。《关于广告费和业务宣传费支出税前扣除政策的通知》（财税〔2017〕41号）第三条明确规定，烟草企业的烟草广告费和业务宣传费支出，一律不得在计算应纳税所得额时扣除。烟草企业的烟草广告费和业务宣传费支出，即使取得有效扣除凭证，也一律不得在计算应纳税所得额时扣除。

（14）旅行社开具的不能提供证明其真实性的发票。很多企业出国考察，需要旅行社提供发票。如纳税人发生出国考察支出，主管税务机关要求提供证明资料的，应能够提供证明其真实性的合法凭证。证明材料应包括：考察人员姓名、地点、时间、任务、支付凭证等。否则，不得在税前扣除。

（15）与生产经营活动无关的支出凭证。与生产经营无关的成本费用，主要包括：代扣代缴个人所得税，委托加工代垫运费，应由个人承担的其他支出，给退休职工发放的节日补助、股东将公款用于消费性的支出。个人投资者以企业资金为本人、家庭成员支付与企业经营无关的消费性支出、股东将公款用于财产性的支出。企业出资购买房屋、汽车、电脑、股票、基金及其他财产，将所有权登记为投资者个人、投资者家庭成员的，单位为职工提供免费旅游的支出，娱乐、健身、旅游、招待、购物、馈赠等支出。

（16）向境外关联方支付费用取得的四类凭证。《关于企业向境外关联方支付费用有关企业所得税问题的公告》（国家税务总局公告 2015 年第 16 号）第四条明确规定：“企业向境外关联方支付费用的四类情形，在计算企业应纳税所得额时不得扣除。

（一）企业向未履行功能、承担风险，无实质性经营活动的境外关联方支付的费用，在计算企业应纳税所得额时不得扣除。

（二）企业因接受境外关联方提供劳务而支付费用，该劳务应当能够使企业获得直接或者间接经济利益。企业因接受下列劳务而向境外关联方支付的费用，在计算企业应纳税所得额时不得扣除。

1. 与企业承担功能风险或者经营无关的劳务活动；

2. 关联方为保障企业直接或者间接投资方的投资利益，对企业实施的控制、管理和监督等劳务活动；

3. 关联方提供的，企业已经向第三方购买或者已经自行实施的劳务活动；

4. 企业虽由于附属于某个集团而获得额外收益，但并未接受集团内关联方实施的针对该企业的具体劳务活动；

5. 已经在其他关联交易中获得补偿的劳务活动；

6. 其他不能为企业带来直接或者间接经济利益的劳务活动。

（三）企业使用境外关联方提供的无形资产需支付特许权使用费的，应当考虑关联各方对该无形资产价值创造的贡献程度，确定各自应当享有的经济利益。企业向仅拥有无形资产法律所有权而未对其价值创造做出贡献的关联方支付特许权使用费，不符合独立交易原则的，在计算企业应纳税所得额时不得扣除。

（四）企业以融资上市为主要目的，在境外成立控股公司或者融资公司，因融资上市活动所产生的附带利益向境外关联方支付的特许权使用费，在计算企业应纳税所得额时不得扣除。”

2. 租用政府单位楼房，是否需要发票税前扣除？

问：甲公司租用农业局的一层楼房，支付年租金 100 万，是否需要发票才能税前扣除？

答：根据《国家税务总局关于发布〈企业所得税税前扣除凭证管理办法〉的公告》（国家税务总局公告 2018 年第 28 号）第二条规定，本办法所称税前扣除凭证，是指企业在计算企业所得税应纳税所得额时，证明与取得收入有关的、合理的支出实际发生，并据以税前扣除的各类凭证。

第九条规定，企业在境内发生的支出项目属于增值税应税项目的，对方为已办理税务登记的增值税纳税人，其支出以发票（包括按照规定由税务机关代开的发票）作为税前扣除凭证；对方为依法无需办理税务登记的单位或者从事小额零星经营业务的个人，其支出以税务机关代开的发票或者收款凭证及内部凭证作为税前扣除凭证，收款凭证应载明收款单位名称、个人姓名及身份证号、支出项目、收款金额等相关信息。

《税务登记管理办法》（国家税务总局令第 36 号）前款规定以外的纳税人，除国家机关、个人和无固定生产、经营场所的流动性农村小商贩外，也应当按照《税收征管法》及《实施细则》和本办法的规定办理税务登记。

甲公司租用农业局楼房，由于农业局属于国家机关，属于依法无需办理税务登记的单位。因此，根据税务总局公告2018年第28号第九条规定，该项租金支出可以让农业局去税务机关代开发票，甲公司也可以凭对方的收款凭证及内部凭证作为税前扣除凭证（收款凭证应载明收款单位名称、支出项目、收款金额等相关信息）。

3. 幼儿园收取的保教费是否应开具发票？

问：幼儿园的收费是否需要开具发票？

答：《国家发展和改革委员会　教育部　财政部关于印发〈幼儿园收费管理暂行办法〉的通知》（发改价格〔2011〕3207号）第十八条规定，公办幼儿园收取保教费、住宿费，应到价格主管部门办理收费许可证，按规定进行收费许可证年审，并按照财务隶属关系使用财政部或省级财政部门印（监）制的财政票据。民办幼儿园收取保教费、住宿费，要按规定使用税务机关统一印制的税务发票。

根据上述规定，公办幼儿园按规定收取的保教费应使用财政部或省级财政部门印（监）制的财政票据，民办幼儿园收取保教费要按规定使用税务机关统一印制的税务发票。

4. 医疗票据加盖收费专用章是否合规？

问：财政部监制的医疗收据是否应加盖收费专用章？

答：《财政部　卫生部关于印发〈医疗收费票据使用管理办法〉的通知》（财综〔2012〕73号）第三条规定，本办法所称医疗收费票据，是指非营利性医疗卫生机构（以下简称医疗机构）为门诊、急诊、急救、住院、体检等患者提供医疗服务取得医疗收入时开具的收款凭证。

第二十三条规定，医疗机构取得门诊医疗收入和住院医疗收入，应当向付款方开具医疗收费票据，并加盖本单位财务章或收费专用章。医疗机构不开具医疗收费票据的，付款方有权拒绝支付款项。

根据上述规定，医疗收费票据应加盖本单位财务章或收费专用章。

5. 企业支付给中国境外企业的费用，应索取什么凭证税前扣除？

问：中国台湾企业给我公司提供咨询服务，我公司应该索取什么样的发票？

答：《发票管理办法》第三十三条规定，单位和个人从中国境外取得的与纳税有关的发票或者凭证，税务机关在纳税审查时有疑义的，可以要求其提供境外公证机构或者注册会计师的确认证明，经税务机关审核认可后，方可作为记账核算的凭证。

《企业所得税法》第八条规定，企业实际发生的与取得收入有关的、合理的支出，包括成本、费用、税金、税收和其他支出准予扣除。

《国家税务总局关于发布〈企业所得税税前扣除凭证管理办法〉的公告》（国家税务总局公告2018年第28号）第十一条规定，企业从境外购进货物或者劳务发生的支出，以对方开具的发票或者具有发票性质的收款凭证、相关税费缴纳凭证作为税前扣除。

根据上述规定，企业在支付境外成本费用，取得境外发票或凭证时，应按境外地区相关规定开具，境内企业凭合法合同、银行外汇支付凭证和境外单位或个人出具的有关凭证作为相关扣除凭证。税务机关在纳税审查时有疑义的，可以要求其提供境外公证机构或者注册会计师的确认证明，经税务机关审核认可后，方可作为税前扣除凭证。

6. 不符合规定的票据能否在企业所得税税前扣除？

问：（1）我公司支付2014年的费用，可以在2015年所得税税前扣除吗？（2）没有盖章的发票可以扣除吗？（3）销货清单上没有加盖印章的可以扣除吗？（4）发票的付款单位名称不符的可以扣除吗？

答：《企业所得税法实施条例》第九条规定，企业应纳税所得额的计算，以权责发生制为原则，属于当期的收入和费用，不论款项是否收付，均作为当期的收入和费用；不属于当期的收入和费用，即使款项已经在当期收付，均不作为当期的收入和费用。本条例和国务院财政、税务主管部门另有规定的除外。

《国家税务总局关于修订〈增值税专用发票使用规定〉的通知》（国税发〔2006〕156号）第十二条规定，一般纳税人销售货物或者提供应税劳务可汇总开具专用发票。汇总开具专用发票的，同时使用防伪税控系统开具《销售货物或者提供应税劳务清单》（附件2），并加盖财务专用章或者发票专用章。

《发票管理办法》第二十一条规定，不符合规定的发票，不得作为财务报销凭证，任何单位和个人有权拒收。第二十二条规定，开具发票应当按照规定的时限、顺序、栏目，全部联次一次性如实开具，并加盖发票专用章。

《国家税务总局关于进一步加强普通发票管理工作的通知》（国税发〔2008〕80号）规定：在日常检查中发现纳税人使用不符合规定发票特别是没有填开付款方全称的发票，不得允许纳税人用于税前扣除、抵扣税款、出口退税和财务报销。

《国家税务总局关于发布〈企业所得税税前扣除凭证管理办法〉的公告》（国家税务总局公告2018年第28号）第十三条规定，企业应当取得而未取得发票、其他外部凭证或者取得不合规发票、不合规其他外部凭证的，若支出真实且已实际发生，应当在当年度汇算清缴期结束前，要求对方补开、换开发票、其他外部凭证。补开、换开后的发票、其他外部凭证符合规定的，可以作为税前扣除凭证。

根据上述规定，按权责发生制原则，2014年的费用不可以在2015年扣除；没有盖章的发票，属于不符合规定的发票，不能在税前扣除；销货清单与发票同等效力，应加盖发票专用章，没有盖章也属于不符合规定的发票，不能在税前扣除；发票的付款单位名称不符，无法证明是取得方，也属于不符合规定的发票，不能在税前扣除。你企业可以要求对方补开、换开发票、其他外部凭证。补开、换开后的发票、其他外部凭证符合规定的，可以作为税前扣除凭证。

7. 不合规票据是否包括填列事项与实际不符的发票？

问：我单位正在进行企业所得税汇算清缴工作，填列“其他纳税调整项目明细表”时，有一个疑问“不合格票据”项。按我上级单位的文件说明“调增内容包括白条收据、假发票等不合格的入账票据”，但如果发票填列事项有问题，比如房屋租赁，发票事项填列为“场地使用费”，发票本身为真实有效的发票，这种情况需要进行纳税调增吗？

答：《发票管理办法》第二十一条规定，不符合规定的发票，不得作为财务报销凭证，任何单位和个人有权拒收。

第二十二条规定，开具发票应当按照规定的时限、顺序、栏目，全部联次一次性如实开具，并加盖发票专用章。

《国家税务总局关于发布〈企业所得税税前扣除凭证管理办法〉的公告》（国家税务总局公告 2018 年第 28 号）第十二条规定，企业取得私自印制、伪造、变造、作废、开票方非法取得、虚开、填写不规范等不符合规定的发票（以下简称不合规发票），以及取得不符合国家法律、法规等相关规定的其他外部凭证（以下简称不合规其他外部凭证），不得作为税前扣除凭证。

根据上述规定，开具发票时应当如实开具，填列事项与实际不符，属于不合规发票，不符合规定的发票不得作为财务报销凭证，也不允许税前扣除。

8. 销售折扣，会计上以什么作为税前扣除核算凭证？

问：公司开出应收建筑工程款项发票，金额 286 900 元，公司同意给予委托方折扣 6 900 元，根据税收法规 6 900 元作为财务费用核算，可是销售折扣不得开具发票，会计以什么作为税前扣除核算凭证？

答：《国家税务总局关于确认企业所得税收入若干问题的通知》（国税函〔2008〕875 号）第一条第（五）项规定，债权人为鼓励债务人在规定的期限内付款而向债务人提供的债务扣除属于现金折扣，销售商品涉及现金折扣的，应当按扣除现金折扣前的金额确定销售商品收入金额，现金折扣在实际发生时作为财务费用扣除。

根据上述规定，如果是符合上述规定的现金折扣，收款方可以凭上述证明业务真实性的凭据作为税前扣除的凭证。

9. 内部职工食堂开具的收据，能否作为“招待费”财务报销的凭据？

问：业务部门在本单位食堂招待上级领导，向食堂（内设机构不对外营业）支付餐费，取得食堂开具的收据。业务部门凭该收据能否作为“招待费”财务报销的凭据？该收据是否可以作为企业所得税税前扣除的合法凭证？

答：《税务登记管理办法》第十条规定，企业，企业在外地设立的分支机构和从事生产、经营的场所，个体工商户和从事生产、经营的事业单位（以下统称从事生产、经营的纳税人），向生产、经营所在地税务机关申报办理税务登记。

《财政部　国家税务总局关于全面推开营业税改征增值税试点的通知》（财税

〔2016〕36 号）附件 1：《营业税改征增值税试点实施办法》规定，有偿提供服务、有偿转让无形资产或者不动产的单位和个人缴纳增值税，但属于下列非经营活动的情形除外：行政单位收取的同时满足以下条件的政府性基金或者行政事业性收费；单位或者个体工商户聘用的员工为本单位或者雇主提供取得工资的服务；单位或者个体工商户为聘用的员工提供服务；财政部和国家税务总局规定的其他情形。

《发票管理办法》第十九条规定，销售商品、提供服务以及从事其他经营活动的单位和个人，对外发生经营业务收取款项，收款方应当向付款方开具发票；特殊情况下，由付款方向收款方开具发票。

第二十一条规定，不符合规定的发票，不得作为财务报销凭证，任何单位和个人有权拒收。

根据上述规定，单位内设职工食堂属于不需要办理税务登记的内设机构，为上级部门来人提供餐饮服务，属于非经营活动中“单位或者个体工商户聘用的员工为本单位或者雇主提供取得工资的服务”的情形，不需缴纳增值税，不需要开具发票。发生的支出企业所得税前可作为业务招待费申报扣除，但也需要取得合规票据及证明业务真实性的相关凭证，如食堂开具的具备财务要素的收款收据及证明招待事项的相关证明资料，另如果企业加工餐费原料未取得相关发票，也不得在企业所得税前申报扣除。

10. 企业支付给快餐公司的午餐费能否计入职工福利费？

问：我公司为自己公司员工提供午餐，支付给快餐公司的午餐费，对方公司开具了服务业统一发票，内容开具为餐费，并且开了我公司抬头，这种服务发票合规吗？请问：这样的发票能正常人职工福利费吗？会计和税务处理方式一样吗？

答：《财政部关于企业加强职工福利费财务管理的通知》（财企〔2009〕242 号）第一条第（一）项规定，企业职工福利费包括为职工卫生保健、生活等发放或支付的各项现金补贴和非货币性福利，包括职工因公外地就医费用、暂未实行医疗统筹企业职工医疗费用、职工供养直系亲属医疗补贴、职工疗养费用、自办职工食堂经费补贴或未办职工食堂统一供应午餐支出、符合国家有关财务规定的供暖费补贴、防暑降温费等。

《国家税务总局关于企业工资薪金及职工福利费扣除问题的通知》（国税函〔2009〕3 号）第三条第（二）项规定，为职工卫生保健、生活、住房、交通等所发放的各项补贴和非货币性福利，包括企业向职工发放的因公外地就医费用、未实行医疗统筹企业职工医疗费用、职工供养直系亲属医疗补贴、供暖费补贴、职工防暑降温费、职工困难补贴、救济费、职工食堂经费补贴、职工交通补贴等。

《财政部　国家税务总局关于明确金融房地产开发教育辅助服务等增值税政策的通知》（财税〔2016〕140 号）第九条规定，提供餐饮服务的纳税人销售的外卖食品，按照“餐饮服务”缴纳增值税。

《财政部　国家税务总局关于全面推开营业税改征增值税试点的通知》（财税〔2016〕36 号）附件 1：《营业税改征增值税试点实施办法》第一条规定，在中华人民共和国境内（以下称境内）销售服务、无形资产或者不动产（以下称应税行为）的单位和个人，为增值税纳税人，应当按照本办法缴纳增值税，不缴纳营业税。

《发票管理办法》第二十一条规定，不符合规定的发票，不得作为财务报销凭证，任何单位和个人有权拒收。

根据上述规定，为职工统一供应午餐的支出，会计和企业所得税都可以作为职工福利费处理。

11. 企业发生的损失是否也必须有发票才能税前扣除？

问：法院判决给对方赔偿，对方单位是否需要给我们开具发票？没有发票可以企业所得税税前扣除吗？

答：是否需要开具发票主要是看该行为是否属于应税行为，如果不属于应税行为，则不需要开具发票，凭法院的判决书可以税前扣除。

《国家税务总局关于发布〈企业资产损失所得税税前扣除管理办法〉的公告》（国家税务总局2011年25号公告）第四条规定，企业发生的资产损失，应按规定的程序和要求向主管税务机关申报后方能在税前扣除。未经申报的损失，不得在税前扣除。

第十六条规定，企业资产损失相关的证据包括具有法律效力的外部证据和特定事项的企业内部证据。

第十七条规定，具有法律效力的外部证据，是指司法机关、行政机关、专业技术鉴定部门等依法出具的与本企业资产损失相关的具有法律效力的书面文件，主要包括：

“（一）司法机关的判决或者裁定；

（二）公安机关的立案结案证明、回复；

（三）工商部门出具的注销、吊销及停业证明；

（四）企业的破产清算公告或清偿文件；

（五）行政机关的公文；

（六）专业技术部门的鉴定报告；

（七）具有法定资质的中介机构的经济鉴定证明；

（八）仲裁机构的仲裁文书；

（九）保险公司对投保资产出具的出险调查单、理赔计算单等保险单据；

（十）符合法律规定的其他证据。”

第十八条规定，特定事项的企业内部证据，是指会计核算制度健全、内部控制制度完善的企业，对各项资产发生毁损、报废、盘亏、死亡、变质等内部证明或承担责任的声明，主要包括：

“（一）有关会计核算资料和原始凭证；

（二）资产盘点表；

（三）相关经济行为的业务合同；

（四）企业内部技术鉴定部门的鉴定文件或资料；

（五）企业内部核批文件及有关情况说明；

（六）对责任人由于经营管理责任造成损失的责任认定及赔偿情况说明；

（七）法定代表人、企业负责人和企业财务负责人对特定事项真实性承担法律责任的声明。”

根据上述规定，并不是所有的业务都需要取得发票才能税前扣除，一些资产损失只要提供真实、合法的凭据，也是可以税前扣除的。给对方赔偿凭法院判决，向主管税务机关申报后可以企业所得税税前扣除，不需要开具发票。

12. 加油卡充值款的发票是否可以直接作为费用入账凭证在税前扣除？

问：客户给加油卡充值，我们单位出具的发票项目是“加油卡充值款”，这张发票可以作为企业的费用报销凭证，在企业应纳税所得额中抵减吗？

答：《企业所得税法》第八条规定，企业实际发生的与取得收入有关的、合理的支出，包括成本、费用、税金、损失和其他支出，准予在计算应纳税所得额时扣除。

《企业所得税法实施条例》第九条规定，企业应纳税所得额的计算，以权责发生制为原则，属于当期的收入和费用，不论款项是否收付，均作为当期的收入和费用；不属于当期的收入和费用，即使款项已经在当期收付，均不作为当期的收入和费用。本条例和国务院财政、税务主管部门另有规定的除外。

根据上述规定，预存的加油卡充值款时，虽然取得了发票，但并没有实际发生相关的费用，不得在税前扣除，应当在实际消费时进行税前扣除。

13. 企业银行借款利息，能否凭银行自制单据企业在所得税税前扣除？

问：向银行支付借款利息需要取得银行开具的正规发票才可作为所得税税前扣除凭证么？还是银行自制单据就行？

答：《国家税务总局关于全面推开营业税改征增值税试点有关税收征收管理事项的公告》（国家税务总局公告 2016 年第 23 号）第三条第（一）项规定，增值税一般纳税人销售货物、提供加工修理修配劳务和应税行为，使用增值税发票管理新系统（以下简称新系统）开具增值税专用发票、增值税普通发票、机动车销售统一发票、增值税电子普通发票。

《发票管理办法》第十九条规定，销售商品、提供服务以及从事其他经营活动的单位和个人，对外发生经营业务收取款项，收款方应当向付款方开具发票；特殊情况下，由付款方向收款方开具发票。

《国家税务总局关于进一步加强普通发票管理工作的通知》（国税发〔2008〕80 号）规定，在日常检查中发现纳税人使用不符合规定发票特别是没有填开付款方全称的发票，不得允许纳税人用于税前扣除、抵扣税款、出口退税和财务报销。

《国家税务总局关于发布〈企业所得税税前扣除凭证管理办法〉的公告》（国家税务总局公告 2018 年第 28 号）第九条规定，企业在境内发生的支出项目属于增值税应税项目（以下简称应税项目）的，对方为已办理税务登记的增值税纳税人，其支出以发票（包括按照规定由税务机关代开的发票）作为税前扣除凭证。

根据上述规定，随着营改增的全面推开，发票管理进一步规范和加强，银行对外发生的业务应向接收方提供发票。因此，纳税人应及时向银行提供增值税发票开票资料，取得银行开具的正规发票作为所得税税前扣除凭证。营改增政策规定，纳税人接受贷款服务向贷款方支付的费用，其进项税额不得从销项税额中抵扣，应向银行取得增值税普通发票。因此，企业向银行支付借款利息应取得银行开具的正规发票才能作为所得税税前扣除凭证。

14. 支付村民的污染补偿费能否税前扣除？

问：我公司是煤炭运销公司，有自己的煤场，每年给周边村民污染补偿费，是否可以在企业所得税前扣除？是否需要取得发票？

答：《企业所得税法》第八条规定，企业实际发生的与取得收入有关的、合理的支出，包括成本、费用、税金、损失和其他支出，准予在计算应纳税所得额时扣除。

《企业所得税法实施条例》第二十七条规定，企业所得税法第八条所称有关的支出，是指与取得收入直接相关的支出。

企业所得税法第八条所称合理的支出，是指符合生产经营活动常规，应当计入当期损益或者有关资产成本的必要和正常的支出。

《发票管理办法》第三条规定，发票是指在购销商品、提供或者接受服务以及从事其他经营活动中，开具、收取的收付款凭证。

根据上述规定，对企业发生的与取得收入有关的、合理的补偿费支出可以在税前扣除，该补偿费可以使用具备财务票据基本要素的收款收据，根据赔（补）偿协议、受偿人签字的收款收据等税前扣除，不需要取得发票。

15. 未办理税务登记的项目组能否作为发票抬头单位？

问：我公司（甲方）与其他投资方（乙方）共同投资制作A电视剧，双方共担风险，共享收益。A电视剧的发行收入由各投资方分别对外签订，并向电视台开具发票。对应的成本发票按照各投资方确认收入占A电视剧总收入的比例进行分配。各投资方出资成立的A电视剧剧组为临时机构，在拍摄期内发生的剧组支出均以剧组名义对外签订合同，剧组支出对应的发票抬头均为“某某公司《A》摄制组”。那么：(1) A电视剧如果部分由我公司对外向电视台发行，并开具发票，确认对应发行收入，则从剧组取得的对应成本发票，发票抬头为“乙公司《A》摄制组”（注：乙公司非本公司名称），能否在所得税前进行抵扣？(2) A电视剧如果部分由我公司对外向电视台发行，并开具发票，确认对应发行收入，则从剧组取得的对应成本发票，发票抬头为“甲公司《A》摄制组”（注：甲公司为本公司名称），能否在所得税前进行抵扣？

答：《发票管理办法》第二十条规定，所有单位和从事生产、经营活动的个人在购买商品、接受服务以及从事其他经营活动支付款项，应当向收款方取得发票。取得发票时，不得要求变更品名和金额。

第二十一条规定，不符合规定的发票，不得作为财务报销凭证，任何单位和个人有权拒收。

根据上述规定，贵公司与其他投资方合作拍摄电视剧，双方不成立公司，各自核算收入、成本费用的，贵公司支付成本费用时应向对方取得贵公司抬头的发票。贵公司取得发票抬头为“乙公司《A》摄制组”和“甲公司《A》摄制组”的发票，均为不符合规定发票，相应支出不得在税前扣除。

16. 政府非税收入收据能否税前扣除？

问：我公司取得某计量科学研究院开具的政府非税收入收款票据（内容红外线测温仪、测振仪、热像仪等仪器仪表的检定、校准及测试费），能否作为税前扣除的凭证？是否必须取得发票？

答：《财政票据管理办法》（财政部令第 70 号）第六条规定，财政票据的种类和适用范围如下：

“（一）非税收入类票据

1. 非税收入通用票据，是指行政事业单位依法收取政府非税收入时开具的通用凭证。

2. 非税收入专用票据，是指特定的行政事业单位依法收取特定的政府非税收入时开具的专用凭证。主要包括行政事业性收费票据、政府性基金票据、国有资源（资产）收入票据、罚没票据等。

3. 非税收入一般缴款书，是指实施政府非税收入收缴管理制度改革的行政事业单位收缴政府非税收入时开具的通用凭证。”

《财政部　国家税务总局关于全面推开营业税改征增值税试点的通知》（财税〔2016〕36 号）附《销售服务、无形资产、不动产注释》一、销售服务（六）现代服务的第 6 项鉴证咨询服务规定。

《国家税务总局关于发布〈企业所得税税前扣除凭证管理办法〉的公告》（国家税务总局公告 2018 年第 28 号）第二条规定，本办法所称税前扣除凭证，是指企业在计算企业所得税应纳税所得额时，证明与取得收入有关的、合理的支出实际发生，并据以税前扣除的各类凭证。

第八条规定，外部凭证是指企业发生经营活动和其他事项时，从其他单位、个人取得的用于证明其支出发生的凭证，包括但不限于发票（包括纸质发票和电子发票）、财政票据、完税凭证、收款凭证、分割单等。

第九条规定，企业在境内发生的支出项目属于增值税应税项目（以下简称应税项目）的，对方为已办理税务登记的增值税纳税人，其支出以发票（包括按照规定由税务机关代开的发票）作为税前扣除凭证。

根据上述规定，对于行政事业单位在履行国家相关职能过程中提供的认证及测试服务应提供非税收入票据；但如提供经营性劳务，应在收款时开具增值税发票。具体认定时可依该认证及测试是否按规定必须由该行政事业单位实施来进行判断。如属于贵公司可选择服务对象的认证行为，则在付款时应要求对方提供发票。

17. 承包企业食堂是否可开具发票？

问：我公司是山东的一家大型国有煤矿企业，拥有数千名员工。为提升职工生活后勤保障水平，促进职工食堂规范化和专业化管理，公司与省外的一家餐饮管理公司签订了食堂承包协议，主要内容是：我公司无偿提供设备、场所及室外卫生保洁，有权监督承包方的餐饮质量及收费标准。公司不收取任何费用，承包方以自己的名义经营并承担相应的法律责任。目前，承包方的服务对象仅限于我公司的员工。当地税务机关要求承包方缴纳营业税金及附加。我们认为：公司食堂属于企业内部后勤保障部门，不对外提供服务，属于依法不需要办理税务登记的内设机构，不应缴纳营业税金及附加。以上观点是否正确？

答：《国家税务总局关于企业工资薪金及职工福利费扣除问题的通知》（国税函〔2009〕3号）第三条关于职工福利费扣除问题规定："《实施条例》第四十条规定的企业职工福利费，包括以下内容：

（一）尚未实行分离办社会职能的企业，其内设福利部门所发生的设备、设施和人员费用，包括职工食堂、职工浴室、理发室、医务所、托儿所、疗养院等集体福利部门的设备、设施及维修保养费用和福利部门工作人员的工资薪金、社会保险费、住房公积金、劳务费等。"

根据上述规定，公司内设福利部门是指人员、设施等均为单位所有的情况下，所发生的费用可全额计入职工福利费。贵公司所设食堂场地及设施为公司所有，但人员及劳务实行外包形式，所以在向承包餐饮公司支付费用时应取得发票，对方属于从事经营活动，取得的收入应缴纳增值税。

18. 逾重行李票能否税前扣除？

问：我公司人员出差取得的东方航空公司逾重行李票、南方航空股份有限公司逾重行李票。这两家的票据都是自制票据，加盖航空公司印章，无税务局监制章，这种发票能否报销？是否可以税前扣除？国际航空公司是否已能使用增值税定额发票，那么以后如果是乘坐国际航空公司的行李逾重是否必须取得税局正式发票才可以入账？

答：《发票管理办法》第四十四条第一款规定："国务院税务主管部门可以根据有关行业特殊的经营方式和业务需求，会同国务院有关主管部门制定该行业的发票管理办法。"

《民用航空运输凭证印制管理规定》（中国民用航空总局令第126号）第三条规定："运输凭证是指与从事民用航空运输活动相关的凭据，包括客票及行李票、航空货运单、逾重行李票、航空邮运结算单以及退票、误机、变更收费单和旅费证等用于航空运输的纸质凭证。"

《国家税务总局关于在全国开展营业税改征增值税试点有关征收管理问题的公告》（国家税务总局公告2013年第39号）第一条关于纳税人发票使用问题规定：

"（一）自本地区营改增试点实施之日起，增值税纳税人不得开具公路、内河货物运输业统一发票。

增值税一般纳税人（以下简称一般纳税人）提供货物运输服务的，使用货物运输业增值税专用发票（以下简称货运专票）和普通发票；提供货物运输服务之外其他增值税应税项目的，统一使用增值税专用发票（以下简称专用发票）和增值税普通发票。

小规模纳税人提供货物运输服务，服务接受方索取货运专票的，可向主管税务机关申请代开，填写《代开货物运输业增值税专用发票缴纳税款申报单》。代开货运专票按照代开专用发票的有关规定执行。

（二）提供港口码头服务、货运客运场站服务、装卸搬运服务、旅客运输服务的一般纳税人，可以选择使用定额普通发票。”

根据上述规定，逾重行李票属于民用航空运输凭证。目前，国家税务总局尚未与民航局就逾重行李票事项制定相应管理办法。航空公司开具逾重行李票不属于发票，其收取逾重行李费应开具增值税发票。贵公司取得逾重行李票，原则上不得税前扣除。

有的地方有不同口径，如宁波市国家税务局执行口径为，逾重行李票能够佐证是公司人员因公出差引起的，与机票附在一起作为报销凭证。航空公司的票据在税务部门备过案的，暂作为正规票据管理。《企业所得税法》第八条规定，企业实际发生的与取得收入有关的、合理的支出，包括成本、费用、税金、损失和其他支出，准予在计算应纳税所得额时扣除。

19. 会议费票据能否作为业务招待费税前扣除？

问：企业列支的会议费，票据既有写明会议费的各个酒店、会议中心的机打发票，也有大量的定额发票，无会议明细附送，这种情况下，企业列支在会议费中的无法确定费用性质的支出，能否直接作为业务招待费税前扣除？

答：《企业所得税法》第八条规定，企业实际发生的与取得收入有关的、合理的支出，包括成本、费用、税金、损失和其他支出，准予在计算应纳税所得额时扣除。

《企业所得税法实施条例》第四十三条规定，企业发生的与生产经营活动有关的业务招待费支出，按照发生额的 60% 扣除，但最高不得超过当年销售（营业）收入的 5‰。

根据上述规定，企业列支在会议费中但无法确定费用性质的支出，无法证明与生产经营活动的相关性，税前不能扣除，而不是作为业务招待费税前扣除。

20. 支付农民工劳务费是否一定要取得发票？

问：我公司承接一园林绿化业务：（1）施工过程中付给农民工的劳务费怎样支付合规？（没有票据）（2）企业是否有代扣农民工个人所得税的义务？（3）企业可否将劳务费付给包工头？是否有税务风险？

答：参考《青岛市国家税务局 2013 年度企业所得税汇算清缴若干业务问题解答》规定。

根据青岛市人力资源和社会保障局、青岛市国家税务局、青岛市地方税务局联合发布的《关于加强企业劳动合同及工资管理有关问题的通知》（青人社字〔2012〕80 号）《关于切实加强企业劳动合同网上备案及工资税前扣除审核与监督有关问题的通知》（青人社〔2013〕83 号）规定：“用工企业依法与劳动者签订《劳动合同》，并通过人力资源社会保障劳动关系网络系统网上备案，其实际支付的工资薪金准予税前扣除。

……

3. 建筑施工企业依法与农民工签订书面劳动合同、加盖企业公章且经企业法定代表人（或委托代理人）与农民工本人签字或盖章，其发生合理的工资薪金支出可以税前扣除。

……

8. 除上述情况外，其他未在人力资源社会保障劳动关系网络系统进行网上备案的，主管税务机关一经发现，应当将相关情况及时向当地劳动部门进行反馈，其中对用工企业与劳动者已经签订书面《劳动合同》的，凡企业能够证明劳动关系真实且已经实际支付的工资薪金，也应准予税前扣除。”

《国家税务总局关于印发〈进一步加强税收征管若干具体措施〉的通知》（国税发〔2009〕114 号）第六条规定，未按规定取得的合法有效凭据不得在税前扣除。

参考上述规定可知：（1）如果建筑施工企业依法与农民工签订书面劳动合同、加盖企业公章且经企业法定代表人（或委托代理人）与农民工本人签字或盖章，其发生合理的工资薪金支出可以税前扣除。（2）如果企业与农民工存在雇佣关系而未签订劳动合同，对提供劳务属劳务报酬，应按规定取得个人向税务机关代开的发票。（3）如果企业将工程承包给其他企业，农民工为承包商所雇用工人，则企业支付工程款时应向承包商索取建筑业发票。（4）未按规定取得的合法有效凭据不得在税前扣除。

《个人所得税法》第八条规定，个人所得税，以所得人为纳税义务人，以支付所得的单位或者个人为扣缴义务人。

根据上述规定，个人所得税，以支付所得的单位或者个人为扣缴义务人。如是农民工为企业雇用工，则支付个人所得时应代扣代缴个人所得税。如果农民工为承包商所雇用工人，则承包商在支付个人所得时代扣代缴个人所得税。

21. 业务招待费中不合规发票是否要纳税调整?

问：根据企业所得税的有关规定，业务招待费按照营业（销售）收入的 5‰与业务招待费实际发生额的 60% 之中较小的金额在税前扣除。但是业务招待费中还有发票不合格等需要纳税调整的事项，进行纳税调整时是否应当进行剔除？

答：《发票管理办法》第二十一条规定，不符合规定的发票，不得作为财务报销凭证，任何单位和个人有权拒收。

《营业税暂行条例实施细则》第十九条规定：“条例第六条所称符合国务院税务主管部门有关规定的凭证（以下统称合法有效凭证），是指：（一）支付给境内单位或者个人的款项，且该单位或者个人发生的行为属于营业税或者增值税征收范围的，以该单位或者个人开具的发票为合法有效凭证。”

因此，不合规的发票，不得作为财务报销凭证，也就意味不能作为税前扣除的凭据。因此，允许税前扣除的业务招待费属于营业税或者增值税征收范围的，必须取得发票为合法有效凭证。企业发生的与生产经营活动有关的业务招待费支出，按照发生额的 60% 扣除，但最高不得超过当年销售（营业）收入的 5‰。业务招待费纳税调增额应包括取得不符合规定的发票和发生额 40% 的金额。

22. 对境外出差费用报销凭证有何规定?

问：在中国境外出差所发生的费用，如住宿费、餐费、的士费、会务费、培训费等，其相关费用票据是否可以视同国内正式发票报销？并可以在企业所得税前列支？

答：《中华人民共和国发票管理办法》第三十三条规定，单位和个人从中国境外取得的与纳税有关的发票或者凭证，税务机关在纳税审查时有疑义的，可以要求其提供境外公证机构或者注册会计师的确认证明，经税务机关审核认可后，方可作为记账核算的凭证。

根据上述规定，企业在境外取得的相关票据可以按规定在税前扣除，但税务机关在纳税审查时有疑义的，可以要求企业提供境外公证机构或者注册会计师的确认证明。

23. 以前年度损益调整科目是以收据入账，需要在本年调整吗？

问：我 2018 年入账的以前年度损益调整科目（主要是费用类发票，而且没有发票，是收据），现在做 2018 年度所得税汇算清缴时，需要纳税调增吗？

答：根据《国家税务总局关于发布〈企业所得税税前扣除凭证管理办法〉的公告》（国家税务总局公告 2018 年第 28 号）第五条、第七条、第九条相关规定，企业发生支出，应取得税前扣除凭证，作为计算企业所得税应纳税所得额时扣除相关支出的依据。企业在境内发生的支出项目属于增值税应税项目的，对方为已办理税务登记的增值税纳税人，其支出以发票（包括按照规定由税务机关代开的发票）作为税前扣除凭证。企业应将与税前扣除凭证相关的资料，包括合同协议、支出依据、付款凭证等留存备查，以证实税前扣除凭证的真实性。如上所述，“费用类，没有发票，是收据”应当依法进行纳税调整。

根据《中华人民共和国企业所得税法实施条例》第九条规定，企业应纳税所得额的计算，以权责发生制为原则，属于当期的收入和费用，不论款项是否收付，均作为当期的收入和费用；不属于当期的收入和费用，即使款项已经在当期收付，均不作为当期的收入和费用。本条例和国务院财政、税务主管部门另有规定的除外。也就是说，调整哪个年度，应当按照权责发生制原则确定。

24. 未按规定取得税前扣除凭证的税务处理

问：企业有购进业务发生，但未按规定取得发票，如何在税前扣除？如果被税务机关检查时，是否需要全额调增？

答：根据《企业所得税税前扣除凭证管理办法》（国家税务总局公告 2018 年第 28 号）第十三条至第十七条关于应取得未取得税前扣除凭证（符合规定的发票及其他外部凭证，下同）的有关规定，实务中应针对下列三种情形分别处理：

（1）企业在汇缴期满前应取得未取得税前扣除凭证的，应主动作纳税调整。

企业在汇算清缴期间（次年 1 月 1 日—5 月 31 日）发现纳税年度与实际发生的支出应取得未取得税前扣除凭证的，应当要求对方补开、换开税前扣除凭证，如果能够在汇缴期满前取得补开、换开的税前扣除凭证，允许扣除，不作纳税调整。

企业在补开、换开发票、其他外部凭证过程中，因对方注销、撤销、依法被吊销营业执照、被税务机关认定为非正常户等特殊原因无法补开、换开发票、其他外部凭证的，可凭《企业所得税税前扣除凭证管理办法》第十四条要求提供的资料证实支出真实性后，其支出允许税前扣除。

若未能在汇缴期满前取得补开、换开的税前扣除凭证，或者属于特殊原因无法补开、换开税前扣除凭证又不能提供《企业所得税税前扣除凭证管理办法》第十四条规定的能够证实支出真实性资料的，暂不允许税前扣除，作纳税调增处理。

（2）企业在汇缴期满后五年内自行取得补开或换开税前扣除凭证的，允许追补扣除。

企业以前年度应当取得而未取得税前扣除凭证，且相应支出在该年度汇算清缴时没有税前扣除（或纳税调整）的，在以后年度取得补开、换开的税前扣除凭证或者属于特殊原因无法补开、换开税前扣除凭证，但能够提供《企业所得税税前扣除凭证管理办法》第十四条规定的可以证实其支出真实性相关资料的，相应支出可以追补至该支出发生年度税前扣除，但追补年限不得超过五年。追补期五年是指从支出发生年度的次年起连续计算的五年。

（3）《企业所得税税前扣除凭证管理办法》第十四条规定，汇算清缴期结束后，税务机关发现企业应当取得而未取得发票、其他外部凭证或者取得不合规发票、不合规其他外部凭证并且告知企业的，企业应当自被告知之日起60日内补开、换开符合规定的发票、其他外部凭证。其中，因对方特殊原因无法补开、换开发票、其他外部凭证的，企业应当按照《企业所得税税前扣除凭证管理办法》第十四条的规定，自被告知之日起60日内提供可以证实其支出真实性的相关资料。

《企业所得税税前扣除凭证管理办法》第十六条规定，企业在规定的期限未能补开、换开符合规定的发票、其他外部凭证，并且未能按照本办法第十四条的规定提供相关资料证实其支出真实性的，相应支出不得在发生年度税前扣除。

因此，如果企业没有按规定在汇算清缴结束前对未取得的扣除凭证进行调整，汇算清缴后被税务机关发现，那么应当自被告知之日起60日内补开、换开符合规定的发票、其他外部凭证，或符合第十四条规定，提供可以证实其支出真实性的相关资料。如果在规定的期限未能补开、换开符合规定的发票、其他外部凭证，并且未能按照本办法第十四条的规定提供相关资料证实其支出真实性的，相应支出不得在发生年度税前扣除，且不能适用追补年限不得超过五年的规定。

25. 减税降费新政策出台后，“小额零星业务”判断标准是否有调整？

问：2019年国务院新出台了减税降费政策，增值税小规模纳税人月销售10万元以下都免税了，所得税28号公告中的“小额零星业务”是否有调整？

答：《国家税务总局关于发布〈企业所得税税前扣除凭证管理办法〉的公告》（国家税务总局公告2018年第28号）第九条规定，小额零星经营业务的判断标准是个人从事应税项目经营业务的销售额不超过增值税相关政策规定的起征点。

《国家税务总局关于小规模纳税人免征增值税政策有关征管问题的公告》（国家税务总局公告2019年第4号）第一条规定，小规模纳税人发生增值税应税销售行为，合计月销售额未超过10万元（以1个季度为1个纳税期的，季度销售额未超过30万元，下同）的，免征增值税。小规模纳税人发生增值税应税销售行为，合计月销售额超过

10 万元，但扣除本期发生的销售不动产的销售额后未超过 10 万元的，其销售货物、劳务、服务、无形资产取得的销售额免征增值税。

根据《2019 年减税降费政策答复汇编》第 85 问回复，国家税务总局公告 2019 年第 4 号下发后，《企业所得税税前扣除凭证管理办法》（国家税务总局公告 2018 年第 28 号）中规定的“小额零星业务”判断标准是否有调整？

答：《企业所得税税前扣除凭证管理办法》第九条规定，小额零星经营业务的判断标准是个人从事应税项目经营业务的销售额不超过增值税相关政策规定的起征点。考虑到小规模增值税纳税人符合条件可以享受免征增值税优惠政策，根据《中华人民共和国增值税暂行条例》及实施细则、《财政部　税务总局关于实施小微企业普惠性税收减免政策的通知》（财税〔2019〕13 号）规定，小额零星经营业务可按以下标准判断：按月纳税的，月销售额不超过 10 万元；按次纳税的，每次（日）销售额不超过 300—500 元。

根据上述规定，2018 年 7 月 1 日至 2018 年 12 月 31 日期间，发生的小额零星经营业务的判断标准应是：按月纳税的，月销售额不超过 3 万元，按次纳税的，每次（日）销售额不超过 300—500 元；2019 年 1 月 1 日之后，小额零星经营业务的判断标准是：按月纳税的，月销售额不超过 10 万元，按次纳税的，每次（日）销售额不超过 300—500 元。

26. 集团公司统一借款的利息支出，在集团下属单位分摊也用分割单吗？

问：集团核心成员企业甲公司向银行贷款 10 000 万元，支付利息 1 000 万元，又将上述 10 000 万元转借给集团内的乙公司与丙公司，分摊利息支出时也要按 28 号公告要求开具的分割单作为税前扣除凭证吗？

答：《国家税务总局关于发布〈企业所得税税前扣除凭证管理办法〉的公告》（国家税务总局公告 2018 年第 28 号）第十八条规定，企业与其他企业（包括关联企业）、个人在境内共同接受应纳增值税劳务（以下简称应税劳务）发生的支出，采取分摊方式的，应当按照独立交易原则进行分摊，企业以发票和分割单作为税前扣除凭证，共同接受应税劳务的其他企业以企业开具的分割单作为税前扣除凭证。

集团核心成员企业甲公司向银行贷款 10 000 万元，支付利息 1 000 万元，又将上述 10 000 万元转借给集团内的乙公司与丙公司，这种情况下同样不是共同接受劳务，而是统借统还，企业集团或企业集团中的核心企业以及集团所属财务公司按不高于支付给金融机构的借款利率水平或者支付的债券票面利率水平，向企业集团或者集团内下属单位收取的利息免征增值税，则银行向甲公司开具普通发票，而甲公司分别向乙公司与丙公司开具免税的增值税普通发票，而不得以分割单来作为扣除凭证。

27. 企业与其他企业共同采购设备，可以凭分割单作为税前扣除凭证吗？

问：甲公司和乙公司联合向丙公司采购设备总价 232 万元，丙公司向甲公司开具了全额 232 万元增值税专用发票，这样可行吗？之后由甲公司开具分割单给乙公司，可行吗？

答：《国家税务总局关于发布〈企业所得税税前扣除凭证管理办法〉的公告》（国家税务总局公告2018年第28号）第十八条规定，企业与其他企业（包括关联企业）、个人在境内共同接受应纳增值税劳务（以下简称应税劳务）发生的支出，采取分摊方式的，应当按照独立交易原则进行分摊，企业以发票和分割单作为税前扣除凭证，共同接受应税劳务的其他企业以企业开具的分割单作为税前扣除凭证。

企业与其他企业、个人在境内共同接受非应税劳务发生的支出，采取分摊方式的，企业以发票外的其他外部凭证和分割单作为税前扣除凭证，共同接受非应税劳务的其他企业以企业开具的分割单作为税前扣除凭证。

根据上述规定，开具分割单的情形只限于共同接受应纳增值税劳务和共同接受非应税劳务，不适用于货物。因此，乙公司不能凭甲公司开具的分割单作为税前扣除凭证，丙公司应当分别向甲公司和乙公司开具增值税专用发票。

28. 企业租房发生的水、电费，是凭发票扣除还是凭分割单就能扣除？

问：企业租房发生的水、电费，电业局和自来水公司将发专用发票直接开具给出租企业，承租房是向出租房索要发票扣除，还是凭分割单就能扣除？

答：《国家税务总局关于发布〈企业所得税税前扣除凭证管理办法〉的公告》（国家税务总局公告2018年第28号）第十九条规定，企业租用（包括企业作为单一承租方租用）办公、生产用房等资产发生的水、电、燃气、冷气、暖气、通讯线路、有线电视、网络等费用，出租方作为应税项目开具发票的，企业以发票作为税前扣除凭证；出租方采取分摊方式的，企业以出租方开具的其他外部凭证作为税前扣除凭证。

因此，出租方既可以作为应税项目开具发票的，向承租方开具发票作为税前扣除凭证；即转售水、电费，作为承租方的扣除凭证，也可以与承租方协商，采取分摊方式的，企业以出租方开具的其他外部凭证作为税前扣除凭证。

29. 物业公司代收水、电费可以开具分割单作为税前扣除凭证吗？

问：甲公司租用某大楼一层，自来水公司委托大楼物业公司代收水费，自来水公司开具增值税专用发票给予物业10 300元，物业根据用水记录向甲公司收取水费103元，物业公司可以开具分割单作为甲公司税前扣除凭证吗？

答：《国家税务总局关于物业管理服务中收取的自来水水费增值税问题的公告》（国家税务总局公告2016年第54号）规定，提供物业管理服务的纳税人，向服务接受方收取的自来水水费，以扣除其对外支付的自来水水费后的余额为销售额，按照简易计税方法依3%的征收率计算缴纳增值税。

《国家税务总局关于发布〈企业所得税税前扣除凭证管理办法〉的公告》（国家税务总局公告2018年第28号）第十九条规定，企业租用（包括企业作为单一承租方租用）办公、生产用房等资产发生的水、电、燃气、冷气、暖气、通讯线路、有线电视、网络等费用，出租方作为应税项目开具发票的，企业以发票作为税前扣除凭证；出租方采取分摊方式的，企业以出租方开具的其他外部凭证作为税前扣除凭证。

根据上述规定，物业公司不是出租方，不可以开具分割单作为甲公司税前扣除凭证。在这种情况下，应由物业公司开具转售水的增值税专用发票给予甲公司，作为其扣除凭证。由于自来水公司一般情况下采取的是适用简易征收 3% 税率，而转售自来水属于批零环节，如果物业公司是一般纳税人则适用 13% 税率，会造成进销项税负加重。因此，根据 2016 年第 54 号公告物业公司全额开票，差额交税即可。

30. 企业取得以个人名字为抬头的发票可否税前扣除？

问：我企业由于生产经营业务需要，为员工报销的交通费、通讯费等是个人名头的发票，能否在税前扣除？

答：（1）与企业生产经营无关的个人支出不能税前扣除。如果员工个人消费支出与企业生产经营无关，而由公司承担的，不能税前扣除。具体可参照《企业财务通则》（财政部令第 41 号）第四十六条的规定："企业不得承担属于个人的下列支出：

（一）娱乐、健身、旅游、招待、购物、馈赠等支出。

（二）购买商业保险、证券、股权、收藏品等支出。

（三）个人行为导致的罚款、赔偿等支出。

（四）购买住房、支付物业管理费等支出。

（五）应由个人承担的其他支出。"

要特别注意的是：上述娱乐、健身、旅游等不包括企业组织的集体福利活动。企业为员工负担上述费用的，建议作为工资薪金处理。

（2）与企业取得应税收入相关的支出可以税前扣除。根据《企业所得税法》第八条规定，企业实际发生的与取得收入有关的、合理的支出，包括成本、费用、税金、损失和其他支出，准予在计算应纳税所得额时扣除。

个人发生的部分消费支出，虽然取得的是以其个人名称为抬头的发票，但一般同时符合以下 2 个条件的，可以在企业所得税前扣除：

①取得发票抬头为员工个人，是由客观原因决定的，某些支出，发票抬头只能开员工个人而无法开具给企业。例如，报销取暖费，有的省规定，抬头为个人姓名，企业名称和纳税人识别号在备注栏标明。

②相关的支出是企业的生产经营活动引起的，应该由企业负担。即根据收入相关性原则，从根源和性质上来说个人费用是为企业取得收入发生的必要的支出，应由公司承担。

（3）税前扣除应注意取得足够的旁证资料。企业应完善内部控制制度，在报销个人的通讯费、差旅费、交通费、住房补贴等费用时，应注意取得相关证明资料，以证明个人的支出与企业经营相关。

（4）应作为福利费支出计算限额扣除。根据《财政部关于企业加强职工福利费财务管理的通知》（财企〔2009〕42 号）第二条规定，企业为职工提供的交通、住房、通讯待遇，已经实行货币化改革的，按月按标准发放或支付的住房补贴、交通补贴或者车改补贴、通讯补贴，应当纳入职工工资总额，不再纳入职工福利费管理；尚未实行货币化改革的，企业发生的相关支出作为职工福利费管理。

《国家税务总局关于企业工资薪金及职工福利费扣除问题的通知》（国税函〔2009〕

3号）第三条规定："《实施条例》第四十条规定的企业职工福利费，包括以下内容：

（一）尚未实行分离办社会职能的企业，其内设福利部门所发生的设备、设施和人员费用，包括职工食堂、职工浴室、理发室、医务所、托儿所、疗养院等集体福利部门的设备、设施及维修保养费用和福利部门工作人员的工资薪金、社会保险费、住房公积金、劳务费等。

（二）为职工卫生保健、生活、住房、交通等所发放的各项补贴和非货币性福利，包括企业向职工发放的因公外地就医费用、未实行医疗统筹企业职工医疗费用、职工供养直系亲属医疗补贴、供暖费补贴、职工防暑降温费、职工困难补贴、救济费、职工食堂经费补贴、职工交通补贴等。

（三）按照其他规定发生的其他职工福利费，包括丧葬补助费、抚恤费、安家费、探亲假路费等。"

《国家税务总局关于企业工资薪金和职工福利费等支出税前扣除问题的公告》（国家税务总局公告2015年第34号）第一条规定，列入企业员工工资薪金制度、固定与工资薪金一起发放的福利性补贴，符合《国家税务总局关于企业工资薪金及职工福利费扣除问题的通知》（国税函〔2009〕3号）第一条规定的，可作为企业发生的工资薪金支出，按规定在税前扣除。

由于企业对交通费、通讯费等报销仍采取"凭票报销"制度，未进行货币化改革，与按月固定发票，因此该项支出不能计入工资薪金，应计算福利费税前计算限额扣除。

第三部分　资产的税务处理

成本处理

1. 房地产企业支付的拆迁补偿费能否在成本中列支？

问：房地产企业通过招、拍、挂取得一块熟地，在土地转让合同中没有注明负有拆迁责任，现却需要负担部分拆迁支出，负担的此部分拆迁支出，能否在企业所得税前作为成本扣除？

答：《企业所得税法实施条例》第二十七条规定，《企业所得税法》第八条所称有关的支出，是指与取得收入直接相关的支出。《企业所得税法》第八条所称合理的支出，是指符合生产经营活动常规，应当计入当期损益或者有关资产成本的必要和正常的支出。

《国家税务总局关于印发〈房地产开发经营业务企业所得税处理办法〉的通知》（国税发〔2009〕31号）第二十七条规定，开发产品计税成本支出的内容如下：

“（一）土地征用费及拆迁补偿费。指为取得土地开发使用权（或开发权）而发生的各项费用，主要包括土地买价或出让金、大市政配套费、契税、耕地占用税、土地使用费、土地闲置费、土地变更用途和超面积补交的地价及相关税费、拆迁补偿支出、安置及动迁支出、回迁房建造支出、农作物补偿费、危房补偿费等”。

根据上述规定，企业负担的土地拆迁支出，是为取得土地开发使用权（或开发权）而发生拆迁补偿支出，如果是与取得收入有关的合理的支出，可以作为开发成本税前扣除。

2. 电子信息系统维护费是否可以一次性在税前扣除？

问：电子信息系统大额的维护费用是否要按年度摊销，还是说可以一次性在发生当年税前扣除？

答：《企业会计准则——应用指南》附录《企业会计准则——会计科目和主要账务

处理》中"1801长期待摊费用"第一条规定，本科目核算企业已经发生但应由本期和以后各期负担的分摊期限在1年以上的各项费用，如以经营租赁方式租入的固定资产发生的改良支出等。

《企业所得税法》第十三条规定，在计算应纳税所得额时，企业发生的下列支出作为长期待摊费用，按照规定摊销的，准予扣除：

（1）已足额提取折旧的固定资产的改建支出；

（2）租入固定资产的改建支出；

（3）固定资产的大修理支出；

（4）其他应当作为长期待摊费用的支出。

《企业所得税法实施条例》第九条规定，企业应纳税所得额的计算，以权责发生制为原则，属于当期的收入和费用，不论款项是否收付，均作为当期的收入和费用；不属于当期的收入和费用，即使款项已经在当期收付，均不作为当期的收入和费用。实施条例和国务院财政、税务主管部门另有规定的除外。

第七十条规定，《企业所得税法》第十三条第（四）项所称其他应当作为长期待摊费用的支出，自支出发生月份的次月起，分期摊销，摊销年限不得低于3年。

根据上述规定，电子信息系统的维护费用如果是每年发生的常规维护费用，则发生时直接计入当年损益；如果是应由本年度和以后年度负担的1年以上的维护费用，则应作为长期待摊费用申报税前扣除。

3. 无形资产投资和过户时间不同步如何进行税务处理？

问：B公司是A公司的全资子公司，2018年A公司以一项无形资产对B公司增资，评估价100万元，但未办理过户，A公司确认长期股权投资100万元，B公司确认实收资本100万元。2019年办理该无形资产过户时，无形资产评估值为300万元。

（1）2018年过户未完成，A公司长期股权投资和B公司实收资本的确认计量是否正确？

（2）2019年过户时，无形资产的增值，A、B公司如何进行账务调整？A公司是否需补缴企业所得税？如何计算？

（3）A公司无形资产增值所得确认在2018年度还是2019年度？

答：《企业所得税法实施条例》第二十五条规定，企业发生非货币性资产交换，以及将货物、财产、劳务用于捐赠、偿债、赞助、集资、广告、样品、职工福利或者利润分配等用途的，应当视同销售货物、转让财产或者提供劳务，但国务院财政、税务主管部门另有规定的除外。

第五十六条规定，企业的各项资产，包括固定资产、生物资产、无形资产、长期待摊费用、投资资产、存货等，以历史成本为计税基础。历史成本是指企业取得该项资产时实际发生的支出。

企业持有各项资产期间资产增值或者减值，除国务院财政、税务主管部门规定可以确认损益外，不得调整该资产的计税基础。

第六十六条规定，无形资产按照以下方法确定计税基础：

“（三）通过捐赠、投资、非货币性资产交换、债务重组等方式取得的无形资产，以该资产的公允价值和支付的相关税费为计税基础。”

《财政部　国家税务总局关于非货币性资产投资企业所得税政策问题的通知》（财税〔2014〕116 号）第二条规定，企业以非货币性资产对外投资，应对非货币性资产进行评估并按评估后的公允价值扣除计税基础后的余额，计算确认非货币性资产转让所得。

企业以非货币性资产对外投资，应于投资协议生效并办理股权登记手续时，确认非货币性资产转让收入的实现。

根据上述规定，A 公司用无形资产增资，投资协议生效同时完成工商登记时，增资行为即完成。A 公司应在增资行为完成当期确认无形资产转让收益，同时确认长期股权投资计税基础为 100 万元；B 公司同时确认取得无形资产的计税基础为 100 万元。

A 公司的“长期股权投资”与 B 公司的“无形资产”持有期间不得调整计税基础。

4. 税法对固定资产的入账价值有无金额要求？

问：我公司原来的会计账务处理上，将 2 000 元以上的金额作为固定资产入账的标准，现在拟变更为以 3 000 元作为固定资产的确认标准。这种变更是否与现有的税法规定有差异？

答：《企业会计准则第 4 号——固定资产》第三条规定，固定资产，是指同时具有下列特征的有形资产：

（1）为生产商品、提供劳务、出租或经营管理而持有的。

（2）使用寿命超过一个会计年度。使用寿命，是指企业使用固定资产的预计期间，或者该固定资产所能生产产品或提供劳务的数量。

《企业所得税法实施条例》第五十七条规定，《企业所得税法》第十一条所称固定资产，是指企业为生产产品、提供劳务、出租或者经营管理而持有的、使用时间超过 12 个月的非货币性资产，包括房屋、建筑物、机器、机械、运输工具以及其他与生产经营活动有关的设备、器具、工具等。

《企业所得税法实施条例释义及适用指南》：原内资税法规定，固定资产是指使用期限超过一年的房屋、建筑物、机器、机械、运输工具以及其他与生产、经营有关的设备、器具、工具等。不属于生产、经营主要设备的物品，单位价值在两千元以上，并且使用期限超过两年的，也应当作为固定资产。原外资税法规定的固定资产，是指使用年限在一年以上的房屋、建筑物、机器、机械、运输工具和其他与生产、经营有关的设备、器具、工具等。不属于生产、经营主要设备的物品，单位价值在两千元以下或者使用年限不超过两年的，可以按实际使用数额列为费用。而会计上的固定资产，是指为生产商品、提供劳务、出租或者经营管理而持有的，使用年限超过一个会计年度的资产。本条所界定的固定资产，与原内资、外资税法和会计上的固定资产有所不同，可以说在主体参照的基础上，结合税收制度的特性，又对原来的固定资产的概念，作了适度的修正，更加精确和严谨，也更加符合企业生产经营活动的需要，其可从以下几方面来理解。

需要注意的是，与原内资、外资税法界定的固定资产相比，本条取消了资产价值在2 000元以上的限制，这主要是考虑到与现行会计准则上的变化相适应，以便于企业会计和税务上的统一，也考虑到原来固定资产价值2 000元以上的认定标准，需要根据实践上的变化作相应的调整，条例如果直接限定2 000元的最低标准，反而容易机械化。

5. 原址重建建筑物如何进行企业所得税处理？

问：公司将未提足折旧的一个地面建筑物进行拆除，并在原址上重建新建筑物，原建筑物清理损失能否计入当年损益？

答：《国家税务总局关于企业所得税若干问题的公告》（国家税务总局公告2011年第34号）第四条关于房屋、建筑物固定资产改扩建的税务处理问题规定，企业对房屋、建筑物固定资产在未足额提取折旧前进行改扩建的，如属于推倒重置的，该资产原值减除提取折旧后的净值，应并入重置后的固定资产计税成本，并在该固定资产投入使用后的次月起，按照税法规定的折旧年限，一并计提折旧；如属于提升功能、增加面积的，该固定资产的改扩建支出，并入该固定资产计税基础，并从改扩建完工投入使用后的次月起，重新按税法规定的该固定资产折旧年限计提折旧，如该改扩建后的固定资产尚可使用的年限低于税法规定的最低年限的，可以按尚可使用的年限计提折旧。

根据上述规定，建筑工程立项若属改扩建项目的，应按上述推倒重置情形，原建筑物"原值减除提取折旧后的净值，应并入重置后的固定资产计税成本，并在该固定资产投入使用后的次月起，按照税法规定的折旧年限，一并计提折旧"，企业所得税前不确认原建筑物清理损益。

若建筑工程立项为新建项目，则原建筑物账面净值扣除残值后的清理余额，可以按照《国家税务总局关于企业资产损失所得税税前扣除管理办法》（国家税务总局公告2011年第25号）以及《国家税务总局关于企业所得税资产损失资料留存备查有关事项的公告》（国家税务总局公告2018年第15号）、《国家税务总局关于取消20项税务证明事项的公告》（国家税务总局公告2018年第65号）的相关规定在税前扣除。

6. 固定资产评估增值如何进行税务处理？

问：固定资产评估增值是否需要纳税？是否可以计提折旧，所得税前是否可以扣除折旧？

答：《国家税务总局关于企业处置资产所得税处理问题的通知》（国税函〔2008〕828号）第二条规定："企业将资产移送他人的下列情形，因资产所有权属已发生改变而不属于内部处置资产，应按规定视同销售确定收入。

……

（六）其他改变资产所有权属的用途。"

《增值税暂行条例实施细则》第三条规定，"条例第一条所称销售货物，是指有偿转让货物的所有权"。

根据上述规定，企业对资产评估增值，资产所有权属并未改变，因此企业不涉及企业所得税、营业税和增值税。

《企业所得税法实施条例》第五十六条规定，企业的各项资产，包括固定资产、生物资产、无形资产、长期待摊费用、投资资产、存货等，以历史成本为计税基础。历史成本，是指企业取得该项资产时实际发生的支出。

企业持有各项资产期间资产增值或者减值，除国务院财政、税务主管部门规定可以确认损益外，不得调整该资产的计税基础。

根据上述规定，企业持有各项资产期间资产增值或者减值，除国务院财政、税务主管部门规定可以确认损益外，不得调整该资产的计税基础。评估增值部分提取的折旧依法不能在税前扣除。

财税主管部门对特定企业下发过文件的除外，如：

《财政部　国家税务总局关于中国中化集团有限公司重组上市资产评估增值有关企业所得税政策问题的通知》（财税〔2010〕49 号）第一条规定，中国中化集团公司在重组改制上市过程中发生的资产评估增值 5 060 464.25 万元，应缴纳的企业所得税不征收入库，直接转计中国中化集团公司的国有资本金。第二条对上述经过评估的资产，中国中化集团公司及其所属子公司可按评估后的资产价值计提折旧或摊销，并在企业所得税税前扣除。

《财政部　国家税务总局关于中国对外贸易运输（集团）总公司资产评估增值有关企业所得税问题的通知》（财税〔2009〕56 号）规定，对中外运集团实施集团资源整合中第一批改制企业资产评估增值 30 679.78 万元的部分，在资产转让发生时，按照规定在集团总部所在地缴纳企业所得税。中国对外股份有限公司及其子公司收购中外运集团第一批改制企业的资产，可按评估后的价值计提折旧或摊销，并在企业所得税前扣除。

7. 转让软件如何确认成本？

问：某公司购入一软件，拥有所有权，然后刻录光盘多次（具体多少次不能预计）出售。请问购入软件的成本如何结转？

答：问题所述涉及原软件成本的摊销及软件产品制作成本的结转。

（1）原软件成本的摊销问题。

《企业会计准则第 6 号——无形资产》第十七条规定，使用寿命有限的无形资产，其应摊销金额应当在使用寿命内系统合理摊销。

企业摊销无形资产，应当自无形资产可供使用时起，至不再作为无形资产确认时止。

企业选择的无形资产摊销方法，应当反映与该项无形资产有关的经济利益的预期实现方式。无法可靠确定预期实现方式的，应当采用直线法摊销。

无形资产的摊销金额一般应当计入当期损益，其他会计准则另有规定的除外。

第十九条规定，使用寿命不确定的无形资产不应摊销。

《企业会计准则第 6 号——无形资产》应用指南第四条规定，估计无形资产使用寿命应当考虑的相关因素：

“根据本准则第十七条和第十九条规定，使用寿命有限的无形资产应当摊销，使用寿命不确定的无形资产不予摊销。

（一）企业持有的无形资产，通常来源于合同性权利或是其他法定权利，且合同规定或法律规定有明确的使用年限。

来源于合同性权利或其他法定权利的无形资产，其使用寿命不应超过合同性权利或其他法定权利的期限；如果合同性权利或其他法定权利能够在到期时因续约等延续、且有证据表明企业续约不需要付出大额成本的，续约期应当计入使用寿命。合同或法律没有规定使用寿命的，企业应当综合各方面因素判断，以确定无形资产能为企业带来经济利益的期限。比如，与同行业的情况进行比较、参考历史经验，或聘请相关专家进行论证等。

按照上述方法仍无法合理确定无形资产为企业带来经济利益期限的，该项无形资产应作为使用寿命不确定的无形资产”。

《企业所得税法实施条例》第六十七条规定，无形资产按照直线法计算的摊销费用，准予扣除。

无形资产的摊销年限不得低于10年。

作为投资或者受让的无形资产，有关法律规定或者合同约定了使用年限的，可以按照规定或者约定的使用年限分期摊销。

《国家税务总局关于企业所得税应纳税所得额若干税务处理问题的公告》（国家税务总局公告2012年第15号）第八条规定，根据《企业所得税法》第二十一条规定，对企业依据财务会计制度规定，并实际在财务会计处理上已确认的支出，凡没有超过《企业所得税法》和有关税收法规规定的税前扣除范围和标准的，可按企业实际会计处理确认的支出，在企业所得税前扣除，计算其应纳税所得额。

根据上述规定，按照准则规定摊销的原软件成本没有超过税法规定的标准的，可以税前扣除；会计上不摊销的使用寿命不确定的软件，企业所得税税前不能扣除摊销额。

（2）软件产品制作成本的结转问题。

《企业会计准则第1号——存货》第五条规定，存货应当按照成本进行初始计量。存货成本包括采购成本、加工成本和其他成本。

第六条规定，存货的采购成本，包括购买价款、相关税费、运输费、装卸费、保险费以及其他可归属于存货采购成本的费用。

第七条规定，存货的加工成本，包括直接人工以及按照一定方法分配的制造费用。

制造费用，是指企业为生产产品和提供劳务而发生的各项间接费用。企业应当根据制造费用的性质，合理地选择制造费用分配方法。

在同一生产过程中，同时生产两种或两种以上的产品，并且每种产品的加工成本不能直接区分的，其加工成本应当按照合理的方法在各种产品之间进行分配。

第八条规定，存货的其他成本，是指除采购成本、加工成本以外的，使存货达到目前场所和状态所发生的其他支出。

《企业所得税法实施条例》第五十六条规定，企业的各项资产，包括固定资产、生物资产、无形资产、长期待摊费用、投资资产、存货等，以历史成本为计税基础。历史成本，是指企业取得该项资产时实际发生的支出。

根据上述规定，软件产品的制作成本可按每次实际耗用的料（如光盘购置费等）、工（光盘刻录车间人员费用等）、费（如刻录机折旧等）进行归集后，确定单位成品光盘的成本。

8. 软件升级费用财税如何处理？

问：软件升级的费用，是增加原软件的原值？还是作费用？还是新增无形资产呢？

答：《企业所得税法实施条例》第六十五条规定："企业所得税法第十二条所称无形资产，是指企业为生产产品、提供劳务、出租或者经营管理而持有的、没有实物形态的非货币性长期资产，包括专利权、商标权、著作权、土地使用权、非专利技术、商誉等。"

第六十六条规定："无形资产按照以下方法确定计税基础：

（一）外购的无形资产，以购买价款和支付的相关税费以及直接归属于使该资产达到预定用途发生的其他支出为计税基础；

（二）自行开发的无形资产，以开发过程中该资产符合资本化条件后至达到预定用途前发生的支出为计税基础；

（三）通过捐赠、投资、非货币性资产交换、债务重组等方式取得的无形资产，以该资产的公允价值和支付的相关税费为计税基础。"

《企业会计准则第6号——无形资产》第九条规定："企业内部研究开发项目开发阶段的支出，同时满足下列条件的，才能确认为无形资产：

（一）完成该无形资产以使其能够使用或出售在技术上具有可行性；

（二）具有完成该无形资产并使用或出售的意图；

（三）无形资产产生经济利益的方式，包括能够证明运用该无形资产生产的产品存在市场或无形资产自身存在市场，无形资产将在内部使用的，应当证明其有用性；

（四）有足够的技术、财务资源和其他资源支持，以完成该无形资产的开发，并有能力使用或出售该无形资产；

（五）归属于该无形资产开发阶段的支出能够可靠地计量。"

会计上判断在企业的开发活动同时符合上述5个标准后，企业开发活动发生的支出，就可以计入无形资产原值，直至无形资产达到预定可使用状态。具体而言，自行开发形成的无形资产支出，包括在开发过程中耗费的原材料，以及开发使用的固定资产的折旧和其他资产的摊销费用；参与开发人员的工资、津贴、奖金及其他有关的费用；为开发目的而购进专利权、特许权等无形资产的成本；委托其他单位或个人承担一部分开发工作支出的劳务成本；为开发而分摊的间接成本等。

根据上述规定，软件属于《企业所得税法实施条例》第六十五条定义的非专利技术无形资产。企业开发软件的计税基础（原值），是软件达到预定可使用状态时，企业开发活动过程中发生的支出。软件使用过程中发生的升级费用不属于开发活动支出，是开发活动完成之后的费用，不能增加软件计税基础（原值），只能作为费用处理。

9. 房屋、建筑物推倒重置如何理解？

问：我公司拆除了未达到报废年限的厂房建筑物，然后重新建造了其他建筑物。这种情况是正常的专项申报资产损失，还是属于国家税务总局公告 2011 年第 34 号第四条规定中的推倒重置？如属于推倒重置需进行所得税纳税调增，如何理解文件中的推倒重置？

答：《国家税务总局关于企业所得税若干问题的公告》（国家税务总局公告 2011 年第 34 号）第四条规定，企业对房屋、建筑物固定资产在未足额提取折旧前进行改扩建的，如属于推倒重置的，该资产原值减除提取折旧后的净值，应并入重置后的固定资产计税成本，并在该固定资产投入使用后的次月起，按照税法规定的折旧年限，一并计提折旧；如属于提升功能、增加面积的，该固定资产的改扩建支出，并入该固定资产计税基础，并从改扩建完工投入使用后的次月起，重新按税法规定的该固定资产折旧年限计提折旧，如该改扩建后的固定资产尚可使用的年限低于税法规定的最低年限的，可以按尚可使用的年限计提折旧。

《国家税务总局关于发布〈企业资产损失所得税税前扣除管理办法〉的公告》（国家税务总局公告 2011 年第 25 号）第三条规定，“准予在企业所得税税前扣除的资产损失，是指企业在实际处置、转让上述资产过程中发生的合理损失（以下简称实际资产损失），以及企业虽未实际处置、转让上述资产，但符合《通知》和本办法规定条件计算确认的损失（以下简称法定资产损失）”。

《企业会计准则第 4 号——固定资产》应用指南第二条规定，固定资产的后续支出是指固定资产在使用过程中发生的更新改造支出、修理费用等。固定资产的更新改造等后续支出，满足本准则第四条规定确认条件的，应当计入固定资产成本，如有被替换的部分，应扣除其账面价值；不满足本准则第四条规定确认条件的固定资产修理费用等，应当在发生时计入当期损益。

《建设部办公厅关于城市规划区内原有房屋的拆建翻建办理规划审批问题的复函》（1992 年建办规字第 36 号）规定，房屋的拆建、翻建属于改建活动。因此，城市规划区内房屋的拆建、翻建，除不改变房屋外形和使用性质，只涉及内部结构加固、改造和内部装饰的修缮工程外，都应当办理规划审批手续。

根据上述规定，贵公司拆除未计提完折旧的建筑物，重新建造其他建筑物，如果是将目前已存在的房屋、建筑物拆除，再在原地建造一个同样的房屋、建筑物，也就是“原拆原建”，应属于国家税务总局公告 2011 年第 34 号规定的推倒重置行为。税务处理时，推倒资产未计提完折旧的部分应并入新建资产的计税成本，并按新建资产的折旧年限计提折旧。如果推倒之后再建造的房屋、建筑物较推倒之前在占地面积、建筑面积等方面都有所变化的话，那就不属于“推倒重置”，应属于国家税务总局公告 2011 年第 34 号规定的改扩建支出。税务处理时，该固定资产的改扩建支出，并入该固定资产计税基础，并从改扩建完工投入使用后的次月起，重新按税法规定的该固定资产折旧年限计提折旧，如该改扩建后的固定资产尚可使用的年限低于税法规定的最低年限的，可以按尚可使用的年限计提折旧。

国家税务总局公告 2011 年第 25 号规定的资产损失是指企业在实际处置、转让资产过程中实际发生的合理损失，推倒重建或对原建筑物实施提升功能、增加面积等不属于处置或转让原资产的行为。

10. 如何理解国税发〔2009〕31 号文件中的“利用地下基础设施形成的停车场所”？

问：国税发〔2009〕31 号文件第 33 条明确规定：“企业单独建造的停车场所，应作为成本对象单独核算。利用地下基础设施形成的停车场所，作为公共配套设施进行处理。”请问：如何界定“企业单独建造的停车场所”以及“企业利用地下基础设施形成的停车场所”？

答：《国家税务总局关于印发〈房地产开发经营业务企业所得税处理办法〉的通知》（国税发〔2009〕31 号）第二十六条规定，“成本对象是指为归集和分配开发产品开发、建造过程中的各项耗费而确定的费用承担项目。计税成本对象的确定原则如下：

（一）可否销售原则。开发产品能够对外经营销售的，应作为独立的计税成本对象进行成本核算；不能对外经营销售的，可先作为过渡性成本对象进行归集，然后再将其相关成本摊入能够对外经营销售的成本对象。

（二）分类归集原则。对同一开发地点、竣工时间相近、产品结构类型没有明显差异的群体开发的项目，可作为一个成本对象进行核算。

（三）功能区分原则。开发项目某组成部分相对独立，且具有不同使用功能时，可以作为独立的成本对象进行核算。

（四）定价差异原则。开发产品因其产品类型或功能不同等而导致其预期售价存在较大差异的，应分别作为成本对象进行核算。

（五）成本差异原则。开发产品因建筑上存在明显差异可能导致其建造成本出现较大差异的，要分别作为成本对象进行核算。”

第三十三条规定，“企业单独建造的停车场所，应作为成本对象单独核算。利用地下基础设施形成的停车场所，作为公共配套设施进行处理”。

根据上述规定，文件对“单独建造的停车场所”以及“利用地下基础设施形成的停车场所”做出了不同的税务处理规定，该规定应当结合国税发〔2009〕31 号文件关于“成本对象的确定原则”去理解，属于单独建造的，符合成本对象的确认原则的，应当作为成本对象单独核算；属于公共基础设施的，不符合成本对象原则的，应当归集到费用承担的项目，按公共配套设施进行处理。

折旧摊销扣除

1. 土地使用权按什么年限进行摊销？

问：我企业缴纳土地出让金获得土地使用权，土地使用证上写的适用期限是50年，请问可以按10年进行税前摊销吗？对于以前年度一直未摊销的土地所有权，是否可以补提摊销？

答：《企业所得税法实施条例》第六十五条规定，《企业所得税法》第十二条所称无形资产，是指企业为生产产品、提供劳务、出租或者经营管理而持有的、没有实物形态的非货币性长期资产，包括专利权、商标权、著作权、土地使用权、非专利技术、商誉等。

第六十七条规定，无形资产按照直线法计算的摊销费用，准予扣除。无形资产的摊销年限不得低于10年。作为投资或者受让的无形资产，有关法律规定或者合同约定使用年限的，可以按照规定或者约定的使用年限分期摊销。

因此，取得的土地使用证已写明使用期限，应按照50年以直线法摊销。但如果贵公司是房地产开发企业，为开发产品而缴纳的土地出让金应计入相应的开发成本。

企业摊销无形资产，应当自无形资产可供使用时起，至不再作为无形资产确认时止。

根据上述规定，无形资产应自可供使用时起摊销，只要达到预定可使用条件当月即应摊销。与土地使用证日期和土地出让合同日期没有直接关系。

根据《国家税务总局关于企业所得税应纳税所得额若干税务处理问题的公告》（国家税务总局公告2012年第15号）第六条规定，对企业发现以前年度实际发生的、按照税收规定应在企业所得税前扣除而未扣除或者少扣除的支出，企业做出专项申报及说明后，准予追补至该项目发生年度计算扣除，但追补确认期限不得超过5年。

对于以前年度未摊销的土地所有权，应调整相关科目，借记“以前年度损益调整”，贷记“累计摊销”。企业所得税申报上，在规定的年限内，追补至发生年度进行扣除。

2. 工程决算滞后未能按期取得发票能否预转固定资产并计提折旧？

问：我公司新建项目，由于工程量大，决算难度大，有大量资产发票未按期取得，2018年9月已投入使用，按合同约定价格暂估入账，能否先按合同金额预转固定资产计提折旧，在税前扣除？有些发票可能延迟取得，有的甚至要延后半年到一年才能取得。

答：《国家税务总局关于贯彻落实企业所得税法若干税收问题的通知》（国税函〔2010〕79号）第五条规定，“关于固定资产投入使用后计税基础确定问题。企业固定资产投入使用后，由于工程款项尚未结清未取得全额发票的，可暂按合同规定的金额计入固定资产计税基础计提折旧，待发票取得后进行调整。但该项调整应在固定资产投入使用后 12 个月内进行”。

根据上述规定，未决算未取得全额发票的固定资产，可按上述规定计提折旧。但如果到 2019 年度汇算清缴时发现已超过 12 个月仍未取得发票的工程款，应作纳税调增处理。

3. “未投入使用”是否含投入后停止使用的情形？

问：《企业所得税法》第十一条第二款规定，“下列固定资产不得计算折旧扣除：（一）房屋、建筑物以外未投入使用的固定资产”。本规定中的“未投入使用”是否指新购后一直未投入使用？是否包括投入后停止使用的情形？

答：《企业所得税法》第十一条第二款规定，“下列固定资产不得计算折旧扣除：（一）房屋、建筑物以外未投入使用的固定资产”。

《企业所得税法实施条例》第五十九条第二款规定，“企业应当自固定资产投入使用月份的次月起计算折旧；停止使用的固定资产，应当自停止使用月份的次月起停止计算折旧”。

因此，根据上述规定，房屋、建筑物以外固定资产，应当自停止使用月份的次月起停止计算折旧税前扣除，即“未投入使用”包括投入后停止使用的情形。

实际工作中，企业停工分为正常停工和非正常停工。正常的季节性停工，通常税务机关会认定为是企业生产经营过程中的必经程序，在停工期间机器设备仍可计提折旧并税前扣除；不属于正常性的停工，停工次月起会计上计提的折旧，在企业所得税税前不能扣除。

4. 财务软件是否可以按 2 年摊销税前扣除？

问：我们公司是机械加工企业，购入财务软件记入无形资产科目，根据规定合同没有约定使用年限的，应按 10 年摊销，但财务软件一般使用不到 10 年，我们应该如何处理？是否可以根据《财政部　国家税务总局关于进一步鼓励软件产业和集成电路产业发展企业所得税政策的通知》（财税〔2012〕27 号）第七条规定最短可以按 2 年摊销？

答：《财政部　国家税务总局关于进一步鼓励软件产业和集成电路产业发展企业所得税政策的通知》（财税〔2012〕27 号）第七条规定，企业外购的软件，凡符合固定资产或无形资产确认条件的，可以按照固定资产或无形资产进行核算，其折旧或摊销年限可以适当缩短，最短可为 2 年（含）。

因此，企业购买的财务软件，凡符合固定资产或无形资产确认条件的，可以按照固定资产或无形资产进行核算，其折旧或摊销年限可以适当缩短，最短可为 2 年（含）。

根据上述规定，企业外购的财务软件，凡符合固定资产或无形资产确认条件的，可以按照固定资产或无形资产进行核算，其折旧或摊销年限可以适当缩短，最短可为 2 年（含）。

5. 投资性房地产能否计提折旧？

问：我公司是房地产开发企业，有自行开发的楼盘网点转为投资性房地产对外出租，未计提折旧，请问该房产能在税前调减扣除吗？

答：（1）会计处理：

投资性房地产只有在符合投资性房地产定义，并同时满足下列条件时，才能予以确认：①与该投资性房地产有关的经济利益很可能流入企业。②该投资性房地产的成本能够可靠地计量。

外购的投资性房地产的确认和初始计量：①外购投资性房地产的成本，包括购买价款、相关税费和可直接归属于该资产的其他支出。②企业购入房地产没有直接用于出租或用于资本增值的，外购的房地产应当先确认为固定资产、无形资产或存货。从租赁期开始日或用于资本增值之日起将固定资产、无形资产或存货转换为投资性房地产。

自行建造的投资性房地产的确认和初始计量：①企业自行建造（或开发）的房地产，只有在达到预定可使用状态的同时开始对外出租或用于资本增值，才能将自行建造的房地产确认为投资性房地产。自行建造投资性房地产的成本，由建造该项房地产达到预定可使用状态前发生的必要支出构成。②企业自行建造房地产达到预定可使用状态时没有直接用于出租或用于资本增值的，自行建造的房地产应当先确认为固定资产或无形资产，自租赁期开始日或用于资本增值之日开始，从固定资产或无形资产转换为投资性房地产。

投资性房地产的后续计量模式有成本模式和公允价值模式，企业通常应当采用成本模式对投资性房地产进行后续计量，满足特定条件时也可以采用公允价值模式对投资性房地产进行后续计量。注意事项：同一企业只能采用一种模式对所有的投资性房地产进行后续计量，不得同时采用两种计量模式。

①成本模式。在成本模式下，应当按照固定资产或无形资产的有关规定，对投资性房地产进行后续计量，计提折旧或摊销；存在减值迹象的，还应当按照资产减值的有关规定进行处理。

账务处理：

折旧或摊销时：

借：其他业务成本

　　贷：投资性房地产累计折旧（摊销）

取得的租金收入：

借：银行存款

　　贷：其他业务收入

　　　　应交税费——应交增值税（销项税额）

投资性房地产提取减值时：

借：资产减值损失

　　贷：投资性房地产减值准备

②采用公允价值模式。企业采用公允价值模式进行后续计量的，不对投资性房地产计提折旧或进行摊销，不提减值，应当以资产负债表日投资性房地产的公允价值为基础调整其账面价值，公允价值与原账面价值之间的差额计入当期损益（公允价值变动损益）。投资性房地产取得的租金收入确认为其他业务收入。

账务处理：

当期末公允价值大于账面价值时：

借：投资性房地产——公允价值变动

贷：公允价值变动损益

当期末公允价值小于账面价值时：

借：公允价值变动损益

贷：投资性房地产——公允价值变动

收取租金时：

借：银行存款

贷：其他业务收入

应交税费——应交增值税（销项税额）

（2）税务处理：

《企业所得税法》第二十一条规定，在计算应纳税所得额时，企业财务、会计处理办法与税收法律、行政法规的规定不一致的，应当依照税收法律、行政法规的规定计算。

《国家税务总局关于企业所得税应纳税所得额若干税务处理问题的公告》（国家税务总局公告2012年第15号）第八条关于税前扣除规定与企业实际会计处理之间的协调问题的规定，根据《企业所得税法》第二十一条规定，对企业依据财务会计制度规定，并实际在财务会计处理上已确认的支出，凡没有超过《企业所得税法》和有关税收法规规定的税前扣除范围和标准的，可按企业实际会计处理确认的支出，在企业所得税税前扣除，计算其应纳税所得额。

根据上述规定，以成本模式计量，会计处理进行计提折旧，可按规定在企业所得税税前扣除。以公允价值模式计量的投资性房地产是企业的投资资产，不属于消耗性资产，会计处理上不对投资性房地产计提折旧或进行摊销。在税务处理时遵从会计处理方式，按照国家税务总局公告2012年第15号第八条的规定，以公允价值模式计量的投资性房地产不得计算折旧或摊销从税前扣除。

6. 单独购买的电梯折旧年限与房屋一致吗？

问：企业单独购买的电梯如何确定折旧年限（不考虑500万元以下一次性扣除的情况）？

答：根据《企业所得税法实施条例》第六十条的规定，"除国务院财政、税务主管部门另有规定外，固定资产计算折旧的最低年限如下：（一）房屋、建筑物，为20年；（二）飞机、火车、轮船、机器、机械和其他生产设备，为10年"。

《中华人民共和国企业所得税法实施条例释义及适用指南》对于《企业所得税法实施条例》第六十条第（一）项房屋、建筑物的最低折旧年限为20年的规定解释为："房屋和建筑物作为最主要的固定资产，其构造、属性等方面相对较为特殊，使用寿命相对较长，价值相对较高，其使用价值的体现也是一个相对较长的过程，根据收入与支出配比原则等要求，其折旧年限也应相对较长，所以本条规定，房屋、建筑物的最低折旧年限为20年，这基本能反映房屋、建筑物的现实使用情况。本条所说的房屋、建筑物，是指供生产、经营使用和为职工生活、福利服务的房屋、建筑物及其附属设施，其中房屋，包括厂房、营业用房、办公用房、库房、住宿用房、食堂及其他房屋等；建筑物，包括塔、池、槽、井、架、棚（不包括临时工棚、车棚等简易设施）、场、路、桥、平台、码头、船坞、涵洞、加油站以及独立于房屋和机器设备之外的管道、烟囱、围墙等；房屋、建筑物的附属设施，是指同房屋、建筑物不可分割的、不单独计算价值的配套设施，包括房屋、建筑物内的通气、通水、通油管道，通信、输电线路，电梯，卫生设备等。”

由于电梯属于以建筑物或者构筑物为载体的附属设备和配套设施，应作为建筑物或者构筑物的组成部分，按房屋、建筑物的折旧年限计提折旧。因此，电梯最低折旧年限为20年。

7. 花卉盆栽是否需要按照生产型生物资产计提折旧？

问：我公司购置不少花卉盆栽用于厂区和办公楼绿化，请问花卉盆栽是否需要按照生产型生物资产计提折旧？

答：根据《企业所得税法实施条例》第六十二条规定：“生产性生物资产按照以下方法确定计税基础：

……

前款所称生产性生物资产，是指企业为生产农产品、提供劳务或者出租等而持有的生物资产，包括经济林、薪炭林、产畜和役畜等。

因此，花卉盆栽不属于上述文件规定的生产性生物资产，不需要按照生产型生物资产计提折旧。

8. 固定资产加速度折旧新政策的执行期限是什么？

问：汽车零配件制造企业2021年购进的固定资产，是否可以使用双倍余额递减法加速折旧？

答：根据《财政部　税务总局关于扩大固定资产加速折旧优惠政策适用范围的公告》（财政部　税务总局公告2019年第66号）规定：

“一、自2019年1月1日起，适用《财政部　国家税务总局关于完善固定资产加速折旧企业所得税政策的通知》（财税〔2014〕75号）和《财政部　国家税务总局关于进一步完善固定资产加速折旧企业所得税政策的通知》（财税〔2015〕106号）规定固定资产加速折旧优惠的行业范围，扩大至全部制造业领域。

二、制造业按照国家统计局《国民经济行业分类与代码（GB/4754-2017）》确定。今后国家有关部门更新国民经济行业分类与代码，从其规定。”

另根据《财政部　国家税务总局关于进一步完善固定资产加速折旧企业所得税政策的通知》（财税〔2015〕106号）规定：

“一、对轻工、纺织、机械、汽车等四个领域重点行业（具体范围见附件）的企业2015年1月1日后新购进的固定资产，可由企业选择缩短折旧年限或采取加速折旧的方法。

二、对上述行业的小型微利企业2015年1月1日后新购进的研发和生产经营共用的仪器、设备，单位价值不超过100万元的，允许一次性计入当期成本费用在计算应纳税所得额时扣除，不再分年度计算折旧；单位价值超过100万元的，可由企业选择缩短折旧年限或采取加速折旧的方法。

三、企业按本通知第一条、第二条规定缩短折旧年限的，最低折旧年限不得低于企业所得税法实施条例第六十条规定折旧年限的60%；采取加速折旧方法的，可采取双倍余额递减法或者年数总和法。"

因此，汽车零配件制造企业2021年购进的固定资产，可以采取双倍余额递减法加速折旧。如果属于研发和生产经营共用的，单位价值不超过100万元的，允许一次性计入当期成本费用在计算应纳税所得额时扣除，不再分年度计算折旧。

9. 一次性扣除的固定资产能否自行选择扣除时间？

问：根据《财政部　税务总局关于设备　器具扣除有关企业所得税政策的通知》（财税〔2018〕54号）和《国家税务总局关于设备　器具扣除有关企业所得税政策执行问题的公告》（国家税务总局公告2018年第46号）规定，我公司在2018年8月1日购进价值不超过500万元的固定资产，能否在2018年仍然计提折旧，当年放弃一次性扣除的优惠，明年或以后年度再重新享受一次性扣除的优惠？

答：根据《财政部　税务总局关于设备、器具扣除有关企业所得税政策的通知》（财税〔2018〕54号）第一条规定，企业在2018年1月1日至2020年12月31日期间新购进的设备、器具，单位价值不超过500万元的，允许一次性计入当期成本费用在计算应纳税所得额时扣除，不再分年度计算折旧（以下简称一次性税前扣除政策）。

第二条规定，固定资产在投入使用月份的次月所属年度一次性税前扣除。

第三条规定，企业选择享受一次性税前扣除政策的，其资产的税务处理可与会计处理不一致。

第四条规定，企业根据自身生产经营核算需要，可自行选择享受一次性税前扣除政策。未选择享受一次性税前扣除政策的，以后年度不得再变更。

因此，根据上述规定，企业选择享受一次性扣除优惠的，在2018年1月1日以后新购进的固定资产需在购进当年一次性扣除。

10. 安全生产费形成的固定资产如何税前扣除？

问：安全生产费形成的固定资产如何计提折旧？是否允许在企业所得税前扣除？

答：《财政部关于印发企业会计准则解释第3号的通知》（财会〔2009〕8号）第三个问答"高危行业企业提取的安全生产费，应当如何进行会计处理"中明确，高危行业企业按照国家规定提取的安全生产费，应当计入相关产品的成本或当期损益，同时记入"4301专项储备"科目。企业使用提取的安全生产费时，属于费用性支出的，直接冲减专项储备。企业使用提取的安全生产费形成固定资产的，应当通过"在建工程"科目归集所发生的支出，待安全项目完工达到预定可使用状态时确认为固定资产；同时，按照形成固定资产的成本冲减专项储备，并确认相同金额的累计折旧。该固定资产在以后期间不再计提折旧。

《国家税务总局关于煤矿企业维简费和高危行业企业安全生产费用企业所得税税前扣除问题的公告》（国家税务总局公告 2011 年第 26 号）第一条规定，煤矿企业实际发生的维简费支出和高危行业企业实际发生的安全生产费用支出，属于收益性支出的，可直接作为当期费用在税前扣除；属于资本性支出的，应计入有关资产成本，并按企业所得税法规定计提折旧或摊销费用在税前扣除。企业按照有关规定预提的维简费和安全生产费用，不得在税前扣除。

根据上述规定，安全生产费形成的固定资产，会计上可以一次性计提折旧，但税法上除了符合固定资产加速折旧政策中允许一次性计入当期成本费用的情形外，固定资产折旧不能一次性税前扣除，而应按照税法规定按期计提折旧并税前扣除。

11. 外购的固定资产一次性税前扣除的时间如何确认？一次性扣除是否考虑预计净残值？

问：A 公司 2017 年 12 月购入机器设备，由于安装调试验收等原因未取得发票，2018 年 5 月取得了增值税发票 200 万元，是否可以适用一次性扣除政策呢？

答：《财政部　税务总局关于设备　器具扣除有关企业所得税政策的通知》（财税〔2018〕54 号）规定，企业在 2018 年 1 月 1 日至 2020 年 12 月 31 日期间新购进的设备、器具，单位价值不超过 500 万元的，允许一次性计入当期成本费用在计算应纳税所得额时扣除，不再分年度计算折旧。

《国家税务总局关于设备　器具扣除有关企业所得税政策执行问题的公告》（国家税务总局公告 2018 年第 46 号）第一条第二项规定，固定资产购进时点按以下原则确认：以货币形式购进的固定资产，除采取分期付款或赊销方式购进外，按发票开具时间确认；以分期付款或赊销方式购进的固定资产，按固定资产到货时间确认；自行建造的固定资产，按竣工结算时间确认。

因此，根据上述规定，A 公司购进机械设备发票开具日期在 2018 年 5 月，可以适用一次性扣除政策。允许一次性扣除是指全部单位价值可一次性在税前扣除，不需考虑会计上是否设定了预计净残值。

12. 路面和篮球场能否按 3 年摊销？

问：路面和篮球场从企业所得税角度来说按其他资产分 3 年摊销是否可以？

答：《企业所得税法实施条例》第六十条规定："除国务院财政、税务主管部门另有规定外，固定资产计算折旧的最低年限如下：

（一）房屋、建筑物，为 20 年"。

《企业所得税法实施条例释义及适用指南》中本条规定，具体可从以下几方面来理解："建筑物作为最主要的固定资产，其构造、属性等方面相对较为特殊，使用寿命相对较长，价值相对较高，其使用价值的体现也是一个相对较长的过程，根据收入与支出配比原则等要求，其折旧年限也应相对较长，所以本条规定，房屋、建筑物的最低折旧年限为 20 年，这基本能反映房屋、建筑物的现实使用情况。本条所说的房屋、建筑物，是指供生产、经营使用和为职工生活、福利服务的房屋、建筑物及其附属设施，其中房屋，包括厂房、营业用房、办公用房、库房、住宿用房、食堂及其他房屋等；建筑物，包括塔、池、槽、井、架、棚（不包括临时工棚、车棚等简易设施）、场、路、桥、平台、码头、船坞、涵洞、加油站以及独立于房屋和机器设备之外的管道、烟囱、围墙等。”

因此，根据上述规定，企业路面和篮球场属于建筑物，税法规定按不低于 20 年计提折旧。

13. 外购软件最短摊销年限为 2 年的企业范围如何界定？

问：《财政部　国家税务总局关于进一步鼓励软件产业和集成电路产业发展企业所得税政策的通知》（财税〔2012〕27 号）第七条规定，企业外购的软件，凡符合固定资产或无形资产确认条件的，可以按照固定资产或无形资产进行核算，其折旧或摊销年限可以适当缩短，最短可为 2 年（含）。

这里的“企业”是指所有企业还是专指软件企业和集成电路企业？

答：《企业所得税法实施条例》第三条规定，《企业所得税法》第二条所称依法在中国境内成立的企业，包括依照中国法律、行政法规在中国境内成立的企业、事业单位、社会团体以及其他取得收入的组织。

因此，“企业”包括所有的企业、事业单位、社会团体以及其他取得收入的组织。

14. 会计折旧年限大于税法折旧年限是否需要调整？

问：我公司固定资产房屋建筑物折旧会计按 40 年计提折旧，机器设备按 15 年计折旧，汇算清缴时是否需纳税调整，会计是否作递延所得税处理？

答：《企业所得税法实施条例》第六十条规定：“除国务院财政、税务主管部门另有规定外，固定资产计算折旧的最低年限如下：

（一）房屋、建筑物，为 20 年；

（二）飞机、火车、轮船、机器、机械和其他生产设备，为 10 年；

（三）与生产经营活动有关的器具、工具、家具等，为 5 年；

（四）飞机、火车、轮船以外的运输工具，为 4 年；

（五）电子设备，为 3 年。”

《企业所得税法》第二十一条规定，在计算应纳税所得额时，企业财务、会计处理办法与税收法律、行政法规的规定不一致的，应当依照税收法律、行政法规的规定计算。

《国家税务总局关于企业所得税应纳税所得额若干税务处理问题的公告》（国家税务总局公告 2012 年第 15 号）第八条关于税前扣除规定与企业实际会计处理之间的协调问题的规定，根据《企业所得税法》第二十一条规定，对企业依据财务会计制度规定，并实际在财务会计处理上已确认的支出，凡没有超过《企业所得税法》和有关税收法规规定的税前扣除范围和标准的，可按企业实际会计处理确认的支出，在企业所得税前扣除，计算其应纳税所得额。

《国家税务总局关于企业所得税应纳税所得额若干问题的公告》（国家税务总局公

告 2014 年第 29 号）第五条规定，“固定资产折旧的企业所得税处理：

（一）企业固定资产会计折旧年限如果短于税法规定的最低折旧年限，其按会计折旧年限计提的折旧高于按税法规定的最低折旧年限计提的折旧部分，应调增当期应纳税所得额；企业固定资产会计折旧年限已期满且会计折旧已提足，但税法规定的最低折旧年限尚未到期且税收折旧尚未足额扣除，其未足额扣除的部分准予在剩余的税收折旧年限继续按规定扣除。

（二）企业固定资产会计折旧年限如果长于税法规定的最低折旧年限，其折旧应按会计折旧年限计算扣除，税法另有规定除外”。

根据上述规定，会计确认的年折旧金额没有超过按照税法规定的固定资产最低折旧年限计算的年折旧金额，除税法另有规定外，应按会计折旧年限计算扣除，不需进行纳税调整，不需要确认递延所得税。

15. 无法取得权属登记的房产及土地能否计提折旧？

问：某公司自有土地 10 万平方米，房产 4 栋，总建筑面积约 3 万平方米。由于历史原因，这些房产和土地不能办理合法的权属登记，即不能办理房产证和土地使用证，但是确实是企业从政府手里买到的，有政府出具的财政收据作为记账凭证。这种情况下，这些资产是否可以在税收上确认为资产，并允许计提折旧和税前扣除？

答：《企业所得税法实施条例》第五十七条规定，《企业所得税法》第十一条所称固定资产，是指企业为生产产品、提供劳务、出租或者经营管理而持有的、使用时间超过 12 个月的非货币性资产，包括房屋、建筑物、机器、机械、运输工具以及其他与生产经营活动有关的设备、器具、工具等。

《国家税务总局关于未办理土地使用权证转让土地有关税收问题的批复》（国税函〔2007〕645 号）规定，土地使用者转让、抵押或置换土地，无论其是否取得了该土地的使用权属证书，无论其在转让、抵押或置换土地过程中是否与对方当事人办理了土地使用权属证书变更登记手续，只要土地使用者享有占有、使用、收益或处分该土地的权利，且有合同等证据表明其实质转让、抵押或置换了土地并取得了相应的经济利益，土地使用者及其对方当事人应当依照税法规定缴纳营业税、土地增值税和契税等相关税收。

《财政票据管理办法》（财政部令 2012 年第 70 号）第六条规定：“财政票据的种类和适用范围如下：

……

2. 非税收入专用票据，是指特定的行政事业单位依法收取特定的政府非税收入时开具的专用凭证。主要包括行政事业性收费票据、政府性基金票据、国有资源（资产）收入票据、罚没票据等。”

根据上述规定，企业为生产经营管理而持有的固定资产，无论其是否取得了权属证书，都可以凭借与政府机关签订的合同及票据，在企业所得税前计提折旧并申报扣除。

16. 接受设备出资未取得发票其折旧能否税前扣除？

问：某企业以机器设备投资于一公司，被投资公司以评估报告及验资报告作为资产的计税基础。被投资公司取得该设备由于未取得发票是否可以正常计提折旧并税前列支？

答：《增值税暂行条例实施细则》第四条规定，“单位或者个体工商户的下列行为，视同销售货物：……（六）将自产、委托加工或者购进的货物作为投资，提供给其他单位或者个体工商户”。

第三十八条规定，“条例第十九条第一款第（一）项规定的收讫销售款项或者取得索取销售款项凭据的当天，按销售结算方式的不同，具体为：……（七）纳税人发生本细则第四条第（三）项至第（八）项所列视同销售货物行为，为货物移送的当天”。

《发票管理办法》第十九条规定，销售商品、提供服务以及从事其他经营活动的单位和个人，对外发生经营业务收取款项，收款方应当向付款方开具发票。

《国家税务总局关于企业所得税若干问题的公告》（国家税务总局公告 2011 年第 34 号）第六条规定，企业当年度实际发生的相关成本、费用，由于各种原因未能及时取得该成本、费用的有效凭证，企业在预缴季度所得税时，可暂按账面发生金额进行核算；但在汇算清缴时，应补充提供该成本、费用的有效凭证。

根据上述规定，投资人以设备对外投资，视同销售货物缴纳增值税，应在货物移送时开具发票。如被投资方未取得发票，企业在预缴季度所得税时，可暂按账面发生金额进行核算；但在汇算清缴时，应补充提供该成本、费用的有效凭证。

17. 不征税收入形成固定资产计提的折旧如何纳税调整？

问：甲工业企业 2014 年 10 月收到当地财政部门拨入的科技型中小企业创新基金 100 万元，专门用于高新技术产品研发，2014 年 12 月甲企业购置了专门用于新产品研发的机器设备 100 万元（不含增值税进项税额 17 万元），该企业制定的折旧政策如下：采用年限平均法计提折旧，机器设备折旧年限为 8 年，预计净残值率为 4%。假设 2022 年 12 月研发设备处置净收入为零，计入当年“营业外支出”科目金额为 4 万元。

上述 100 万元科技型中小企业创新基金符合《财政部　国家税务总局关于专项用途财政性资金有关企业所得税处理问题的通知》（财税〔2009〕87 号）第一条“不征税收入”的条件，甲企业在编制 2014 年企业所得税年度纳税申报表时已将 100 万元创新基金作为“不征税收入”项目调减收入，那么甲企业 2014—2022 年每年计提的折旧 12 万元如何进行纳税调整？

答：《财政部　国家税务总局关于专项用途财政性资金企业所得税处理问题的通知》（财税〔2011〕70 号）第二条规定，“根据实施条例第二十八条的规定，上述不征税收入用于支出所形成的费用，不得在计算应纳税所得额时扣除；用于支出所形成的资产，其计算的折旧、摊销不得在计算应纳税所得额时扣除”。

根据上述规定，2014—2022 年按会计制度计算本纳税年度的折旧 12 万元，按税收规定计算税前扣除的折旧为 0，每年应纳税调增 12 万元；同时，在 2022 年调增营业外支出 4 万元，累计调增折旧及支出合计为 100 万元。

18. 盘盈固定资产计提的折旧能否税前扣除?

问：企业盘盈的固定资产由于没有原始的有效凭证，虽可“以同类固定资产的重置完全价值为计税基础”(《企业所得税法实施条例》第五十七条)，但按此方法确认价值后计提的折旧额是否可以税前列支？是否要到税务机关补开发票？

答：《企业所得税法实施条例》第五十七条规定，企业盘盈的固定资产“以同类固定资产的重置完全价值为计税基础”，此种情形不是交易行为，是企业资产以前没有入账，属于遗漏登记的资产，在盘点过程中重新发现后，可以“以同类固定资产的重置完全价值为计税基础”，不需索取原始的有效凭证。

19. 购买的软件是否必须按照10年摊销?

问：我公司购买的软件，确认为无形资产，会计上按照5年摊销，税法上是否必须按照10年摊销？我公司去税务机关备案，税务机关不受理，该如何处理？

答：《财政部　国家税务总局关于进一步鼓励软件产业和集成电路产业发展企业所得税政策的通知》(财税〔2012〕27号) 第七条规定，企业外购的软件，凡符合固定资产或无形资产确认条件的，可以按照固定资产或无形资产进行核算，其折旧或摊销年限可以适当缩短，最短可为2年（含)。

《国家税务总局关于发布修订〈企业所得税优惠政策事项办理办法〉的公告》(国家税务总局公告2018年第23号) 附件《企业所得税优惠事项备案管理目录 (2017年版)》规定，固定资产或购入软件等可以加速折旧或摊销，企业享受优惠事项采取“自行判别、申报享受、相关资料留存备查”的办理方式。不履行备案手续。

根据上述规定，贵公司购买的软件可以按照5年摊销，不需要履行备案手续，只需要汇算清缴时，在年报《A105081固定资产加速折旧、扣除明细表》第25行“七、软件”及26行“其中：享受企业外购软件加速摊销政策”中填报即可。

20. 在建工程借款费用资本化的起止时间，会计和税务上如何确定?

问：某公司建造一办公楼，2017年9月开始建造，2018年1月支付了第一笔工程款，2018年11月完工并投入使用。但由于该公司资金紧张，建筑工程款陆续支付，建筑发票也陆续取得，直到2019年12月末工程款尚未支付完毕，其建安发票也未全部取得，会计上一直在“在建工程”核算，也未计提折旧。在建造期间，该公司一直有短期借款。请问：该公司在建工程借款费用资本化的起止时间会计和税务上如何确定？2019年该工程是否还需将相关的借款费用资本化？

答：(1) 会计规定：

《企业会计准则第17号——借款费用》第四条规定，“企业发生的借款费用，可直接归属于符合资本化条件的资产的购建或者生产的，应当予以资本化，计入相关资产成本”。

第五条规定：“借款费用同时满足下列条件的，才能开始资本化：

(一) 资产支出已经发生，资产支出包括为购建或者生产符合资本化条件的资产而以支付现金、转移非现金资产或者承担带息债务形式发生的支出；

（二）借款费用已经发生；

（三）为使资产达到预定可使用或者可销售状态所必要的购建或者生产活动已经开始。”

第六条规定：“在资本化期间内，每一会计期间的利息（包括折价或溢价的摊销）资本化金额，应当按照下列规定确定：

（一）为购建或者生产符合资本化条件的资产而借入专门借款的，应当以专门借款当期实际发生的利息费用，减去将尚未动用的借款资金存入银行取得的利息收入或进行暂时性投资取得的投资收益后的金额确定。

专门借款，是指为购建或者生产符合资本化条件的资产而专门借入的款项。

（二）为购建或者生产符合资本化条件的资产而占用了一般借款的，企业应当根据累计资产支出超过专门借款部分的资产支出加权平均数乘以所占用一般借款的资本化率，计算确定一般借款应予资本化的利息金额。资本化率应当根据一般借款加权平均利率计算确定。资本化期间，是指从借款费用开始资本化时点到停止资本化时点的期间，借款费用暂停资本化的期间不包括在内。”

第十二条规定：“购建或者生产符合资本化条件的资产达到预定可使用或者可销售状态时，借款费用应当停止资本化。在符合资本化条件的资产达到预定可使用或者可销售状态之后所发生的借款费用，应当在发生时根据其发生额确认为费用，计入当期损益。”

（2）税务规定：

《企业所得税法实施条例》第三十七条第二款规定，企业为购置、建造固定资产、无形资产和经过 12 个月以上的建造才能达到预定可销售状态的存货发生借款的，在有关资产购置、建造期间发生的合理的借款费用，应当作为资本性支出计入有关资产的成本，并依照本条例的规定扣除。

根据上述规定，该公司并未发生专门借款，但有为购建固定资产所占用一般性借款的情形，自资产支出实际发生至该资产达到预定可使用状态期间的利息支出，应当予以资本化。具体应当根据累计资产支出部分的借款支出加权平均数乘以一般借款的资本化率，计算确定一般借款应予资本化的利息金额。税务处理和会计处理没有差异。

2018 年 11 月，该资产已达到预定可使用状态，即应停止借款费用资本化。同时需提醒注意的是，该公司应在资产达到预定可使用状态后的次月起计提折旧。

21. 购置的二手设备能否享受固定资产加速折旧政策？

问：我公司为生物药品制造业，根据现行规定，企业在 2014 年 1 月 1 日后购进并专门用于研发活动的仪器、设备，单位价值不超过 100 万元的，可以一次性在计算应纳税所得额时扣除。我公司如果购进的是二手设备，对方账面原值 150 万元，已提折旧 80 万元，双方协商以 60 万元卖给我公司，购买后作为专用研发设备。这种情形能否适用企业所得税前一次扣除政策？

答：《国家税务总局关于固定资产加速折旧税收政策有关问题的公告》（国家税务总局公告 2014 年第 64 号）第二条规定，企业在 2014 年 1 月 1 日后购进并专门用于研发活动的仪器、设备，单位价值不超过100万元的，可以一次性在计算应纳税所得额时扣除；单位价值超过100万元的，允许按不低于《企业所得税法》规定折旧年限的60%缩短折旧年限，或选择采取双倍余额递减法或年数总和法进行加速折旧。

第四条规定，企业采取缩短折旧年限方法的，对其购置的新固定资产，最低折旧年限不得低于《企业所得税法实施条例》第六十条规定的折旧年限的60%；企业购置已使用过的固定资产，其最低折旧年限不得低于实施条例规定的最低折旧年限减去已使用年限后剩余年限的60%。最低折旧年限一经确定，一般不得变更。

根据上述规定，可以享受企业所得税前加速折旧的固定资产包括企业2014年以后购进的已使用过的二手设备。

22. 对用于研发的无形资产进行转让，何时停止摊销？

问：我公司专门用于研发的无形资产于2019年3月下旬拟转让，在计算加计扣除的摊销额时，摊销额是计算到2月份还是3月份？

答：《企业会计准则第6号——无形资产》第十七条第二款规定，企业摊销无形资产，应当自无形资产可供使用时起，至不再作为无形资产确认时止。

《国家税务总局关于企业所得税应纳税所得额若干税务处理问题的公告》（国家税务总局公告2012年第15号）第八条“关于税前扣除规定与企业实际会计处理之间的协调问题”规定，根据《企业所得税法》第二十一条规定，对企业依据财务会计制度规定，并实际在财务会计处理上已确认的支出，凡没有超过《企业所得税法》和有关税收法规规定的税前扣除范围和标准的，可按企业实际会计处理确认的支出，在企业所得税税前扣除，计算其应纳税所得额。

根据上述规定，现行准则下对于无形资产的摊销起止时间与固定资产折旧不同，当月增加的，当月开始摊销；当月减少的，当月不再计提。贵公司2019年3月转让的无形资产，摊销额计提到2019年2月，自3月份起会计上不再计提摊销额，也不能在税前扣除，更不能享受研发费加计扣除的税收优惠政策。

23. 融资租赁的固定资产折旧期限如何确定？

问：融资租赁固定资产折旧期限是租赁期限5年还是《企业所得税法实施条例》第六十条的10年？《企业所得税法实施条例》第四十七条中的分期扣除是指按照租赁期限均匀扣除吗？

答：《企业会计准则讲解2010——第二十二章租赁》规定，确定租赁资产的折旧期间应以租赁合同而定。如果能够合理确定租赁期届满时承租人将会取得租赁资产所有权，即可认为承租人拥有该项资产的全部使用寿命，因此应以租赁期开始日租赁资产的寿命作为折旧期间；如果无法合理确定租赁期届满后承租人是否能够取得租赁资产的所有权，则应以租赁期与租赁资产寿命两者中较短者作为折旧期间。

《企业所得税法实施条例》第四十七条规定，“企业根据生产经营活动的需要租入固定资产支付的租赁费，按照以下方法扣除：……（二）以融资租赁方式租入固定资产发生的租赁费支出，按照规定构成融资租入固定资产价值的部分应当提取折旧费用，分期扣除”。

第五十八条第（三）项规定，“融资租入的固定资产，“以租赁合同约定的付款总额和承租人在签订租赁合同过程中发生的相关费用为计税基础，租赁合同未约定付款总额的，以该资产的公允价值和承租人在签订租赁合同过程中发生的相关费用为计税基础”。

第六十条规定，“除国务院财政、税务主管部门另有规定外，固定资产计算折旧的最低年限如下：……（二）飞机、火车、轮船、机器、机械和其他生产设备，为 10 年”。

《企业所得税法》第二十一条规定，在计算应纳税所得额时，企业财务、会计处理办法与税收法律、行政法规的规定不一致的，应当依照税收法律、行政法规的规定计算。

根据上述规定，对于融资租入固定资产应视同自有固定资产计提折旧，会计折旧年限应按下列原则确定：

（1）如果能够确定租赁期满时承租人将会取得租赁资产的所有权，则折旧年限应为租赁资产尚可使用年限。

（2）如果不能确定租赁期满时承租人能够取得租赁资产的所有权，则折旧年限应为租赁期与租赁资产尚可使用年限两者中较短者（一般为租赁期限）。

税法折旧年限：融资租入的是未使用过的固定资产，折旧期为 10 年；融资租入的是使用过的固定资产，为尚可使用年限（注：在不考虑加速折旧的政策下）。《企业所得税法实施条例》第四十七条中的分期扣除是指以融资租赁方式租入固定资产发生的租赁费支出，按照税法折旧年限分期均匀扣除。

另外，需注意的是：纳税人确定的折旧年限与税法规定不一致的，会计处理上已确认的支出，凡没有超过规定标准的，可按企业实际会计处理确认的支出，在企业所得税税前扣除，超过的应在年度企业所得税汇算时进行纳税调整。

24. 对厂区技术改造前发生的拆除、清理费用，在项目完工后能否计入固定资产？

问：公司准备在现有的厂区进行技术改造，比如有一块地方堆着矿渣，或者有一个炉子、一个塔占着地方，需要把地面上的东西拆除，平整土地。请问：这类的费用可不可以在项目完工后计入固定资产？

答：(1)《财政部关于印发〈基本建设项目建设成本管理规定〉的通知》（财建〔2016〕504 号）附件 1 中第四条规定：“待摊投资支出是指项目建设单位按照批准的建设内容发生的，应当分摊计入相关资产价值的各项费用和税金支出。主要包括：

（一）勘察费、设计费、研究试验费、可行性研究费及项目其他前期费用；

（二）土地征用及迁移补偿费、土地复垦及补偿费、森林植被恢复费及其他为取得或租用土地使用权而发生的费用；

……

（九）其他待摊投资性质支出。”

根据上述规定，会计上对厂区技术改造前发生的拆除、清理费用可理解为“项目其他前期费用”，即可以计入此项在建工程，后续再转计入固定资产，也可以不计入在建工程，如矿渣、炉子、塔的清理或拆除费用，直接计入管理费用，或作为技术改造之前的一个单独事项通过“固定资产清理”后再计入营业外支出。

（2）《国家税务总局关于企业所得税若干问题的公告》（国家税务总局公告 2011 年第 34 号）第四条规定，企业对房屋、建筑物固定资产在未足额提取折旧前进行改扩建的，如属于推倒重置的，该资产原值减除提取折旧后的净值，应并入重置后的固定资产计税成本，并在该固定资产投入使用后的次月起，按照税法规定的折旧年限，一并计提折旧；如属于提升功能、增加面积的，该固定资产的改扩建支出，并入该固定资产计税基础，并从改扩建完工投入使用后的次月起，重新按税法规定的该固定资产折旧年限计提折旧，如该改扩建后的固定资产尚可使用的年限低于税法规定的最低年限的，可以按尚可使用的年限计提折旧。

因此，对厂区技术改造前发生的拆除、清理费用在企业所得税处理上，不属于“重置”，不是为了拆除塔后再重新建设一个塔，也不适用国家税务总局公告 2011 年第 34 号。

25. 固定资产加速折旧的纳税报表如何填列？

问：A 公司为一般纳税人，2019 年 3 月 1 日购入一台供车间使用的电子设备，不含税价 36 万元，取得增值税专用发票。该设备预计可使用 3 年，预计净残值为 0，按直线法计提折旧。若 A 公司选择一次性扣除，第二季度季报和年报相关项如何填列？如果会计处理上也一次性列支应如何填报？

答：（1）企业所得税月（季）度预缴纳税申报表。

①A 公司按直接法计提折旧。

分析：在会计处理上按照直线法计提折旧，而税务处理中选择一次性税前扣除，存在税会差异，涉及纳税调整。享受一次性扣除，需要在 4 月所在的第二季度预缴申报填报《固定资产加速折旧（扣除）优惠明细表》（A201020），如下表所示。其中，第 3 列按照税收一般规定计算的折旧金额，应填报按照税收一般规定计算的允许税前扣除的本年资产折旧额。

2019 年度共计提折旧 =（36 ÷ 3）×（9 ÷ 12）=（9 万元）

由于本表填报数据应为年度累计金额，因此在 2019 年第三季度、第四季度预缴申报表也按第二季度申报表数据填报。

A201020　固定资产加速折旧（扣除）优惠明细表　　单位：万元

行次	项目	资产原值	本年累计折旧（扣除）金额				
			账载折旧金额	按照税收一般规定计算的折旧金额	享受加速折旧优惠计算的折旧金额	纳税调减金额	享受加速折旧优惠金额
		1	2	3	4	5	6（4－3）
1	一、固定资产加速折旧（不含一次性扣除，2＋3）						
4	二、固定资产一次性扣除	36	9	9	36	27	27
5	合计（1＋4）						

注：本表按万元填写。

②若 A 公司会计处理上一次性列支。

分析：A 企业在 4 月所在的第二季度进行账务处理，一次性记入当期损益列支。在预缴申报时也同样需要填报 A201020 表。

其中，第 3 列按照税收一般规定计算的折旧金额，应填报按照税收一般规定计算的允许税前扣除的本年资产折旧额。A 公司账务上一次性记入了损益扣除，在第 3 列填报时需要按直线法计算 2019 年度应计提折旧的累计金额为 9 万元［（36÷3）×（9÷12）］。

由于本表填报数据应为年度累计金额，因此在 2019 年第三季度、第四季度预缴申报表也按第二季度申报表数据填报。报表填报同①。

（2）汇算清缴的填报时要注意纳税调整。

①A 公司按直接法计提折旧。

分析：该设备在会计处理上按照直线法计提折旧，而税务处理中选择一次性税前扣除，存在税会差异，涉及纳税调整。年度申报时需要填报《资产折旧、资产折旧、摊销及纳税调整明细表》（A105080），如下表所示。

2019 年累计折旧额为 9 万元［（36÷3）×（9÷12）］，选择税收优惠政策一次性税前扣除额为 36 万元，纳税调减为 27 万元（36－9）。需要填写 A105080 表第 10 行第 6 列。

A105080 资产折旧、摊销及纳税调整明细表

单位：万元

行次	项目		账载金额			税收金额					纳税调整金额
			资产原值	本年折旧、摊销额	累计折旧、摊销额	资产计税基础	税收折旧、摊销额	享受加速折旧政策的资产按税收一般规定计算的折旧、摊销额	加速折旧、摊销统计额	累计折旧、摊销额	
			1	2	3	4	5	6	7＝5－6	8	9(2－5)
1	一、固定资产							*	*	—	
2	所有固定资产	（五）电子设备	36	9	9	36	36	*	*	36	－27
10	其中：享受固定资产加速折旧及一次性扣除政策的资产加速折旧额大于一般折旧额的部分	（三）固定资产一次性扣除	36	9	9	36	36	9	27	36	*

《纳税调整项目明细表》（A105000）填写如下表所示。

A105000 纳税调整项目明细表

单位：万元

行次	项 目	账载金额	税收金额	调增金额	调减金额
		1	2	3	4
31	三、资产类调整项目（32＋33＋34＋35）	*	*	—	—
32	（一）资产折旧、摊销	9	36		27

②若 A 公司会计处理上一次性列支。

分析： A 企业在会计处理上一次性记入当期损益列支，税会没有差异。在年度申报时需要填写《资产折旧、摊销及纳税调整明细表》（A105080）第10行第6列，如下表所示。

其中，在第10行第6列填报时需要按税收一般规定计算2019年度应计提折旧的累计金额为9万元［（36 ÷ 3）×（9 ÷ 12）］

A105080　资产折旧、摊销及纳税调整明细表　　单位：万元

行次	项目		账载金额			税收金额					纳税调整金额
			资产原值	本年折旧、摊销额	累计折旧、摊销额	资产计税基础	税收折旧、摊销额	享受加速折旧政策的资产按税收一般规定计算的折旧、摊销额	加速折旧、摊销统计额	累计折旧、摊销额	
			1	2	3	4	5	6	7=5-6	8	9(2-5)
1	一、固定资产							*	*	—	
2	所有固定资产	（五）电子设备	36	36	36	36	36	*	*	36	0
10	其中：享受固定资产加速折旧及一次性扣除政策的资产加速折旧额大于一般折旧额的部分	（三）固定资产一次性扣除	36	9	9	36	36	9	27	36	*

资产损失税前扣除

1. 固定资产报废处置如何进行资产损失申报？

问：我单位有一固定资产未达到税法和会计要求的折旧年限而提前进行报废处置，处置该固定资产是否需要去税务局备案，都需要提供什么资料？另外，在该年度汇算清缴时是否应该做专项申报，需要提供税务师事务所出具鉴证报告吗？

答：根据《国家税务总局关于企业所得税资产损失资料留存备查有关事项的公告》（国家税务总局公告2018年第15号）第一条规定，"企业向税务机关申报扣除资产损失，仅需填报企业所得税年度纳税申报表《资产损失税前扣除及纳税调整明细表》，不再报送资产损失相关资料。相关资料由企业留存备查"。第三条规定，"本公告规定适用于2017年度及以后年度企业所得税汇算清缴"。

因此，虽然今后企业向税务机关申报扣除资产损失备案改备查，不再报送资产损失相关资料，但需要填报《资产损失税前扣除及纳税调整明细表》（A105090），同时相关资料要求企业留存备查。

根据《国家税务总局关于发布〈企业资产损失所得税税前扣除管理办法〉的公告》（国家税务总局公告2011年第25号）第三十条规定，固定资产报废、毁损损失，为其账面净值扣除残值和责任人赔偿后的余额，应依据以下证据材料确认：（1）固定资产的计税基础相关资料；（2）企业内部有关责任认定和核销资料；（3）企业内部有关部门出具的鉴定材料；（4）涉及责任赔偿的，应当有赔偿情况的说明，等等。

《国家税务总局关于取消20项税务证明事项的公告》（国家税务总局公告2018年第65号）规定，企业向税务机关申报扣除特定损失时，需留存备查的专业技术鉴定意见（报告）或法定资质中介机构出具的专项报告，不再留存，改为纳税人留存备查自行出具的有法定代表人、主要负责人和财务负责人签章证实有关损失的书面申明。

因此，国家税务总局公告2011年第25号第三十条第（五）项原规定需要提供的专业技术鉴定意见（报告）或法定资质中介机构出具的专项报告，已经自2018年度汇算清缴起取消提供，改为由企业自行出具的有法定代表人、主要负责人和财务负责人签章证实有关损失的书面申明。

2. 快到保质期以低于成本价销售的存货是否需申报损失？

问：某商场购进牛奶100件，进价5元，按6元销售了80件；月底快到保质期前，按4.8元销售剩余20件，形成4元的损失，但是本月该牛奶赚钱76元，根据《国家税务总局关于发布〈企业资产损失所得税税前扣除管理办法〉的公告》（国家税务总局公告2011年第25号）的规定，企业在正常经营管理活动中，按照公允价格销售、转让、变卖非货币资产的损失，需要清单申报，是否需要将4元损失向税务机关清单申报？

答：《国家税务总局关于商业零售企业存货损失税前扣除问题的公告》（国家税务总局公告2014年第3号）第一条规定，商业零售企业存货因零星失窃、报废、废弃、过期、破损、腐败、鼠咬、顾客退换货等正常因素形成的损失，为存货正常损失，准予按会计科目进行归类、汇总，然后再将汇总数据以清单的形式进行企业所得税纳税申报，同时出具损失情况分析报告。

根据《国家税务总局关于企业所得税资产损失资料留存备查有关事项的公告》（国家税务总局公告2018年第15号）第一条规定，"企业向税务机关申报扣除资产损失，仅需填报企业所得税年度纳税申报表《资产损失税前扣除及纳税调整明细表》，不再报送资产损失相关资料。相关资料由企业留存备查"。第三条规定，"本公告规定适用于2017年度及以后年度企业所得税汇算清缴"。

因此，企业正常销售的产品因快到保质期而降价销售造成售价低于成本的差额，属于资产损失，从2017年度起，企业向税务机关申报扣除资产损失备案改备查，不再报送资产损失相关资料，但需要填报《资产损失税前扣除及纳税调整明细表》（A105090），同时相关资料要求企业留存备查。

3. 如何确定数额较小的应收话费作为坏账损失的金额标准？

问：从事电信业务的企业，其用户应收话费，凡单笔数额较小、拖欠时间超过1年以上没有收回的，由企业统一做出说明后，可作为坏账损失在企业所得税税前扣除。所指数额较小，多少才算较小？

答：《国家税务总局关于发布〈企业资产损失所得税税前扣除管理办法〉的公告》（国家税务总局公告 2011 年第 25 号）第二十四条规定，企业逾期一年以上，单笔数额不超过五万元或者不超过企业年度收入总额万分之一的应收款项，会计上已经作为损失处理的，可以作为坏账损失。

根据《国家税务总局关于企业所得税资产损失资料留存备查有关事项的公告》（国家税务总局公告 2018 年第 15 号）第一条规定，“企业向税务机关申报扣除资产损失，仅需填报企业所得税年度纳税申报表《资产损失税前扣除及纳税调整明细表》，不再报送资产损失相关资料。相关资料由企业留存备查”。第三条规定，“本公告规定适用于 2017 年度及以后年度企业所得税汇算清缴”。

根据上述规定，从事电信业务的企业，其应收话费逾期一年以上，单笔数额不超过五万元或者不超过企业年度收入总额万分之一的应收款项，会计上已经作为损失处理的，可以作为坏账损失，需要在汇算清缴时填报《资产损失税前扣除及纳税调整明细表》（A105090）。

4. 贷款损失相应的代垫费用能否税前扣除？

问：某金融企业贷款损失中产生的代垫费用，如代垫诉讼费、执行费、公告费等，能否税前扣除？有无政策依据？

答：《财政部　国家税务总局关于企业资产损失税前扣除政策的通知》（财税〔2009〕57 号）第四条规定，“企业除贷款类债权外的应收、预付账款符合下列条件之一的，减除可收回金额后确认的无法收回的应收、预付款项，可以作为坏账损失在计算应纳税所得额时扣除：……”

第五条规定，“企业经采取所有可能的措施和实施必要的程序之后，符合下列条件之一的贷款类债权，可以作为贷款损失在计算应纳税所得额时扣除：……”

《国家税务总局关于发布〈企业资产损失所得税税前扣除管理办法〉的公告》（国家税务总局公告 2011 年第 25 号）第二十三条规定，企业逾期三年以上的应收款项在会计上已作为损失处理的，可以作为坏账损失，但应说明情况，并出具专项报告。

第二十四条规定，企业逾期一年以上，单笔数额不超过五万元或者不超过企业年度收入总额万分之一的应收款项，会计上已经作为损失处理的，可以作为坏账损失，但应说明情况，并出具专项报告。

第四十六条规定：“下列股权和债权不得作为损失在税前扣除：

（一）债务人或者担保人有经济偿还能力，未按期偿还的企业债权；

（二）违反法律、法规的规定，以各种形式、借口逃废或悬空的企业债权；

（三）行政干预逃废或悬空的企业债权；

（四）企业未向债务人和担保人追偿的债权；

（五）企业发生非经营活动的债权；

（六）其他不应当核销的企业债权和股权。”

根据《国家税务总局关于企业所得税资产损失资料留存备查有关事项的公告》（国

家税务总局公告 2018 年第 15 号）第一条规定，“企业向税务机关申报扣除资产损失，仅需填报企业所得税年度纳税申报表《资产损失税前扣除及纳税调整明细表》，不再报送资产损失相关资料。相关资料由企业留存备查”。第三条规定，“本公告规定适用于 2017 年度及以后年度企业所得税汇算清缴”。

根据上述规定，金融企业的代垫费用损失不属于贷款类债权损失。金融企业发生的贷款损失，该贷款损失如符合贷款损失税前扣除条件并已进行申报扣除的，该贷款损失相应发生的代垫费用，如在经营过程中发生的代垫费用（代垫诉讼费、执行费、公告费等），准予税前扣除，贵公司应在会计上作为损失处理后，需要在汇算清缴时填报《资产损失税前扣除及纳税调整明细表》（A105090）。

5. 投资损失能否直接在税前扣除？

问：现在符合条件的投资损失是否可以直接列支？还是必须用以后年度的投资收益弥补？

答：《国家税务总局关于企业股权投资损失所得税处理问题的公告》（国家税务总局公告 2010 年第 6 号）第一条规定，企业对外进行权益性投资所发生的损失，在经确认的损失发生年度，作为企业损失在计算企业应纳税所得额时一次性扣除。

根据上述规定，投资损失应当在经确认的损失发生年度一次性税前扣除，不需要用以后年度的投资收益来弥补。

6. 股权投资期间的被投资企业亏损导致的损失可否税前扣除？

问：国内企业投资国内另外一企业，按权益法核算，被投资企业亏损，投资方减少当年的投资收益，所得税是否要作调整，亏损能否冲减被投资方盈利？

答：《企业所得税法》第八条规定，企业实际发生的与取得收入有关的、合理的支出，包括成本、费用、税金、损失和其他支出，准予在计算应纳税所得额时扣除。

《企业所得税法实施条例》第三十二条规定，《企业所得税法》第八条所称损失，是指企业在生产经营活动中发生的固定资产和存货的盘亏、毁损、报废损失，转让财产损失，呆账损失，坏账损失，自然灾害等不可抗力因素造成的损失以及其他损失。企业发生的损失，减除责任人赔偿和保险赔款后的余额，依照国务院财政、税务主管部门的规定扣除。企业已经作为损失处理的资产，在以后纳税年度又全部收回或者部分收回时，应当计入当期收入。

第五十六条第三款规定，企业持有各项资产期间资产增值或者减值，除国务院财政、税务主管部门规定可以确认损益外，不得调整该资产的计税基础。

《国家税务总局关于企业股权投资损失所得税处理问题的公告》（国家税务总局 2010 年第 6 号公告）规定，企业对外进行权益性投资所发生的损失，在经确认的损失发生年度，作为企业损失在计算企业应纳税所得额时一次性扣除。

税前扣除的投资损失，依据《财政部　国家税务总局关于企业资产损失税前扣除政策的通知》（财税〔2009〕57 号）第六条规定：“企业的股权投资符合下列条件之一的，减除可收回金额后确认的无法收回的股权投资，可以作为股权投资损失在计算应纳税所得额时扣除：

（一）被投资方依法宣告破产、关闭、解散、被撤销，或者被依法注销、吊销营业执照的；

（二）被投资方财务状况严重恶化，累计发生巨额亏损，已连续停止经营3年以上，且无重新恢复经营改组计划的；

（三）对被投资方不具有控制权，投资期限届满或者投资期限已超过10年，且被投资单位因连续3年经营亏损导致资不抵债的；

（四）被投资方财务状况严重恶化，累计发生巨额亏损，已完成清算或清算期超过3年以上的；

（五）国务院财政、税务主管部门规定的其他条件。”

根据上述规定，投资方按权益法确认的亏损，不属于税法的损失范围，也不属于投资方发生的成本、费用、其他支出范围，该亏损税法上不予确认，应作纳税调增。

7. 在建项目发生的风灾损失能否税前扣除？

问：海南省地产在建项目的树木、电梯、幕墙等风灾财产损失是否可以土地增值税扣除及企业所得税税前扣除？

答：根据《企业会计准则应用指南》附录《会计科目和主要账务处理》中“1604在建工程”关于“在建工程的主要账务处理”的规定：“由于自然灾害等原因造成的单项工程或单位工程报废或毁损，减去残料价值和过失人或保险公司等赔款后的净损失，借记本科目（待摊支出），贷记本科目（建筑工程、安装工程等）；在建工程全部报废或毁损的，应按其净损失，借记‘营业外支出——非常损失’科目，贷记本科目。”

《土地增值税暂行条例》第六条规定：“计算增值额的扣除项目：

（一）取得土地使用权所支付的金额；

（二）开发土地的成本、费用；

（三）新建房及配套设施的成本、费用，或者旧房及建筑物的评估价格；

（四）与转让房地产有关的税金；

（五）财政部规定的其他扣除项目。”

《企业所得税法》第八条规定，企业实际发生的与取得收入有关的、合理的支出，包括成本、费用、税金、损失和其他支出，准予在计算应纳税所得额时扣除。

根据上述规定，因为自然灾害所造成的财产净损失应计入营业外支出，其不属于土地增值税扣除项目，在计算土地增值税时不能扣除，但可以按照规定在企业所得税税前扣除。

8. 批发零售企业的存货正常损失与非正常损失如何判定？

问：我公司属于电器批发零售企业，每年发生存货损失如终端客户退货，在销售或退货运输过程中发生的当时未发现的磕碰、造成的屏裂等损失造成修复成本过高，不经济，申请报废。我公司以上的存货损失，是否可以按照正常损失申报所得税和增值税？

答：《国家税务总局关于商业零售企业存货损失税前扣除问题的公告》（国家税务

总局公告 2014 年第 3 号）规定：

"一、商业零售企业存货因零星失窃、报废、废弃、过期、破损、腐败、鼠咬、顾客退换货等正常因素形成的损失，为存货正常损失，准予按会计科目进行归类、汇总"。

"二、商业零售企业存货因风、火、雷、震等自然灾害，仓储、运输失事，重大案件等非正常因素形成的损失，为存货非正常损失"。

根据上述规定，商业零售企业终端客户退货损失为正常损失，在销售或退货运输过程中发生的零星的磕碰、造成的屏裂等损失，我们也应理解为正常损失，如果因运输失事等非正常因素形成的损失，则为存货非正常损失。

《增值税暂行条例》第十条第（二）项规定，非正常损失的在产品、产成品所耗用的购进货物或者应税劳务，不得抵扣进项税。

根据《增值税暂行条例实施细则》第二十四条规定，条例第十条第（二）项所称非正常损失，是指因管理不善造成被盗、丢失、霉烂变质的损失。

根据上述规定，非正常损失，是指因管理不善造成被盗、丢失、霉烂变质的损失。如果因管理不善造成终端客户退货的丢失损失应属于非正常损失，在销售或退货运输过程中发生的当时未发现的磕碰、造成的屏裂等损失，不属于因管理不善造成被盗、丢失、霉烂变质的损失，不属于非正常损失。

9. 产品维修或改造费用是否属于资产损失？

问：我公司是一家车辆制造企业，由于产品在日常存放、市场销售期限较长或产品落后等原因，造成车辆需要再进入加工环节进行喷漆改造等处理，期间发生的维修或改造费用是否属于资产损失？

答：《企业所得税法实施条例》第三十二条规定，《企业所得税法》第八条所称损失，是指企业在生产经营活动中发生的固定资产和存货的盘亏、毁损、报废损失，转让财产损失，呆账损失，坏账损失，自然灾害等不可抗力因素造成的损失以及其他损失。

《国家税务总局关于发布〈企业资产损失所得税税前扣除管理办法〉的公告》《国家税务总局公告 2011 年 25 号》第三条规定："准予在企业所得税税前扣除的资产损失，是指企业在实际处置、转让上述资产过程中发生的合理损失（以下简称实际资产损失），以及企业虽未实际处置、转让上述资产，但符合《通知》和本办法规定条件计算确认的损失（以下简称法定资产损失）。"

因此，贵公司以上业务属于对产品的再加工，不属于资产损失范围。

10. 应收账款未全额收回如何处理？

问：某业务在 2018 年 2 月份发生应收账款，对方收货后不按期支付，为了减少损失，我公司于 2019 年 10 月份与客户达成和解协议，减免 24.7% 货款，原应收 587 760 元，现只要求客户限期于 2018 年 10 月 15 日前支付 442 400 元，该应收款就算结清。那么，中间的这笔差额属于什么业务性质（坏账损失还是财务费用）？应该记入什么会计科目？

答：《财政部　国家税务总局关于企业重组业务企业所得税处理若干问题的通知》（财税〔2009〕59 号）第一条第（二）项规定，债务重组，是指在债务人发生财务困难的情况下，债权人按照其与债务人达成的书面协议或者法院裁定书，就其债务人的债务做出让步的事项。

第四条第（二）项规定，“企业债务重组，相关交易应按以下规定处理：

……

3. 债务人应当按照支付的债务清偿额低于债务计税基础的差额，确认债务重组所得；债权人应当按照收到的债务清偿额低于债权计税基础的差额，确认债务重组损失”。

《国家税务总局关于发布〈企业资产损失所得税税前扣除管理办法〉的公告》（国家税务总局公告 2011 年第 25 号）第二十二条规定：“企业应收及预付款项坏账损失应依据以下相关证据材料确认：……（六）属于债务重组的，应有债务重组协议及其债务人重组收益纳税情况说明……”

《国家税务总局关于企业所得税资产损失资料留存备查有关事项的公告》（国家税务总局公告 2018 年第 15 号）第一条规定，“企业向税务机关申报扣除资产损失，仅需填报企业所得税年度纳税申报表《资产损失税前扣除及纳税调整明细表》，不再报送资产损失相关资料。相关资料由企业留存备查”。第三条规定，“本公告规定适用于 2017 年度及以后年度企业所得税汇算清缴”。

根据上述规定，企业可以依据债务重组协议及其债务人重组收益纳税情况说明，将收到的债务清偿额低于债权计税基础的差额，确认债务重组损失。

会计处理如下：

借：应收账款——重组后债权　　442 400

　　营业外支出——债务重组损失　　145 360

　　贷：应收账款——重组前债权　　587 760

债务重组损失企业所得税税前扣除仅需填报《资产损失税前扣除及纳税调整明细表》（A105090），不再报送资产损失相关资料，相关资料由企业留存备查。

11. 报废到期的资产损失如何确定税前扣除申报年度？

问：2018 年 12 月，我公司某固定资产折旧到期且无法继续使用，我们进行了设备拆除，账面进行了固定资产清理并将残值转入营业外支出，作损失处理，但并没有变卖残余价值，2019 年 9 月将残余设备进行了销售，我们将收入计入营业外收入中。2018 年，我公司对于报废到期的资产损失是否可以进行申报并予以税前扣除？还是需要等到 2019 年进行资产损失申报？

答：《企业会计准则应用指南》附录《会计科目和主要账务处理》中“1606 固定资产清理”第一条规定：“本科目核算企业因出售、报废和毁损、对外投资、非货币性资产交换、债务重组等原因转入清理的固定资产价值以及在清理过程中所发生的清理费用和清理收入等”。

《国家税务总局关于发布〈企业资产损失所得税税前扣除管理办法〉的公告》（国

家税务总局公告〔2011〕第25号）第四条规定，企业实际资产损失，应当在其实际发生且会计上已作损失处理的年度申报扣除；法定资产损失，应当在企业向主管税务机关提供证据资料证明该项资产已符合法定资产损失确认条件，且会计上已作损失处理的年度申报扣除。

因此，贵公司将在固定资产清理结束，在固定资产损失实际发生且会计上已作损失处理的年度申报，即2018年度汇算清缴时申报扣除。

12. 收到的假币能否作为损失在所得税税前扣除？

问：收到的假币能否作为损失在所得税税前扣除？如果可以列支，是企业自行扣除还是需要向税务机关申报扣除？

答：《国家税务总局关于发布〈企业资产损失所得税税前扣除管理办法〉的公告》（国家税务总局公告2011年第25号）第十九条规定："企业货币资产损失包括现金损失、银行存款损失和应收及预付款项损失等。"

第二十条规定："现金损失应依据以下证据材料确认：

（一）现金保管人确认的现金盘点表（包括倒推至基准日的记录）；

（二）现金保管人对于短缺的说明及相关核准文件；

（三）对责任人由于管理责任造成损失的责任认定及赔偿情况的说明；

（四）涉及刑事犯罪的，应有司法机关出具的相关材料；

（五）金融机构出具的假币收缴证明。"

根据上述规定，企业收到的假币，可以作为损失在企业所得税税前扣除。

13. 过期药品销毁损失如何在企业所得税税前扣除？

问：药品存货过期报废销毁，所得税税前扣除是否需要项审批，是否需要事务所出具鉴证报告，并报税务局审批？

答：《国家税务总局关于发布〈企业资产损失所得税税前扣除管理办法〉的公告》（国家税务总局公告2011年第25号）第五条规定："企业发生的资产损失，应按规定的程序和要求向主管税务机关申报后方能在税前扣除。未经申报的损失，不得在税前扣除。"

第二十七条规定："存货报废、毁损或变质损失，为其计税成本扣除残值及责任人赔偿后的余额，应依据以下证据材料确认：

（一）存货计税成本的确定依据；

（二）企业内部关于存货报废、毁损、变质、残值情况说明及核销资料；

（三）涉及责任人赔偿的，应当有赔偿情况说明；

（四）该项损失数额较大的（指占企业该类资产计税成本10%以上，或减少当年应纳税所得、增加亏损10%以上，下同），应有专业技术鉴定意见或法定资质中介机构出具的专项报告等。"

根据《国家税务总局关于企业所得税资产损失资料留存备查有关事项的公告》（国家税务总局公告2018年第15号）第一条规定，"企业向税务机关申报扣除资产损失，仅需填报企业所得税年度纳税申报表《资产损失税前扣除及纳税调整明细表》，不再报送资产损失相关资料。相关资料由企业留存备查”。第三条规定，“本公告规定适用于2017年度及以后年度企业所得税汇算清缴”。

《国家税务总局关于取消20项税务证明事项的公告》（国家税务总局公告2018年第65号）规定，企业向税务机关申报扣除特定损失时，需留存备查的专业技术鉴定意见（报告）或法定资质中介机构出具的专项报告，不再留存，改为纳税人留存备查自行出具的有法定代表人、主要负责人和财务负责人签章证实有关损失的书面申明。

根据上述规定，药品存货过期报废销毁损失属于资产损失，向税务机关申报扣除资产损失备案改留存备查，不再报送资产损失相关资料，但需要填报《资产损失税前扣除及纳税调整明细表》（A105090）。该项损失数额较大的，不需要提供专业技术鉴定意见（报告）或法定资质中介机构出具的专项报告，改为纳税人留存备查自行出具的有法定代表人、主要负责人和财务负责人签章证实有关损失的书面申明。

14. 存货盘亏损失能否税前扣除？

问：我们是一家外资制造企业。主要从事零部件的组装，生产成品，因此原材料主要以个为单位，可以数的，不像有些公司铁板等不好计量。我们公司几乎每月都发生存货盘亏，而且金额也不小，跟我们的销售成本相比不是很大，但是绝对数额一年有几百万元。根据《国家税务总局关于发布〈企业资产损失所得税税前扣除管理办法〉的公告》（国家税务总局公告2011年第25号）的规定，以下情况应如何处理：

（1）我们的盘亏损失可以在所得税税前扣除吗？

（2）如果可以所得税税前扣除，要提交哪些资料，以证明我们的盘亏损失的合理性？

（3）盘亏存货，假如被认定为是管理不善造成的，增值税进项税额是否要转出？

答：《国家税务总局关于发布〈企业资产损失所得税税前扣除管理办法〉的公告》（国家税务总局公告2011年第25号）第五条规定：“企业发生的资产损失，应按规定的程序和要求向主管税务机关申报后方能在税前扣除。未经申报的损失，不得在税前扣除。”

第二十六条规定：“存货盘亏损失，为其盘亏金额扣除责任人赔偿后的余额，应依据以下证据材料确认：

（一）存货计税成本确定依据；

（二）企业内部有关责任认定、责任人赔偿说明和内部核批文件；

（三）存货盘点表；

（四）存货保管人对于盘亏的情况说明。”

第四十八条规定：“企业正常经营业务因内部控制制度不健全而出现操作不当、不规范或因业务创新但政策不明确、不配套等原因形成的资产损失，应由企业承担的金额，可以作为资产损失并准予在税前申报扣除，但应出具损失原因证明材料或业务监管部门定性证明、损失专项说明。”

根据《国家税务总局关于企业所得税资产损失资料留存备查有关事项的公告》（国

家税务总局公告 2018 年第 15 号）第一条规定："企业向税务机关申报扣除资产损失，仅需填报企业所得税年度纳税申报表《资产损失税前扣除及纳税调整明细表》，不再报送资产损失相关资料。相关资料由企业留存备查。"第三条规定："本公告规定适用于 2017 年度及以后年度企业所得税汇算清缴。"

《国家税务总局关于取消 20 项税务证明事项的公告》（国家税务总局公告 2018 年第 65 号）规定，企业向税务机关申报扣除特定损失时，需留存备查的专业技术鉴定意见（报告）或法定资质中介机构出具的专项报告，不再留存，改为纳税人留存备查自行出具的有法定代表人、主要负责人和财务负责人签章证实有关损失的书面申明。

根据上述规定，存货盘亏损失扣除责任人赔偿后应由企业承担的金额，可以按上述规定税前扣除。

《增值税暂行条例实施细则》第二十四条规定，条例第十条第（二）项所称非正常损失，是指因管理不善造成被盗、丢失、霉烂变质的损失。

根据上述规定，管理不善造成的盘亏损失，相应进项税额不得抵扣，应进行转出处理。

15. 合理损耗能否按照资产损失在税前列支？

问：发电企业消耗原料主要为燃煤，根据《电力工业部关于颁发〈电力网和火力发电厂省煤节电工作条例〉的通知》（（79）电生字第 66 号）规定，每月的贮存损失，一般在日平均存煤量的 0.5% 以下，这也是各大电力集团的行业标准，企业据此列入成本。所以，要对此列入成本的存损计征 25% 的企业所得税？企业认为这是所有电力企业燃煤存损的一个公开透明的行业标准，不应征收企业所得税。合理损耗能否按照资产损失在税前列支？

答：《国家税务总局关于发布〈企业资产损失所得税税前扣除管理办法〉的公告》（国家税务总局公告 2011 年第 25 号）第五条规定："企业发生的资产损失，应按规定的程序和要求向主管税务机关申报后方能在税前扣除。未经申报的损失，不得在税前扣除。"

第十四条规定："企业应当建立健全资产损失内部核销管理制度，及时收集、整理、编制、审核、申报、保存资产损失税前扣除证据材料，方便税务机关检查。"

第十五条规定："税务机关应按分项建档、分级管理的原则，建立企业资产损失税前扣除管理台账和纳税档案，及时进行评估。对资产损失金额较大或经评估后发现不符合资产损失税前扣除规定、或存有疑点、异常情况的资产损失，应及时进行核查。对有证据证明申报扣除的资产损失不真实、不合法的，应依法作出税收处理。"

《国家税务总局关于企业所得税资产损失资料留存备查有关事项的公告》（国家税务总局公告 2018 年第 15 号）第一条规定："企业向税务机关申报扣除资产损失，仅需填报企业所得税年度纳税申报表《资产损失税前扣除及纳税调整明细表》，不再报送资产损失相关资料。相关资料由企业留存备查。"第三条规定："本公告规定适用于 2017 年度及以后年度企业所得税汇算清缴。"

根据上述规定，合理损耗内的符合存货损失条件，并按规定收集、整理、留存备查相关资料，可以作为资产损失税前申报扣除。贵公司按上述规定向税务机关申报后，税务机关认为有疑问的，有权力进行核查，对企业不能够提供证据材料或明显不合理的，有权进行纳税调整。

16. 以借款形式筹资形成的坏账损失能否税前扣除？

问：甲、乙两公司协议：新注册开业的甲公司（注册资金600万元）先以借款形式向乙公司筹集资金500万元（此时乙公司在甲公司无股份），约定3年（至2019年年底）后，若甲公司累计实现税后利润超过400万元，则乙公司上述500万元将转为甲公司的注册资金，从而成为甲公司的股东之一（占总注册资本的40%，其他股东同时调整股本）；若2019年年底没能实现累计税后利润400万元，则甲公司应归还乙公司500万元，并按7%年利率支付利息。后因甲公司经营不善，连年亏损，目前已倒闭注销。乙公司尚有300余万元无法收回（2017年后已收回部分）。

乙公司该笔坏账损失是否可以税前列支？

答：《财政部　国家税务总局关于企业资产损失税前扣除政策的通知》（财税〔2009〕57号）第五条规定，“企业经采取所有可能的措施和实施必要的程序之后，符合下列条件之一的贷款类债权，可以作为贷款损失在计算应纳税所得额时扣除：

（一）借款人和担保人依法宣告破产、关闭、解散、被撤销，并终止法人资格，或者已完全停止经营活动，被依法注销、吊销营业执照，对借款人和担保人进行追偿后，未能收回的债权”。

《国家税务总局关于发布〈企业资产损失所得税税前扣除管理办法〉的公告》（国家税务总局公告2011年第25号）第四十条规定，“企业债权投资损失应依据投资的原始凭证、合同或协议、会计核算资料等相关证据材料确认。下列情况债权投资损失的，还应出具相关证据材料：

（一）债务人或担保人依法被宣告破产、关闭、被解散或撤销、被吊销营业执照、失踪或者死亡等，应出具资产清偿证明或者遗产清偿证明。无法出具资产清偿证明或者遗产清偿证明，且上述事项超过三年以上的，或债权投资（包括信用卡透支和助学贷款）余额在三百万元以下的，应出具对应的债务人和担保人破产、关闭、解散证明、撤销文件、工商行政管理部门注销证明或查询证明以及追索记录等（包括司法追索、电话追索、信件追索和上门追索等原始记录）”。

第四十六条规定，“下列股权和债权不得作为损失在税前扣除：……（五）企业发生非经营活动的债权”。

根据上述规定，乙公司的借款在未达到转股条件时，有约定的利率，构成贷款类债权，不是非经营活动的债权，因对方倒闭，追偿后未能收回的债权可以按规定申报税前扣除。

17. 应收账款逾期3年作为坏账损失可否税前扣除？

问：我公司2019年年末核销了两笔应收账款，第1笔是2015年形成的，金额为23万元，对方企业未在工商部门注销，但实际已不存在，找不到机构和相关人员；第2笔金额为 4 万元，2017 年形成的，也是对方企业机构和人员都联系不到，工商部门网上查询还在。

这两笔坏账损失需取得什么样的证明材料可以税前扣除？工商部门不给出证明材料，第 1 笔能否依据账龄超过 3 年，第 2 笔能否依据金额小于 5 万元进行扣除？

答：《国家税务总局关于发布〈企业资产损失所得税税前扣除管理办法〉的公告》（国家税务总局公告 2011 年第 25 号）第二十三条规定，企业逾期 3 年以上的应收款项在会计上已作为损失处理的，可以作为坏账损失。

第二十四条规定，企业逾期 1 年以上，单笔数额不超过 5 万元或者不超过企业年度收入总额万分之一的应收款项，会计上已经作为损失处理的，可以作为坏账损失，但应说明情况，并出具专项报告。

根据《国家税务总局关于企业所得税资产损失资料留存备查有关事项的公告》（国家税务总局公告 2018 年第 15 号）第一条规定，“企业向税务机关申报扣除资产损失，仅需填报企业所得税年度纳税申报表《资产损失税前扣除及纳税调整明细表》，不再报送资产损失相关资料。相关资料由企业留存备查”。第三条规定，“本公告规定适用于 2017 年度及以后年度企业所得税汇算清缴”。

《国家税务总局关于取消 20 项税务证明事项的公告》（国家税务总局公告 2018 年第 65 号）规定，企业向税务机关申报扣除特定损失时，需留存备查的专业技术鉴定意见（报告）或法定资质中介机构出具的专项报告，不再留存，改为纳税人留存备查自行出具的有法定代表人、主要负责人和财务负责人签章证实有关损失的书面申明。

根据上述规定，对于逾期 3 年以上及单笔金额较小的应收款项，在会计上已作损失处理的，可以作为坏账损失在税前扣除，不再报送资产损失相关资料，但需要填报《资产损失税前扣除及纳税调整明细表》（A105090）。不需要提供专业技术鉴定意见（报告）或法定资质中介机构出具的专项报告，改为纳税人留存备查自行出具的有法定代表人、主要负责人和财务负责人签章证实有关损失的书面申明。

18. 不当付款造成的损失如何税前扣除？

问：我单位预付给某个单位货款，因当时未对其企业身份进行验证考察，就付了款，但付款后发现该企业根本不存在，货款也无法收回，发生的损失可否在税前扣除？如可以，应提供什么样的证据？

答：《国家税务总局关于发布〈企业资产损失所得税税前扣除管理办法〉的公告》（国家税务总局公告 2011 年第 25 号）第四十八条规定，企业正常经营业务因内部控制制度不健全而出现操作不当、不规范或因业务创新但政策不明确、不配套等原因形成的资产损失，应由企业承担的金额，可以作为资产损失并准予在税前申报扣除。

第四十九条规定，企业因刑事案件原因形成的损失，应由企业承担的金额，或经公安机关立案侦查两年以上仍未追回的金额，可以作为资产损失并准予在税前申报扣除，但应出具公安机关、人民检察院的立案侦查情况或人民法院的判决书等损失原因证明材料。

根据上述规定，对不当付款行为中应由企业承担的金额，可以按上述第四十八条规定税前扣除，涉及刑事案件的，形成损失且应由企业承担的金额，按第四十九条规定申报税前扣除。

19. 关联企业之间债务重组损失能否在税前扣除？

问：关联企业之间发生了债务重组，因经营困难进行债务豁免，债权人因此发生的资产损失，是否可以在所得税前列支，是否需要进行专项申报，应提供哪些证明材料？

答：《国家税务总局关于发布〈企业资产损失所得税税前扣除管理办法〉的公告》（国家税务总局公告 2011 年第 25 号）第四十五条规定，企业按独立交易原则向关联企业转让资产而发生的损失，或向关联企业提供借款、担保而形成的债权损失，准予扣除。

根据《国家税务总局关于企业所得税资产损失资料留存备查有关事项的公告》（国家税务总局公告 2018 年第 15 号）第一条规定："企业向税务机关申报扣除资产损失，仅需填报企业所得税年度纳税申报表《资产损失税前扣除及纳税调整明细表》，不再报送资产损失相关资料。相关资料由企业留存备查。"第三条规定："本公告规定适用于 2017 年度及以后年度企业所得税汇算清缴。"

《国家税务总局关于取消 20 项税务证明事项的公告》（国家税务总局公告 2018 年第 65 号）规定，企业向税务机关申报扣除特定损失时，需留存备查的专业技术鉴定意见（报告）或法定资质中介机构出具的专项报告，不再留存，改为纳税人留存备查自行出具的有法定代表人、主要负责人和财务负责人签章证实有关损失的书面申明。

根据上述规定，关联方之间因债务重组产生的资产损失，在会计上已作损失处理后，可以在税前扣除，不再报送资产损失相关资料，但需要填报《资产损失税前扣除及纳税调整明细表》（A105090）。不需要提供专业技术鉴定意见（报告）或法定资质中介机构出具的专项报告，改为纳税人留存备查自行出具的有法定代表人、主要负责人和财务负责人签章证实有关损失的书面申明。

20. 报废处理不合格产品，进项税是否要转出？税前如何扣除？

问：企业生产的不合格产品，要作报废处理，进项税是否需要转出？税前如何扣除？

答：（1）进项税转出问题。

《增值税暂行条例》第十条规定，下列项目的进项税额不得从销项税额中抵扣：

（一）用于非增值税应税项目、免征增值税项目、集体福利或者个人消费的购进货物或者应税劳务；

（二）非正常损失的购进货物及相关的应税劳务；

（三）非正常损失的在产品、产成品所耗用的购进货物或者应税劳务；

《增值税暂行条例实施细则》第二十四条规定，"条例第十条第（二）项所称非正常损失，是指因管理不善造成被盗、丢失、霉烂变质的损失"。

《增值税暂行条例实施细则》第二十四条释义，本条规定了非正常损失的概念和范围。

新条例删除了自然灾害损失属于非正常损失的规定以及“其他非正常损失”的“兜底”条款，明确指出非正常损失只包括因管理不善造成货物被盗、丢失和霉烂变质发生的损失。

自然灾害损失往往是由于地震、台风、海啸等不可抗力造成的货物损毁形成的物质损失。因为损失的数额往往较为巨大，如不予以抵扣，纳税人的负担就较重。同时，自然灾害由于是不可抗力造成的，纳税人已经尽到保护货物的（法律上保全）义务，不应再加以税款缴纳的负担。

根据上述规定，非正常损失只包括因管理不善造成货物被盗、丢失和霉烂变质发生的损失。企业生产不合格品是生产的必然现象，在一般正常的管理条件下无法避免，属于生产过程中的损耗，并非管理不善造成，因此企业生产不合格品产生的损失不属于非正常损失，不需要作进项税转出。

（2）税前扣除问题。

《企业所得税法》第八条规定，企业实际发生的与取得收入有关的、合理的支出，包括成本、费用、税金、损失和其他支出，准予在计算应纳税所得额时扣除。

《企业所得税法实施条例》第三十二条规定，《企业所得税法》第八条所称损失，是指企业在生产经营活动中发生的固定资产和存货的盘亏、毁损、报废损失，转让财产损失，呆账损失，坏账损失，自然灾害等不可抗力因素造成的损失以及其他损失。

企业发生的损失，减除责任人赔偿和保险赔款后的余额，依照国务院财政、税务主管部门的规定扣除。

《财政部　国家税务总局关于企业资产损失税前扣除政策的通知》（财税〔2009〕57 号）第一条规定：“本通知所称资产损失，是指企业在生产经营活动中实际发生的、与取得应税收入有关的资产损失，包括现金损失，存款损失，坏账损失，贷款损失，股权投资损失，固定资产和存货的盘亏、毁损、报废、被盗损失，自然灾害等不可抗力因素造成的损失以及其他损失。”

第十三条规定，“企业对其扣除的各项资产损失，应当提供能够证明资产损失确属已实际发生的合法证据，包括具有法律效力的外部证据、具有法定资质的中介机构的经济鉴证证明、具有法定资质的专业机构的技术鉴定证明等”。

《国家税务总局关于发布〈企业资产损失所得税税前扣除管理办法〉的公告》（国家税务总局公告〔2011〕25 号）第四条规定，企业实际资产损失，应当在其实际发生且会计上已作损失处理的年度申报扣除；法定资产损失，应当在企业向主管税务机关提供证据资料证明该项资产已符合法定资产损失确认条件，且会计上已作损失处理的年度申报扣除。

第五条规定，企业发生的资产损失，应按规定的程序和要求向主管税务机关申报后方能在税前扣除。未经申报的损失，不得在税前扣除。

根据上述规定，企业的报废损失，可以按上述规定的程序和要求向主管税务机关申报后在企业所得税税前扣除。

21. 企业折价处理存货如何进行企业所得税的纳税处理?

问:我公司现有存货及产成品共175.6万元。其中有部分为纸箱、胶条、打包带、五金、玻璃、陶瓷产成品共100万元。由于已存放两年多,质量已不符合要求,现我公司想按原价的10%—50%售出,有何企业所得税事项?

答:《国家税务总局关于发布〈企业资产损失所得税税前扣除管理办法〉的公告》(国家税务总局公告2011年第25号)第四条规定:"企业实际资产损失,应当在其实际发生且会计上已作损失处理的年度申报扣除;法定资产损失,应当在企业向主管税务机关提供证据资料证明该项资产已符合法定资产损失确认条件,且会计上已作损失处理的年度申报扣除。"

第五条规定:"企业发生的资产损失,应按规定的程序和要求向主管税务机关申报后方能在税前扣除。未经申报的损失,不得在税前扣除。"

第九条规定:"下列资产损失,应以清单申报的方式向税务机关申报扣除:

(一)企业在正常经营管理活动中,按照公允价格销售、转让、变卖非货币资产的损失;

(二)企业各项存货发生的正常损耗;

(三)企业固定资产达到或超过使用年限而正常报废清理的损失;

(四)企业生产性生物资产达到或超过使用年限而正常死亡发生的资产损失;

(五)企业按照市场公平交易原则,通过各种交易场所、市场等买卖债券、股票、期货、基金以及金融衍生产品等发生的损失。"

根据《国家税务总局关于企业所得税资产损失资料留存备查有关事项的公告》(国家税务总局公告2018年第15号)第一条规定:"企业向税务机关申报扣除资产损失,仅需填报企业所得税年度纳税申报表《资产损失税前扣除及纳税调整明细表》,不再报送资产损失相关资料。相关资料由企业留存备查。"第三条规定:"本公告规定适用于2017年度及以后年度企业所得税汇算清缴。"

根据上述规定,企业存货不适应市场需求的,可以作为资产损失处理。但贵公司应注意:存货变卖损失,应在实际发生且会计上已作损失处理的年度,在企业所得税年度纳税申报表《资产损失税前扣除及纳税调整明细表》中申报扣除,相关资料由企业留存备查。否则,不得在税前扣除。

22. 以前年度的资产损失,以后年度能否在税前追补确认扣除?

问:我公司2018年度固定资产未达到折旧年限报废产生的损失,未向税务机关申请资产损失专项申报,所得税汇算清缴已作纳税调增处理,2019年又发生同样情况报废损失,准备作资产损失专项申报,那么2018年度的损失还可向税局专项申报吗?

答:《国家税务总局关于发布〈企业资产损失所得税税前扣除管理办法〉的公告》(国家税务总局公告2011年第25号)第六条规定:"企业以前年度发生的资产损失未能在当年税前扣除的,可以按照本办法的规定,向税务机关说明并进行专项申报扣除。其中,属于实际资产损失,准予追补至该项损失发生年度扣除,其追补确认期限一般不得超过五年，但因计划经济体制转轨过程中遗留的资产损失、企业重组上市过程中因权属不清出现争议而未能及时扣除的资产损失、因承担国家政策性任务而形成的资产损失以及政策定性不明确而形成资产损失等特殊原因形成的资产损失，其追补确认期限经国家税务总局批准后可适当延长。属于法定资产损失，应在申报年度扣除。

企业因以前年度实际资产损失未在税前扣除而多缴的企业所得税税款，可在追补确认年度企业所得税应纳税款中予以抵扣，不足抵扣的，向以后年度递延抵扣。

企业实际资产损失发生年度扣除追补确认的损失后出现亏损的，应先调整资产损失发生年度的亏损额，再按弥补亏损的原则计算以后年度多缴的企业所得税税款，并按前款办法进行税务处理。"

第九条规定："下列资产损失，应以清单申报的方式向税务机关申报扣除：……（三）企业固定资产达到或超过使用年限而正常报废清理的损失。"

第十条规定："前条以外的资产损失，应以专项申报的方式向税务机关申报扣除。企业无法准确判别是否属于清单申报扣除的资产损失，可以采取专项申报的形式申报扣除。"

根据上述规定，贵公司 2018 年度未达到折旧年限报废固定资产产生的损失，可以采取专项申报的形式向税务机关说明，追补至该项损失发生年度扣除，其追补确认期限一般不得超过五年。

23. 计提列支的资产减值损失如何税前扣除？

问：我公司是商贸企业，采取会计准则核算，2018 年度计提"资产减值准备"50万元，2019 年发生商品盘亏损失，问该如何进行税前扣除？

答：计提资产减值准备是指资产未来可能流入企业的全部经济利益低于该资产现有的账面价值，而在会计上对资产的减值情况进行确认、计量。主要包括：坏（呆）账准备、存货跌价准备、持有至到期投资减值准备、可供出售金融资产减值、短期投资跌价准备、长期股权投资减值准备、投资性房地产减值准备、固定资产减值准备、在建工程（工程物资）减值准备、生产性生物资产减值准备、无形资产减值准备、商誉减值准备、贷款损失准备、矿区权益减值等。会计制度和会计准则都有相关核算规定。

《企业所得税法》第十条第（七）项规定，企业发生的未经核定的准备金支出，在计算应纳税所得额时不得扣除。

《企业所得税法实施条例》第五十五条规定，《企业所得税法》第十条第（七）项所称未经核定的准备金支出，是指不符合国务院财政、税务主管部门规定的各项资产减值准备、风险准备等准备金支出。

《国家税务总局关于发布〈企业资产损失所得税税前扣除管理办法〉的公告》（国家税务总局公告 2011 年第 25 号）第四条规定，企业实际资产损失，应当在其实际发生且会计上已作损失处理的年度申报扣除；法定资产损失，应当在企业向主管税务机关提供证据资料证明该项资产已符合法定资产损失确认条件，且会计上已作损失处理的年度申报扣除。

因此，未经核定的准备金不得税前扣除，当损失实际发生或产生法定损失时，会计上已作损失处理，可以申报扣除。

例：甲公司2018年对商品计提了存货跌价准备50 000元，会计分录如下：

借：资产减值损失 50 000

贷：存货跌价准备 50 000

税务处理：计提存货跌价准备，需要在年报表A105000第33行“（二）资产减值准备金”调增，如下表所示。

A105000 纳税调整项目明细表

单位：元

行次	项目	账载金额	税收金额	调增金额	调减金额
		1	2	3	4
31	三、资产类调整项目	*	*	50 000	
33	（二）资产减值准备金	50 000	*	50 000	

2019年甲公司库存商品发生盘亏，账面成本26万元，增值税进项税4.42万元，该存货已计提跌价准备3万元，责任人赔偿1万元。上述损失会计核算计入“营业外支出”科目。

借：银行存款 10 000

营业外支出 264 200

存货跌价准备 30 000

贷：库存商品 260 000

应交税费——应交增值税（进项转出） 442 00

税务处理：2019年实际发生损失时，允许税前扣除的损失金额为29.42万元（26+4.42-1），会计上在对该存货计入2018年度营业外支出为26.42万元（26-3+4.42-1），该存货资产损失的税会差异为3万元，应当进行纳税调减处理，并在A105090表填报，如下表所示。

A105090 资产损失税前扣除及纳税调整明细表

单位：元

行次	项目	资产损失的账载金额	资产处置收入	赔偿收入	资产计税基础	资产损失的税收金额	纳税调整金额
		1	2	3	4	5（4-2-3）	6（1-5）
5	三、存货损失	264 200		10 000	304 200	294 200	-30 000
6	其中：存货盘亏、报废、损毁、变质或被盗损失	264 200		10 000	304 200	294 200	-30 000

24. 金融企业贷款损失准备金税前扣除怎么计算？

问：现在金融企业准予当年税前扣除的贷款损失准备金有哪些，具体金额怎么计算？

答：根据《财政部 税务总局关于金融企业贷款损失准备金企业所得税税前扣除

有关政策的公告》（财政部　税务总局公告 2019 年第 86 号）第一条规定：“准予税前提取贷款损失准备金的贷款资产范围包括：

（一）贷款（含抵押、质押、保证、信用等贷款）；

（二）银行卡透支、贴现、信用垫款（含银行承兑汇票垫款、信用证垫款、担保垫款等）、进出口押汇、同业拆出、应收融资租赁款等具有贷款特征的风险资产；

（三）由金融企业转贷并承担对外还款责任的国外贷款，包括国际金融组织贷款、外国买方信贷、外国政府贷款、日本国际协力银行不附条件贷款和外国政府混合贷款等资产。”

第二条规定，“金融企业准予当年税前扣除的贷款损失准备金计算公式如下：

准予当年税前扣除的贷款损失准备金 = 本年末准予提取贷款损失准备金的贷款资产余额 ×1% – 截至上年末已在税前扣除的贷款损失准备金的余额

金融企业按上述公式计算的数额如为负数，应当相应调增当年应纳税所得额。”

例如，某金融企业 2019 年年末，会计上已经计提的贷款损失准备金为 600 万元。经税务机关核实准予提取贷款损失准备金的贷款资产余额为 50 000 万元。截至 2018 年 12 月 31 日，已在税前扣除的贷款损失准备金的余额为 200 万元。

根据《财政部　税务总局关于金融企业贷款损失准备金企业所得税税前扣除有关政策的公告》（财政部　税务总局公告 2019 年第 86 号）第二条规定，可得：

2019 年税前扣除的贷款损失准备金 = 50 000 ×1% – 200 = 300（万元）

会计上多提的贷款损失准备金为 100 万元（600 – 500），相关数据填入《特殊行业准备金及纳税调整明细表》（A105120）第 33 行，作纳税调增处理，如下表所示。

A105120　特殊行业准备金及纳税调整明细表

单位：元

行次	项目	账载金额	税收金额	纳税调整金额
		1	2	3（1 – 2）
31	四、金融企业（32 + 33 + 34）	6 000 000.00	5 000 000.00	1 000 000.00
32	（一）涉农和中小企业贷款损失准备金			0.00
33	（二）贷款损失准备金	6 000 000.00	5 000 000.00	1 000 000.00
34	（三）其他			0.00

25. 金融企业贷款损失金额不同，税前扣除计算有何差异？

问：某商业银行 2018 年年末贷款损失准备余额为 1 100 万元，2019 年发生贷款损失为 400 万元，年末贷款余额为 130 000 万元，企业 2019 年实际提取贷款损失准备为 500 万元。

企业 2018 年计提贷款损失准备时：

借：资产减值损失　　5 000 000

　　贷：贷款损失准备　　5 000 000

当年进行贷款损失核销时：

借：贷款损失准备　　4 000 000

贷：贷款　　4 000 000

2019 年度贷款损失如何税前扣？如果 2019 年发生的贷款损失为 1 400 万元呢？

答：根据《财政部　税务总局关于金融企业贷款损失准备金企业所得税税前扣除有关政策的公告》（财政部　税务总局公告 2019 年第 86 号）第二条规定，“金融企业准予当年税前扣除的贷款损失准备金计算公式如下：

准予当年税前扣除的贷款损失准备金 = 本年末准予提取贷款损失准备金的贷款资产余额 ×1% - 截至上年末已在税前扣除的贷款损失准备金的余额

金融企业按上述公式计算的数额如为负数，应当相应调增当年应纳税所得额”。

第四条规定，“金融企业发生的符合条件的贷款损失，应先冲减已在税前扣除的贷款损失准备金，不足冲减部分可据实在计算当年应纳税所得额时扣除”。

因此，2019 年准予当年税前扣除的贷款损失准备金为 200 万元（130 000 ×1% - 1 100）。当年发生的贷款损失 400 万元冲减已在税前扣除的贷款损失准备金 1 300 万元后余额为 900 万元。

在计算税前可扣除的贷款损失准备时，不能将当年的贷款损失 400 万元直接冲减上年末的贷款损失准备余额为 1 100 万元，再计提贷款损失资金准备 600 万元，造成当年的贷款损失准备余额为 1 300 万元。

如果当年发生的贷款损失为 1 400 万元，2019 年准予当年税前扣除的贷款损失准备金为 200 万元（130 000 ×1% - 1 100），发生的贷款损失 1 400 万元会计处理相同，但冲减已在税前扣除的贷款损失准备金 1 300 万元后余额为负 100 万元，不足冲减部分的 100 万元据实在计算当年应纳税所得额时扣除，当年贷款损失准备余额为零。

2019 年度企业所得税汇算清缴，金融企业应填报《特殊行业准备金纳税调整明细表》（A105120）对贷款损失准备进行纳税调整，账载金额填报会计核算计入当期损益的金额，税收金额填报按税法规定允许税前扣除的金额，两者差额即是纳税调整金额。在企业实际计提贷款损失准备金额与税收政策存在差异的情况下，应建立贷款损失准备金年度台账，准确反映各年度贷款损失准备账面计提与税前扣除的情况。

当年贷款损失为 400 万元时，申报表填报如下表所示。

A105120　特殊行业准备金及纳税调整明细表　　单位：元

行次	项目	账载金额	税收金额	纳税调整金额
		1	2	3（1-2）
31	四、金融企业（32 +33 +34）	5 000 000.00	2 000 000.00	3 000 000.00
32	（一）涉农和中小企业贷款损失准备金			—
33	（二）贷款损失准备金	5 000 000.00	2 000 000.00	3 000 000.00
34	（三）其他			—

当年贷款损失为 1 400 万元时，因已在税前扣除的贷款损失准备金为 1 300 万元后不足冲减，剩余 100 万元贷款损失可以直接在计算当年应纳税所得额时扣除，核销贷款损失时是通过冲减贷款损失准备金，不直接计入损益，将 100 万元贷款损失直接计入税

收金额后进行纳税调整。申报表填报情况如下表所示。

A105120　特殊行业准备金及纳税调整明细表

单位：元

行次	项目	账载金额	税收金额	纳税调整金额
		1	2	3（1－2）
31	四、金融企业（32＋33＋34）	5 000 000.00	3 000 000.00	2 000 000.00
32	（一）涉农和中小企业贷款损失准备金			—
33	（二）贷款损失准备金	5 000 000.00	3 000 000.00	2 000 000.00
34	（三）其他			—

第四部分　税收优惠政策

免税、减计收入

1. 农村信用合作社对农户的小额贷款业务在所得税上是否有优惠政策?

问：我公司是一家农村信用合作社，长期从事对农户的小额贷款业务，企业所得税上是否有优惠政策?

答：《财政部　国家税务总局关于延续支持农村金融发展有关税收政策的通知》（财税〔2017〕44号）第二条规定，“自2017年1月1日至2019年12月31日，对金融机构农户小额贷款的利息收入，在计算应纳税所得额时，按90%计入收入总额”。

第四条规定：“本通知所称农户，是指长期（一年以上）居住在乡镇（不包括城关镇）行政管理区域内的住户，还包括长期居住在城关镇所辖行政村范围内的住户和户口不在本地而在本地居住一年以上的住户，国有农场的职工和农村个体工商户。位于乡镇（不包括城关镇）行政管理区域内和在城关镇所辖行政村范围内的国有经济的机关、团体、学校、企事业单位的集体户；有本地户口，但举家外出谋生一年以上的住户，无论是否保留承包耕地均不属于农户。农户以户为统计单位，既可以从事农业生产经营，也可以从事非农业生产经营。农户贷款的判定应以贷款发放时的承贷主体是否属于农户为准。

本通知所称小额贷款，是指单笔且该农户贷款余额总额在10万元（含本数）以下的贷款。

本通知所称保费收入，是指原保险保费收入加上分保费收入减去分出保费后的余额。”

第五条规定，“金融机构应对符合条件的农户小额贷款利息收入进行单独核算，不能单独核算的不得适用本通知第一条、第二条规定的优惠政策”。

因此，农村信用合作社对农户的小额贷款业务，符合上述条件的，可以享受企业所得税减计收入的优惠政策。

2. 资源综合利用企业能否叠加享受企业所得税优惠政策?

问：我公司今年开始生产，注册地有在西部地区，也有在中东部地区，都属于资源综合利用企业，且都是环保企业。企业所得税可以依据《财政部　国家税务总局关于执行资源综合利用企业所得税优惠目录有关问题的通知》（财税〔2008〕47 号），收入减按 90% 计入所得，西部地区企业可以依据《国家税务总局关于深入实施西部大开发战略有关企业所得税问题的公告》（国家税务总局公告 2012 年第 12 号）享受企业所得税 15% 缴纳，也可以依据《财政部　国家税务总局　国家发展改革委关于公布环境保护节能节水项目企业所得税优惠目录（试行）的通知》（财税〔2009〕166 号）享受“三免三减半”政策。

上述税收政策是否可以同时享受？假如只能享受一种，我公司在享受完“三免三减半”政策后是否可以重新申请收入，减按 90% 计算所得税？另外，西部地区企业与中东部地区企业对所得税重叠享受优惠处理上有无区别?

答：《企业所得税法实施条例》第八十八条规定，“企业所得税法第二十七条第（三）项所称符合条件的环境保护、节能节水项目，包括公共污水处理、公共垃圾处理、沼气综合开发利用、节能减排技术改造、海水淡化等。项目的具体条件和范围由国务院财政、税务主管部门商国务院有关部门制订，报国务院批准后公布施行。

企业从事前款规定的符合条件的环境保护、节能节水项目的所得，自项目取得第一笔生产经营收入所属纳税年度起，第一年至第三年免征企业所得税，第四年至第六年减半征收企业所得税”。

《财政部　国家税务总局关于执行资源综合利用企业所得税优惠目录有关问题的通知》（财税〔2008〕47 号）第一条规定，“企业自 2008 年 1 月 1 日起以《目录》中所列资源为主要原材料，生产《目录》内符合国家或行业相关标准的产品取得的收入，在计算应纳税所得额时，减按 90% 计入当年收入总额。享受上述税收优惠时，《目录》内所列资源占产品原料的比例应符合《目录》规定的技术标准”。

《国家税务总局关于深入实施西部大开发战略有关企业所得税问题的公告》（国家税务总局公告 2012 年第 12 号）第五条规定，根据《财政部　国家税务总局关于执行企业所得税优惠政策若干问题的通知》（财税〔2009〕69 号）第一条及第二条的规定，企业既符合西部大开发 15% 优惠税率条件，又符合《企业所得税法》及其实施条例和国务院规定的各项税收优惠条件的，可以同时享受。在涉及定期减免税的减半期内，可以按照企业适用税率计算的应纳税额减半征税。

《国家税务总局关于进一步明确企业所得税过渡期优惠政策执行口径问题的通知》（国税函〔2010〕157 号）第一条关于居民企业选择适用税率及减半征税的具体界定问题规定：

“（二）居民企业被认定为高新技术企业，同时又符合软件生产企业和集成电路生产企业定期减半征收企业所得税优惠条件的，该居民企业的所得税适用税率可以选择适用高新技术企业的 15% 税率，也可以选择依照 25% 的法定税率减半征税，但不能享受 15% 税率的减半征税。

（三）居民企业取得中华人民共和国企业所得税法实施条例第八十六条、第八十七条、第八十八条和第九十条规定可减半征收企业所得税的所得，是指居民企业应就该部分所得单独核算并依照25%的法定税率减半缴纳企业所得税。”

《财政部 国家税务总局关于执行企业所得税优惠政策若干问题的通知》（财税〔2009〕69号）规定：

“一、执行《国务院关于实施企业所得税过渡优惠政策的通知》（国发〔2007〕39号）规定的过渡优惠政策及西部大开发优惠政策的企业，在定期减免税的减半期内，可以按照企业适用税率计算的应纳税额减半征税。其他各类情形的定期减免税，均应按照企业所得税25%的法定税率计算的应纳税额减半征税。

二、《国务院关于实施企业所得税过渡优惠政策的通知》（国发〔2007〕39号）第三条所称不得叠加享受，且一经选择，不得改变的税收优惠情形，限于企业所得税过渡优惠政策与企业所得税法及其实施条例中规定的定期减免税和减低税率类的税收优惠。

企业所得税法及其实施条例中规定的各项税收优惠，凡企业符合规定条件的，可以同时享受。”

根据上述规定，企业既符合西部大开发15%优惠税率条件，又符合《企业所得税法》及其实施条例和国务院规定的各项税收优惠条件的，可以同时享受。在涉及定期减免税的减半期内，可以按照企业适用税率计算的应纳税额减半征税。因此，如果贵企业既符合西部大开发15%优惠税率条件，又符合资源综合利用减计收入优惠政策及环境保护、节能节水项目的所得“三免三减半”优惠政策的，可以在享受西部大开发15%适用税率计算应纳税额的基础上，再减半征收的优惠以及同时享受减计收入优惠政策。

3. 未按股东持股比例分配股息，投资企业能享受免税收入优惠吗?

问：某有限公司由A公司和B公司及C自然人出资组成，出资比例为3∶3∶4，公司章程对分红比例均无特别约定，2019年6月，该有限公司股东会决定对2018年度分红100万元。请问：A和B各分得的40万元是否可以免企业所得税？超过部分是属于取得的居民企业间的股息、红利为免税收入?

答：《中华人民共和国公司法》（2018年修正）第三十四条规定，股东按照实缴的出资比例分取红利；公司新增资本时，股东有权优先按照实缴的出资比例认缴出资。但是，全体股东约定不按照出资比例分取红利或者不按照出资比例优先认缴出资的除外。

第一百六十六条第四款规定，公司弥补亏损和提取公积金后所余税后利润，有限责任公司依照本法第三十四条的规定分配；股份有限公司按照股东持有的股份比例分配，但股份有限公司章程规定不按持股比例分配的除外。

《税收征收管理法》第三十六条规定，企业或者外国企业在中国境内设立的从事生产、经营的机构、场所与其关联企业之间的业务往来，应当按照独立企业之间的业务往来收取或者支付价款、费用；不按照独立企业之间的业务往来收取或者支付价款、费用，而减少其应纳税的收入或者所得额的，税务机关有权进行合理调整。

《企业所得税法》第二十六条第（二）项规定，符合条件的居民企业之间的股息、红利等权益性投资收益作为免税收入，免征企业所得税。

《企业所得税法实施条例》第八十三条规定，《企业所得税法》第二十六条第（二）项所称符合条件的居民企业之间的股息、红利等权益性投资收益，是指居民企业直接投资于其他居民企业取得的投资收益。

根据《企业所得税年度纳税申报表（A 类，2017 年版）》2019 年修订填报说明，第 7 列“依决定归属于本公司的股息、红利等权益性投资收益金额”：填报纳税人按照投资比例或者其他方法计算的，实际归属于本公司的股息、红利等权益性投资收益金额。若被投资企业将股权（票）溢价所形成的资本公积转为股本的，不作为投资方企业的股息、红利收入，投资方企业也不得增加该项长期投资的计税基础。

《国家税务总局关于发布修订后的〈企业所得税优惠政策事项办理办法〉的公告》（国家税务总局公告 2018 年第 23 号）附件——《企业所得税优惠事项管理目录（2017 年版）》的第 3 项“符合条件的居民企业之间的股息、红利等权益性投资收益免征企业所得税”，“主要留存备查资料”规定：“1. 被投资企业的最新公司章程……”

根据以上规定，企业取得超过投资比例的分红，且投资协议与企业章程对超比例分红均无特别约定，超过部分不属于取得居民企业间股息、红利的免税收入，应并计所得缴纳企业所得税。如果公司章程作出不按持股比例分配的特别规定，根据“其他方法计算”的规定，享受免征企业所得税优惠。因此，该有限公司的章程中没有作出分红的特别约定，A 公司和 B 公司得到 2018 年度分红超过持股比例部分，不符合居民企业之间的股息、红利等权益性投资收益优惠条件。不按持股比例分配股息、红利而减少股东应纳税的收入或者所得额的，税务机关有权进行合理调整。

4. 基金分配收入是否属于免税收入？

问：目前很多企业以货币基金形式进行投资，基金根据每日基金收益情况，以每万份基金已实现收益为基准，“每日分配、按日支付”形式为投资人每日计算当日收益并分配，且每日进行支付。企业投资货币基金，对于采用红利再投资方式取得的收益应在什么时点确认缴纳企业所得税，以及是否可以享受免税优惠政策？

答：《国家税务总局关于贯彻落实企业所得税法若干税收问题的通知》（国税函〔2010〕79 号）第四条“关于股息、红利等权益性投资收益收入确认问题”的规定，企业权益性投资取得股息、红利等收入，应以被投资企业股东会或股东大会作出利润分配或转股决定的日期，确定收入的实现。

被投资企业将股权（票）溢价所形成的资本公积转为股本的，不作为投资方企业的股息、红利收入，投资方企业也不得增加该项长期投资的计税基础。

《财政部　国家税务总局关于企业所得税若干优惠政策的通知》（财税〔2008〕1 号）第二条“关于鼓励证券投资基金发展的优惠政策”的规定：

“（一）对证券投资基金从证券市场中取得的收入，包括买卖股票、债券的差价收入，股权的股息、红利收入，债券的利息收入及其他收入，暂不征收企业所得税。

（二）对投资者从证券投资基金分配中取得的收入，暂不征收企业所得税。

（三）对证券投资基金管理人运用基金买卖股票、债券的差价收入，暂不征收企业所得税。”

根据上述规定，企业投资于证券投资基金，从证券投资基金分配中取得的收入，应当在证券投资基金作出分配决定时确认收入的实现。上述案例，应在每日分配时确认收入。“每日分配、按日支付”属于特殊的分配、投资形式，其分配的收入为从基金分配中取得的收入。货币基金为证券投资基金的，按照财税〔2008〕1号文件的规定，投资者从基金分配中取得的收入，暂不征收企业所得税。

5. 民办非企业单位取得收入可以按非营利组织享受免征企业所得税吗？

问：非营利养老院提供服务的收入属于免税收入吗？免征企业所得税吗？

答：《企业所得税法》第二十六条规定，“企业的下列收入为免税收入：

……

（四）符合条件的非营利组织的收入”。

《企业所得税法实施条例》第八十四条规定，“企业所得税法第二十六条第（四）项所称符合条件的非营利组织，是指同时符合下列条件的组织：

（一）依法履行非营利组织登记手续；

（二）从事公益性或者非营利性活动；

（三）取得的收入除用于与该组织有关的、合理的支出外，全部用于登记核定或者章程规定的公益性或者非营利性事业；

（四）财产及其孳息不用于分配；

（五）按照登记核定或者章程规定，该组织注销后的剩余财产用于公益性或者非营利性目的，或者由登记管理机关转赠给与该组织性质、宗旨相同的组织，并向社会公告；

（六）投入人对投入该组织的财产不保留或者享有任何财产权利；

（七）工作人员工资福利开支控制在规定的比例内，不变相分配该组织的财产。

前款规定的非营利组织的认定管理办法由国务院财政、税务主管部门会同国务院有关部门制定”。

第八十五条规定，“企业所得税法第二十六条第（四）项所称符合条件的非营利组织的收入，不包括非营利组织从事营利性活动取得的收入，但国务院财政、税务主管部门另有规定的除外”。

《财政部　税务总局关于非营利组织免税资格认定管理有关问题的通知》（财税〔2018〕13号）第二条规定，“经省级（含省级）以上登记管理机关批准设立或登记的非营利组织，凡符合规定条件的，应向其所在地省级税务主管机关提出免税资格申请，并提供本通知规定的相关材料；经地市级或县级登记管理机关批准设立或登记的非营利组织，凡符合规定条件的，分别向其所在地的地市级或县级税务主管机关提出免税资格申请，并提供本通知规定的相关材料。

财政、税务部门按照上述管理权限，对非营利组织享受免税的资格联合进行审核确认，并定期予以公布”。

《财政部　国家税务总局关于非营利组织企业所得税免税收入问题的通知》（财税〔2009〕122号）规定，“根据《中华人民共和国企业所得税法》第二十六条及《中华人民共和国企业所得税法实施条例》（国务院令第512号）第八十五条的规定，现将符合条件的非营利组织企业所得税免税收入范围明确如下：

一、非营利组织的下列收入为免税收入：

（一）接受其他单位或者个人捐赠的收入；

（二）除《中华人民共和国企业所得税法》第七条规定的财政拨款以外的其他政府补助收入，但不包括因政府购买服务取得的收入；

（三）按照省级以上民政、财政部门规定收取的会费；

（四）不征税收入和免税收入孳生的银行存款利息收入；

（五）财政部、国家税务总局规定的其他收入”。

《财政部　税务总局　发展改革委　民政部　商务部　卫生健康委关于养老、托育、家政等社区家庭服务业税费优惠政策的公告》（财政部　税务总局　发展改革委　民政部　商务部　卫生健康委公告2019年第76号）第一条第（二）项规定，提供社区养老、托育、家政服务取得的收入，在计算应纳税所得额时，减按90%计入收入总额。

根据以上规定，民办非企业单位要享受企业所得税免税收入优惠首先要取得财政、税务联合进行审核确认的免税资格，其次非营利组织的免税收入仅指接受其他单位或者个人捐赠的收入、财政拨款以外的其他政府补助收入、按规定收取的会费收入、不征税收入和免税收入孳生的银行存款利息收入等几项，营利性活动收入应作为应税收入处理。因此，养老院提供的服务收入不可以享受免征企业所得税收入税收优惠。根据《财政部　税务总局　发展改革委　民政部　商务部　卫生健康委关于养老、托育、家政等社区家庭服务业税费优惠政策的公告》（财政部　税务总局　发展改革委　民政部　商务部　卫生健康委公告2019年第76号）规定，提供社区养老、托育、家政服务取得的收入，在计算应纳税所得额时，减按90%计入收入总额。

6. 居民企业投资于合伙企业，可以享受企业所得税的股息、红利的免税收入优惠吗？

问：合伙企业取得股息、红利收入，按照“先分后税”原则，合伙人是有限责任公司是否需要缴纳企业所得税，对该项收入能否适用免税收入政策？

答：根据《企业所得税法》第一条第二款规定：“个人独资、合伙企业不适用本法”。

第二十六条规定，“企业的下列收入为免税收入……（二）符合条件的居民企业之间的股息、红利等权益性投资收益作为免税收入，免征企业所得税”。

《企业所得税法实施条例》第八十三条规定，《企业所得税法》第二十六条第（二）项所称符合条件的居民企业之间的股息、红利等权益性投资收益，是指居民企业直接投资于其他居民企业取得的投资收益。

由于合伙企业不属于居民企业。作为法人性质的合伙人从合伙企业对外投资取得的股息、红利，不属于直接从居民企业取得的股息、红利，不属于免税收入。属于间接取得股息，不能适用投资收益作为免税收入，不能免征企业所得税。

7. 合格境外机构投资者取得中国境内股票转让所得是否缴纳企业所得税？

问：对合格境外机构投资者取得来源于中国境内的股票转让所得，是否需要缴纳企业所得税？

答：根据《财政部　国家税务总局、证监会关于 QFII 和 RQFII 取得中国境内的股票等权益性投资资产转让所得暂免征收企业所得税问题的通知》（财税〔2014〕79 号）规定，“经国务院批准，从 2014 年 11 月 17 日起，对合格境外机构投资者（简称 QFII）、人民币合格境外机构投资者（简称 RQFII）取得来源于中国境内的股票等权益性投资资产转让所得，暂免征收企业所得税。在 2014 年 11 月 17 日之前 QFII 和 RQFII 取得的上述所得应依法征收企业所得税。

本通知适用于在中国境内未设立机构、场所，或者在中国境内虽设立机构、场所，但取得的上述所得与其所设机构、场所没有实际联系的 QFII、RQFII”。

根据上述规定，从 2014 年 11 月 17 日起，合格境外机构投资者取得来源于中国境内的股票转让所得，暂免征收企业所得税。

8. QDII 收到的投资分红，是否可以按免税收入处理？

问：某企业在 2016 年度持有一个信托账户，通过 QDII（合格境内机构投资者）做了股权投资，投资对象是香港上市公司，本年度收到分红。是否可以效仿 QFII 相关政策按免税收入处理？

答：《财政部　国家税务总局　证监会关于 QFII 和 RQFII 取得中国境内的股票等权益性投资资产转让所得暂免征收企业所得税问题的通知》（财税〔2014〕79 号）规定，“经国务院批准，从 2014 年 11 月 17 日起，对合格境外机构投资者（简称 QFII）、人民币合格境外机构投资者（简称 RQFII）取得来源于中国境内的股票等权益性投资资产转让所得，暂免征收企业所得税。在 2014 年 11 月 17 日之前 QFII 和 RQFII 取得的上述所得应依法征收企业所得税。

本通知适用于在中国境内未设立机构、场所，或者在中国境内虽设立机构、场所，但取得的上述所得与其所设机构、场所没有实际联系的 QFII、RQFII”。

现有政策没有明确通过 QDII 投资取得的分红收益属于免税范畴，因此不能享受免税收入优惠。但可以凭相关境外完税凭证，在境内进行所得税税前的境外税收抵免。

9. 从私募基金取得的分红是否缴纳企业所得税？

问：从私募基金取得的分红是否缴纳企业所得税？

答：《财政部　国家税务总局关于企业所得税若干优惠政策的通知》（财税〔2008〕1 号）第二条“关于鼓励证券投资基金发展的优惠政策”中规定：

“（一）对证券投资基金从证券市场中取得的收入，包括买卖股票、债券的差价收入，股权的股息、红利收入，债券的利息收入及其他收入，暂不征收企业所得税。

（二）对投资者从证券投资基金分配中取得的收入，暂不征收企业所得税。

（三）对债券投资基金管理人运用基金买卖股票、债券的差价收入，暂不征收企业所得税。”

根据上述规定，符合以上规定的收益暂不征收企业所得税，私募基金取得的分红不符合规定，应并入收入总额纳税。

10. 赎回货币基金取得收益是否属于免税收入？

问：我公司5月购买了货币基金，6月全部赎回，取得的基金投资收益，根据货币基金的特点，这部分投资收益是否可以按基金分红收益的性质，在企业所得税计算时作为免税收入处理？

答：《企业所得税法实施条例》第八十三条规定，《企业所得税法》第二十六条第（二）项所称符合条件的居民企业之间的股息、红利等权益性投资收益，是指居民企业直接投资于其他居民企业取得的投资收益。《企业所得税法》第二十六条第（二）项和第（三）项所称股息、红利等权益性投资收益，不包括连续持有居民企业公开发行并上市流通的股票不足12个月取得的投资收益。

因此，贵公司购入货币基金取得的投资收益，不属于直接投资于其他居民企业取得的投资收益，不适用“符合条件的居民企业之间的股息、红利等权益性投资收益为免税收入”的规定。

《财政部　国家税务总局关于企业所得税若干优惠政策的通知》（财税〔2008〕1号）第二条“关于鼓励证券投资基金发展的优惠政策”中规定，对投资者从证券投资基金分配中取得的收入，暂不征收企业所得税。

根据上述规定，贵公司赎回货币基金取得的投资收益，不属于基金分配取得的收入，不适用“暂不征收企业所得税”的规定。

11. 税法对“化工废气”是否有明确界定？

问：A公司利用化肥生产中的废气生产的天然气是否符合资源综合利用目录中的轻烃项目。税务部门对于轻烃的解释是什么？关于“化工废气”税法是否有明确界定？

答：《企业所得税法》第三十三条规定，企业综合利用资源，生产符合国家产业政策规定的产品所取得的收入，可以在计算应纳税所得额时减计收入。

《企业所得税法实施条例》第九十九条规定，“企业所得税法第三十三条所称减计收入，是指企业以《资源综合利用企业所得税优惠目录》规定的资源作为主要原材料，生产国家非限制和禁止并符合国家和行业相关标准的产品取得的收入，减按90%计入收入总额。

前款所称原材料占生产产品材料的比例不得低于《资源综合利用企业所得税优惠目录》规定的标准”。

经查询《资源综合利用企业所得税优惠目录（2008年版）》，利用化工废气生产的可燃气符合目录第二项“废水（液、废气、废渣）”的相关规定。按照国家统计局发布的《国民经济行业分类代码表（GB/T 4754－2017）》第26项化学原料和化学制品制造业的行业类别规定，肥料制造业属于化学原料和化学制品制造业，也就是说，化肥厂应属于化工企业，根据上述规定，纳税人利用化工废气生产的天然气可作为资源综合利用项目享受企业所得税的税收优惠。

12. 利用树皮和树叶等发电能否享受资源综合利用优惠政策？

问：资源综合利用企业利用玉米秸秆、棉花秸秆、树皮、树叶等（占燃料比重100%）生产的电力是否可以享受所得税收入减按90%的税收优惠？《财政部　国家税务总局　国家发展改革委关于公布资源综合利用企业所得税优惠目录（2008年版）的通知》（财税〔2008〕117号）规定了农作物秸秆及壳皮（包括粮食作物秸秆、农业经济作物秸秆、粮食壳皮、玉米芯）生产的电力、热力享受该项所得税优惠政策，树皮、树叶生产电力能否享受所得税优惠政策？

答：《财政部　国家税务总局关于执行资源综合利用企业所得税优惠目录有关问题的通知》（财税〔2008〕47号）第一条规定，本通知所称资源综合利用企业所得税优惠，是指企业自2008年1月1日起以《资源综合利用企业所得税优惠目录（2008年版）》（以下简称《目录》）规定的资源作为主要原材料，生产国家非限制和非禁止并符合国家及行业相关标准的产品取得的收入，减按90%计入企业当年收入总额。

经查询《财政部　国家税务总局　国家发展改革委关于公布资源综合利用企业所得税优惠目录（2008年版）的通知》（财税〔2008〕117号）的附录——《资源综合利用企业所得税优惠目录（2008年版）》，以树皮、树叶为原料生产电力、热力并不包括在该目录中，无法享受该项所得税优惠政策。

13. 购买国债持有到期取得的利息收入如何计算？

问：某企业2018年从其他非发行者购买2017年发行的票面值为100万元、年利率为5%、3年期的国债，卖方已持有1年，双方约定购买价为106万元。这样购买方持有到期时实际取得的收益为9万元（3×5－6），购买方持有期间国债利息应为10万元（2×5）。2019年国债到期日计算所得税时免税收入是9万元还是10万元？

答：《国家税务总局关于企业国债投资业务企业所得税处理问题的公告》（国家税务总局公告2011年第36号）第一条第（二）项关于“国债利息收入计算”的规定，“企业到期前转让国债、或者从非发行者投资购买的国债，其持有期间尚未兑付的国债利息收入，按以下公式计算确定：

国债利息收入＝国债金额×（适用年利率÷365）×持有天数

上述公式中的“国债金额”，按国债发行面值或发行价格确定；“适用年利率”按国债票面年利率或折合年收益率确定；如企业不同时间多次购买同一品种国债的，“持有天数”可按平均持有天数计算确定”。

第三条有关“国债利息收入免税问题”的规定，“根据企业所得税法第二十六条的规定，企业取得的国债利息收入，免征企业所得税。具体按以下规定执行：

1. 企业从发行者直接投资购买的国债持有至到期，其从发行者取得的国债利息收入，全额免征企业所得税。

2. 企业到期前转让国债、或者从非发行者投资购买的国债，其按本公告第一条第

（二）项计算的国债利息收入，免征企业所得税”。

请根据以上规定按照实际持有的天数计算国债利息的免税收入。

14. 如何理解持有上市公司股票不足 12 个月取得收益涉税事项？

问：我公司为北京市纳税人，持有居民企业公开发行并上市流通的股票不足 12 个月取得的投资收益如何确认？

答：《企业所得税法实施条例》第八十三条规定，《企业所得税法》第二十六条第（二）项所称符合条件的居民企业之间的股息、红利等权益性投资收益，是指居民企业直接投资于其他居民企业取得的投资收益。《企业所得税法》第二十六条第（二）项和第（三）项所称股息、红利等权益性投资收益，不包括连续持有居民企业公开发行并上市流通的股票不足 12 个月取得的投资收益。

对于企业连续持有居民企业公开发行并上市流通的股票不足 12 个月时取得的投资收益不得作为免税的股息、红利收入，待连续持有该企业股票满 12 个月后再将此部分股息、红利收入作为免税收入。

例如：A 企业 2018 年 7 月 1 日购买 B 上市公司股票 10 万股，2019 年 3 月 1 日 B 公司股东大会决定每股派发股息 0. 1 元，作为利润分配方案，2019 年 3 月 16 日 A 企业取得股息 1 万元，2019 年汇算清缴时 A 企业如何进行税务处理？

因 A 企业持有 B 上市公司股票未满 12 个月，因此取得的股息不得作为免税收入。

假设 A 企业将购买的 B 上市公司 10 万股股票持有至 2019 年 7 月 1 日，此时 A 企业持有 B 上市公司的股票已满 12 个月，《国家税务总局关于发布修订后的《企业所得税优惠政策事项办理办法》的公告》（国家税务总局公告 2018 年第 23 号）第四条规定，“企业享受优惠事项采取‘自行判别、申报享受、相关资料留存备查’的办理方式。企业应当根据经营情况以及相关税收规定自行判断是否符合优惠事项规定的条件，符合条件的可以按照《目录》列示的时间自行计算减免税额，并通过填报企业所得税纳税申报表享受税收优惠。同时，按照本办法的规定归集和留存相关资料备查”。

第十五条规定，“本办法适用于 2017 年度企业所得税汇算清缴及以后年度企业所得税优惠事项办理工作”。

这时企业可调整 2018 年度纳税申报，申报享受免税收入，涉及多缴税款的予以退税。

假设 A 企业将购买的 B 上市公司 10 万股股票于 2019 年 6 月 29 日转让，则不能享受股息收入免税的优惠政策。

15. 国内企业向境外中资公司提供勘察设计服务是否免税？

问：向国外工程提供勘测设计服务结算时分两种情况，一种是国内总承包商向国外统一收取费用后，由其支付给勘测设计单位；另一种是直接由国外业主或总承包商支付给勘测设计单位。请问，上述两种结算方式下，由国内单位向国外工程提供的勘测设计劳务是否征收企业所得税？

答：《企业所得税法》第二条规定，企业分为居民企业和非居民企业。

本法所称居民企业，是指依法在中国境内成立，或者依照外国（地区）法律成立但实际管理机构在中国境内的企业。

本法所称非居民企业，是指依照外国（地区）法律成立且实际管理机构不在中国境内，但在中国境内设立机构、场所的，或者在中国境内未设立机构、场所，但有来源于中国境内所得的企业。

第三条规定，居民企业应当就其来源于中国境内、境外的所得缴纳企业所得税。

根据上述规定，国内企业是依照我国法律成立的企业，属于企业所得税居民企业纳税人，应就其来源于中国境内、境外的所得缴纳企业所得税，所以来源于境外的勘察设计服务收入应缴企业所得税。上述两种情况，都是由《企业所得税法》规定的中国境内居民企业提供的设计服务，应就中国境内、境外的所得缴纳企业所得税，申报缴纳企业所得税。

16. 建设和经营光伏发电厂有何企业所得税优惠？

问：光伏发电企业从基建到建成经营后企业所得税有何税收优惠政策？

答：如果符合《国家税务总局关于实施国家重点扶持的公共基础设施项目企业所得税优惠问题的通知》（国税发〔2009〕80号）文件规定，可以享受“三免三减半”优惠。

如果符合高新技术企业的政策，可以享受高新技术企业15%的优惠税率。光伏发电项目认定高新技术企业的有关条件、范围、程序，2016年以后按《科技部　财政部　国家税务总局关于修订印发〈高新技术企业认定管理办法〉的通知》（国科发火〔2016〕32号）的相关规定执行。

如果当年具备高新技术企业或科技型中小企业资格，根据《财政部　税务总局关于延长高新技术企业和科技型中小企业亏损结转年限的通知》（财税〔2018〕76号）规定，其具备资格年度之前5个年度发生的尚未弥补完的亏损，准予结转以后年度弥补，最长结转年限由5年延长至10年。

如果符合光伏发电项目购置专用设备在《环境保护专用设备企业所得税优惠目录》《节能节水专用设备企业所得税优惠目录》《安全生产专用设备企业所得税优惠目录》之内的，专用设备投资额的10%可以从当年应纳税额中抵免，当年不足抵免可在5年内结转抵免。

如果企业存在并且按规定核算、归集研究开发费用，根据《财政部　税务总局　科技部关于提高研究开发费用税前加计扣除比例的通知》（财税〔2018〕99号）规定，企业开展研发活动中实际发生的研发费用，未形成无形资产计入当期损益的，在按规定据实扣除的基础上，在2018年1月1日至2020年12月31日，再按照实际发生额的75%在税前加计扣除；形成无形资产的，在上述期间按照无形资产成本的175%在税前摊销。

17. 高炉煤气及余压发电可否享受税收优惠？

问：我公司两台发电机组是用炼铁高炉煤气作为原料的，还有两台使用高炉余热余压发电，目前实现独立核算，是否可享受所得税收入减按 90% 计征的税收优惠政策？

答：《财政部　国家税务总局　国家发展改革委关于公布资源综合利用企业所得税优惠目录（2008 年版）的通知》（财税〔2008〕117 号）附件——《资源综合利用企业所得税优惠目录（2008 年版）》明确规定，综合利用的资源为转炉煤气、高炉煤气、火炬气以及除焦炉煤气以外的工业炉气，工业过程中的余热、余压，生产的产品为电力、热力。

根据上述规定，贵公司用炼铁高炉煤气作为原料，还有两台使用高炉余热余压发电，符合政策优惠规定的条件，可以享受所得税收入减按 90% 计征的税收优惠政策。

18. 分公司能否享受西部大开发优惠政策？

问：我公司总部在重庆市，从事《西部地区鼓励类产业目录》内规定的摩托车及其零部件制造业务，并在重庆市设立了一个分公司，做相关的生产工作，现在申请享受西部大开发企业所得税优惠政策，分公司能否享受该优惠？

答：《国家税务总局关于深入实施西部大开发战略有关企业所得税问题的公告》（国家税务总局公告 2012 年第 12 号）第六条第（一）项规定，总机构设在西部大开发税收优惠地区的企业，仅就设在优惠地区的总机构和分支机构（不含优惠地区外设立的二级分支机构在优惠地区内设立的三级以下分支机构）的所得确定适用 15% 优惠税率。在确定该企业是否符合优惠条件时，以该企业设在优惠地区的总机构和分支机构的主营业务是否符合《西部地区鼓励类产业目录》及其主营业务收入占其收入总额的比重加以确定，不考虑该企业设在优惠地区以外分支机构的因素。该企业应纳所得税额的计算和所得税缴纳，按照《国家税务总局关于印发〈跨地区经营汇总纳税企业所得税征收管理暂行办法〉的通知》（国家税务总局公告 2012 年第 57 号）第十八条等相关政策执行。

根据上述规定，贵公司总机构和分机构都设在西部地区，应当综合考虑总分机构的主营业务是否符合《西部地区鼓励类产业目录》及其主营业务收入占其收入总额的比重，如果符合，则总分机构同时享受 15% 优惠税率，如果不符合，则总分机构均不能享受低税率优惠。

19. 企业的污水处理业务收入是否享受税收优惠？

问：企业利用自建污水处理设备（有资质的）对租用其厂房生产的企业排放的污水进行处理后收取的费用，是否享受税收优惠政策？

答：根据《企业所得税法实施条例》第八十八条规定，《企业所得税法》第二十七条第（三）项所称符合条件的环境保护、节能节水项目，包括公共污水处理、公共垃圾处理、沼气综合开发利用、节能减排技术改造、海水淡化等。项目的具体条件和范围由国务院财政、税务主管部门商国务院有关部门制订，报国务院批准后公布施行。

企业从事以上规定的符合条件的环境保护、节能节水项目的所得，自项目取得第一笔生产经营收入所属纳税年度起，第一年至第三年免征企业所得税，第四年至第六年减半征收企业所得税（以下简称“三免三减半”）。

因此，企业从事符合条件的环境保护、节能节水项目，包括公共污水处理、公共垃圾处理、沼气综合开发利用、节能减排技术改造和海水淡化等，自项目取得第一笔生产经营收入所属纳税年度起，第一年至第三年免征企业所得税，第四年至第六年减半征收企业所得税。

《财政部　国家税务总局　国家发展改革委关于公布环境保护节能节水项目企业所得税优惠目录（试行）的通知》（财税〔2009〕166号）规定，城镇污水处理项目应具备以下条件：

（1）根据全国城镇污水处理设施建设规划等全国性规划设立。

（2）专门从事城镇污水的收集、贮存、运输、处置以及污泥处置（含符合国家产业政策和准入条件的水泥窑协同处置）。

（3）根据国家规定获得污水处理特许经营权，或符合环境保护行政主管部门规定的生活污水类污染治理设施运营资质条件。

（4）项目设计、施工和运行管理人员具备国家相应职业资格。

（5）项目按照国家法律法规要求，通过相关验收。

（6）项目经设区的市或者市级以上环境保护行政主管部门总量核查。

（7）排放水符合国家及地方规定的水污染物排放标准和重点水污染物排放总量控制指标。

（8）国务院财政、税务主管部门规定的其他条件。

同时，根据《财政部　税务总局　国家发展改革委　生态环境部关于从事污染防治的第三方企业所得税政策问题的公告》（财政部公告2019年第60号）规定：

“一、对符合条件的从事污染防治的第三方企业（以下称第三方防治企业）减按15%的税率征收企业所得税。

本公告所称第三方防治企业是指受排污企业或政府委托，负责环境污染治理设施（包括自动连续监测设施，下同）运营维护的企业。

二、本公告所称第三方防治企业应当同时符合以下条件：

（一）在中国境内（不包括港、澳、台地区）依法注册的居民企业；

（二）具有1年以上连续从事环境污染治理设施运营实践，且能够保证设施正常运行；

（三）具有至少5名从事本领域工作且具有环保相关专业中级及以上技术职称的技术人员，或者至少2名从事本领域工作且具有环保相关专业高级及以上技术职称的技术人员；

（四）从事环境保护设施运营服务的年度营业收入占总收入的比例不低于60%；

（五）具备检验能力，拥有自有实验室，仪器配置可满足运行服务范围内常规污染物指标的检测需求；

（六）保证其运营的环境保护设施正常运行，使污染物排放指标能够连续稳定达到国家或者地方规定的排放标准要求；

（七）具有良好的纳税信用，近三年内纳税信用等级未被评定为C级或D级。

三、第三方防治企业，自行判断其是否符合上述条件，符合条件的可以申报享受税收优惠，相关资料留存备查。税务部门依法开展后续管理过程中，可转请生态环境部门进行核查，生态环境部门可以委托专业机构开展相关核查工作，具体办法由税务总局会同国家发展改革委、生态环境部制定。

四、本公告执行期限自 2019 年 1 月 1 日起至 2021 年 12 月 31 日止。”

根据上述规定，企业如果提供的污水处理劳务符合财税〔2009〕166 号文件规定的条件，自项目取得第一笔生产经营收入所属纳税年度起，项目所得在第一年至第三年免征企业所得税，第四年至第六年减半征收企业所得税。如果企业符合第三方防治企业条件，从 2019 年 1 月 1 日起至 2021 年 12 月 31 日止，企业所得税可以减按 15% 的税率征收企业所得税。但是，即使同时具备以上两个文件规定的条件，享受所得减半优惠和减按 15% 税率优惠也不可以同时享受。

20. 企业以前年度发行并付息的永续债在企业所得税处理上如何把握?

问：《财政部　国家税务总局关于永续债企业所得税政策问题的公告》（财政部　税务总局公告 2019 年第 64 号）自 2019 年 1 月 1 日起施行，对于企业以前年度发行并付息的永续债如何进行税务处理?

答：根据《财政部　国家税务总局关于永续债企业所得税政策问题的公告》（财政部　税务总局公告 2019 年第 64 号）第一条和第二条的规定：

“一、企业发行的永续债，可以适用股息、红利企业所得税政策，即：投资方取得的永续债利息收入属于股息、红利性质，按照现行企业所得税政策相关规定进行处理，其中，发行方和投资方均为居民企业的，永续债利息收入可以适用企业所得税法规定的居民企业之间的股息、红利等权益性投资收益免征企业所得税规定；同时发行方支付的永续债利息支出不得在企业所得税税前扣除。

二、企业发行符合规定条件的永续债，也可以按照债券利息适用企业所得税政策，即：发行方支付的永续债利息支出准予在其企业所得税税前扣除；投资方取得的永续债利息收入应当依法纳税。”

根据《国家税务总局关于修订企业所得税年度纳税申报表有关问题的公告》（国家税务总局公告 2019 年第 41 号）的规定，纳税人在计算企业所得税应纳税所得额及应纳所得税时，税收规定不明确的，在没有明确规定之前，暂按国家统一会计制度计算。

因此，对于投资方 2019 年 1 月 1 日前取得永续债利息的，由于税收规定不明确，投资方可以参照发行方的会计处理进行相应税务处理，即：对于发行方将永续债确认为金融负债的，投资方应确认为利息收入；对于发行方将永续债确认为其他权益工具，并且其分配的利息小于累计留存收益的，投资方取得的永续债利息收入属于股息、红利性质，对于发行方和投资方均为居民企业的，投资方取得的永续债利息收入可以适用企业所得税法规定的居民企业之间的股息、红利等权益性投资收益免征企业所得税规定。

加计扣除

1. 委托研发合同在汇算清缴结束前进行登记，可以享受研发费加计扣除吗？

问：企业在2019年有委托研发支出，但2020年才到科技行政主管部门对委托研发合同进行登记。2019年度企业所得税汇算清缴时，是否可以享受研发费用加计扣除政策？

答：根据《国家税务总局关于发布修订后的〈企业所得税优惠政策事项办理办法〉的公告》（国家税务总局公告2018年第23号）第四条规定，“企业享受优惠事项采取‘自行判别、申报享受、相关资料留存备查’的办理方式。企业应当根据经营情况以及相关税收规定自行判断是否符合优惠事项规定的条件，符合条件的可以按照《目录》列示的时间自行计算减免税额，并通过填报企业所得税纳税申报表享受税收优惠。同时，按照本办法的规定归集和留存相关资料备查”。

本公告附件《企业所得税优惠事项管理目录（2017年版）》关于“研发费用加计扣除主要留存备查资料”的规定中包括了“经科技行政主管部门登记的委托、合作研究开发项目的合同”。

另外，根据《财政部　国家税务总局　科技部关于完善研究开发费用税前加计扣除政策的通知》（财税〔2015〕119号）规定：

“二、特别事项的处理

1. 企业委托外部机构或个人进行研发活动所发生的费用，按照费用实际发生额的80%计入委托方研发费用并计算加计扣除，受托方不得再进行加计扣除。委托外部研究开发费用实际发生额应按照独立交易原则确定。

委托方与受托方存在关联关系的，受托方应向委托方提供研发项目费用支出明细情况。”

因此，企业在2020年5月31日前已到科技行政主管部门对委托研发合同进行登记，2019年度企业所得税汇算清缴时，企业可以按照费用实际发生额的80%计入研发费用并计算加计扣除。

2. 发明专利产品企业所得税可享受哪些税收优惠？

问：发明专利产品，企业所得税有什么税收优惠政策？

答：（1）研发阶段。

《企业所得税法》第三十条规定，“企业的下列支出，可以在计算应纳税所得额时加计扣除：（一）开发新技术、新产品、新工艺发生的研究开发费用……”

《企业所得税法实施条例》第九十五条规定，《企业所得税法》第三十条第（一）项所称研究开发费用的加计扣除，是指企业为开发新技术、新产品、新工艺发生的研究开发费用，未形成无形资产计入当期损益的，在按照规定据实扣除的基础上，按照研究开发费用的 50% 加计扣除；形成无形资产的，按照无形资产成本的 150% 摊销。

《财政部　税务总局　科技部关于提高研究开发费用税前加计扣除比例的通知》（财税〔2018〕99 号）第一条规定，企业开展研发活动中实际发生的研发费用，未形成无形资产计入当期损益的，在按规定据实扣除的基础上，在 2018 年 1 月 1 日至 2020 年 12 月 31 日，再按照实际发生额的 75% 在税前加计扣除；形成无形资产的，在上述期间按照无形资产成本的 175% 在税前摊销。

（2）自用。

《企业所得税法》第二十八条规定，符合条件的小型微利企业，减按 20% 的税率征收企业所得税。国家需要重点扶持的高新技术企业，减按 15% 的税率征收企业所得税。

根据《财政部　税务总局关于实施小微企业普惠性税收减免政策的通知》（财税〔2019〕13 号）第二条规定，对小型微利企业年应纳税所得额不超过 100 万元的部分，减按 25% 计入应纳税所得额，按 20% 的税率缴纳企业所得税；对年应纳税所得额超过 100 万元但不超过 300 万元的部分，减按 50% 计入应纳税所得额，按 20% 的税率缴纳企业所得税。

《科技部　财政部　国家税务总局关于修订印发〈高新技术企业认定管理办法〉的通知》（国科发火〔2016〕32 号）第十一条规定，“认定为高新技术企业须同时满足以下条件：

（一）企业申请认定时须注册成立一年以上；

（二）企业通过自主研发、受让、受赠、并购等方式，获得对其主要产品（服务）在技术上发挥核心支持作用的知识产权的所有权；

………”

（3）转让或许可使用。

《企业所得税法》第二十七条规定，“企业的下列所得，可以免征、减征企业所得税……（四）符合条件的技术转让所得”。

《企业所得税法实施条例》第九十条规定，《企业所得税法》第二十七条第（四）项所称符合条件的技术转让所得免征、减征企业所得税，是指一个纳税年度内，居民企业技术转让所得不超过 500 万元的部分，免征企业所得税；超过 500 万元的部分，减半征收企业所得税。

《国家税务总局关于许可使用权技术转让所得企业所得税有关问题的公告》（国家税务总局公告 2015 年第 82 号）自 2015 年 10 月 1 日起，全国范围内的居民企业转让 5 年（含，下同）以上非独占许可使用权取得的技术转让所得，纳入享受企业所得税优惠的技术转让所得范围。居民企业的年度技术转让所得不超过 500 万元的部分，免征企业所得税；超过 500 万元的部分，减半征收企业所得税。所称技术包括专利（含国防专利）、计算机软件著作权、集成电路布图设计专有权、植物新品种权、生物医药新品种，以及财政部和国家税务总局确定的其他技术。其中，专利是指法律授予独占权的发明、实用新型以及非简单改变产品图案和形状的外观设计。

因此，符合规定条件的发明专利产品请参照以上规定享受上述税收优惠。

3. 研发费用追溯享受时点从哪年开始?

问：我单位2018年年未申请享受企业所得税加计扣除，2019年可以追溯享受吗?

答:《财政部　国家税务总局　科技部关于完善研究开发费用税前加计扣除政策的通知》(财税〔2015〕119号)第五条第四款规定，“企业符合本通知规定的研发费用加计扣除条件而在2016年1月1日以后未及时享受该项税收优惠的，可以追溯享受并履行备案手续，追溯期限最长为3年”。

即从2016年纳税年度开始及以后的纳税年度中，纳税人按财税〔2015〕119号文件规定，可享受加计扣除优惠而未及时享受，在3年内可追溯享受。因此，2018年度可享受而未享受的研发费用可以追溯享受加计扣除的政策。

4. 同时用于研发和生产的设备折旧费用能否加计扣除?

问：企业为工业企业，生产使用的生产线价值2亿元，企业研发时也会用到该生产线，如果能准确核算研发用的时间，这部分分摊的折旧能否计入研发费用加计扣除?

答:《财政部　国家税务总局　科技部关于完善研究开发费用税前加计扣除政策的通知》(财税〔2015〕119号)第一条中规定的允许加计扣除的研发费用包括了用于研发活动的仪器、设备的折旧费。

《国家税务总局关于研发费用税前加计扣除归集范围有关问题的公告》(国家税务总局公告2017年第40号)第三条第一款规定，用于研发活动的仪器、设备，同时用于非研发活动的，企业应对其仪器设备使用情况做必要记录，并将其实际发生的折旧费按实际工时占比等合理方法在研发费用和生产经营费用间分配，未分配的不得加计扣除。

《国家税务总局关于发布修订后的〈企业所得税优惠政策事项办理办法〉的公告》(国家税务总局公告2018年第23号)附件《企业所得税优惠事项管理目录(2017年版)》关于“研发费用加计扣除主要留存备查资料”的规定中包括了“从事研发活动的人员(包括外聘人员)和用于研发活动的仪器、设备、无形资产的费用分配说明(包括工作使用情况记录及费用分配计算证据材料)”。

根据上述规定，企业同时用于生产与研发活动的生产线，能分摊的折旧可以计入研发费用加计扣除。企业应对其仪器设备使用情况做必要记录，并将其实际发生的折旧费按实际工时占比等合理方法在研发费用和生产经营费用间分配，未分配的不得加计扣除。同时，应做好备查资料的整理归集。

5. 用于研发的融资租赁设备折旧能否加计扣除?

问：融资租赁设备用于研发，其折旧费能否加计扣除?

答:《企业所得税法实施条例》第四十七条第(二)项规定，以融资租赁方式租入固定资产发生的租赁费支出，按照规定构成融资租入固定资产价值的部分应当提取折旧费用，分期扣除。

《财政部　国家税务总局、科技部关于完善研究开发费用税前加计扣除政策的通知》(财税〔2015〕119号)第一条关于“允许加计扣除的研发费用”规定，研发费用的具体范围包括“通过经营租赁方式租入的用于研发活动的仪器、设备租赁费”，还包括“用于研发活动的仪器、设备的折旧费”。

根据上述规定，对用于研发活动的融资租赁设备计提的折旧费用，可以按规定作为研发费用归集并享受加计扣除政策。

6. 研发支出中的大额材料费是否需要分摊后税前扣除？

问：我公司是生产制造企业，公司的研发费在研发支出中归集，之后进管理费用中的研发费，这里面包含材料费，约占研发费的51%。

（1）研发费中材料费是否会影响企业所得税？

（2）研发费中的材料费是否要调整到生产成本中或者按存货余额、在产品和销售成本进行分摊，对年度所得税进行调整？

答：《财政部关于企业加强研发费用财务管理的若干意见》（财企〔2007〕194 号）第一条规定，“企业研发费用（即原‘技术开发费’），指企业在产品、技术、材料、工艺、标准的研究、开发过程中发生的各项费用，包括：

（一）研发活动直接消耗的材料、燃料和动力费用。

……

（五）用于中间试验和产品试制的模具、工艺装备开发及制造费，设备调整及检验费，样品、样机及一般测试手段购置费，试制产品的检验费等”。

《财政部　国家税务总局　科技部关于完善研究开发费用税前加计扣除政策的通知》（财税〔2015〕119 号）第一条中允许加计扣除的研发费用包括：“（1）研发活动直接消耗的材料、燃料和动力费用……”

根据上述规定，用于从事研发活动直接消耗的材料费等可以作为研发费用归集并税前扣除，不需要调整分摊。

7. 委托境外机构的研发费用是否可以加计扣除？

问：《财政部　国家税务总局　科技部关于完善研究开发费用税前加计扣除政策的通知》（财税〔2015〕119 号）规定，对企业委托给外单位进行开发的研发费用，符合条件的，由委托方按照规定计算加计扣除，受托方不得再进行加计扣除。规定的委托外部的研发费用，是否包括境外机构的研发费用？

答：《财政部　税务总局关于企业委托境外研究开发费用税前加计扣除有关政策问题的通知》（财税〔2018〕64 号）第一条规定：“委托境外进行研发活动所发生的费用，按照费用实际发生额的80%计入委托方的委托境外研发费用。委托境外研发费用不超过境内符合条件的研发费用三分之二的部分，可以按规定在企业所得税前加计扣除。”

第二条规定：“委托境外进行研发活动应签订技术开发合同，并由委托方到科技行政主管部门进行登记。相关事项按技术合同认定登记管理办法及技术合同认定规则执行。”

第三条规定：“企业应在年度申报享受优惠时，按照《国家税务总局关于发布修订后的〈企业所得税优惠政策事项办理办法〉的公告》（国家税务总局公告2018年第23号）的规定办理有关手续，并留存备查以下资料：

（一）企业委托研发项目计划书和企业有权部门立项的决议文件；

（二）委托研究开发专门机构或项目组的编制情况和研发人员名单；

（三）经科技行政主管部门登记的委托境外研发合同；

（四）“研发支出”辅助账及汇总表；

（五）委托境外研发银行支付凭证和受托方开具的收款凭据；

（六）当年委托研发项目的进展情况等资料。”

第七条规定：“本通知自2018年1月1日起执行。财税〔2015〕119号文件第二条中‘企业委托境外机构或个人进行研发活动所发生的费用，不得加计扣除’的规定同时废止。”

企业如果已取得地市级（含）以上科技行政主管部门出具的鉴定意见，应作为资料留存备查。

因此，委托境外机构的研发费用可以加计扣除。

8. 境外设立的全资子公司是否属于境外机构?

问：为了引进国外优秀人才，我公司在境外设立了全资子公司。设立的境外子公司实际就是公司的费用中心，其仅为公司提供服务，且研发成果均属于我公司。其设置的最终目的仍然为我公司的研发创新。请问我公司为了引进国外优秀人才而在境外设立的全资子公司属于企业研究开发费用税前加计扣除政策规定的境外机构吗?

答：根据《财政部　税务总局关于企业委托境外研究开发费用税前加计扣除有关政策问题的通知》（财税〔2018〕64号）规定：

“一、委托境外进行研发活动所发生的费用，按照费用实际发生额的80%计入委托方的委托境外研发费用。委托境外研发费用不超过境内符合条件的研发费用三分之二的部分，可以按规定在企业所得税前加计扣除。

上述费用实际发生额应按照独立交易原则确定。委托方与受托方存在关联关系的，受托方应向委托方提供研发项目费用支出明细情况。

二、委托境外进行研发活动应签订技术开发合同，并由委托方到科技行政主管部门进行登记。相关事项按技术合同认定登记管理办法及技术合同认定规则执行。

三、企业应在年度申报享受优惠时，按照《国家税务总局关于发布修订后的〈企业所得税优惠政策事项办理办法〉的公告》（国家税务总局公告2018年第23号）的规定办理有关手续，并留存备查以下资料：

（一）企业委托研发项目计划书和企业有权部门立项的决议文件；

（二）委托研究开发专门机构或项目组的编制情况和研发人员名单；

（三）经科技行政主管部门登记的委托境外研发合同；

（四）‘研发支出’辅助账及汇总表；

（五）委托境外研发银行支付凭证和受托方开具的收款凭据；

（六）当年委托研发项目的进展情况等资料。

企业如果已取得地市级（含）以上科技行政主管部门出具的鉴定意见，应作为资料留存备查”。

财税〔2018〕64 号文件自 2018 年 1 月 1 日起执行。

因此，如果贵公司完全符合上述规定，委托其研发所发生的费用可以加计扣除。

9. 残疾人加计扣除工资中是否含个人负担的“五险一金”？

问：我单位在 2019 年企业所得税年度汇算清缴时，支付给残疾人的工资可以在税前加计 100% 扣除，由职工负担的上述养老保险费、医疗保险费、失业保险费、工伤保险费、生育保险费等社会保险费和住房公积金，是否能作为加计扣除的基数？

例如：企业全年应发给残疾人职工工资为 10 万元，由职工负担的养老保险费、医疗保险费等保险费为 1 万元（实际也应该属于工资的一部分），实际发放到职工手中的金额为 9 万元。加计扣除的基数是 10 万元，还是实发数 9 万元？

答：《国家税务总局关于企业工资薪金及职工福利费扣除问题的通知》（国税函〔2009〕3 号）第二条规定，“《实施条例》第四十、四十一、四十二条所称的‘工资薪金总额’，是指企业按照本通知第一条规定实际发放的工资薪金总和，不包括企业的职工福利费、职工教育经费、工会经费以及养老保险费、医疗保险费、失业保险费、工伤保险费、生育保险费等社会保险费和住房公积金”。

《财政部　国家税务总局关于安置残疾人员就业有关企业所得税优惠政策问题的通知》（财税〔2009〕70 号）第一条规定，“企业安置残疾人员的，在按照支付给残疾职工工资据实扣除的基础上，可以在计算应纳税所得额时按照支付给残疾职工工资的 100% 加计扣除”。

企业就支付给残疾职工的工资，在进行企业所得税预缴申报时，允许据实计算扣除；在年度终了进行企业所得税年度申报和汇算清缴时，再依照本条第一款的规定计算加计扣除。

对照上述规定，企业安置残疾人员的，在按照支付给残疾职工工资据实扣除的基础上，可以在计算应纳税所得额时按照支付给残疾职工工资的 100% 加计扣除。因此，对于可加计扣除的残疾人工资基数应为 9 万元，不包括单位负担的社会保险费，但包括个人负担的社会保险费和住房公积金。

10. 以劳务派遣方式雇佣残疾人能否加计扣除？

问：我们公司通过劳务派遣的方式实际雇用了部分残疾人员工，能否享受企业所得税加计扣除的税收优惠政策？

答：《国家税务总局关于促进残疾人就业税收优惠政策相关问题的公告》（国家税务总局公告 2015 年第 55 号）第一条规定，以劳务派遣形式就业的残疾人，属于劳务派遣单位的职工。劳务派遣单位可按照《财政部　国家税务总局关于促进残疾人就业税收优惠政策的通知》（财税〔2007〕92 号）规定，享受相关税收优惠政策。

《财政部　国家税务总局关于安置残疾人员就业有关企业所得税优惠政策问题的通知》（财税〔2009〕70 号）第三条规定，“企业享受安置残疾职工工资 100% 加计扣除应同时具备如下条件：

（一）依法与安置的每位残疾人签订了 1 年以上（含 1 年）的劳动合同或服务协议，并且安置的每位残疾人在企业实际上岗工作。

（二）为安置的每位残疾人按月足额缴纳了企业所在区县人民政府根据国家政策规定的基本养老保险、基本医疗保险、失业保险和工伤保险等社会保险。

（三）定期通过银行等金融机构向安置的每位残疾人实际支付了不低于企业所在区县适用的经省级人民政府批准的最低工资标准的工资。

（四）具备安置残疾人上岗工作的基本设施"。

根据上述规定，通过劳务派遣方式雇佣的残疾人员工，如果属于劳务派遣单位的职工，劳动合同与社会保险均在劳务派遣单位，派遣单位可以享受加计扣除政策。接受劳务派遣的企业（实际用工）则不能享受职工工资加计扣除的规定。

11. 安置残疾人享受企业所得税优惠是否有最低人数要求？

问：雇佣残疾人享受所得税优惠，是否有最低人数要求？

答：《财政部　国家税务总局关于安置残疾人员就业有关企业所得税优惠政策问题的通知》（财税〔2009〕70 号）第一条规定，企业安置残疾人员的，在按照支付给残疾职工工资据实扣除的基础上，可以在计算应纳税所得额时按照支付给残疾职工工资的 100% 加计扣除。

第三条规定，"企业享受安置残疾职工工资 100% 加计扣除应同时具备如下条件：

（一）依法与安置的每位残疾人签订了 1 年以上（含 1 年）的劳动合同或服务协议，并且安置的每位残疾人在企业实际上岗工作。

（二）为安置的每位残疾人按月足额缴纳了企业所在区县人民政府根据国家政策规定的基本养老保险、基本医疗保险、失业保险和工伤保险等社会保险。

（三）定期通过银行等金融机构向安置的每位残疾人实际支付了不低于企业所在区县适用的经省级人民政府批准的最低工资标准的工资。

（四）具备安置残疾人上岗工作的基本设施"。

根据上述规定，企业安置残疾人员的，在按照支付给残疾职工工资据实扣除的基础上，可以在计算应纳税所得额时按照支付给残疾职工工资的 100% 加计扣除。符合财税〔2009〕70 号文件第三条规定的条件即可，无安置残疾人员最低人数要求。

12. 研发费用可税前加计扣除的外聘研发人员直接人工范围是什么？如何填报申报表？

问：2019 年甲公司接受劳务派遣公司派遣 5 人，甲公司根据合同规定支付劳务费 120 万元（已取得相关发票），根据劳务派遣公司提供的派遣员工工资薪金及费用明细表，120 万元劳务费中：工资薪金 86 万元、五险一金 15 万元（其中住房公积金 3 万元）、补充养老保险 4 万元、补充住房公积金 2 万元、职工福利费 5 万元、职工教育经费 1 万元、工会经费 1 万元、管理费 6 万元。可税前加计扣除的人员人工费用有哪些？如何填报 A107012 表？

答：根据《国家税务总局关于研发费用税前加计扣除归集范围有关问题的公告》

（国家税务总局公告〔2017〕40 号）的第一条第（一）项规定："外聘研发人员是指与本企业或劳务派遣企业签订劳务用工协议（合同）和临时聘用的研究人员、技术人员、辅助人员。

接受劳务派遣的企业按照协议（合同）约定支付给劳务派遣企业，且由劳务派遣企业实际支付给外聘研发人员的工资薪金等费用，属于外聘研发人员的劳务费用。"

第六条规定，"其他相关费用，指与研发活动直接相关的其他费用，如技术图书资料费……职工福利费、补充养老保险费、补充医疗保险费"。

因此，若甲公司将外聘 5 人全部作为研发人员参与 A 项目的研发。则 2019 年 A 项目可归集的外聘人员的到"人员人工费用"中的金额为 103 万元（工资薪金 86 万元 + 五险一金 15 万元 + 补充住房公积金 2 万元），甲项目可归入其"他相关费用"外聘人员费用 9 万元（补充养老保险 4 万元 + 职工福利费 5 万元）。

填报年度申报表 A107012 表时，将归集后的 103 万元填到第 6 行"3. 外聘研发人员的劳务费用"，9 万元填到第 32 行"4. 职工福利费、补充养老保险费、补充医疗保险费"中，并参与第 34 行"（七）经限额调整后的其他相关费用"计算限额。

13. 财政性资金作为征税收入处理，该资金用于研发活动可否加计扣除？

问：根据《国家税务总局关于企业研究开发费用税前加计扣除政策有关问题的公告》（国家税务总局公告 2015 年第 97 号）第二条第（五）项规定：企业取得作为不征税收入处理的财政性资金用于研发活动所形成的费用或无形资产，不得计算加计扣除或摊销。若企业取得的用于研发活动的财政性资金作为征税收入处理，该资金用于研发活动所形成的费用或无形资产，可否加计扣除或摊销？

答：《企业所得税法实施条例》第二十八条规定，企业发生的支出应当区分收益性支出和资本性支出。收益性支出在发生当期直接扣除；资本性支出应当分期扣除或者计入有关资产成本，不得在发生当期直接扣除。

企业的不征税收入用于支出所形成的费用或者财产，不得扣除或者计算对应的折旧、摊销扣除。

《国家税务总局关于企业研究开发费用税前加计扣除政策有关问题的公告》（国家税务总局公告 2015 年第 97 号）第二条第（五）项规定，企业取得作为不征税收入处理的财政性资金用于研发活动所形成的费用或无形资产，不得计算加计扣除或摊销。

根据上述规定，作为不征税收入处理的财政性资金用于研发的部分不得加计扣除，作为征税收入处理的，可以享受加计扣除优惠。作为不征税收入处理的，用于了研发支出，在填报 A107012 表时，需要将此部分减除后的研发费金额填报到相应行次，参加计算研发费用可加计扣除金额。

14. 研究开发费用在预缴时是否可以加计扣除？

问：研究开发费用在预缴时是否已经可以加计扣除？残疾人工资预缴时可以加计扣除吗？

答：根据《国家税务总局关于发布修订后的〈企业所得税优惠政策事项办理办法〉

的公告》（国家税务总局公告 2018 年第 23 号）附件《企业所得税优惠事项管理目录（2017 年版）》中序号 20、21、22、23 明确规定，开发新技术、新产品、新工艺发生的研究开发费用加计扣除以及安置残疾人员及国家鼓励安置的其他就业人员支付的工资加计扣除均在汇缴时享受。

根据《中华人民共和国企业所得税月（季）度预缴纳税申报表（A 类，2018 年版）》部分表单及填报说明，预缴申报表的《免税收入、减计收入、所得减免等优惠明细表》（A201010）填报说明规定，第 24 行“三、加计扣除”：根据相关行次计算结果填报。第 24 行为第 25 行至第 28 行之和。月（季）度预缴纳税申报时，纳税人不填报第 24 行。

因此，企业所得税加计扣除政策只能在汇缴享受，预缴均不得享受此优惠政策。虽然预缴申报表表式有相关加计扣除行次，但是属于预留行次，以“*”标注，纳税人不可填报。

15. 残疾人退休当年，在职期间的工资能否加计扣除？

问：我单位有一残疾人 2019 年 10 月份退休，其前 9 个月的工资是否还能在 2019 年企业所得税前加计扣除？

答：《财政部　国家税务总局关于安置残疾人员就业有关企业所得税优惠政策问题的通知》（财税〔2009〕70 号）第一条规定，“企业安置残疾人员的，在按照支付给残疾职工工资据实扣除的基础上，可以在计算应纳税所得额时按照支付给残疾职工工资的 100% 加计扣除。

企业就支付给残疾职工的工资，在进行企业所得税预缴申报时，允许据实计算扣除；在年度终了进行企业所得税年度申报和汇算清缴时，再依照本条第一款的规定计算加计扣除”。

第二条规定，“残疾人员的范围适用《中华人民共和国残疾人保障法》的有关规定”。

第三条规定，“企业享受安置残疾职工工资 100% 加计扣除应同时具备如下条件：

（一）依法与安置的每位残疾人签订了 1 年以上（含 1 年）的劳动合同或服务协议，并且安置的每位残疾人在企业实际上岗工作。

（二）为安置的每位残疾人按月足额缴纳了企业所在区县人民政府根据国家政策规定的基本养老保险、基本医疗保险、失业保险和工伤保险等社会保险。

（三）定期通过银行等金融机构向安置的每位残疾人实际支付了不低于企业所在区县适用的经省级人民政府批准的最低工资标准的工资。

（四）具备安置残疾人上岗工作的基本设施”。

根据《国家税务总局关于发布修订后的〈企业所得税优惠政策事项办理办法〉的公告》（国家税务总局公告 2018 年第 23 号）第四条规定，从 2017 年度企业所得税汇算清缴开始，企业所得税优惠事项全部采用“自行判别、申报享受、相关资料留存备查”的办理方式。因此，只要根据文件规定留存备查相关资料即可。

根据上述规定，企业安置的残疾人只要符合上述条件，支付的 9 个月工资应可加计扣除。

所得减免

1. 养殖蜜蜂是否可以享受企业所得税优惠政策？

问：我们农业合作社主要业务是养殖蜜蜂产蜂蜜，请问是否可以享受企业所得税优惠政策？

答：（1）根据《企业所得税法实施条例》第八十六条的规定："企业所得税法第二十七条第（一）项规定的企业从事农、林、牧、渔业项目的所得，可以免征、减征企业所得税，是指：

（一）企业从事下列项目的所得，免征企业所得税：

……

5. 牲畜、家禽的饲养；

……

（二）企业从事下列项目的所得，减半征收企业所得税：

……

2. 海水养殖、内陆养殖"。

（2）根据《国家税务总局关于实施农、林、牧、渔业项目企业所得税优惠问题的公告》（国家税务总局公告 2011 年第 48 号）第四条规定：企业从事下列项目所得的税务处理

……

（四）'牲畜、家禽的饲养'以外的生物养殖项目，按'海水养殖、内陆养殖'项目处理"。

根据《财政部　国家税务总局关于发布享受企业所得税优惠政策的农产品初加工范围（试行）的通知》（财税〔2008〕149 号）附件《享受企业所得税优惠政策的农产品初加工范围（试行）（2008 年版）》的"二、畜牧业类"相关规定：

"（一）畜禽类初加工

……

6. 蜂产品初加工。通过去杂、过滤、浓缩、熔化、磨碎、冷冻简单加工处理，制成的蜂蜜、蜂蜡、蜂胶、蜂花粉。"

因此，养殖蜜蜂可按"海水养殖、内陆养殖"项目处理，享受减半征收企业所得税的税收优惠。如果合作社对蜂产品进行初加工，制成的蜂蜜、蜂蜡、蜂胶、蜂花粉销售，并且符合财税〔2008〕149 号文件的初加工条件的规定，可以享受农产品初加工项目所得免征企业所得税优惠。

2. 销售外购生猪取得的收入是否免征所得税?

问：我公司是一间承包经营的农场，承包经营期限为50年，已具有一定的生产规模。主要经营项目是饲养生猪（包括育肥猪、种猪）和种植经济林及果树等。除此又与当地食品公司签订为期10年的承包协议。按协议规定，每年要上交若干承包费给食品公司，就能以食品公司名义经营全镇生猪屠宰（食品公司提供屠宰场、人员等）、生猪销售业务。销售生猪的来源除了我公司饲养的生猪外，还有从外省购进的生猪。

对于这两块承包业务，在账务、税务处理上不同：农场的销售业务按《企业会计准则》的规定进行账务处理，在税务上按税法规定自产农产品免征企业所得税；在承包食品公司生猪销售业务（指从外省购进的生猪）没有正式建账，只设一本流水账记录收支数目，不纳入农场账务之内。因此，农场饲养生猪收入取得的利润收入，是免征企业所得税的，但从事外购生猪销售收入取得的利润，是否同样免征企业所得税。

答：《企业所得税法实施条例》第八十六条第（一）项规定，"企业从事下列项目的所得，免征企业所得税：

5. 牲畜、家禽的饲养。

7. 灌溉、农产品初加工、兽医、农技推广、农机作业和维修等农、林、牧、渔服务业项目。

《财政部　国家税务总局关于发布享受企业所得税优惠政策的农产品初加工范围（试行）的通知》（财税〔2008〕149号）附件《享受企业所得税优惠政策的农产品初加工范围（试行）（2008年版）》的"二、畜牧业类"中"（一）畜禽类初加工规定：1. 肉类初加工。通过对畜禽类动物（包括各类牲畜、家禽和人工驯养、繁殖的野生动物以及其他经济动物）宰杀、去头、去蹄、去皮、去内脏、分割、切块或切片、冷藏或冷冻、分级、包装等简单加工处理，制成的分割肉、保鲜肉、冷藏肉、冷冻肉、绞肉、肉块、肉片、肉丁"。

根据《国家税务总局关于实施农、林、牧、渔业项目企业所得税优惠问题的公告》（国家税务总局公告2011年第48号）第四条规定，"企业从事下列项目所得的税务处理：

（一）猪、兔的饲养，按'牲畜、家禽的饲养'项目处理"。

第七条规定，"购入农产品进行再种植、养殖的税务处理

企业将购入的农、林、牧、渔产品，在自有或租用的场地进行育肥、育秧等再种植、养殖，经过一定的生长周期，使其生物形态发生变化，且并非由于本环节对农产品进行加工而明显增加了产品的使用价值的，可视为农产品的种植、养殖项目享受相应的税收优惠"。

根据上述规定，农场饲养生猪可以享受所得免征的优惠。外购生猪直接用于销售的项目所得不得享受免征企业所得税优惠。外购生猪用于肉类初加工可以享受所得免征的优惠。

外购生猪在自有或租用的场地进行育肥、育秧等再养殖，经过一定的生长周期，使其生物形态发生变化，且并非由于本环节对农产品进行加工而明显增加了产品的使用价

值的，可视为农产品的种植、养殖项目享受相应的税收优惠。

3. 屠宰中对肉类的简单加工是否属于农产品初加工？

问：我公司经营屠宰加工，经简单加工处理（未经过加热处理）的动物内脏、头、尾、蹄或制成的肉片、肉丁等能否享受所得税优惠？

答：《财政部 国家税务总局关于发布享受企业所得税优惠政策的农产品初加工范围（试行）的通知》（财税〔2008〕149号）规定，“肉类初加工。通过对畜禽类动物（包括各类牲畜、家禽和人工驯养、繁殖的野生动物以及其他经济动物）宰杀、去头、去蹄、去皮、去内脏、分割、切块或切片、冷藏或冷冻、分级、包装等简单加工处理，制成的分割肉、保鲜肉、冷藏肉、冷冻肉、绞肉、肉块、肉片、肉丁”。

根据上述规定，企业从事农产品屠宰加工，经简单加工处理动物内脏、头、尾、蹄、分割、切块或切片，制成的肉片、肉丁应同样享受所得税税收优惠。

4. 计算技术转让收入都包括哪些内容？

问：2019年6月，甲公司向国内乙公司转让一项符合企业所得税减免税条件的技术所有权。甲公司此项业务中技术转让共获得价款1 000万元，其中包括销售仪器、设备等非技术性收入400万元，所转让的无形资产净值280万元，转让过程中实际发生的税费50万元。甲公司该技术转让所得可以享受减免企业税为多少？

答：《企业所得税法》第二十七条规定，“企业的下列所得，可以免征、减征企业所得税：……（四）符合条件的技术转让所得”。

《企业所得税法实施条例》第九十条规定，《企业所得税法》第二十七条第（四）项所称符合条件的技术转让所得免征、减征企业所得税，是指一个纳税年度内，居民企业技术转让所得不超过500万元的部分，免征企业所得税；超过500万元的部分，减半征收企业所得税。

《国家税务总局关于技术转让所得减免企业所得税有关问题的通知》（国税函〔2009〕212号）第二条规定，符合条件的技术转让所得应按以下方法计算：

技术转让所得=技术转让收入-技术转让成本-相关税费

技术转让收入是指当事人履行技术转让合同后获得的价款，不包括销售或转让设备、仪器、零部件、原材料等非技术性收入。不属于与技术转让项目密不可分的技术咨询、技术服务、技术培训等收入，不得计入技术转让收入。

技术转让成本是指转让的无形资产的净值，即该无形资产的计税基础减除在资产使用期间按照规定计算的摊销扣除额后的余额。

相关税费是指技术转让过程中实际发生的有关税费，包括除企业所得税和允许抵扣的增值税以外的各项税金及其附加、合同签订费用、律师费等相关费用及其他支出。

根据上述规定，甲公司本业务中，计算技术转让收入时应当在总收入中减除销售设备、仪器收入。因此，技术转让所得为270万元［技术转让收入-技术转让成本-相关税费=(1 000-400)-280-50］。

技术转让所得不超过500万元的部分，免征企业所得税。同时，享受技术转让所得减免企业所得税优惠的企业，应单独计算技术转让所得，并合理分摊企业的期间费用；没有单独计算的，不得享受技术转让所得企业所得税优惠。

5. 对收购的茶叶进行分类包装是否属于农产品初加工？

问：我公司从农户手中收购茶叶后进行分类、包装再销售，取得的收入是否属于免税的农产品初加工收入？

答：《国家税务总局关于实施农、林、牧、渔业项目企业所得税优惠问题的公告》（国家税务总局公告 2011 年第 48 号）第五条第（四）项规定，企业对外购茶叶进行筛选、分装、包装后进行销售的所得，不享受农产品初加工的优惠政策。

6. 普通企业卖树苗能否享受免税优惠政策？

问：我公司厂区绿化时买的小树苗现在已经长得很高了，需要移植，如果对外销售，收入是否享受企业所得税免税优惠收入？

答：《国家税务总局关于实施农、林、牧、渔业项目企业所得税优惠问题的公告》（国家税务总局公告 2011 年第 48 号）第三条规定，企业从事林木的培育和种植的免税所得，是指企业对树木、竹子的育种和育苗、抚育和管理以及规模造林活动取得的所得，包括企业通过拍卖或收购方式取得林木所有权并经过一定的生长周期，对林木进行再培育取得的所得。

第七条规定，企业将购入的农、林、牧、渔产品，在自有或租用的场地进行育肥、育秧等再种植、养殖，经过一定的生长周期，使其生物形态发生变化，且并非由于本环节对农产品进行加工而明显增加了产品的使用价值的，可视为农产品的种植、养殖项目享受相应的税收优惠。

主管税务机关对企业进行农产品的再种植、养殖是否符合上述条件难以确定的，可要求企业提供县级以上农、林、牧、渔业政府主管部门的确认意见。

根据上述规定，贵公司将购入绿化树苗进行养殖，经过一定的生长周期，使其生物形态发生变化，且并非由于本环节对农产品进行加工而明显增加了产品的使用价值的，如果对外销售，视为农产品的种植、养殖项目，享受企业所得税免税优惠政策。

7. 丝加工能否享受农产品初加工优惠？

问：依据《国家税务总局关于实施农、林、牧、渔业项目企业所得税优惠问题的公告》（国家税务总局公告 2011 年第 48 号）规定，享受税收优惠的农、林、牧、渔业项目，除另有规定外，参照《国民经济行业分类（GB/T4754 - 2017）》的规定标准执行。

丝加工业在国民经济行业分类中属于制造业中的纺织业，则不符合所得税优惠的条件规定，但是依据《财政部　国家税务总局关于享受企业所得税优惠的农产品初加工有关范围的补充通知》（财税〔2011〕26 号）第一条第（八）款第三项“蚕茧初加工”的相关规定，丝加工又符合优惠条件。丝加工能否享受农产品初加工所得税优惠政策？

答：《财政部　国家税务总局关于享受企业所得税优惠的农产品初加工有关范围的补充通知》（财税〔2011〕26号）中关于“蚕茧初加工”的规定，“《范围》规定的蚕包括蚕茧，生丝包括厂丝”。

生丝是桑蚕茧缫丝后所得的产品，俗称真丝，机缫的又叫厂丝，手工缫的叫土丝，生丝脱胶后称熟丝。

根据上述规定，若为生丝初加工可享受企业所得税农产品初加工优惠政策。

8. 外购豆子加工豆芽可否免缴企业所得税？

问：豆芽加工厂外购豆子加工成豆芽后对外销售，能否免缴企业所得税？

答：《企业所得税法》第二十七条第（一）项规定，从事农、林、牧、渔业项目的所得可以免征、减征企业所得税。

《企业所得税法实施条例》第八十六条规定，《企业所得税法》第二十七条第（一）项规定，“企业从事农、林、牧、渔业项目的所得，可以免征、减征企业所得税，是指：

（一）企业从事下列项目的所得，免征企业所得税：

1. 蔬菜、谷物、薯类、油料、豆类、棉花、麻类、糖料、水果、坚果的种植；

2. 农作物新品种的选育；

3. 中药材的种植；

4. 林木的培育和种植；

5. 牲畜、家禽的饲养；

6. 林产品的采集；

7. 灌溉、农产品初加工、兽医、农技推广、农机作业和维修等农、林、牧、渔服务业项目”。

《财政部　国家税务总局关于发布享受企业所得税优惠政策的农产品初加工范围（试行）的通知》（财税〔2008〕149号）附件《享受企业所得税优惠政策的农产品初加工范围（试行）（2008年版）》第一条第（一）项“粮食初加工”中的第五款规定，食用豆类初加工，通过对大豆、绿豆、红小豆等食用豆类进行清理去杂、浸洗、晾晒、分级、包装等简单加工处理，制成的豆面粉、黄豆芽、绿豆芽。

根据上述规定，豆芽加工厂外购豆子加工成黄豆芽、绿豆芽后对外销售，属于食用豆类初加工范围，可以享受免征企业所得税的优惠政策。

9. 园林苗木及盆景的销售所得可否减免所得税？

问：我公司属国有园林绿化企业，主营业务范围是园林绿化景观设计、施工与管理，园林苗木、盆景的生产和销售等。我公司园林苗木、盆景的销售所得是否可以减免企业所得税？

答：《企业所得税法实施条例》第八十六条第（一）项规定，“企业从事下列项目的所得，免征企业所得税：

1. 蔬菜、谷物、薯类、油料、豆类、棉花、麻类、糖料、水果、坚果的种植；

2. 农作物新品种的选育；

3. 中药材的种植；

4. 林木的培育和种植；

5. 牲畜、家禽的饲养；

6. 林产品的采集；

7. 灌溉、农产品初加工、兽医、农技推广、农机作业和维修等农、林、牧、渔服务业项目；

8. 远洋捕捞”。

第八十六条第（二）项规定，“企业从事下列项目的所得，减半征收企业所得税：

1. 花卉、茶以及其他饮料作物和香料作物的种植；

2. 海水养殖、内陆养殖。

企业从事国家限制和禁止发展的项目，不得享受本条规定的企业所得税优惠”。

根据《财政部 国家税务总局关于发布享受企业所得税优惠政策的农产品初加工范围（试行）的通知》（财税〔2008〕149号）规定，花卉及观赏植物初加工，指通过对观赏用、绿化及其他各种用途的花卉及植物进行保鲜、储藏、烘干、分级、包装等简单加工处理，制成的各类鲜干花，可以作为农产品初加工享受企业所得税优惠。

根据上述规定，园林绿化企业取得园林苗木销售所得，可按林木的培育和种植所得，免征企业所得税；种植花卉盆景销售所得，可按减半征收企业所得税。

若将花卉及观赏植物初加工，对其销售所得，可按农产品初加工免征企业所得税。

10. 收购种蛋孵化销售是否享受减免税？

问：我公司是专业的养殖公司，为带动当地农户，我公司今年准备实行“公司+农户”的经营模式，具体流程如下：

养殖户从我公司购买种鸡苗，然后公司按照“保底价格+提成”的价格进行种蛋回收；每月不管市场行情如何变化，农户必须上交种蛋，我公司必须按时收购农户的种蛋；养鸡到产蛋前所耗的饲料，由养殖户在指定的饲料厂家购买；在开始产蛋时所耗的饲料由我公司垫付，每月进行种蛋结算时扣除公司垫付的饲料款后余下的款再支付给养殖户；我公司对收回的种蛋实行孵化后，再对外销售。

我公司收购农户种蛋，孵化后销售出去的鸡苗取得的所得是否减免所得税？

答：《国家税务总局关于“公司+农户”经营模式企业所得税优惠问题的通知》（国家税务总局公告2010年第2号）规定，目前，一些企业采取“公司+农户”经营模式从事牲畜、家禽的饲养，即公司与农户签订委托养殖合同，向农户提供畜禽苗、饲料、兽药及疫苗等（所有权（产权）仍属于公司），农户将畜禽养大成为成品后交付公司回收。鉴于采取“公司+农户”经营模式的企业，虽不直接从事畜禽的养殖，但系委托农户饲养，并承担诸如市场、管理、采购、销售等经营职责及绝大部分经营管理风险，公司和农户是劳务外包关系。为此，对此类以“公司+农户”经营模式从事农、林、牧、渔业项目生产的企业，可以按照《企业所得税法实施条例》第八十六条的有关规定，享受减免企业所得税优惠政策。

《企业所得税法实施条例》第八十六条规定，企业从事牲畜、家禽的饲养项目的所得，免征企业所得税。

综上所述，企业向农户销售种鸡苗后，按照“保底价格+提成”进行种蛋回收，对收回的种蛋实行孵化后，再对外销售种鸡苗。对种鸡孵化饲养所得，可按照牲畜、家禽的饲养，免征企业所得税。

11. 如何理解农产品初加工免征企业所得税的范围？

问：关于农产品初加工的免税范围，到底是按农产品初加工整个加工项目免税，还是按加工后的产品项目免税？根据《企业所得税实施条例》第八十六条规定，“企业所得税法第二十七条第（一）项规定的企业从事农、林、牧、渔业项目的所得，可以免征、减征企业所得税，是指：（一）企业从事下列项目的所得，免征企业所得税……7. 灌溉、农产品初加工、兽医、农技推广、农机作业和维修等农、林、牧、渔服务业项目……”根据上述规定，可以理解为农产品初加工项目所得免征企业所得税。但根据《财政部　国家税务总局关于发布享受企业所得税优惠政策的农产品初加工范围（试行）的通知》（财税〔2008〕149号）规定，享受企业所得税优惠政策的农产品初加工是按产品列举的，造成理解出现偏差。在实际工作中，农产品初加工一般是联产品加工，一种农产品往往生产出多种产品，比如棉籽初加工项目，产成品有棉籽油、棉粕、棉壳、棉短绒，那么在实际执行税收优惠政策时，是该棉籽初加工项目生产出的所有产成品的所得全部免税，还是按财税〔2008〕149号文件规定，仅为列举的棉籽油和棉籽粕项目所得免税，而棉壳、棉短绒等产品的所得不享受免税政策，要按该种理解，那么每项产成品从收入、成本、期间费用到利润总额均需单项分别核算，对应纳税所得额的调增调减项目如何区分属免税还是应税？

答：《企业所得税法实施条例》第一百零二条规定，企业同时从事适用不同企业所得税待遇的项目的，其优惠项目应当单独计算所得，并合理分摊企业的期间费用；没有单独计算的，不得享受企业所得税优惠。

有关享受企业所得税优惠政策的农产品初加工范围，财政部和国家税务总局先后下发了《财政部　国家税务总局关于发布享受企业所得税优惠政策的农产品初加工范围（试行）的通知》（财税〔2008〕149号）、《财政部　国家税务总局关于享受企业所得税优惠的农产品初加工有关范围的补充通知》（财税〔2011〕26号），均明确是按照规定列举的农产品所得享受税收优惠，没有规定的产品的所得则不享受。因此，对于享受企业所得税优惠的企业应合理划分不同农产品初加工项目各项产品的成本、费用支出，分别核算所得，并各按适用的企业所得税政策进行纳税申报。

12. 收到的乡及村林道补助能否享受税收优惠？

问：生态农业发展有限公司收到的乡及村里的林道改造补助，企业所得税如何处理？能否享受减免税优惠？

答：《企业所得税法实施条例》第八十七条规定，“企业所得税法第二十七条第（二）项所称国家重点扶持的公共基础设施项目，是指《公共基础设施项目企业所得税优惠目录》规定的港口码头、机场、铁路、公路、城市公共交通、电力、水利等项目。

企业从事前款规定的国家重点扶持的公共基础设施项目的投资经营的所得，自项目取得第一笔生产经营收入所属纳税年度起，第一年至第三年免征企业所得税，第四年至第六年减半征收企业所得税。

企业承包经营、承包建设和内部自建自用本条规定的项目，不得享受本条规定的企业所得税优惠”。

第一百零二条规定，“企业同时从事适用不同企业所得税待遇的项目的，其优惠项目应当单独计算所得，并合理分摊企业的期间费用；没有单独计算的，不得享受企业所得税优惠”。

《财政部　国家税务总局　国家发展改革委关于公布公共基础设施项目企业所得税优惠目录（2008 年版）的通知》（财税〔2008〕116 号）附件《公共基础设施项目企业所得税优惠目录（2008 年版）》中规定，公路新建项目由省级以上政府投资主管部门核准的一级以上的公路建设项目。

根据上述规定，生态农业发展有限公司收到的乡及村里的林道改造补助，实质上为公司提供林道改造获取的利益，而非无因受赠，为企业的劳务收入。乡及村里的林道改造项目不属于“由省级以上政府投资主管部门核准的一级以上的公路建设项目”，不享受企业所得税优惠。

13. 从关联方取得的借款利息收入是否享受减免税优惠？

问：我公司为风力发电企业，属于国家扶持的公共基础设施建设项目，享受企业所得税“免三减三”的优惠政策。企业的来源有两个方面：（1）借款；（2）经营积累。那么，企业将自己的富余资金借给关联企业（与自己平级的兄弟单位），取得的利息收入，能否享受企业所得税“免三减三”的优惠？我认为：出借方企业有富余资金，如果不借给其他公司，可以选择提前偿还自有借款，同样是减少了利息支出，所以从关联方取得的利息收入可以视同是出借方贷款利息的减少，这样是否正确？

答：《企业所得税法》第二十七条规定，“企业的下列所得，可以免征、减征企业所得税……（二）从事国家重点扶持的公共基础设施项目投资经营的所得……”

《企业所得税法实施条例》第八十七条规定，“企业所得税法第二十七条第（二）项所称国家重点扶持的公共基础设施项目，是指《公共基础设施项目企业所得税优惠目录》规定的港口码头、机场、铁路、公路、城市公共交通、电力、水利等项目。

企业从事前款规定的国家重点扶持的公共基础设施项目的投资经营的所得，自项目取得第一笔生产经营收入所属纳税年度起，第一年至第三年免征企业所得税，第四年至第六年减半征收企业所得税”。

第一百零二条规定，企业同时从事适用不同企业所得税待遇的项目的，其优惠项目应当单独计算所得，并合理分摊企业的期间费用；没有单独计算的，不得享受企业所得税优惠。

根据上述规定，贵公司从事国家重点扶持的公共基础设施项目投资经营的所得，可以享受企业所得税优惠，但优惠仅限于符合条件的项目经营所得，贵公司将资金借给其他单位使用而收取的利息，不属于项目经营所得，不符合免税的条件，不得享受税收优惠。

14. 所得减半征收可以同时享受小型微利企业优惠吗?

问：甲企业2019年度取得高新技术企业资格证书，当年取得技术转让所得800万元，取得其他应税所得2 000万元，假设不考虑其他因素，请问2019年度汇算清缴申报时，如何填报《所得减免优惠明细表》（A107020）及《减免所得税优惠明细表》（A107040）?

答：根据《国务院关于实施企业所得税过渡优惠政策的通知》（国发〔2007〕39号）第三条规定，“企业所得税过渡优惠政策与新税法及实施条例规定的优惠政策存在交叉的，由企业选择最优惠的政策执行，不得叠加享受，且一经选择，不得改变”。

《财政部 国家税务总局关于执行企业所得税优惠政策若干问题的通知》（财税〔2009〕69号）第二条规定，“《国务院关于实施企业所得税过渡优惠政策的通知》（国发〔2007〕39号）第三条所称不得叠加享受，且一经选择，不得改变的税收优惠情形，限于企业所得税过渡优惠政策与企业所得税法及其实施条例中规定的定期减免税和减低税率类的税收优惠”。

根据《国家税务总局关于修订企业所得税年度纳税申报表有关问题的公告》（国家税务总局公告2019年第41号）中《减免所得税优惠明细表》（A107040）填报说明的规定：

“29. 第29行‘二十九、项目所得额按法定税率减半征收企业所得税叠加享受减免税优惠’：纳税人同时享受优惠税率和所得项目减半情形下，在填报本表低税率优惠时，所得项目按照优惠税率减半计算多享受优惠的部分。

企业从事农林牧渔业项目、国家重点扶持的公共基础设施项目、符合条件的环境保护、节能节水项目、符合条件的技术转让、集成电路生产项目、其他专项优惠等所得额应按法定税率25%减半征收，同时享受高新技术企业、技术先进型服务企业、集成电路线生产企业、国家规划布局内重点软件企业和集成电路设计企业等优惠税率政策，由于申报表填报顺序，按优惠税率减半叠加享受减免税优惠部分，应在本行对该部分金额进行调整。本行应大于等于0且小于等于第1+2+…+20+22+…+28行的值。

计算公式：本行=减半项目所得额×50%×(25%-优惠税率)。”

因此，甲企业2019技术转让所得的减半征收部分与享受高新技术企业税率优惠不能叠加享受，需要在表A107040第29行“项目所得额按法定税率减半征收企业所得税叠加享受减免税优惠”对叠加享受部分进行减除，如下表所示。

所得减免=500+(800-500)×50%=650（万元）

应纳税所得额=800+2 000-650=2 150（万元）

高新技术减免所得税=2 150×10%=215（万元）

叠加享受部分=减半项目所得额×50%×(25%-优惠税率)

=(800-500)×50%×(25%-15%)=15（万元）

A107020　所得减免优惠明细表

单位：元

行次	减免项目	项目名称	项目所得额		减免所得额
			免税项目	减半项目	
		1	9	10	11（9+10×50%）
10	四、符合条件的技术转让项目	技术	5 000 000.00	300 000.00	6 500 000.00
12		小计	5 000 000.00	300 000.00	6 500 000.00

A107040　减免所得税优惠明细表

单位：元

行次	项　　目	金　额
1	一、符合条件的小型微利企业减免企业所得税	
2	二、国家需要重点扶持的高新技术企业减按15%的税率征收企业所得税	2 150 000.00
29	二十九、减：项目所得额按法定税率减半征收企业所得税叠加享受减免税优惠	150 000.00
33	合计（1+2+…+28－29+30+31+32）	2 000 000.00

减免、抵免税额

1. 享受小型微利企业优惠的条件是什么？从业人数包括劳务派遣用工吗？

问：小型微利企业所得税最新优惠政策的条件是什么？我企业职工中有劳务派遣用工，从业人数是否计算在内？

答：根据《财政部　税务总局关于实施小微企业普惠性税收减免政策的通知》（财税〔2019〕13号）第二条规定，小型微利企业是指从事国家非限制和禁止行业，且同时符合年度应纳税所得额不超过300万元、从业人数不超过300人、资产总额不超过5 000万元等三个条件的企业。

《国家税务总局关于修订企业所得税年度纳税申报表有关问题的公告》（国家税务总局公告2019年第41号）中《基础信息表》（A000000）填报说明规定，“4. ‘104从业人数’：纳税人填报从业人数的全年季度平均值，单位为人。从业人数是指与企业建立劳动关系的职工人数和企业接受的劳务派遣用工人数之和”。

因此，贵企业是劳务派遣用工人单位，在计算小型微利企业“从业人数”条件时，应当包括接受的劳务派遣用工人数。本着合理性原则，劳务派遣公司可不再将劳务派出人员重复计入该公司的从业人数。

2. 视同独立纳税人缴税的二级分支机构是否可以享受小型微利企业所得税减免政策？

问：我公司是分支机构，独立核算，没有被汇总，请问是否可以享受最新的小型微利企业所得税减免政策？

答：根据国家税务总局《2019年减税降费政策答复汇编》第83问的答复：

现行企业所得税实行法人税制，企业应以法人为主体，计算并缴纳企业所得税。《中华人民共和国企业所得税法》第五十条第二款规定“居民企业在中国境内设立不具有法人资格的营业机构的，应当汇总计算并缴纳企业所得税”。由于分支机构不具有法人资格，其经营情况应并入企业总机构，由企业总机构汇总计算应纳税款，并享受相关优惠政策。

因此，视同独立纳税人的分支机构，不能单独享受小型微利企业优惠。

3. 小型微利企业所得税优惠政策如何分段计算优惠金额？

问：2019年企业所得税小型微利企业优惠引进了分段计算方法，具体优惠如何分段计算？它的调整与以往有什么不同？

答：根据《财政部　税务总局关于实施小微企业普惠性税收减免政策的通知》（财税〔2019〕13号）第二条规定，对小型微利企业年应纳税所得额不超过100万元的部分，减按25%计入应纳税所得额，按20%的税率缴纳企业所得税；对年应纳税所得额超过100万元但不超过300万元的部分，减按50%计入应纳税所得额，按20%的税率缴纳企业所得税。

上述小型微利企业是指从事国家非限制和禁止行业，且同时符合年度应纳税所得额不超过300万元、从业人数不超过300人、资产总额不超过5 000万元等三个条件的企业。

从业人数，包括与企业建立劳动关系的职工人数和企业接受的劳务派遣用工人数。所称从业人数和资产总额指标，应按企业全年的季度平均值确定。具体计算公式如下：

季度平均值＝（季初值＋季末值）÷2

全年季度平均值＝全年各季度平均值之和÷4

年度中间开业或者终止经营活动的，以其实际经营期作为一个纳税年度确定上述相关指标。

《国家税务总局关于实施小型微利企业普惠性所得税减免政策有关问题的公告》（国家税务总局公告2019年第2号）规定：

“一、自2019年1月1日至2021年12月31日，对小型微利企业年应纳税所得额不超过100万元的部分，减按25%计入应纳税所得额，按20%的税率缴纳企业所得税；对年应纳税所得额超过100万元但不超过300万元的部分，减按50%计入应纳税所得额，按20%的税率缴纳企业所得税。

小型微利企业无论按查账征收方式或核定征收方式缴纳企业所得税，均可享受上述优惠政策。

二、本公告所称小型微利企业是指从事国家非限制和禁止行业，且同时符合年度应纳税所得额不超过300万元、从业人数不超过300人、资产总额不超过5 000万元等三个条件的企业。

三、小型微利企业所得税统一实行按季度预缴。”

2019年的小型微利企业优惠政策调整引入了超额累进计算方法，分段计算，部分缓解了小型微利企业临界点税负差异过大的问题，鼓励小型微利企业做大做强。以一家年应纳税所得额101万元的小型微利企业为例，如采用全额累进计税方法，在其他优惠政策不变的情况下，应纳企业所得税为10.1万元（101×10%），相比其年应纳税所得额为100万元的情形，应纳税所得额仅增加了1万元，但应纳税额增加了5.1万元；按照超额累进计税方法，企业应纳企业所得税5.1万元（100×5%+1×10%），应纳税所得额增加1万元，应纳税额仅增加0.1万元。可见，采用超额累进计税方法后，企业税负进一步降低。

4. 经营性文化事业单位转制为企业免征企业所得税，是否需要备案？

问：某市歌剧团经批准由文化事业单位转为企业，享受免征企业所得税是否还需要到税务机关备案？

答：根据《财政部　税务总局 中央宣传部关于继续实施文化体制改革中经营性文化事业单位转制为企业若干税收政策的通知》（财税〔2019〕16号）的规定：

“二、享受税收优惠政策的转制文化企业应同时符合以下条件：

（一）根据相关部门的批复进行转制。

（二）转制文化企业已进行企业法人登记。

（三）整体转制前已进行事业单位法人登记的，转制后已核销事业编制、注销事业单位法人；整体转制前未进行事业单位法人登记的，转制后已核销事业编制。

（四）已同在职职工全部签订劳动合同，按企业办法参加社会保险。

（五）转制文化企业引入非公有资本和境外资本的，须符合国家法律法规和政策规定；变更资本结构依法应经批准的，需经行业主管部门和国有文化资产监管部门批准。

本通知适用于所有转制文化单位。中央所属转制文化企业的认定，由中央宣传部会同财政部、税务总局确定并发布名单；地方所属转制文化企业的认定，按照登记管理权限，由地方各级宣传部门会同同级财政、税务部门确定和发布名单，并按程序抄送中央宣传部、财政部和税务总局。

已认定发布的转制文化企业名称发生变更的，如果主营业务未发生变化，可持同级文化体制改革和发展工作领导小组办公室出具的同意变更函，到主管税务机关履行变更手续；如果主营业务发生变化，依照本条规定的条件重新认定。

三、经认定的转制文化企业，应按有关税收优惠事项管理规定办理优惠手续，申报享受税收优惠政策。企业应将转制方案批复函，企业营业执照，同级机构编制管理机关核销事业编制、注销事业单位法人的证明，与在职职工签订劳动合同、按企业办法参加社会保险制度的有关材料，相关部门对引入非公有资本和境外资本、变更资本结构的批准文件等留存备查，税务部门依法加强后续管理。

四、未经认定的转制文化企业或转制文化企业不符合本通知规定的，不得享受相关税收优惠政策。已享受优惠的，主管税务机关应追缴其已减免的税款。”

《国家税务总局关于发布修订后的〈企业所得税优惠政策事项办理办法〉的公告》（国家税务总局公告2018年第23号）第四条规定：“企业享受优惠事项采取‘自行判别、申报享受、相关资料留存备查’的办理方式。企业应当根据经营情况以及相关税收规定自行判断是否符合优惠事项规定的条件，符合条件的可以按照《目录》列示的时间自行计算减免税额，并通过填报企业所得税纳税申报表享受税收优惠。同时，按照本办法的规定归集和留存相关资料备查。”

因此，经营性文化事业单位转制为企业享受免征企业所得税优惠不需要备案，按照《企业所得税优惠事项管理目录（2017 年版）》第 58 项的规定留存资料备查即可。

5. 生产伤残人员专门用品企业免征企业所得税是否包含其他收入？

问：我企业是生产伤残人员专门用品的企业，根据《企业所得税法》规定可以享受免征所得税，但是我企业还有一部分收入是经销其他商品收入，请问免征企业所得税是否包含这部分收入？

答：根据《财政部　国家税务总局 民政部关于生产和装配伤残人员专门用品企业免征企业所得税的通知》（财税〔2016〕111 号）规定：

“一、自 2016 年 1 月 1 日至 2020 年 12 月 31 日期间，对符合下列条件的居民企业，免征企业所得税：

1. 生产和装配伤残人员专门用品，且在民政部发布的《中国伤残人员专门用品目录》范围之内。

2. 以销售本企业生产或者装配的伤残人员专门用品为主，其所取得的年度伤残人员专门用品销售收入（不含出口取得的收入）占企业收入总额 60% 以上。

3. 企业账证健全，能够准确、完整地向主管税务机关提供纳税资料，且本企业生产或者装配的伤残人员专门用品所取得的收入能够单独、准确核算。

4. 企业拥有假肢制作师、矫形器制作师资格证书的专业技术人员不得少于 1 人；其企业生产人员如超过 20 人，则其拥有假肢制作师、矫形器制作师资格证书的专业技术人员不得少于全部生产人员的 1/6。

5. 具有与业务相适应的测量取型、模型加工、接受腔成型、打磨、对线组装、功能训练等生产装配专用设备和工具。

6. 具有独立的接待室、假肢或者矫形器（辅助器具）制作室和假肢功能训练室，使用面积不少于 115 平方米。”

因此，贵企业其他条件都符合规定，则根据财税〔2016〕111 号文件第一条第 2 款规定，以销售本企业生产或者装配的伤残人员专门用品为主，其所取得的年度伤残人员专门用品销售收入（不含出口取得的收入）占企业收入总额 60% 以上的企业，可以享受免征企业。如果贵企业年度伤残人员专门用品收入占比达到规定比例，则可以享受免征企业所得税，包含其他收入对应的应纳税款。

6. 创投企业投资合伙企业可以享受抵免所得额优惠吗？

问：创投企业甲投资了合伙企业乙，甲是乙的法人合伙人，乙又投资了未上市的中小高新技术企业丙，甲企业是否可以享受抵免所得额优惠吗？

答：根据《财政部　国家税务总局关于将国家自主创新示范区有关税收试点政策推广到全国范围实施的通知》（财税〔2015〕116 号）规定：

“一、关于有限合伙制创业投资企业法人合伙人企业所得税政策

1. 自2015年10月1日起，全国范围内的有限合伙制创业投资企业采取股权投资方式投资于未上市的中小高新技术企业满2年（24个月）的，该有限合伙制创业投资企业的法人合伙人可按照其对未上市中小高新技术企业投资额的70%抵扣该法人合伙人从该有限合伙制创业投资企业分得的应纳税所得额，当年不足抵扣的，可以在以后纳税年度结转抵扣。”

另外，根据《国家税务总局关于有限合伙制创业投资企业法人合伙人企业所得税有关问题的公告》（国家税务总局公告2015年第81号）规定：

“一、有限合伙制创业投资企业是指依照《中华人民共和国合伙企业法》、《创业投资企业管理暂行办法》（国家发展和改革委员会令第39号）和《外商投资创业投资企业管理规定》（外经贸部、科技部、工商总局、税务总局、外汇管理局令2003年第2号）设立的专门从事创业投资活动的有限合伙企业。

二、有限合伙制创业投资企业的法人合伙人，是指依照《中华人民共和国企业所得税法》及其实施条例以及相关规定，实行查账征收企业所得税的居民企业。

三、有限合伙制创业投资企业采取股权投资方式投资于未上市的中小高新技术企业满2年（24个月，下同）的，其法人合伙人可按照对未上市中小高新技术企业投资额的70%抵扣该法人合伙人从该有限合伙制创业投资企业分得的应纳税所得额，当年不足抵扣的，可以在以后纳税年度结转抵扣。……”

因此，创投企业甲必须是实行查账征收企业所得税的居民企业，且合伙企业乙必须是依照相关规定设立的专门从事创业投资活动的有限合伙企业，且投资年限等条件符合上述文件规定的，甲企业才可以享受上述企业所得税优惠政策。

7. 如何判断一家创投企业能否享受创投企业税收优惠政策？

问：一家创业投资企业于2017年3月投资了一家从业人数为260人，资产总额为4 000万元，年销售收入1 000万元的初创科技型企业，请问在2019年度能否享受创业投资企业税收优惠政策？

答：根据《财政部　税务总局关于实施小微企业普惠性税收减免政策的通知》（财税〔2019〕13号）第五条规定：“2019年1月1日至2021年12月31日期间发生的投资，投资满2年且符合本通知规定和财税〔2018〕55号文件规定的其他条件的，可以适用财税〔2018〕55号文件规定的税收政策。”

财税〔2019〕13号文件明确2019年1月1日前2年内发生的投资，自2019年1月1日起投资满2年且符合财税〔2019〕13号文件和财税〔2018〕55号文件规定的其他条件的，可以适用财税〔2018〕55号文件规定的税收政策。

因此，该企业投资时间是2017年3月，属于2019年1月1日前2年内发生的投资，如符合财税〔2019〕13号文件和财税〔2018〕55号文件规定的其他条件，可以自2019年度开始享受创业投资企业税收优惠政策。

8. 有限合伙制创业投资企业优惠需要满足什么条件？

问：有限合伙制创业投资企业以股权投资方式直接投资于初创科技型企业满2年

的，该创投企业个人合伙人享受优惠政策，需满足什么条件？

答：根据《财政部 税务总局关于创业投资企业和天使投资个人有关税收政策的通知》（财税〔2018〕55 号）第二条规定：

“（一）本通知所称初创科技型企业，应同时符合以下条件：

（1）在中国境内（不包括港、澳、台地区）注册成立、实行查账征收的居民企业；

（2）接受投资时，从业人数不超过 200 人，其中具有大学本科以上学历的从业人数不低于 30%，资产总额和年销售收入均不超过 3 000 万元；

（3）接受投资时设立时间不超过 5 年（60 个月）；

（4）接受投资时以及接受投资后 2 年内未在境内外证券交易所上市；

（5）接受投资当年及下一纳税年度，研发费用总额占成本费用支出的比例不低于 20%。

（二）享受本通知规定税收政策的创业投资企业，应同时符合以下条件：

（1）在中国境内（不含港、澳、台地区）注册成立、实行查账征收的居民企业或合伙创投企业，且不属于被投资初创科技型企业的发起人；

（2）符合《创业投资企业管理暂行办法》（发展改革委等 10 部门令第 39 号）规定或者《私募投资基金监督管理暂行办法》（证监会令第 105 号）关于创业投资基金的特别规定，按照上述规定完成备案且规范运作；

（3）投资后 2 年内，创业投资企业及其关联方持有被投资初创科技型企业的股权比例合计应低于 50%。”

同时，根据财税〔2019〕13 号文件规定，2019 年 1 月 1 日至 2021 年 12 月 31 日，关于初创科技型企业条件中的“从业人数不超过 200 人”调整为“从业人数不超过 300 人”，“资产总额和年销售收入均不超过 3 000 万元”调整为“资产总额和年销售收入均不超过5 000 万元”。

9. 收入来源是否影响企业享受西部大开发优惠政策？

问：企业设立在西部地区，2015 年被认定为享受西部大开发企业所得税优惠政策，按 15% 计税，现发现其主营业务收入多来自南方地区，这种情况还能否享受西部大开发所得税优惠政策？

答：《国家税务总局关于深入实施西部大开发战略有关企业所得税问题的公告》（国家税务总局公告 2012 年第 12 号）规定，企业主营业务属于《西部地区鼓励类产业目录》范围的，经主管税务机关确认，可按照 15% 税率预缴企业所得税。年度汇算清缴时，其当年度主营业务收入占企业总收入的比例达不到规定标准的，应按税法规定的税率计算申报并进行汇算清缴。

因此，对设在西部地区企业主营业务收入不属于《西部地区鼓励类产业目录》范围的，其当年度主营业务收入占企业总收入的比例达不到规定标准的，应按税法规定的税率计算申报并进行汇算清缴。对于企业客户是否属于西部地区，即主营业务收入来源并无限定。

10. 在西部地区的分支机构能否享受西部大开发优惠政策?

问:我公司在湖北省武汉市,计划在成都市设立分公司,该分公司有生产制造、销售业务。那么,该分公司是否能享受西部地区优惠的企业所得税税率15%?

答:《国家税务总局关于深入实施西部大开发战略有关企业所得税问题的公告》(国家税务总局公告2012年第12号)第六条在优惠地区内外分别设有机构的企业享受西部大开发优惠税率问题中规定:

"(二)总机构设在西部大开发税收优惠地区外的企业,其在优惠地区内设立的分支机构(不含仅在优惠地区内设立的三级以下分支机构),仅就该分支机构所得确定适用15%优惠税率。在确定该分支机构是否符合优惠条件时,仅以该分支机构的主营业务是否符合《西部地区鼓励类产业目录》及其主营业务收入占其收入总额的比重加以确定。该企业应纳所得税额的计算和所得税缴纳,按照国税发〔2008〕28号第十六条和国税函〔2009〕221号第二条的规定执行。有关审核、备案手续向分支机构主管税务机关申请办理,分支机构主管税务机关需将该分支机构享受西部大开发税收优惠情况及时函告总机构所在地主管税务机关。"

根据上述规定,对总机构未在西部大开发地区,但在优惠地区设立分支机构的,可仅就该分支机构所得确定适用15%优惠税率。

11. 对购进的节能节水设备改造的升级费用是否可以享受设备投资抵免所得税优惠?

问:某企业对购进的节能节水安全生产设备进行后期技术改造,涉及的费用是否可以计入专用设备投资额,按10%抵免当年企业所得税应纳税额?

答:根据《财政部 国家税务总局关于执行环境保护专用设备企业所得税优惠目录、节能节水专用设备企业所得税优惠目录和安全生产专用设备企业所得税优惠目录有关问题的通知》(财税〔2008〕48号)规定:

"一、企业自2008年1月1日起购置并实际使用列入《目录》范围内的环境保护、节能节水和安全生产专用设备,可以按专用设备投资额的10%抵免当年企业所得税应纳税额;企业当年应纳税额不足抵免的,可以向以后年度结转,但结转期不得超过5个纳税年度。

二、专用设备投资额,是指购买专用设备发票价税合计价格,但不包括按有关规定退还的增值税税款以及设备运输、安装和调试等费用。"

因此,节能节水安全生产设备后期的技术改造升级费用不可以并入专用设备投资额按10%抵免当年企业所得税应纳税额。

12. 企业购入LED工矿灯,是否可以享受节能节水设备投资抵免所得税优惠?

问:某工业企业购入LED工矿灯用于车间生产作业,其投资额的10%是否可以从企业当年的应纳税额中抵免?

答:根据《财政部 税务总局 国家发展改革委 工业和信息化部 环境保护部

关于印发节能节水和环境保护专用设备企业所得税优惠目录（2017 年版）的通知》（财税〔2017〕71 号）附件 1《节能节水专用设备企业所得税优惠目录（2017 年版）》规定，LED 设备照明 - LED 路灯、LED 隧道灯/工矿灯的应用领域包括道路、隧道、工矿照明。

因此，工业企业购入 LED 工矿灯用于车间生产作业，不在上述目录规定的适用范围，其投资额的 10% 不可以从企业当年的应纳税额中抵免。

13. 商业企业是否享受西部地区企业所得税优惠政策？

问：享受西部大开发税收优惠政策的企业，是否必须是生产型的企业，商业企业是否可以？

答：《国家税务总局关于深入实施西部大开发战略有关企业所得税问题的公告》（国家税务总局公告 2012 年第 12 号）第一条规定，自 2011 年 1 月 1 日至 2020 年 12 月 31 日，对设在西部地区以《西部地区鼓励类产业目录》中规定的产业项目为主营业务，且其当年度主营业务收入占企业收入总额 70% 以上的企业，可减按 15% 税率缴纳企业所得税。

《国家税务总局关于执行〈西部地区鼓励类产业目录〉有关企业所得税问题的公告》（国家税务总局公告 2015 年第 14 号）第一条规定，对设在西部地区以《西部地区鼓励类产业目录》中新增鼓励类产业项目为主营业务，且其当年度主营业务收入占企业收入总额 70% 以上的企业，自 2014 年 10 月 1 日起，可减按 15% 税率缴纳企业所得税。

根据上述规定，享受西部大开发税收优惠政策的企业，不以生产企业和商业企业划分，而是必须以《西部地区鼓励类产业目录》中规定的产业项目为主营业务，且其当年度主营业务收入占企业收入总额 70% 以上才有条件享受。

14. 如何确定西部“两免三减半”政策执行起始时间？

问：我公司为一水电发电企业，符合西部大开发的“两免三减半”优惠政策，享受“两免三减半”政策的起始日期，是应该按取得营业执照日期还是取得第一笔营业收入的日期开始计算？法律依据是什么？

答：《财政部　海关总署　国家税务总局关于深入实施西部大开发战略有关税收政策问题的通知》（财税〔2011〕58 号）第三条规定，对西部地区 2010 年 12 月 31 日前新办的、根据《财政部　国家税务总局　海关总署关于西部大开发税收优惠政策问题的通知》（财税〔2001〕202 号）第二条第（三）款规定，可以享受企业所得税“两免三减半”优惠的交通、电力、水利、邮政、广播电视企业，其享受的企业所得税“两免三减半”优惠可以继续享受到期满为止。

《财政部　国家税务总局　海关总署关于西部大开发税收优惠政策问题的通知》（财税〔2001〕202 号）第二条第（三）款规定，对在西部地区新办交通、电力、水利、邮政、广播电视企业，上述项目业务收入占企业总收入 70% 以上的，可以享受企业所得税如下优惠政策：内资企业自开始生产经营之日起，第一年至第二年免征企业所得税，第三年至第五年减半征收企业所得税；外商投资企业经营期在十年以上的，自获利年度起，第一年至第二年免征企业所得税，第三年至第五年减半征收企业所得税。

根据《国家税务总局关于发布修订后的〈企业所得税优惠政策事项办理办法〉的公告》（国家税务总局公告 2018 年第 23 号）附件《企业所得税优惠事项管理目录（2017 年版）》第 65 项规定，对设在赣州市的鼓励类产业的内资企业和外商投资企业减按 15% 的税率征收企业所得税。2010 年 12 月 31 日前新办的符合规定的交通、电力、水利、邮政、广播电视企业，执行原政策到期满为止。

根据上述规定，享受西部大开发税收优惠政策的企业，其计算减免税的起始日期所指生产经营日期是指纳税人取得第一笔收入之日。

15. 如何理解西部大开发企业所得税优惠政策的"收入总额"？

问：享受西部大开发政策的企业，在计算企业总收入时，是否应将对外投资取得的分红收入计入总收入范围？

答：根据《国家税务总局关于深入实施西部大开发战略有关企业所得税问题的公告》（国家税务总局公告 2012 年第 12 号）第一条规定，自 2011 年 1 月 1 日至 2020 年 12 月 31 日，对设在西部地区以《西部地区鼓励类产业目录》中规定的产业项目为主营业务，且其当年度主营业务收入占企业收入总额 70% 以上的企业，经企业申请，主管税务机关审核确认后，可减按 15% 税率缴纳企业所得税。上述所称收入总额，是指《企业所得税法》第六条规定的收入总额。

《企业所得税法》第六条规定："企业以货币形式和非货币形式从各种来源取得的收入，为收入总额。包括：（一）销售货物收入；……（四）股息、红利等权益性投资收益；……（九）其他收入。"

根据上述规定，企业申请享受西部大开发税收优惠政策在计算其收入总额时，对外投资取得的分红收入应计入收入总额。

16. 高新技术企业研发费用指标对项目资金来源有无要求？

问：高新技术企业的研发费用中，有些项目是有政府拨款进行资助的。

政府资助的项目中支出形成研发费用的，其费用是否可以纳入高新技术的研发费用总额计算相关指标？

答：根据《科技部　财政部　国家税务总局关于修订印发〈高新技术企业认定管理办法〉的通知》（国科发火〔2016〕32 号）第二条规定："本办法所称的高新技术企业是指：在《国家重点支持的高新技术领域》内，持续进行研究开发与技术成果转化，形成企业核心自主知识产权，并以此为基础开展经营活动，在中国境内（不包括港、澳、台地区）注册的居民企业。"

因此，在高新技术企业指标认定管理中，对研发费用的性质认定与资金来源并没有必然联系，但企业发生的研发费用，凡由国家财政拨款并纳入不征税收入的部分，不得在企业所得税税前扣除，更不能享受加计扣除政策。

17. 高新技术企业在异地设立的分公司能否享受高新技术企业所得税政策？

问：浙江省 A 公司是高新技术企业，享受 15% 税率企业所得税优惠政策，现因业务需要拟在天津市设立一家分公司（跨省的二级分支机构），那么分公司是否能直接在当地享受高新技术企业 15% 的优惠所得税税率？

答：《科技部　财政部　国家税务总局关于修订印发〈高新技术企业认定管理办法〉的通知》（国科发火〔2016〕32 号）第二条规定："本办法所称的高新技术企业是指：在《国家重点支持的高新技术领域》内，持续进行研究开发与技术成果转化，形成企业核心自主知识产权，并以此为基础开展经营活动，在中国境内（不包括港、澳、台地区）注册的居民企业。"

第十七条规定："高新技术企业发生更名或与认定条件有关的重大变化（如分立、合并、重组以及经营业务发生变化等）应在三个月内向认定机构报告。经认定机构审核符合认定条件的，其高新技术企业资格不变，对于企业更名的，重新核发认定证书，编号与有效期不变；不符合认定条件的，自更名或条件变化年度起取消其高新技术企业资格。"

根据上述规定，高新技术企业是以法人为主体进行申请认定的，设立分公司后，认定条件发生了重大变化，应在三个月内向认定机构报告。经认定机构审核符合认定条件的，其高新技术企业资格不变，分公司同样享受 15% 的优惠税率。

18. 高新技术企业当年的研发费用比例达不到规定比例的，能否享受 15% 的优惠税率？

问：我公司 2018 年的销售收入大于 2 亿元，研发费用占比为 2.4%，未达到 3% 的最低比例，当年能否享受 15% 的优惠税率？

答：《国家税务总局关于实施高新技术企业所得税优惠政策有关问题的公告》（国家税务总局公告 2017 年第 24 号）的解读稿明确，经与财政部、科技部沟通，《高新技术企业认定管理办法》第十六条中所称"认定条件"是较为宽泛的概念，既包括高新技术企业认定时的条件，也包括享受税收优惠期间的条件。同时，《中华人民共和国企业所得税年度纳税申报表（A 类，2017 年版）》中《A107041 高新技术企业优惠情况及明细表》中列举了本年、前一年、前二年的研发费用数据，纳税人当年的研发费用比例达不到规定比例，但综合计算三年的研发费用比例达到规定比例的，当年能够享受 15% 的优惠税率。

对取得高新技术企业资格且享受税收优惠的高新技术企业，税务部门如在日常管理过程中发现其在高新技术企业认定过程中或享受优惠期间不符合《高新技术企业认定管理办法》第十一条规定的认定条件的，应提请认定机构复核。复核后确认不符合认定条件的，由认定机构取消其高新技术企业资格，并通知税务机关追缴其证书有效期内自不符合认定条件年度起已享受的税收优惠。

因此，如果贵公司 2018 年的研发费用占比为 2.4%，未达到 3% 的最低比例，当地税务部门在日常管理过程中发现后，会提请认定机构复核。如果复核后确认不符合认定条件的，由认定机构取消高新技术企业资格，并通知税务机关追缴证书有效期内自不符合认定条件年度起已享受的税收优惠。

19. 不是位于试点地区的服务贸易类技术先进型服务企业，能否享受15%的企业所得税优惠税率？

问：我公司不是位于试点地区的服务贸易类技术先进型服务企业，2018 年能否享受 15% 的企业所得税优惠税率？

答：《财政部　税务总局关于将服务贸易创新发展试点地区技术先进型服务企业所得税政策推广至全国实施的通知》（财税〔2018〕44 号）第一条规定，自 2018 年 1 月 1 日起，对经认定的技术先进型服务企业（服务贸易类），减按 15% 的税率征收企业所得税。因此，贵公司 2018 年能够享受 15% 的企业所得税优惠税率。

20. 有限合伙制创业投资企业的法人合伙人是按实际出资额还是按照认缴资本数额计算可抵扣的应纳税所得额？

问：我公司是一家有限合伙制创业投资企业的法人合伙人，份额比例为 50%，认缴资本金额 3 000 万元，实际出资 1 500 万元。该有限合伙制创业投资企业采取股权投资方式直接投资于一家初创期科技型企业，持股比例为 30%，认缴资本金额 750 万元，实际出资 600 万元。2018 年已满 24 个月。我公司如何计算 2018 年度可抵扣的应纳税所得额？是按认缴资本金额 3 000 万元为基数计算，还是按实际出资 1 500 万元为基数计算？

答：《财政部　税务总局关于创业投资企业和天使投资个人有关税收政策的通知》（财税〔2018〕55 号）第三条第（三）项规定："本通知所称投资额，按照创业投资企业或天使投资个人对初创科技型企业的实缴投资额确定。合伙创投企业的合伙人对初创科技型企业的投资额，按照合伙创投企业对初创科技型企业的实缴投资额和合伙协议约定的合伙人占合伙创投企业的出资比例计算确定。合伙人从合伙创投企业分得的所得，按照《财政部　国家税务总局关于合伙企业合伙人所得税问题的通知》（财税〔2008〕159 号）规定计算。"

根据上述情况，贵公司计算 2018 年度可抵扣的应纳税所得额，应按合伙制创业投资企业对初创科技型企业的实缴投资额 600 万元确定。同时，贵公司占合伙创投企业的出资比例为 50%，实际对初创科技型企业的投资额为 300 万元（600 × 50%），可抵扣的应纳税所得额为 210 万元（300 × 70%）。

优惠政策管理

1. 2017 年及以后年度享受企业所得税优惠政策的，是否办理备案手续？

问：我单位 2017 年享受多项企业所得税优惠政策，是否应逐项办理备案手续？

答：《国家税务总局关于发布修订后的〈企业所得税优惠政策事项办理办法〉的公告》（国家税务总局公告2018年第23号）第四条规定，从2017年度企业所得税汇算清缴开始，企业所得税优惠事项全部采用“自行判别、申报享受、相关资料留存备查”的办理方式。企业在年度纳税申报及享受优惠事项前无需再履行备案手续、报送《企业所得税优惠事项备案表》《汇总纳税企业分支机构已备案优惠事项清单》和享受优惠所需要的相关资料，原备案资料全部作为留存备查资料，保留在企业，以备税务机关后续核查时根据需要提供。

2. 纳税人享受税收优惠政策的，应在什么时候完成留存备查资料的归集和整理？

问：我单位2018年可以享受企业所得税优惠政策，应在什么时候完成留存备查资料的归集和整理？

答：《国家税务总局关于发布修订后的〈企业所得税优惠政策事项办理办法〉的公告》（国家税务总局公告2018年第23号）第六条规定，企业享受优惠事项的，应当在完成年度汇算清缴后，将留存备查资料归集齐全并整理完成，以备税务机关核查。如，企业享受《企业所得税优惠事项管理目录（2017年版）》第1项优惠事项，并在2018年4月30日完成2017年度企业所得税纳税申报和缴纳税款，其应在4月30日同步将第1项优惠事项的留存备查资料归集和整理完毕。

3. 符合条件的合伙创业投资企业及个人合伙人，享受优惠有何备案要求？

问：某投资公司A和个人B成立了有限合伙创投企业甲，双方各出资50%，共同投资到C初创科技型企业，到2019年5月，正好满24个月。若符合享受优惠条件，合伙创业投资企业及个人合伙人在税收优惠备案上有何要求？

答：《国家税务总局关于创业投资企业和天使投资个人税收政策有关问题的公告》（国家税务总局公告2018年第43号）第二条办理程序和资料规定：

（一）企业所得税

1. 公司制创投企业和合伙创投企业法人合伙人在年度申报享受优惠时，按照《国家税务总局关于发布修订后的〈企业所得税优惠政策事项办理办法〉的公告》（国家税务总局公告2018年第23号）的规定办理有关手续。

2. 合伙创投企业的法人合伙人符合享受优惠条件的，合伙创投企业应在投资初创科技型企业满2年的年度以及分配所得的年度终了后及时向法人合伙人提供《合伙创投企业法人合伙人所得分配情况明细表》（附件1）。

（二）个人所得税

1. 合伙创投企业个人合伙人

（1）合伙创投企业的个人合伙人符合享受优惠条件的，合伙创投企业应在投资初创科技型企业满2年的年度终了后3个月内，向合伙创投企业主管税务机关办理备案手续，备案时应报送《合伙创投企业个人所得税投资抵扣备案表》（附件2），同时将有关资料留存备查（备查资料同公司制创投企业）。合伙企业多次投资同一初创科技型企业的，应按年度分别备案。

（2）合伙创投企业应在投资初创科技型企业满 2 年后的每个年度终了后 3 个月内，向合伙创投企业主管税务机关报送《合伙创投企业个人所得税投资抵扣情况表》（附件 3）。

4. 公司制创业投资企业享受企业所得税优惠政策是否需要向税务机关备案？

问：公司制创投企业或有限合伙制创投企业的法人合伙人，享受投资抵免应纳税所得额的企业所得税优惠时，是否还需要和税务机关备案？

答：《国家税务总局关于发布修订后的〈企业所得税优惠政策事项办理办法〉的公告》（国家税务总局公告 2018 年第 23 号）明确企业享受优惠事项采取“自行判别、申报享受、相关资料留存备查”的办理方式，不再要求企业办理备案手续。

《国家税务总局关于创业投资企业和天使投资个人税收政策有关问题的公告》（国家税务总局公告 2018 年第 43 号）规定，按照国家税务总局公告 2018 年第 23 号的规定办理相关手续。此外，为进一步简政放权，减轻纳税人负担，公告不再要求合伙创投企业向税务机关报送《合伙创投企业法人合伙人所得分配情况明细表》，改由合伙创投企业直接提供给法人合伙人留存备查。

5. 政府补助是否可以并入公共基础设施项目所得享受企业所得税优惠？

问：我们公司是港口码头建设企业，主要经营业务为货物装卸，属于国家重点扶持的公共基础设施项目，企业所得税享受“五免五减半”优惠政策，2014 年是减半期。2014 年我们公司收到金额大部分为政府补助，用于航道疏浚。我们公司决定作为征税收入，2014 年并入收入总额是否享受减半优惠政策？

答：《财政部　国家税务总局关于执行公共基础设施项目企业所得税优惠目录有关问题的通知》（财税〔2008〕46 号）第二条规定：“企业同时从事不在《目录》范围内的项目取得的所得，应与享受优惠的公共基础设施项目所得分开核算，并合理分摊期间费用，没有分开核算的，不得享受上述企业所得税优惠政策。”

《国家税务总局关于实施国家重点扶持的公共基础设施项目企业所得税优惠问题的通知》（国税发〔2009〕80 号）第一条规定：“对居民企业（以下简称企业）经有关部门批准，从事符合《公共基础设施项目企业所得税优惠目录》（财税〔2008〕46 号）（以下简称《目录》）规定范围、条件和标准的公共基础设施项目的投资经营所得，自该项目取得第一笔生产经营收入所属纳税年度起，第一年至第三年免征企业所得税，第四年至第六年减半征收企业所得税。”

第六条规定：“企业同时从事不在《目录》范围的生产经营项目取得的所得，应与享受优惠的公共基础设施项目经营所得分开核算，并合理分摊企业的期间共同费用；没有单独核算的，不得享受上述企业所得税优惠。

期间共同费用的合理分摊比例可以按照投资额、销售收入、资产额、人员工资等参数确定。上述比例一经确定，不得随意变更。凡特殊情况需要改变的，需报主管税务机关核准。”

根据上述规定，企业同时从事不在《公共基础设施项目企业所得税优惠目录》范围内的项目取得的所得，应与享受优惠的公共基础设施项目所得分开核算，并合理分摊期间费用，没有分开核算的，不得享受上述企业所得税优惠政策。因此，政府补助项目不得享受公共基础设施项目所得税收优惠政策。

6. 高新技术企业取得的境外收入及所得能否享受15%的优惠税率？

问：我公司2018年度取得高新技术企业资格，2019年度取得境外收入3 000万元，所得400万元，境外这部分收入及所得能否享受15%的优惠税率？

答：根据《财务部　国家税务总局关于高新技术企业境外所得适用税率及税收抵免问题的通知》（财税〔2011〕47号）第一条规定："以境内、境外全部生产经营活动有关的研究开发费用总额、总收入、销售收入总额、高新技术产品（服务）收入等指标申请并经认定的高新技术企业，其来源于境外的所得可以享受高新技术企业所得税优惠政策，即对其来源于境外所得可以按照15%的优惠税率缴纳企业所得税，在计算境外抵免限额时，可按照15%的优惠税率计算境内外应纳税总额。"

因此，贵公司2019年度来源于境外的所得可以享受高新技术企业所得税优惠政策，在计算境外抵免限额时，可按照15%的优惠税率计算境内外应缴纳总额。

7. 资源综合利用是否需要取得证书？

问：目前资源综合利用享受税收优惠时，是否需要先取得《资源综合利用认定证书》？

答：《财政部　国家税务总局关于印发〈资源综合利用产品和劳务增值税优惠目录〉的通知》（财税〔2015〕78号）第七条规定，"本通知自2015年7月1日起执行。《财政部　国家税务总局关于资源综合利用及其他产品增值税政策的通知》（财税〔2008〕156号）、《财政部　国家税务总局关于资源综合利用及其他产品增值税政策的补充的通知》（财税〔2009〕163号）、《财政部　国家税务总局关于调整完善资源综合利用及劳务增值税政策的通知》（财税〔2011〕115号）、《财政部　国家税务总局关于享受资源综合利用增值税优惠政策的纳税人执行污染物排放标准的通知》（财税〔2013〕23号）同时废止。上述文件废止前，纳税人因主管部门取消《资源综合利用认定证书》，或者因环保部门不再出具环保核查证明文件的原因，未能办理相关退（免）税事宜的，不可以《资源综合利用认定证书》或环保核查证明文件作为享受税收优惠政策的条件，继续享受上述文件规定的优惠政策。

根据上述规定，目前的税收政策不再要求企业必须取得《资源综合利用认定证书》。

8. 环保因素会使纳税人无法享受哪些税收优惠？

问：从事节能环保的企业可以享受一定的税收优惠。企业适用哪些税收优惠须考虑环保因素？

答：（1）高新技术企业。

《科技部　财政部　国家税务总局关于修订印发〈高新技术企业认定管理办法〉的通知》（国科发火〔2016〕32号）第十九条规定："已认定的高新技术企业有下列行为之一的，由认定机构取消其高新技术企业资格：

（一）在申请认定过程中存在严重弄虚作假行为的；

（二）发生重大安全、重大质量事故或有严重环境违法行为的；

（三）未按期报告与认定条件有关重大变化情况，或累计两年未填报年度发展情况报表的。"

因此，高新技术企业有环境等违法、违规行为，应取消其资格，不能享受税收优惠。

（2）软件和集成电路企业。

根据《财政部　国家税务总局　发展改革委　工业和信息化部关于软件和集成电路产业企业所得税优惠政策有关问题的通知》（财税〔2016〕49号）的相关规定：

"二、财税〔2012〕27号文件所称集成电路生产企业，是指以单片集成电路、多芯片集成电路、混合集成电路制造为主营业务并同时符合下列条件的企业：

……

（六）汇算清缴年度未发生重大安全、重大质量事故或严重环境违法行为。

三、财税〔2012〕27号文件所称集成电路设计企业是指以集成电路设计为主营业务并同时符合下列条件的企业：

……

（七）汇算清缴年度未发生重大安全、重大质量事故或严重环境违法行为。

四、财税〔2012〕27号文件所称软件企业是指以软件产品开发销售（营业）为主营业务并同时符合下列条件的企业：

……

（七）汇算清缴年度未发生重大安全、重大质量事故或严重环境违法行为。"

（3）资源综合利用企业。

《财政部　国家税务总局关于印发〈资源综合利用产品和劳务增值税优惠目录〉的通知》（财税〔2015〕78号）第一条规定："纳税人销售自产的资源综合利用产品和提供资源综合利用劳务（以下称销售综合利用产品和劳务），可享受增值税即征即退政策。具体综合利用的资源名称、综合利用产品和劳务名称、技术标准和相关条件、退税比例等按照本通知所附《资源综合利用产品和劳务增值税优惠目录》（以下简称《目录》）的相关规定执行。"

第二条规定："纳税人从事《目录》所列的资源综合利用项目，其申请享受本通知规定的增值税即征即退政策时，应同时符合下列条件：

（一）属于增值税一般纳税人。

（二）销售综合利用产品和劳务，不属于国家发展改革委《产业结构调整指导目录》中的禁止类、限制类项目。

（三）销售综合利用产品和劳务，不属于环境保护部《环境保护综合名录》中的'高污染、高环境风险'产品或者重污染工艺。

（四）综合利用的资源，属于环境保护部《国家危险废物名录》列明的危险废物的，应当取得省级及以上环境保护部门颁发的《危险废物经营许可证》，且许可经营范围包括该危险废物的利用。

（五）纳税信用等级不属于税务机关评定的 C 级或 D 级。

纳税人在办理退税事宜时，应向主管税务机关提供其符合本条规定的上述条件以及《目录》规定的技术标准和相关条件的书面声明材料，未提供书面声明材料或者出具虚假材料的，税务机关不得给予退税。”

第三条规定：“已享受本通知规定的增值税即征即退政策的纳税人，自不符合本通知第二条规定的条件以及《目录》规定的技术标准和相关条件的次月起，不再享受本通知规定的增值税即征即退政策。”

第四条规定：“已享受本通知规定的增值税即征即退政策的纳税人，因违反税收、环境保护的法律法规受到处罚（警告或单次 1 万元以下罚款除外）的，自处罚决定下达的次月起 36 个月内，不得享受本通知规定的增值税即征即退政策。”

根据上述规定，上述企业在享受税收优惠时须考虑环保因素，企业因环境违法缴纳的罚款也不得税前扣除。

9. 购置环保专用设备如何抵免企业所得税？

问：企业购置环境保护专用设备如何抵免企业所得税税款？

答：《企业所得税法》第三十四条规定，企业购置用于环境保护、节能节水、安全生产等专用设备的投资额，可以按一定比例实行税额抵免。

《企业所得税法实施条例》第一百条规定：“企业所得税法第三十四条所称税额抵免，是指企业购置并实际使用《环境保护专用设备企业所得税优惠目录》《节能节水专用设备企业所得税优惠目录》和《安全生产专用设备企业所得税优惠目录》规定的环境保护、节能节水、安全生产等专用设备的，该专用设备的投资额的 10% 可以从企业当年的应纳税额中抵免；当年不足抵免的，可以在以后 5 个纳税年度结转抵免。

享受前款规定的企业所得税优惠的企业，应当实际购置并自身实际投入使用前款规定的专用设备；企业购置上述专用设备在 5 年内转让、出租的，应当停止享受企业所得税优惠，并补缴已经抵免的企业所得税税款。”

《国家税务总局关于环境保护节能节水安全生产等专用设备投资抵免企业所得税有关问题的通知》（国税函〔2010〕256 号）规定，自 2009 年 1 月 1 日起，纳税人购进并实际使用《环境保护专用设备企业所得税优惠目录》《节能节水专用设备企业所得税优惠目录》和《安全生产专用设备企业所得税优惠目录》范围内的专用设备并取得增值税专用发票的，在按照《财政部　国家税务总局关于执行环境保护专用设备企业所得税优惠目录、节能节水专用设备企业所得税优惠目录和安全生产专用设备企业所得税优惠目录有关问题的通知》（财税〔2008〕48 号）第二条规定进行税额抵免时，如增值税进项税额允许抵扣，其专用设备投资额不再包括增值税进项税额；如增值税进项税额不允许抵扣，其专用设备投资额应为增值税专用发票上注明的价税合计金额。企业购买专用设备取得普通发票的，其专用设备投资额为普通发票上注明的金额。

纳税人可按上述规定享受购置环境保护专用设备抵免企业所得税的优惠政策。

10. 风力发电项目能否享受“三免三减半”的优惠政策？

问：某私营有限公司，主要经营风力发电，今年开始正式发电，该公司能否享受“三免三减半”的优惠政策？

答：《企业所得税法实施条例》第八十七条规定：“企业所得税法第二十七条第（二）项所称国家重点扶持的公共基础设施项目，是指《公共基础设施项目企业所得税优惠目录》规定的港口码头、机场、铁路、公路、城市公共交通、电力、水利等项目。

企业从事前款规定的国家重点扶持的公共基础设施项目的投资经营的所得，自项目取得第一笔生产经营收入所属纳税年度起，第一年至第三年免征企业所得税，第四年至第六年减半征收企业所得税。

企业承包经营、承包建设和内部自建自用本条规定的项目，不得享受本条规定的企业所得税优惠。”

《国家税务总局关于实施国家重点扶持的公共基础设施项目企业所得税优惠问题的通知》（国税发〔2009〕80 号）第一条规定：“对居民企业（以下简称企业）经有关部门批准，从事符合《公共基础设施项目企业所得税优惠目录》（财税〔2008〕4 号）（以下简称《目录》）规定范围、条件和标准的公共基础设施项目的投资经营所得，自该项目取得第一笔生产经营收入所属纳税年度起，第一年至第三年免征企业所得税，第四年至第六年减半征收企业所得税。

企业从事承包经营、承包建设和内部自建自用《目录》规定项目的所得，不得享受前款规定的企业所得税优惠。”

《财政部　国家税务总局　国家发展和改革委员会关于公布〈公共基础设施项目企业所得税优惠目录（2008 年版）〉的通知》（财税〔2008〕116 号）规定，《公共基础设施项目企业所得税优惠目录（2008 年版）》中第十项为风力发电项目。

根据上述规定，私营有限公司作为法人公司企业，从事的符合条件的投资经营项目，可以享受上述企业所得税优惠政策。

11. 生产企业能否备案为节能服务公司？

问：A 公司是一家以生产节能设备为主营业务的生产企业，能否参加合同能源管理备案成节能服务公司并享受相关税收优惠及财政奖励？

答：《财政部　国家发展改革委关于印发合同能源管理项目财政奖励资金管理暂行办法的通知》（财建〔2010〕249 号）附件《合同能源管理财政奖励资金管理暂行办法》第二条规定：“本办法所称合同能源管理，是指节能服务公司与用能单位以契约形式约定节能目标，节能服务公司提供必要的服务，用能单位以节能效益支付节能服务公司投入及其合理利润。本办法支持的主要是节能效益分享型合同能源管理。

节能服务公司，是指提供用能状况诊断和节能项目设计、融资、改造、运行管理等服务的专业化公司。”

上述规定中对合同能源管理和节能服务公司做了明确。

《财政部　国家税务总局关于促进节能服务产业发展增值税、营业税和企业所得税政策问题的通知》（财税〔2010〕110 号）第一条“关于增值税、营业税政策问题”的规定：

“（一）对符合条件的节能服务公司实施合同能源管理项目，取得的营业税应税收入，暂免征收营业税。

（二）节能服务公司实施符合条件的合同能源管理项目，将项目中的增值税应税货物转让给用能企业，暂免征收增值税。

（三）本条所称‘符合条件’是指同时满足以下条件：

1. 节能服务公司实施合同能源管理项目相关技术应符合国家质量监督检验检疫总局和国家标准化管理委员会发布的《合同能源管理技术通则》（GB/T24915－2010）规定的技术要求；

2. 节能服务公司与用能企业签订《节能效益分享型》合同，其合同格式和内容，符合《合同法》和国家质量监督检验检疫总局和国家标准化管理委员会发布的《合同能源管理技术通则》（GB/T24915－2010）等规定。”

第二条“关于企业所得税政策问题”的规定：

“（一）对符合条件的节能服务公司实施合同能源管理项目，符合企业所得税税法有关规定的，自项目取得第一笔生产经营收入所属纳税年度起，第一年至第三年免征企业所得税，第四年至第六年按照 25% 的法定税率减半征收企业所得税。

（二）对符合条件的节能服务公司，以及与其签订节能效益分享型合同的用能企业，实施合同能源管理项目有关资产的企业所得税税务处理按以下规定执行：

1. 用能企业按照能源管理合同实际支付给节能服务公司的合理支出，均可以在计算当期应纳税所得额时扣除，不再区分服务费用和资产价款进行税务处理；

2. 能源管理合同期满后，节能服务公司转让给用能企业的因实施合同能源管理项目形成的资产，按折旧或摊销期满的资产进行税务处理，用能企业从节能服务公司接受有关资产的计税基础也应按折旧或摊销期满的资产进行税务处理；

3. 能源管理合同期满后，节能服务公司与用能企业办理有关资产的权属转移时，用能企业已支付的资产价款，不再另行计入节能服务公司的收入。

（三）本条所称‘符合条件’是指同时满足以下条件：

1. 具有独立法人资格，注册资金不低于 100 万元，且能够单独提供用能状况诊断、节能项目设计、融资、改造（包括施工、设备安装、调试、验收等）、运行管理、人员培训等服务的专业化节能服务公司；

2. 节能服务公司实施合同能源管理项目相关技术应符合国家质量监督检验检疫总局和国家标准化管理委员会发布的《合同能源管理技术通则》（GB/T24915－2010）规定的技术要求；

3. 节能服务公司与用能企业签订《节能效益分享型》合同，其合同格式和内容，符合《合同法》和国家质量监督检验检疫总局和国家标准化管理委员会发布的《合同能源管理技术通则》（GB/T24915－2010）等规定；

4. 节能服务公司实施合同能源管理的项目符合《财政部　国家税务总局　国家发

展改革委关于公布环境保护节能节水项目企业所得税优惠目录（试行）的通知》（财税〔2009〕166 号）‘4. 节能减排技术改造’类中第一项至第八项规定的项目和条件；

5. 节能服务公司投资额不低于实施合同能源管理项目投资总额的 70%；

6. 节能服务公司拥有匹配的专职技术人员和合同能源管理人才，具有保障项目顺利实施和稳定运行的能力。”

根据上述规定，只有节能服务公司实施合同能源管理项目的，才有资格获得和享受所述的奖励和税收优惠。如 A 公司仅是一家以生产节能设备为主营业务的生产企业，不能享受相关税收优惠及财政奖励。

12. 中小高新企业标准如何确定?

问：《国家税务总局关于有限合伙制创业投资企业法人合伙人企业所得税有关问题的公告》（国家税务总局公告 2015 年第 81 号）中的“未上市的中小高新技术企业”是否和工业和信息化部等四部门印发的《中小企业划型标准规定》（工信部联企业〔2011〕300 号）中的标准一致？标准如何确认？

答：根据《国家税务总局关于发布修订后的〈企业所得税优惠政策事项办理办法〉的公告》（国家税务总局公告 2018 年第 23 号）第四条规定“企业享受优惠事项采取‘自行判别、申报享受、相关资料留存备查’的办理方式。企业应当根据经营情况以及相关税收规定自行判断是否符合优惠事项规定的条件，符合条件的可以按照《目录》列示的时间自行计算减免税额，并通过填报企业所得税纳税申报表享受税收优惠。同时，按照本办法的规定归集和留存相关资料备查。”

因此，从 2017 年度企业所得税汇算清缴起，法人合伙人只需要留存备查相关资料即可。

主要留存备查资料包括：

（1）发展改革或证监部门出具的符合创业投资企业条件的年度证明材料；

（2）中小高新技术企业投资合同（协议）、章程、实际出资等相关材料；

（3）省、自治区、直辖市和计划单列市高新技术企业认定管理机构出具的中小高新技术企业有效的高新技术企业证书复印件（注明“与原件一致”，并加盖公章）；

（4）中小高新技术企业基本情况［包括企业职工人数、年销售（营业）额、资产总额、未上市等］说明；

（5）法人合伙人应纳税所得额抵扣情况明细表；

（6）有限合伙制创业投资企业法人合伙人应纳税所得额分配情况明细表

《国家税务总局关于实施创业投资企业所得税优惠问题的通知》（国税发〔2009〕87 号）第二条规定，创业投资企业采取股权投资方式投资于未上市的中小高新技术企业 2 年（24 个月）以上，凡符合以下条件的，可以按照其对中小高新技术企业投资额的 70%，在股权持有满 2 年的当年抵扣该创业投资企业的应纳税所得额；当年不足抵扣的，可以在以后纳税年度结转抵扣。

第二条第（三）项规定：“创业投资企业投资的中小高新技术企业，除应按照科技部、财政部、国家税务总局《高新技术企业认定管理办法》（国科发火〔2008〕172

号）和《高新技术企业认定管理工作指引》（国科发火〔2008〕362号）的规定，通过高新技术企业认定以外，还应符合职工人数不超过500人，年销售（营业）额不超过2亿元，资产总额不超过2亿元的条件。”

（备注：自2016年1月1日起按照《科技部 财政部 国家税务总局关于修订印发〈高新技术企业认定管理办法〉的通知》（国科发火〔2016〕32号）和《科技部 财政部 国家税务总局关于修订印发〈高新技术企业认定管理工作指引〉的通知》（国科发火〔2016〕195号）的规定认定高新技术企业）

13. 在香港特别行政区注册公司的韩国人，是否可以享受税收协定的股息优惠政策？

问：韩国老板有香港特别行政区永久身份，在香港特别行政区注册公司。想来内地投资公司，收购公司，初步意向从事房屋出租等业务，是否可以申请股息分配时的优惠政策？

答：《国家税务总局关于印发内地和香港避免双重征税安排文本并请做好执行准备的通知》（国税函〔2006〕884号）第四条第一项规定：“在本安排中，‘一方居民’一语，有以下定义：

（一）在内地，是指按照内地法律，由于住所、居所、总机构所在地、实际管理机构所在地，或者其他类似的标准，在内地负有纳税义务的人。但是，该用语不包括仅由于来源于内地的所得，在内地负有纳税义务的人。

（二）在香港特别行政区，指：

1. 通常居于香港特别行政区的个人；

2. 在某课税年度内在香港特别行政区逗留超过180天或在连续两个课税年度（其中一个是有关的课税年度）内在香港特别行政区逗留超过300天的个人；

3. 在香港特别行政区成立为法团的公司，或在香港特别行政区以外地区成立为法团而通常是在香港特别行政区进行管理或控制的公司；

4. 根据香港特别行政区的法律组成的其他人，或在香港特别行政区以外组成而通常是在香港特别行政区进行管理或控制的其他人。”

第十条关于“股息”的规定：

“一、一方居民公司支付给另一方居民的股息，可以在该另一方征税。

二、然而，这些股息也可以在支付股息的公司是其居民的一方，按照该一方法律征税。但是，如果股息受益所有人是另一方的居民，则所征税款不应超过：

（一）如果受益所有人是直接拥有支付股息公司至少25%股份的，为股息总额的5%；

（二）在其他情况下，为股息总额的10%。”

《国家税务总局关于〈内地和香港特别行政区关于对所得避免双重征税和防止偷漏税的安排〉有关条文解释和执行问题的通知》（国税函〔2007〕403号）第三条关于“第四条居民”的规定：

“（一）居民的定义及判定

本条款对居民的定义分别按各自法律做出规定。是否为本地居民由双方自行判定。

（二）第四条第一款（二）项，在香港特别行政区，居民是指：

1. 通常居于香港特别行政区的个人，即在香港拥有其本人及家人生活、居住的永久性住所的个人；

2. 在某课税年度内在香港特别行政区逗留超过180天或在连续两个课税年度（其中一个是有关的课税年度）内在香港特别行政区逗留超过300天的个人，即临时在香港工作、居住的个人；

3. 香港法人居民，是指在香港成立的法团公司（包括具有法团地位的公司，下同）；或在香港以外成立的，但通常实际管理或控制中心在香港的法团公司，即公司整体日常业务营运的管理或施行管理层决策，或由董事会制定管理决策等在香港进行（例如外国银行设在香港的分行如并不承担该外国银行整体营运的管理和决策，不应属于享受“安排”待遇的香港居民）。

（三）符合居民条件享受《安排》待遇问题

上述1项所述通常居于香港的居民个人如到其他国家或地区工作，虽然会按照工作所在国或地区法律关于居民标准的规定，构成该国家或地区税收居民，但如其按香港法律规定由于其永久性住所在香港等原因仍是香港永久性居民，仍应享受《安排》待遇。

上述2项所述临时居住于香港的个人在内地取得所得或发生纳税义务时，应按其作为永久性居民所属地执行相关协定（安排）。即，如其仅为香港临时居民，同时也是其他国家或地区永久性居民，则应对其执行中国与该其他国家或地区间税收协定；如中国与该其他国家或地区间没有税收协定，则执行国内法的规定。

对要求享受《安排》待遇的香港居民，尤其是涉及构成其他国家（地区）居民个人或在香港以外地区成立的居民法人，应慎重执行《安排》规定。对其居民身份判定不清的由县以上主管税务机关向上述居民开具《关于请香港特别行政区税务主管当局出具居民身份证明的函》，由纳税人据此向香港税务局申请为其开具香港居民身份证明（身份证明表样附后），或将情况报送税务总局审定。”

《国家税务总局关于执行税收协定股息条款有关问题的通知》（国税函〔2009〕81号）第二条规定：“纳税人需要享受上款规定的税收协定待遇的，应同时符合以下条件：

（一）可享受税收协定待遇的纳税人应是税收协定缔约对方税收居民；

（二）可享受税收协定待遇的纳税人应是相关股息的受益所有人；

（三）可享受税收协定待遇的股息应是按照中国国内税收法律规定确定的股息、红利等权益性投资收益；

（四）国家税务总局规定的其他条件。”

第三条规定：“根据有关税收协定股息条款规定，凡税收协定缔约对方税收居民直接拥有支付股息的中国居民公司一定比例以上资本（一般为25%或10%）的，该对方税收居民取得的股息可按税收协定规定税率征税。该对方税收居民需要享受该税收协定待遇的，应同时符合以下条件：

（一）取得股息的该对方税收居民根据税收协定规定应限于公司；

（二）在该中国居民公司的全部所有者权益和有表决权股份中，该对方税收居民直接拥有的比例均符合规定比例；

（三）该对方税收居民直接拥有该中国居民公司的资本比例，在取得股息前连续 12 个月以内任何时候均符合税收协定规定的比例。”

第五条规定：“纳税人需要按照税收协定股息条款规定纳税的，相关纳税人或扣缴义务人应该取得并保有支持其执行税收协定股息条款规定的信息资料，并按有关规定及时根据税务机关的要求报告或提供。有关的信息资料包括：

（一）由协定缔约对方税务主管当局或其授权代表签发的税收居民身份证明以及支持该证明的税收协定缔约对方国内法律依据和相关事实证据；

（二）纳税人在税收协定缔约对方的纳税情况，特别是与取得由中国居民公司支付股息有关的纳税情况；

（三）纳税人是否构成任一第三方（国家或地区）税收居民；

（四）纳税人是否构成中国税收居民；

（五）纳税人据以取得中国居民公司所支付股息的相关投资（转让）合同、产权凭证、利润分配决议、支付凭证等权属证明；

（六）纳税人在中国居民公司的持股情况；

（七）其他与执行税收协定股息条款规定有关的信息资料。”

根据上述规定，如该香港公司为香港特别行政区的居民企业且为受益所有人的，其从内地被投公司（占 25% 以上）取得的股息所得，可以适用内地和香港特别行政区税收安排待遇，按 5% 计缴企业所得税。企业需要享受税收协定（安排）待遇，应按照《国家税务总局关于发布〈非居民纳税人享受税收协定待遇管理办法〉的公告（国家税务总局公告 2015 年第 60 号）的有关规定办理。

14. 实际管理机构在香港特别行政区的股东，是否可享受香港特别行政区非居民企业税收协定待遇？

问：我公司是外商独资企业，股东为 BVI 法人企业。目前拟对 2015 年未分配利润进行分配。根据《国家税务总局关于发布〈非居民纳税人享受税收协定待遇管理办法〉的公告》（国家税务总局公告 2019 年第 135 号），在我股东 BVI 公司实际管理或控制中心在香港特别行政区的前提下，是否可享受香港特别行政区非居民企业税收协定，按 5% 税率缴纳企业所得税？

答：《国家税务总局关于如何理解和认定税收协定中“受益所有人”的通知》（国税函〔2009〕601 号）第一条规定：“‘受益所有人’是指对所得或所得据以产生的权利或财产具有所有权和支配权的人。‘受益所有人’一般从事实质性的经营活动，可以是个人、公司或其他任何团体。代理人、导管公司等不属于‘受益所有人’。

导管公司是指通常以逃避或减少税收、转移或累积利润等为目的而设立的公司。这类公司仅在所在国登记注册，以满足法律所要求的组织形式，而不从事制造、经销、管理等实质性经营活动。”

第二条规定：“在判定‘受益所有人’身份时，不能仅从技术层面或国内法的角度理解，还应该从税收协定的目的（即避免双重征税和防止偷漏税）出发，按照‘实质重于形式’的原则，结合具体案例的实际情况进行分析和判定。一般来说，下列因素不利于对申请人‘受益所有人’身份的认定：

（一）申请人有义务在规定时间（比如在收到所得的12个月）内将所得的全部或绝大部分（比如60%以上）支付或派发给第三国（地区）居民。

（二）除持有所得据以产生的财产或权利外，申请人没有或几乎没有其他经营活动。

（三）在申请人是公司等实体的情况下，申请人的资产、规模和人员配置较小（或少），与所得数额难以匹配。

（四）对于所得或所得据以产生的财产或权利，申请人没有或几乎没有控制权或处置权，也不承担或很少承担风险。

（五）缔约对方国家（地区）对有关所得不征税或免税，或征税但实际税率极低。

（六）在利息据以产生和支付的贷款合同之外，存在债权人与第三人之间在数额、利率和签订时间等方面相近的其他贷款或存款合同。

（七）在特许权使用费据以产生和支付的版权、专利、技术等使用权转让合同之外，存在申请人与第三人之间在有关版权、专利、技术等的使用权或所有权方面的转让合同。

针对不同性质的所得，通过对上述因素的综合分析，认为申请人不符合本通知第一条规定的，不应将申请人认定为‘受益所有人’。”

第三条规定：“纳税人在申请享受税收协定待遇时，应提供能证明其具有‘受益所有人’身份的与本通知第二条所列因素相关的资料。

各地在审批非居民享受税收协定有关条款待遇的申请时，要按照上述规定处理‘受益所有人’的身份认定问题，必要时可通过信息交换机制确认相关资料。各地在具体执行中应及时总结经验、发现问题，对于疑难案例可层报税务总局（国际税务司）解决。”

根据上述规定，实际上管理或控制中心在香港特别行政区的股东BVI公司，如果能够按照国税函〔2009〕601号文件的规定提供其属于香港特别行政区居民企业，那么可以享受内地与香港特别行政区之间的税收安排待遇。

15. 如何判断一家创投企业能否享受创投企业税收优惠政策？

问：某创业投资企业于2017年3月投资了一家从业人数为260人，资产总额为4 000万元，年销售收入1 000万元的初创科技型企业，请问在2019年度能否享受创业投资企业税收优惠政策？

答：《财政部　税务总局关于实施小微企业普惠性税收减免政策的通知》（财税〔2019〕13号）明确2019年1月1日前2年内发生的投资，自2019年1月1日起投资满2年且符合财税〔2019〕13号和财税〔2018〕55号文件规定的其他条件的，可以适用财税〔2018〕55号文件规定的税收政策。所提的投资时间是2017年3月，属于2019年1月1日前2年内发生的投资，如符合财税〔2019〕13号和财税〔2018〕55号文件规定的其他条件，可以自2019年度开始享受创业投资企业税收优惠政策。

第五部分　弥补亏损

1. 被分立企业的亏损能否由分立企业弥补?

问：A公司为酒类生产公司，分立为A、B两个公司，A公司为存续公司，不再从事生产销售，B公司为分立出去的公司，继续从事酒类的生产、销售，生产设备等全部归B公司，A公司分立时账面确认的可结转下年的亏损额为500万元，可否将其中的400万元亏损额分给B公司?

答:《公司法》第一百七十五条规定:"公司分立，其财产作相应的分割。公司分立，应当编制资产负债表及财产清单。公司应当自作出分立决议之日起十日内通知债权人，并于三十日内在报纸上公告。"

第一百七十六条规定:"公司分立前的债务由分立后的公司承担连带责任。但是，公司在分立前与债权人就债务清偿达成的书面协议另有约定的除外。"

《财政部　国家税务总局关于企业重组业务企业所得税处理若干问题的通知》(财税〔2009〕59号)第一条规定:"本通知所称企业重组，是指企业在日常经营活动以外发生的法律结构或经济结构重大改变的交易，包括企业法律形式改变、债务重组、股权收购、资产收购、合并、分立等。"

"(六)分立，是指一家企业(以下称为被分立企业)将部分或全部资产分离转让给现存或新设的企业(以下称为分立企业)，被分立企业股东换取分立企业的股权或非股权支付，实现企业的依法分立。"

第六条规定:"企业重组符合本通知第五条规定条件的，交易各方对其交易中的股权支付部分，可以按以下规定进行特殊性税务处理:

……

(五)企业分立，被分立企业所有股东按原持股比例取得分立企业的股权，分立企业和被分立企业均不改变原来的实质经营活动，且被分立企业股东在该企业分立发生时取得的股权支付金额不低于其交易支付总额的85%，可以选择按以下规定处理:

……

3. 被分立企业未超过法定弥补期限的亏损额可按分立资产占全部资产的比例进行分配，由分立企业继续弥补。"

根据上述规定，A公司分立为新A、B公司，A公司属于被分立企业，分立时是对

A 公司财产作相应分割，不存在亏损分割事项。如果该分立符合特殊性税务处理条件且选择特殊性税务处理的，A 公司未超过法定弥补期限的亏损额可按分立资产占全部资产的比例进行分配，由分立企业（新 A 公司和 B 公司）继续弥补。

2. 亏损福利企业能否享受残疾人工资加计扣除政策？

问：福利企业为亏损企业的，是否还能享受残疾人工资加计 100% 扣除？

答：根据《企业所得税法》第三十条规定："企业的下列支出，可以在计算应纳税所得额时加计扣除：（一）开发新技术、新产品、新工艺发生的研究开发费用；（二）安置残疾人员及国家鼓励安置的其他就业人员所支付的工资。"

《企业所得税法实施条例》第九十六条规定："企业所得税法第三十条第（二）项所称企业安置残疾人员所支付的工资的加计扣除，是指企业安置残疾人员的，在按照支付给残疾职工工资据实扣除的基础上，按照支付给残疾职工工资的 100% 加计扣除。残疾人员的范围适用《中华人民共和国残疾人保障法》的有关规定。企业所得税法第三十条第（二）项所称企业安置国家鼓励安置的其他就业人员所支付的工资的加计扣除办法，由国务院另行规定。"

《财政部 国家税务总局关于安置残疾人员就业有关企业所得税优惠政策问题的通知》（财税〔2009〕70 号）第一条规定："企业安置残疾人员的，在按照支付给残疾职工工资据实扣除的基础上，可以在计算应纳税所得额时按照支付给残疾职工工资的 100% 加计扣除。

企业就支付给残疾职工的工资，在进行企业所得税预缴申报时，允许据实计算扣除；在年度终了进行企业所得税年度申报和汇算清缴时，再依照本条第一款的规定计算加计扣除。"

第二条规定："残疾人员的范围适用《中华人民共和国残疾人保障法》的有关规定。"

第三条规定："企业享受安置残疾职工工资 100% 加计扣除应同时具备如下条件：

（一）依法与安置的每位残疾人签订了 1 年以上（含 1 年）的劳动合同或服务协议，并且安置的每位残疾人在企业实际上岗工作。

（二）为安置的每位残疾人按月足额缴纳了企业所在区县人民政府根据国家政策规定的基本养老保险、基本医疗保险、失业保险和工伤保险等社会保险。

（三）定期通过银行等金融机构向安置的每位残疾人实际支付了不低于企业所在区县适用的经省级人民政府批准的最低工资标准的工资。

（四）具备安置残疾人上岗工作的基本设施。"

根据上述规定，企业安置残疾人员的，无论是否为福利企业，也无论是否为亏损企业，只要符合上述规定条件的，即可在按照支付给残疾职工工资据实扣除的基础上，可以在计算应纳税所得额时按照支付给残疾职工工资的 100% 加计扣除。

3. 企业股东变更是否影响以前年度可弥补亏损？

问：企业发生股权转让，被收购企业有以前年度的可弥补亏损，在收购后，被收购企业若使用此亏损进行弥补，是否可以正常进行弥补，有无规定限制？企业的股权股东发生变更，对之前的可弥补亏损是否有所限制，法规对此是否有特别的规定？

答：根据《企业所得税法》第六条规定："企业以货币形式和非货币形式从各种来源取得的收入，为收入总额。包括：（一）销售货物收入；（二）提供劳务收入；（三）转让财产收入；（四）股息、红利等权益性投资收益；（五）利息收入；（六）租金收入；（七）特许权使用费收入；（八）接受捐赠收入；（九）其他收入。"

第十八条规定："企业纳税年度发生的亏损，准予向以后年度结转，用以后年度的所得弥补，但结转年限最长不得超过五年。"

《企业所得税法实施条例》第十六条规定："企业所得税法第六条第（三）项所称转让财产收入，是指企业转让固定资产、生物资产、无形资产、股权、债权等财产取得的收入。"

第十条规定："企业所得税法第五条所称亏损，是指企业依照企业所得税法和本条例的规定将每一纳税年度的收入总额减除不征税收入、免税收入和各项扣除后小于零的数额。"

股权转让，涉及股权转让方、被转让方，及被转让股权的企业三方，被转让股权的企业除另有规定外，有关企业所得税纳税事项保持不变。税法范围内的亏损可以用以后年度所得弥补，没有特别规定。

根据上述规定，股权转让，涉及股权转让方、被转让方，及被转让股权的企业三方，被转让股权的企业除另有规定外，有关企业所得税纳税事项保持不变。税法范围内的亏损可以用以后年度所得弥补，没有特别规定。

4. 关联交易调查调整金额能否弥补亏损？

问：我公司材料购进、出口都通过境外关联公司进行。现税务局针对我公司2005—2014 年的关联交易进行调查，现在调查阶段，预计会调整关联交易金额，需补税。关联交易调查调整的金额是分每年进行的。

（1）关联交易调查调整的金额，如果调整当年是亏损的，可否弥补当年亏损？

（2）如果弥补亏损后，有盈利，但我公司当年在"两免三减半"优惠年度，是否可适用"两免三减半"优惠政策？

答：根据《企业所得税法实施条例》第一百二十三条规定，企业与其关联方之间的业务往来，不符合独立交易原则，或者企业实施其他不具有合理商业目的安排的，税务机关有权在该业务发生的纳税年度起 10 年内，进行纳税调整。

《国家税务总局关于印发〈特别纳税调整实施办法（试行）〉的通知》（国税发〔2009〕2 号）第一百零七条规定，税务机关根据《企业所得税法》及其实施条例的规定，对企业做出特别纳税调整的，应对 2008 年 1 月 1 日以后发生交易补征的企业所得税税款，按日加收利息。

《国家税务总局关于查增应纳税所得额弥补以前年度亏损处理问题的公告》（国家税务总局公告 2010 年第 20 号）第一条规定："根据《中华人民共和国企业所得税法》第五条的规定，税务机关对企业以前年度纳税情况进行检查时调增的应纳税所得额，凡企业以前年度发生亏损、且该亏损属于企业所得税法规定允许弥补的，应允许调增的应纳税所得额弥补该亏损。弥补该亏损后仍有余额的，按照企业所得税法规定计算缴纳企业所得税。对检查调增的应纳税所得额应根据其情节，依照《中华人民共和国税收征收管理法》有关规定进行处理或处罚。”

第二条规定：“本规定自2010年12月1日开始执行。以前（含2008年度之前）没有处理的事项，按本规定执行。”

根据上述规定，税务机关对企业关联交易做出特别纳税调整的，检查时调增的应纳税所得额，凡企业以前年度发生亏损且该亏损属于企业所得税法规定允许弥补的，应允许调增的应纳税所得额弥补该亏损。但弥补该亏损后仍有余额的，按照《企业所得税法》规定计算缴纳企业所得税。若企业处于享受“两免三减半”优惠年度，可适用“两免三减半”企业所得税优惠政策。

5. 境外机构资产损失产生亏损可否税前扣除？

问：企业境外营业机构因发生资产损失而产生的亏损，是否可以在计算境内应纳税所得额时扣除？

答：《财政部 国家税务总局关于企业资产损失税前扣除政策的通知》（财税〔2009〕57号）第十二条规定，企业境内、境外营业机构发生的资产损失应分开核算，对境外营业机构由于发生资产损失而产生的亏损，不得在计算境内应纳税所得额时扣除。

6. 减资弥补亏损是否调增应纳税所得额？

问：我公司是一家外商投资企业，现为改善公司财务结构，拟减少实收资本4 000万元。此项减资额不归还股东，直接用来弥补以前年度累积亏损，账务处理如下：

借：实收资本　　40 000 000

　　贷：未分配利润　　40 000 000

该事项是否应调增当年度应纳税所得额？

答：上述事项可以理解为你公司减资后将款项归还给股东，股东再以同样的款项捐赠给你公司用以弥补亏损，根据《企业所得税法》第六条规定，企业以货币形式和非货币形式从各种来源取得的收入，为收入总额，包括九种收入，其中本条第（八）项为接受捐赠收入。

因此，应调增当年度应纳税所得额。

7. 改制前未弥补的亏损可否继续弥补？

问：我单位收购一家设计院，该设计院为国有企业，存在未弥补的亏损。收购后设计院仍然以法人身份存续，设计院改制前未弥补的亏损我单位能否继续弥补？

答：《财政部 国家税务总局关于企业重组业务企业所得税处理若干问题的通知》（财税〔2009〕59号）第四条规定，“企业重组，除符合本通知规定适用特殊性税务处理规定的外，按以下规定进行税务处理：

……

（三）企业股权收购、资产收购重组交易，相关交易应按以下规定处理：

1. 被收购方应确认股权、资产转让所得或损失。

2. 收购方取得股权或资产的计税基础应以公允价值为基础确定。

3. 被收购企业的相关所得税事项原则上保持不变”。

第六条规定，“企业重组符合本通知第五条规定条件的，交易各方对其交易中的股权支付部分，可以按以下规定进行特殊性税务处理：

……

（二）股权收购，收购企业购买的股权不低于被收购企业全部股权的75%，且收购企业在该股权收购发生时的股权支付金额不低于其交易支付总额的85%，可以选择按以下规定处理：

1. 被收购企业的股东取得收购企业股权的计税基础，以被收购股权的原有计税基础确定。

2. 收购企业取得被收购企业股权的计税基础，以被收购股权的原有计税基础确定。

3. 收购企业、被收购企业的原有各项资产和负债的计税基础和其他相关所得税事项保持不变”。

根据上述规定，问题所述收购后仍然以法人身份存续的设计院，即为财税〔2009〕59号文件中“股权收购”方式下的“被收购企业”，不论税务处理为一般税务处理还是特殊税务处理，设计院弥补亏损的企业所得税事项都保持不变，即继续按未被收购之前弥补规定弥补。

8. 待弥补亏损是否应确认递延所得税资产？

问：我企业2016年亏损，亏损额是否需要计提递延所得税资产？

答：《企业会计准则第18号——所得税》第十五条规定，企业对于能够结转以后年度的可抵扣亏损和税款抵减，应当以很可能获得用来抵扣可抵扣亏损和税款抵减的未来应纳税所得额为限，确认相应的递延所得税资产。

《企业所得税法》第十八条规定，企业纳税年度发生的亏损，准予向以后年度结转，用以后年度的所得弥补，但结转年限最长不得超过五年。

根据上述规定，如贵公司在未来五年内有很可能获得可弥补亏损的应纳税所得额，则在亏损发生年度应确认相应的递延所得税资产。

9. 企业所得税季度申报是否可以弥补亏损？

问：我公司上年有亏损，在今年企业所得税季度申报时能否弥补亏损？

答：根据《国家税务总局关于发布〈中华人民共和国企业所得税月（季）度预缴纳税申报表（2018年版）等报表〉的公告》（国家税务总局公告2018年第26号）附件1《中华人民共和国企业所得税月（季）度预缴纳税申报表（A类，2018年版）》中“三、有关项目填报说明”，第8行“弥补以前年度亏损”：填报纳税人截至税款所属期末，按照税收规定在企业所得税税前弥补的以前年度尚未弥补亏损的本年累计金额。

"当本表第3+4-5-6-7行≤0时，本行=0。"

根据上述规定，企业在申报季度企业所得税时，可以按照税收规定在企业所得税前弥补以前年度尚未弥补的亏损额。

10. 子公司变更为分公司亏损如何弥补?

问：如果全资子公司改制成为分公司，子公司以前年度未弥补的企业所得税亏损额能转入总公司继续弥补吗?

答：《财政部 国家税务总局关于企业重组业务企业所得税处理若干问题的通知》（财税〔2009〕59号）第一条规定："本通知所称企业重组，是指企业在日常经营活动以外发生的法律结构或经济结构重大改变的交易，包括企业法律形式改变、债务重组、股权收购、资产收购、合并、分立等。

……

（五）合并，是指一家或多家企业（以下称为被合并企业）将其全部资产和负债转让给另一家现存或新设企业（以下称为合并企业），被合并企业股东换取合并企业的股权或非股权支付，实现两个或两个以上企业的依法合并。"

第六条规定："企业重组符合本通知第五条规定条件的，交易各方对其交易中的股权支付部分，可以按以下规定进行特殊性税务处理：

……

（四）企业合并，企业股东在该企业合并发生时取得的股权支付金额不低于其交易支付总额的85%，以及同一控制下且不需要支付对价的企业合并，可以选择按以下规定处理：

1. 合并企业接受被合并企业资产和负债的计税基础，以被合并企业的原有计税基础确定。

2. 被合并企业合并前的相关所得税事项由合并企业承继。

3. 可由合并企业弥补的被合并企业亏损的限额=被合并企业净资产公允价值×截至合并业务发生当年年末国家发行的最长期限的国债利率。"

根据上述规定，将子公司改制成分公司，属于财税〔2009〕59号文件规定的合并业务，如符合特殊性税务处理的，被合并方未弥补完的亏损可限额结转到合并方继续弥补，不符合特殊性税务处理的，其未弥补完的亏损不能在合并企业结转弥补。

11. 企业筹办期间可以计算为亏损年度吗?

问：企业筹办期间可以计算为亏损年度吗?

答：根据《国家税务总局关于贯彻落实企业所得税法若干税收问题的通知》（国税函〔2010〕79号）第七条关于"企业筹办期间不计算为亏损年度问题"的规定：

"企业自开始生产经营的年度，为开始计算企业损益的年度。企业从事生产经营之前进行筹办活动期间发生筹办费用支出，不得计算为当期的亏损，应按照《国家税务总局关于企业所得税若干税务事项衔接问题的通知》（国税函〔2009〕98号）第九条规定执行。"

根据《国家税务总局关于企业所得税若干税务事项衔接问题的通知》（国税函〔2009〕98 号）第九条，“关于开（筹）办费的处理”的规定：

“新税法中开（筹）办费未明确列作长期待摊费用，企业可以在开始经营之日的当年一次性扣除，也可以按照新税法有关长期待摊费用的处理规定处理，但一经选定，不得改变。

企业在新税法实施以前年度的未摊销完的开办费，也可根据上述规定处理。”

12. 核定征收期间的经营亏损能不能弥补？

问：我公司 2015 年成立，2015—2017 年度采取查账征收，2018 年度采取核定征收，2019 年又转为查账征收，请问 2019 年可以弥补 2018 年度的经营亏损吗？如果不能，那之前的亏损年度如何计算？

答：《企业所得税法》第十八条规定，企业纳税年度发生的亏损，准予向以后年度结转，用以后年度的所得弥补，但结转年限最长不得超过 5 年。

《财政部　税务总局关于延长高新技术企业和科技型中小企业亏损结转年限的通知》（财税〔2018〕76 号）第一条规定，“自 2018 年 1 月 1 日起，当年具备高新技术企业或科技型中小企业资格（以下统称资格）的企业，其具备资格年度之前 5 个年度发生的尚未弥补完的亏损，准予结转以后年度弥补，最长结转年限由 5 年延长至 10 年。”

根据上述规定，企业亏损可以由以后年度的所得弥补，弥补对象仅适用于查账征收的纳税人。一般企业结转年限最长不得超过 5 年，高新技术企业和科技型中小企业最长结转年限由 5 年延长至 10 年。

因此，在核定期间，由于企业对收入、成本费用核算不准确，不能正确计算企业所得税的税基，企业的盈亏不能真实地反映，因而核定期间的亏损也就得不到税务机关的认可。贵公司 2018 年由查账征收改为核定征收，以前年度未弥补的亏损在核定期限内不允许弥补，2019 年由核定征收改回查账征收，在税法规定的亏损弥补期限内，查账征收年度的亏损允许继续弥补，核定征收年度的亏损不得弥补。也就是 2015 年、2016 年、2017 年的亏损允许继续弥补，2018 年可弥补亏损额以 0 计算，但作为一个弥补亏损年度。

13. 政策性搬迁年度弥补亏损期限如何计算？

问：我企业由于政策性搬迁原因，2018 年 1 月至 2019 年 6 月停产，请问，之前的亏损期限如何计算？

答：根据《国家税务总局关于发布〈企业政策性搬迁所得税管理办法〉的公告》（国家税务总局公告 2012 年第 40 号）第十一条规定，企业以前年度发生尚未弥补的亏损的，凡企业由于搬迁停止生产经营无所得的，从搬迁年度次年起，至搬迁完成年度前一年度止，可作为停止生产经营活动年度，从法定亏损结转弥补年限中减除；企业边搬迁、边生产的，其亏损结转年度应连续计算。

由于企业搬迁一般停止正常生产经营活动，会对亏损弥补期限造成影响，因此企业以前年度发生尚未弥补的亏损，从搬迁年度次年起，至搬迁完成年度前一年度止，可作为停止生产经营活动年度，从法定亏损结转弥补年限中减除。您企业 2018 年度处于停产期间，符合上述条件，在 2018 年度汇算清缴申报时，需要在“电子税务局”《基础信息表》（A000000）“216 发生政策性搬迁且停止生产经营无所得年度”，进行勾选，系统将《企业所得税弥补亏损明细表》（A106000）第 1 列“年度”中的 2018 年进行剔除，以确保弥补亏损的连续性。

14. 高新技术企业和科技中小型企业弥补亏损年限延长至 10 年如何理解？

问：高新技术企业和科技中小型企业弥补亏损年限延长至 10 年如何理解？

答：《财政部　税务总局关于延长高新技术企业和科技型中小企业亏损结转年限的通知》（财税〔2018〕76 号，以下简称《通知》）第一条规定：“自 2018 年 1 月 1 日起，当年具备高新技术企业或科技型中小企业资格（以下统称资格）的企业，其具备资格年度之前 5 个年度发生的尚未弥补完的亏损，准予结转以后年度弥补，最长结转年限由 5 年延长至 10 年。”

根据《国家税务总局关于延长高新技术企业和科技型中小企业亏损结转弥补年限有关企业所得税处理问题的公告》（国家税务总局公告 2018 年第 45 号，以下简称《公告》）及其解读规定，举例说明如下：

例如，某企业，2018 年具备高新技术资格，2013 年亏损 300 万元，2014 年亏损 200 万元，2015 年亏损 100 万元，2016 年所得为 0，2017 年所得为 200 万元，2018 年所得为 50 万元。按照《通知》和《公告》规定，无论该企业在 2013—2017 年是否具备资格，2013 年亏损 300 万元，用 2017 年所得 200 万元、2018 年所得 50 万元弥补后，如果 2019—2023 年有所得仍可继续弥补；2014 年企业亏损 200 万元，依次用 2019—2024 年所得弥补；2015 年企业亏损 100 万元，依次用 2019—2025 年所得弥补。

例如：接上例，该企业 2019 年起不具备资格，2019 年亏损 100 万元。其之前 2013—2015 年尚未弥补完的亏损的最长结转年限为 10 年并不受影响。如果该企业在 2024 年之前任一年度重新具备资格，按照《通知》和《公告》规定，2019 年亏损 100 万元准予向以后 10 年结转弥补，即准予依次用 2020—2029 年所得弥补。如果到 2024 年还不具备资格，按照《通知》和《公告》规定，2019 年亏损 100 万元只准予向以后 5 年结转弥补，即依次用 2020—2024 年所得弥补，尚未弥补完的亏损，不允许用 2025—2029 年所得弥补。

15. 高新技术企业和科技中小型企业弥补亏损年限延长至 10 年如何进行申报？

问：我企业 2016 年取得高新技术企业资格，2019 年再次申报没有通过，请问 2019 年可以享受弥补亏损延长 10 年吗？如何进行申报？

答：《财政部　税务总局关于延长高新技术企业和科技型中小企业亏损结转年限的通知》（财税〔2018〕76 号）第一条规定：“自 2018 年 1 月 1 日起，当年具备高新技术企业或科技型中小企业资格（以下统称资格）的企业，其具备资格年度之前 5 个年度发生的尚未弥补完的亏损，准予结转以后年度弥补，最长结转年限由 5 年延长至

10年。”

根据《国家税务总局关于延长高新技术企业和科技型中小企业亏损结转弥补年限有关企业所得税处理问题的公告》（国家税务总局公告2018年第45号，以下简称《公告》）及其解读规定：

目前，高新技术企业和科技型中小企业资格采取不同的管理方法。高新技术企业经过认定后，取得的高新技术企业证书有效期为3年，而科技型中小企业每年评价后，赋予其科技型中小企业入库登记编号。为此，《公告》分别明确了两者具备资格年度的确定方法。

（1）高新技术企业资格年度确定方法。高新技术企业证书注明了发证时间和有效期，为保证企业最大限度享受政策红利，《公告》明确，高新技术企业按照其取得的高新技术企业证书注明的有效期所属年度，确定其具备资格年度。举例说明如下：

例如，某高新技术企业，证书注明发证时间为2018年9月17日，有效期为3年。根据《公告》规定，2018年、2019年、2020年、2021年为具备资格年度。

（2）科技型中小企业资格年度确定方法。科技型中小企业仅有入库登记编号注明的年度，且需在每年3月底前进行评价。为此，《公告》明确，科技型中小企业按照其取得的科技型中小企业入库登记编号注明的年度，确定其具备资格年度。举例说明如下：

例如，某科技型中小企业，2018年5月取得入库登记编号，编号注明的年度为2018年。2019年3月31日之前，没有获得2019年编号。根据《公告》规定，2018年为具备资格年度，可以享受弥补亏损延长10年。

您企业2016年取得高新技术企业证书，虽然2019年没有再次获得，但仍然可以享受弥补亏损延长10年的政策，只是不能在2019年汇算清缴时享受高新技术优惠。在2019年度汇算清缴申报时，需要在“电子税务局”《基础信息表》（A000000）“211-1证书编号1”和“211-3发证时间1”分别填报相关的证书编号和取得时间，系统将《企业所得税弥补亏损明细表》（A106000）第11行第6列“企业类型”自动生成“符合条件的高新技术”企业，2014—2018年度的亏损可以结转10年进行弥补。

第六部分　特殊事项处理

权益投资变动

1. 权益法下长期股权投资收益的税会差异，如何进行企业所得税汇算申报？

问：甲公司 2017 年度投资于乙公司，初始投资金额为 10 000 万元，占股权比例为 30%，采用权益法核算。乙公司 2017 年实现的净利润为 1 000 万元，甲公司 2017 年 12 月 31 日按其持股比例，应确认的投资收益的金额为 300 万元。

会计分录如下：

借：长期股权投资——投资成本　　100 000 000
　贷：银行存款　　100 000 000
借：长期股权投资——损益调整　　3 000 000
　贷：投资收益　　3 000 000

2018 年 4 月 3 日，乙公司股东大会作出利润分配决定拿出净利润的 40% 进行分红，作出利润分配决策，甲公司可以获得 120 万元。8 月 15 日甲公司收到股息款。甲公司按比例应分金额为 204 万元，甲公司到年底由于未得到分红，因此未做账务处理。

借：应收股利　　1 200 000
　贷：长期股权投资——损益调整　　1 200 000
借：银行存款　　1 200 000
　贷：应收股利　　1 200 000

2019 年 1 月 3 日，甲公司将乙公司全部股权转让，售价 10 110 万元（不考虑其他因素），甲公司按照权益法核算的确认的投资损失 70 万元。会计处理分别为：

借：银行存款　　101 100 000
　投资收益　　700 000
　贷：长期股权投资——投资成本　　100 000 000
　　　　　　　　——损益调整　　1 800 000

甲公司以上情况在 2017 年度、2018 年度、2019 年度汇算清缴应如何进行纳税申报？

答：（1）2017 年度，根据《企业所得税法实施条例》第五十六条规定："企业的各项资产，包括固定资产、生物资产、无形资产、长期待摊费用、投资资产、存货等，以历史成本为计税基础。前款所称历史成本，是指企业取得该项资产时实际发生的支出。企业持有各项资产期间资产增值或者减值，除国务院财政、税务主管部门规定可以确认损益外，不得调整该资产的计税基础。"

因此甲公司持有期间在会计处理上确认的投资收益 410 万元，应在汇算清缴时做纳税调减处理。需要填报《投资收益纳税调整明细表》（A105030）如下表所示：

A105030　投资收益纳税调整明细表

行次	项目	持有收益			纳税调整金额
		账载金额	税收金额	纳税调整金额	
		1	2	3（2－1）	11（3＋10）
6	六、长期股权投资	3 000 000	0	－3 000 000	－3 000 000
10	合　计	3 000 000	0	－3 000 000	－3 000 000

（2）2018 年度，根据《国家税务总局关于贯彻落实企业所得税法若干税收问题的通知》（国税函〔2010〕79 号）第四条规定，"关于股息、红利等权益性投资收益收入确认问题。

企业权益性投资取得股息、红利等收入，应以被投资企业股东会或股东大会作出利润分配或转股决定的日期，确定收入的实现"。

《企业所得税法》第二十六条规定，"企业的下列收入为免税收入：（一）国债利息收入；（二）符合条件的居民企业之间的股息、红利等权益性投资收益……"

在企业所得税上，应以被投资企业（乙公司）股东大会作出利润分配决定的日期，确定投资收益的实现，甲公司会计上无需再确认投资收益 120 万元，但在税收上需要确认。因此在 2018 年汇算清缴时，应做纳税调增 120 万元，同时，根据《企业所得税法》第二十六条规定，该项投资收益符合居民企业之间的股息、红利等权益性投资收益，可以享受免征企业所得税收入优惠。应当填报年度纳税申报表《投资收益纳税调整明细表》（A105030）和《符合条件的居民企业之间的股息、红利等权益性投资收益优惠明细表》（A107011）等如下表所示：

A105030　投资收益纳税调整明细表

行次	项目	持有收益			纳税调整金额
		账载金额	税收金额	纳税调整金额	
		1	2	3（2－1）	11（3＋10）
6	六、长期股权投资	0	1 200 000	1 200 000	1 200 000
10	合　计	0	1 200 000	1 200 000	1 200 000

A107011　符合条件的居民企业之间的股息、红利等权益性投资收益优惠明细表

行次	被投资企业	投资成本	投资比例	被投资企业利润分配确认金额		合计
				被投资企业做出利润分配或转股决定时间	依决定归属于本公司的股息、红利等权益性投资收益金额	
	1	4	5	6	7	17
1	乙公司	100 000 000	30%	2 018.4	1 200 000	1 200 000

(3) 2019年度对于股权处置事项，会计上虽然处理为“投资损失”（10 110 - 10 180 = -70万元），但在税法上却不同。根据《企业所得税法实施条例》第七十一条规定，“投资资产按照以下方法确定成本：(一) 通过支付现金方式取得的投资资产，以购买价款为成本；(二) 通过支付现金以外的方式取得的投资资产，以该资产的公允价值和支付的相关税费为成本”。因此，该长期股权投资的计税基础为10 000万元。税法上对于长期股权投资的处置确认的投资收益 = 长期股权投资的处置净收入 - 按税法规定确定的被处置长期股权投资的计税基础 = 10 110 - 10 000 = 110（万元）

对于股权处置时产生的税会差异，当税收计算的处置所得为正数时，需要填报《投资收益纳税调整明细表》(A105030) 如下表所示，进行纳税调整。

A105030　投资收益纳税调整明细表

行次	项目	持有收益			处置收益							纳税调整金额
		账载金额	税收金额	纳税调整金额	会计确认的处置收入	税收计算的处置收入	处置投资的账面价值	处置投资的计税基础	会计确认的处置所得或损失	税收计算的处置所得	纳税调整金额	
		1	2	3 (2 - 1)	4	5	6	7	8 (4 - 6)	9 (5 - 7)	10 (9 - 8)	11 (3 + 10)
6	六、长期股权投资				101 100 000	101 100 000	101 800 000	100 000 000	-700 000	1 100 000	1 800 000	1 800 000
10	合计				101 100 000	101 100 000	101 800 000	100 000 000	-700 000	1 100 000	1 800 000	1 800 000

2. 中外合资企业以自有资金对外投资设立子公司是否涉及预提所得税？

问：我们是一家外商投资的合资企业，外方占股为60%。我们公司现金流很充足，想要以自有资金（不是利润）在境内投资设立一家新的子公司。自有资金的来源不是公司的利润（我们的利润几乎都分配完毕），其主要来源是固定资产的折旧现金（因前两年投了大量的固定资产而产生的折旧）、应收账款和应付账款的差异、盈余公积等。

那么：

(1) 我们公司是否必须要将盈余公积转增资本后才能再投资？这时是否涉及10%分红预提所得税？

（2）假如上述自有资金不用转增资本直接可以再投资时，税务机关是否有可能认定为公司利润的再投资而代扣代缴10%预提所得税？因为这项投资可能会影响今后利润的汇出。

答：《中外合资经营企业法》第四条第一款规定，“合营企业的形式为有限责任公司”。

《公司法》第二条规定，“本法所称公司是指依照本法在中国境内设立的有限责任公司和股份有限公司”。

第十四条第二款规定，“公司可以设立子公司，子公司具有法人资格，依法独立承担民事责任”。

第二十七条规定，“股东可以用货币出资，也可以用实物、知识产权、土地使用权等可以用货币估价并可以依法转让的非货币财产作价出资；但是，法律、行政法规规定不得作为出资的财产除外。

对作为出资的非货币财产应当评估作价，核实财产，不得高估或者低估作价。法律、行政法规对评估作价有规定的，从其规定”。

根据上述文件规定，贵公司为中外合资企业，属于有限责任公司，应遵守公司法的规定。根据公司法规定，贵公司可以设立子公司，并且可以货币或实物、知识产权、土地使用权等非货币财产出资设立子公司。贵公司设立子公司，不要求贵公司将盈余公积转增资本。

《企业所得税法实施条例》第十七条规定，“企业所得税法第六条第（四）项所称股息、红利等权益性投资收益，是指企业因权益性投资从被投资方取得的收入。

股息、红利等权益性投资收益，除国务院财政、税务主管部门另有规定外，按照被投资方作出利润分配决定的日期确认收入的实现”。

第一百一十九条第三款规定，“企业所得税法第四十六条所称权益性投资，是指企业接受的不需要偿还本金和支付利息，投资人对企业净资产拥有所有权的投资”。

因此，贵公司以货币出资设立子公司，是进行权益性投资行为，不属于贵公司利润分配事项，对于贵公司的外方股东而言，未取得股息、红利所得，不涉及预提所得税。

《国家税务总局关于扩大境外投资者以分配利润直接投资暂不征收预提所得税政策适用范围有关问题的公告》（国家税务总局公告2018年第53号）规定：

“一、境外投资者以分得的利润用于补缴其在境内居民企业已经认缴的注册资本，增加实收资本或资本公积的，属于符合‘新增或转增中国境内居民企业实收资本或者资本公积’情形。

二、境外投资者按照金融主管部门的规定，通过人民币再投资专用存款账户划转再投资资金，并在相关款项从利润分配企业账户转入境外投资者人民币再投资专用存款账户的当日，再由境外投资者人民币再投资专用存款账户转入被投资企业或股权转让方账户的，视为符合‘境外投资者用于直接投资的利润以现金形式支付的，相关款项从利润分配企业的账户直接转入被投资企业或股权转让方账户，在直接投资前不得在境内外其他账户周转’的规定。”

《财政部　国家发展和改革委员会　国家税务总局　商务部关于扩大境外投资者以

分配利润直接投资暂不征收预提所得税政策适用范围的通知》（财税〔2018〕102号）规定：

"一、对境外投资者从中国境内居民企业分配的利润，用于境内直接投资暂不征收预提所得税政策的适用范围，由外商投资鼓励类项目扩大至所有非禁止外商投资的项目和领域。

二、境外投资者暂不征收预提所得税须同时满足以下条件：

（一）境外投资者以分得利润进行的直接投资，包括境外投资者以分得利润进行的增资、新建、股权收购等权益性投资行为，但不包括新增、转增、收购上市公司股份（符合条件的战略投资除外）。具体是指：

1. 新增或转增中国境内居民企业实收资本或者资本公积；

2. 在中国境内投资新建居民企业；

3. 从非关联方收购中国境内居民企业股权；

4. 财政部、税务总局规定的其他方式。

境外投资者采取上述投资行为所投资的企业统称为被投资企业。

（二）境外投资者分得的利润属于中国境内居民企业向投资者实际分配已经实现的留存收益而形成的股息、红利等权益性投资收益。

（三）境外投资者用于直接投资的利润以现金形式支付的，相关款项从利润分配企业的账户直接转入被投资企业或股权转让方账户，在直接投资前不得在境内外其他账户周转；境外投资者用于直接投资的利润以实物、有价证券等非现金形式支付的，相关资产所有权直接从利润分配企业转入被投资企业或股权转让方，在直接投资前不得由其他企业、个人代为持有或临时持有。

三、境外投资者符合本通知第二条规定条件的，应按照税收管理要求进行申报并如实向利润分配企业提供其符合政策条件的资料。利润分配企业经适当审核后认为境外投资者符合本通知规定的，可暂不按照企业所得税法第三十七条规定扣缴预提所得税，并向其主管税务机关履行备案手续。

四、税务部门依法加强后续管理。境外投资者已享受本通知规定的暂不征收预提所得税政策，经税务部门后续管理核实不符合规定条件的，除属于利润分配企业责任外，视为境外投资者未按照规定申报缴纳企业所得税，依法追究延迟纳税责任，税款延迟缴纳期限自相关利润支付之日起计算。

五、境外投资者按照本通知规定可以享受暂不征收预提所得税政策但未实际享受的，可在实际缴纳相关税款之日起三年内申请追补享受该政策，退还已缴纳的税款。

六、境外投资者通过股权转让、回购、清算等方式实际收回享受暂不征收预提所得税政策待遇的直接投资，在实际收取相应款项后7日内，按规定程序向税务部门申报补缴递延的税款。

七、境外投资者享受本通知规定的暂不征收预提所得税政策待遇后，被投资企业发生重组符合特殊性重组条件，并实际按照特殊性重组进行税务处理的，可继续享受暂不征收预提所得税政策待遇，不按本通知第六条规定补缴递延的税款。"

根据上述规定，贵公司的境外投资者从中国境内居民企业分配的利润，直接投资于非禁止外商投资的项目和领域，凡符合规定条件的，实行递延纳税政策，暂不征收预提所得税。

3. 按权益法核算确认的投资收益是否缴纳企业所得税？

问：原全资子公司，通过增资扩股方式吸收第三方合作后，我公司不再具有控制权，长期股权投资由原成本法核算（并表）转变为按权益法核算（不并表），年末对长期股权投资按权益法确认的投资收益，是否需要申报缴纳所得税？

答：《企业所得税法实施条例》第十七条规定，"企业所得税法第六条第（四）项所称股息、红利等权益性投资收益，是指企业因权益性投资从被投资方取得的收入。

股息、红利等权益性投资收益，除国务院财政、税务主管部门另有规定外，按照被投资方作出利润分配决定的日期确认收入的实现"。

《国家税务总局关于贯彻落实企业所得税法若干税收问题的通知》（国税函〔2010〕79号）第四条关于股息、红利等权益性投资收益收入确认问题规定，"企业权益性投资取得股息、红利等收入，应以被投资企业股东会或股东大会作出利润分配或转股决定的日期，确定收入的实现"。

根据上述文件的规定，贵公司采用权益法核算的长期股权投资确认的投资收益，不需要申报缴纳企业所得税，在被投资企业做出利润分配的日期，确认收入的实现。

需要提醒的是，居民企业直接投资于其他居民企业取得的投资收益是免税的。

《企业所得税法》第二十六条第（二）款规定，"符合条件的居民企业之间的股息、红利等权益性投资收益为免税收入"。

《企业所得税法实施条例》第八十三条规定，"企业所得税法第二十六条第（二）项所称符合条件的居民企业之间的股息、红利等权益性投资收益，是指居民企业直接投资于其他居民企业取得的投资收益。企业所得税法第二十六条第（二）项和第（三）项所称股息、红利等权益性投资收益，不包括连续持有居民企业公开发行并上市流通的股票不足12个月取得的投资收益"。

4. 股权转让形成的收益如何缴纳企业所得税？

问：我公司3年前对某公司投资300万元占全部股本的6%，期间没有分红。今年5月把持有的股权全部转让，收到转让款700万元。

（1）投资收益400万元是否纳入应纳税所得额？这部分在被投资企业已经缴过企业所得税。

（2）如果这400万元需要缴税，还有哪些是收益的减项？

答：《国家税务总局关于贯彻落实企业所得税法若干税收问题的通知》（国税函〔2010〕79号）第三条"关于股权转让所得确认和计算问题"规定，"企业转让股权收入，应于转让协议生效、且完成股权变更手续时，确认收入的实现。转让股权收入扣除为取得该股权所发生的成本后，为股权转让所得。企业在计算股权转让所得时，不得扣除被投资企业未分配利润等股东留存收益中按该项股权所可能分配的金额"。

《财政部　国家税务总局关于企业清算业务企业所得税处理若干问题的通知》（财

税〔2009〕60号）第五条规定，“被清算企业的股东分得的剩余资产的金额，其中相当于被清算企业累计未分配利润和累计盈余公积中按该股东所占股份比例计算的部分，应确认为股息所得；剩余资产减除股息所得后的余额，超过或低于股东投资成本的部分，应确认为股东的投资转让所得或损失”。

《国家税务总局关于企业所得税若干问题的公告》（国家税务总局公告2011年第34号）第五条“投资企业撤回或减少投资的税务处理”规定，“投资企业从被投资企业撤回或减少投资，其取得的资产中，相当于初始出资的部分，应确认为投资收回；相当于被投资企业累计未分配利润和累计盈余公积按减少实收资本比例计算的部分，应确认为股息所得；其余部分确认为投资资产转让所得”。

根据上述文件的规定，只有被投资企业清算或投资企业撤资、减资情形下，投资收益400万元才能区分为股息所得和投资资产转让所得两部分；投资企业转让股权的，不能区分。在计算股权转让所得时，只能扣除取得该股权所发生的成本，不得扣除被投资企业未分配利润等股东留存收益中按该项股权所可能分配的金额。同时，股权转让所得400万元，不是单独计税，应计入当年的收入总额，可以扣除股权转让过程发生各种的税费、股权投资借款利息等项目，并入当年的应纳税所得额，缴纳企业所得税。

5. 境外子公司直接将利润转增资本是否涉及缴税?

问：境外全资子公司利润不汇回境内母公司，而是直接转增子公司的实收资本，母公司对于转增资本的利润是否要缴税?

答：《企业所得税法》第三条规定，“居民企业应当就其来源于中国境内、境外的所得缴纳企业所得税”。

第二十四条规定，“居民企业从其直接或者间接控制的外国企业分得的来源于中国境外的股息、红利等权益性投资收益，外国企业在境外实际缴纳的所得税税额中属于该项所得负担的部分，可以作为该居民企业的可抵免境外所得税税额，在本法第二十三条规定的抵免限额内抵免”。

《企业所得税法实施条例》第七十七条规定，“企业所得税法第二十三条所称已在境外缴纳的所得税税额，是指企业来源于中国境外的所得依照中国境外税收法律以及相关规定应当缴纳并已经实际缴纳的企业所得税性质的税款”。

《国家税务总局关于贯彻落实企业所得税法若干税收问题的通知》（国税函〔2010〕79号）第四条关于股息、红利等权益性投资收益收入确认问题规定，“企业权益性投资取得股息、红利等收入，应以被投资企业股东会或股东大会作出利润分配或转股决定的日期，确定收入的实现。

被投资企业将股权（票）溢价所形成的资本公积转为股本的，不作为投资方企业的股息、红利收入，投资方企业也不得增加该项长期投资的计税基础”。

根据上述文件的规定，境外被投资企业用未分配利润直接增资，应作为境内投资企业的股息所得，于转股决定日确认该项收入。如果依照境外税收法律以及相关规定应当缴纳并已经实际缴纳的企业所得税性质的税款，可以作为可抵免境外所得税税额。

6. 以股权对外投资能否分期缴纳企业所得税？

问：以股权对外投资取得的投资收益可否分期计入应纳税所得额计缴企业所得税，何种情况下可分期？需要办理哪些申请手续？

答：《财政部 国家税务总局关于非货币性资产投资企业所得税政策问题的通知》（财税〔2014〕116 号）第一条规定，“居民企业（以下简称企业）以非货币性资产对外投资确认的非货币性资产转让所得，可在不超过 5 年期限内，分期均匀计入相应年度的应纳税所得额，按规定计算缴纳企业所得税”。

第四条规定，“企业在对外投资 5 年内转让上述股权或投资收回的，应停止执行递延纳税政策，并就递延期内尚未确认的非货币性资产转让所得，在转让股权或投资收回当年的企业所得税年度汇算清缴时，一次性计算缴纳企业所得税；企业在计算股权转让所得时，可按本通知第三条第一款规定将股权的计税基础一次调整到位。

企业在对外投资 5 年内注销的，应停止执行递延纳税政策，并就递延期内尚未确认的非货币性资产转让所得，在注销当年的企业所得税年度汇算清缴时，一次性计算缴纳企业所得税”。

第五条规定，“本通知所称非货币性资产，是指现金、银行存款、应收账款、应收票据以及准备持有至到期的债券投资等货币性资产以外的资产。

本通知所称非货币性资产投资，限于以非货币性资产出资设立新的居民企业，或将非货币性资产注入现存的居民企业”。

《国家税务总局关于非货币性资产投资企业所得税有关征管问题的公告》（国家税务总局公告 2015 年第 33 号）第四条规定，企业选择适用本公告第一条规定进行税务处理的，应在非货币性资产转让所得递延确认期间每年企业所得税汇算清缴时，填报《中华人民共和国企业所得税年度纳税申报表》（A 类，2014 年版）中《重组纳税调整明细表》（A105100）第 13 行“其中：以非货币性资产对外投资”的相关栏目，并向主管税务机关报送《非货币性资产投资递延纳税调整明细表》（根据《国家税务总局关于发布〈中华人民共和国企业所得税年度纳税申报表（A 类，2017 年版）〉的公告》（国家税务总局公告 2017 年第 54 号），原《重组纳税调整明细表》（A105100）已修订为《企业重组递延及纳税事项纳税调整明细表》（A105100），第 13 行“其中：以非货币性资产对外投资”已调整为第 12 行“六、非货币性资产对外投资”）。

第五条规定，“企业应将股权投资合同或协议、对外投资的非货币性资产（明细）公允价值评估确认报告、非货币性资产（明细）计税基础的情况说明、被投资企业设立或变更的工商部门证明材料等资料留存备查，并单独准确核算税法与会计差异情况。

主管税务机关应加强企业非货币性资产投资递延纳税的后续管理”。

根据上述文件的规定，企业以非货币性资产对外投资取得的股权，在 5 年内不发生转让或变动收回的，取得的投资收益可分期确认收入。企业如果选择股权转让投资收益分期确认收入，不需事前申请，但应在递延确认期间每年企业所得税汇算清缴时，按照国家税务总局公告 2015 年第 33 号第四条、第五条的规定办理，另外有关具体办理程序方面的事宜请直接向主管税务机关咨询。

7. 增资扩股、稀释股权是否缴纳所得税？

问：企业增资扩股、稀释股权，是否缴纳企业所得税？

答：《企业所得税法》第六条及实施条例相关条款规定了企业所得税收入的不同类型。企业增资扩股（稀释股权），是企业股东投资行为，可直接增加企业的实收资本（股本），没有取得企业所得税应税收入，不作为企业应税收入征收企业所得税，也不存在征税问题。

8. 盈余公积增加注册资本是否缴纳企业所得税？

问：我公司是一家中外合资企业，2009—2017 年的盈余公积为 3 573 万元人民币。由于要增加生产线，2018 年董事会用 2009—2017 年的盈余公积增加注册资本 2 400 万元人民币。那么：

（1）我公司是否因增资需要缴纳企业所得税？

（2）外方为非居民企业，在中国没有办事机构，我公司是否因增资为其代扣代缴纳企业所得税？

答：（1）企业用盈余公积增资可以理解为先用盈余公积对股东进行分配，而后股东再以相同金额对公司增资。企业无论是分配盈余公积还是接受投资，均不是企业所得税的纳税人，不涉及申报缴纳企业所得税。

（2）《国家税务总局关于贯彻落实企业所得税法若干税收问题的通知》（国税函〔2010〕79 号）第四条规定，"企业权益性投资取得股息、红利等收入，应以被投资企业股东会或股东大会作出利润分配或转股决定的日期，确定收入的实现。

被投资企业将股权（票）溢价所形成的资本公积转为股本的，不作为投资方企业的股息、红利收入，投资方企业也不得增加该项长期投资的计税基础"。

《财政部　国家发展和改革委员会　国家税务总局　商务部关于扩大境外投资者以分配利润直接投资暂不征收预提所得税政策适用范围的通知》（财税〔2018〕102 号）规定：

"一、对境外投资者从中国境内居民企业分配的利润，用于境内直接投资暂不征收预提所得税政策的适用范围，由外商投资鼓励类项目扩大至所有非禁止外商投资的项目和领域。

二、境外投资者暂不征收预提所得税须同时满足以下条件：

（一）境外投资者以分得利润进行的直接投资，包括境外投资者以分得利润进行的增资、新建、股权收购等权益性投资行为，但不包括新增、转增、收购上市公司股份（符合条件的战略投资除外）。具体是指：

1. 新增或转增中国境内居民企业实收资本或者资本公积；

2. 在中国境内投资新建居民企业；

3. 从非关联方收购中国境内居民企业股权；

4. 财政部、税务总局规定的其他方式。

境外投资者采取上述投资行为所投资的企业统称为被投资企业。

（二）境外投资者分得的利润属于中国境内居民企业向投资者实际分配已经实现的留存收益而形成的股息、红利等权益性投资收益。

（三）境外投资者用于直接投资的利润以现金形式支付的，相关款项从利润分配企业的账户直接转入被投资企业或股权转让方账户，在直接投资前不得在境内外其他账户周转；境外投资者用于直接投资的利润以实物、有价证券等非现金形式支付的，相关资产所有权直接从利润分配企业转入被投资企业或股权转让方，在直接投资前不得由其他企业、个人代为持有或临时持有。

三、境外投资者符合本通知第二条规定条件的，应按照税收管理要求进行申报并如实向利润分配企业提供其符合政策条件的资料。利润分配企业经适当审核后认为境外投资者符合本通知规定的，可暂不按照企业所得税法第三十七条规定扣缴预提所得税，并向其主管税务机关履行备案手续。

四、税务部门依法加强后续管理。境外投资者已享受本通知规定的暂不征收预提所得税政策，经税务部门后续管理核实不符合规定条件的，除属于利润分配企业责任外，视为境外投资者未按照规定申报缴纳企业所得税，依法追究延迟纳税责任，税款延迟缴纳期限自相关利润支付之日起计算。

五、境外投资者按照本通知规定可以享受暂不征收预提所得税政策但未实际享受的，可在实际缴纳相关税款之日起三年内申请追补享受该政策，退还已缴纳的税款。

六、境外投资者通过股权转让、回购、清算等方式实际收回享受暂不征收预提所得税政策待遇的直接投资，在实际收取相应款项后 7 日内，按规定程序向税务部门申报补缴递延的税款。

七、境外投资者享受本通知规定的暂不征收预提所得税政策待遇后，被投资企业发生重组符合特殊性重组条件，并实际按照特殊性重组进行税务处理的，可继续享受暂不征收预提所得税政策待遇，不按本通知第六条规定补缴递延的税款。”

根据上述文件的规定，对于转股决定，企业应作为分配利润处置。对境外投资者取得的增资股权，如果符合规定条件的，实行递延纳税政策，暂不征收预提所得税。如果不符合规定的，贵公司应按照《企业所得税法》和《国家税务总局关于非居民企业所得税源泉扣缴有关问题的公告》（国家税务总局公告 2017 年第 37 号）的规定，视同分配代扣代缴相应的股息、红利企业所得税。同时应注意，如果双边税收协定有特殊规定，应依照协定与所得税法孰优原则选择享受相应优惠。

9. 企业取得股东划入资产是否缴纳企业所得税？

问：B 公司是 A 公司的全资子公司，因业务重整，现 A 公司将房产无偿划转给 B 公司，B 公司取得该房产是否缴纳企业所得税？

答：《财政部　国家税务总局关于促进企业重组有关企业所得税处理问题的通知》（财税〔2014〕109 号）第三条关于股权、资产划转规定，“对 100% 直接控制的居民企业之间，以及受同一或相同多家居民企业 100% 直接控制的居民企业之间按账面净值划转股权或资产，凡具有合理商业目的、不以减少、免除或者推迟缴纳税款为主要目的，股权或资产划转后连续 12 个月内不改变被划转股权或资产原来实质性经营活动，且划出方企业和划入方企业均未在会计上确认损益的，可以选择按以下规定进行特殊性税务处理：

1. 划出方企业和划入方企业均不确认所得。

2. 划入方企业取得被划转股权或资产的计税基础，以被划转股权或资产的原账面净值确定。

3. 划入方企业取得的被划转资产，应按其原账面净值计算折旧扣除”。

《国家税务总局关于资产（股权）划转企业所得税征管问题的公告》（国家税务总局公告2015年第40号）第一条第（三）项规定，“100%直接控制的母子公司之间，母公司向子公司按账面净值划转其持有的股权或资产，母公司没有获得任何股权或非股权支付。母公司按冲减实收资本（包括资本公积，下同）处理，子公司按接受投资处理”。

根据上述文件的规定，如果A公司向B公司无偿划转房产协议约定，符合财税〔2014〕109号规定，划出方企业和划入方企业均未在会计上确认损益，B公司可以对划入房产的计税基础按原账面净值确定，不确认所得，不缴纳企业所得税。

10. 超过资本金计入资本公积的投资额是否缴纳企业所得税？

问：股东超过资本金的投入，计入资本公积后，是否缴纳所得税？股东要从资本公积中退出资金，是否缴纳企业所得税？

答：《企业会计准则应用指南》附录会计科目和主要账务处理规定：

“实收资本

一、本科目核算企业接受投资者投入的实收资本。

股份有限公司应将本科目改为“4001股本”科目。

企业收到投资者出资超过其在注册资本或股本中所占份额的部分，作为资本溢价或股本溢价，在“资本公积”科目核算。”

《企业所得税法》第六条规定，“企业以货币形式和非货币形式从各种来源取得的收入，为收入总额。包括：

（一）销售货物收入；

（二）提供劳务收入；

（三）转让财产收入；

（四）股息、红利等权益性投资收益；

（五）利息收入；

（六）租金收入；

（七）特许权使用费收入；

（八）接受捐赠收入；

（九）其他收入”。

根据上述规定，股东出资超过其注册资本或股本中所占份额部分，计入资本公积。该项资金属于股东对被投资企业的投入，不属于被投资企业的收入总额，不需要缴纳企业所得税。

根据《公司法》第一百七十八条规定，“被投资企业可以减少注册资本”。

《国家税务总局关于企业所得税若干问题的公告》（国家税务总局公告 2011 年第 34 号）第五条规定：“投资企业从被投资企业撤回或减少投资，其取得的资产中，相当于初始出资的部分，应确认为投资收回；相当于被投资企业累计未分配利润和累计盈余公积按减少实收资本比例计算的部分，应确认为股息所得；其余部分确认为投资资产转让所得。被投资企业发生的经营亏损，由被投资企业按规定结转弥补；投资企业不得调整减低其投资成本，也不得将其确认为投资损失。”被投资企业减少注册资本的，股东取得减资额应按上述规定计缴企业所得税。

11. 新股东增资引起老股东账面投资收益增加是否涉税？

问：根据会计核算规定，新股东增资对按照权益法核算的老股东账面会可能形成投资成本转出，并形成相应的投资损益，该部分投资损益企业所得税如何处理？

答：《企业所得税法实施条例》第十六条规定，“企业所得税法第六条第（三）项所称转让财产收入，是指企业转让固定资产、生物资产、无形资产、股权、债权等财产取得的收入”。

第十七条规定，“企业所得税法第六条第（四）项所称股息、红利等权益性投资收益，是指企业因权益性投资从被投资方取得的收入。

股息、红利等权益性投资收益，除国务院财政、税务主管部门另有规定外，投资方作出利润分配决定的日期确认收入的实现”。

第五十六条规定，“企业的各项资产，包括固定资产、生物资产、无形资产、费用、投资资产、存货等，以历史成本为计税基础。

前款所称历史成本，是指企业取得该项资产时实际发生的支出。

企业持有各项资产期间资产增值或者减值，除国务院财政、税务主管部门规定可以确认损益外，不得调整该资产的计税基础”。

第七十一条规定，“企业所得税法第十四条所称投资资产，是指企业对外进行权益性投资和债权性投资形成的资产。

企业在转让或者处置投资资产时，投资资产的成本，准予扣除。

投资资产按照以下方法确定成本：

（一）通过支付现金方式取得的投资资产，以购买价款为成本；

（二）通过支付现金以外的方式取得的投资资产，以该资产的公允价值和支付的相关税费为成本”。

根据上述文件的规定，仅发生新股东增资，被投资企业未作利润分配的，对于原股东而言，也不涉及股权转让事项，其持有的股权投资成本不发生改变。因此，原股东会计上确认的投资损益，不计入原股东应纳税所得额，不涉及企业所得税；会计上确认投资收益的，应作纳税调减，会计上确认投资亏损的，应作纳税调增。

12. 捆绑转让能否捆绑计算转让所得？

问：某总公司下属甲、乙、丙三家全资子公司捆绑转让，三家子公司可否捆绑转让来计算转让所得，如：某总公司下属甲、乙、丙三家子公司，甲公司净资产为负数（即资产总额减负债总额后为负数）；乙公司净资产亦为负数；丙公司资产总额大于负债总额，净资产为正数。假设转让价无偏低情况下，单个公司计算转让所得和捆绑计算转让所得，其结果是不一样：则甲、乙公司净资产为负数而无转让所得，丙公司净资产为正数，有转让所得。而将三家子公司捆绑转让，三家子公司净资产互相冲抵后，结果为零。故以一元价值打包转让给其投资人，这种转让方式是否符合税法规定？

答：《企业所得税法》第五十三条规定，“企业所得税按纳税年度计算。纳税年度自公历1月1日起至12月31日止。企业在一个纳税年度中间开业，或者终止经营活动，使该纳税年度的实际经营期不足十二个月的，应当以其实际经营期为一个纳税年度。

捆绑转让，如果资产转让所得或者损失属于同一纳税年度的，应并入当年的应纳税所得额缴纳企业所得税；如果同一纳税年度内，捆绑资产既有转让所得，又有转让损失的，应按规定分别申报计入当年的应纳税所得额；如果资产转让所得或者损失不属于同一纳税年度的，应分别计算，并入相应纳税年度的应纳税所得额，不得捆绑计算转让所得”。

13. 生产企业转型为贸易企业处置生产设备如何进行税务处理？

问：有一外资企业，由于市场问题，决定转为贸易型企业，转型后，成立十年的生产企业是否影响已免的所得税？生产型企业转为贸易型企业是否需要到工商变更？是否需清算再转型？

答：关于享受定期减免税优惠的外商投资企业在2008年后条件发生变化的处理。《国家税务总局关于外商投资企业和外国企业原有若干税收优惠政策取消后有关事项处理的通知》（国税发〔2008〕23号）规定，“外商投资企业按照《中华人民共和国外商投资企业和外国企业所得税法》规定享受定期减免税优惠，2008年后，企业生产经营业务性质或经营期发生变化，导致其不符合《中华人民共和国外商投资企业和外国企业所得税法》规定条件的，仍应依据《中华人民共和国外商投资企业和外国企业所得税法》规定补缴其此前（包括在优惠过渡期内）已经享受的定期减免税税款。各主管税务机关在每年对这类企业进行汇算清缴时，应对其经营业务内容和经营期限等变化情况进行审核”。

《中华人民共和国外商投资企业和外国企业所得税法》第八条规定，“对生产性外商投资企业，经营期在十年以上的，从开始获利的年度起，第一年和第二年免征企业所得税，第三年至第五年减半征收企业所得税，但是属于石油、天然气、稀有金属、贵重金属等资源开采项目的，由国务院另行规定。外商投资企业实际经营期不满十年的，应当补缴已免征、减征的企业所得税税款”。

因此，如果生产性经营不在十年以上，外资企业转为贸易型企业，即为企业生产经营业务性质发生变化，导致其不符合《中华人民共和国外商投资企业和外国企业所得税法》规定条件的，应依据《中华人民共和国外商投资企业和外国企业所得税法》规定补缴其此前（包括在优惠过渡期内）已经享受的定期减免税税款。经营期十年以上转型的，不需补缴已减免税款。

生产型企业转为贸易型企业需到工商变更经营范围，无须进行清算。

14. 接受母公司划入资金如何进行所得税处理？

问：因子公司经营亏损，集团公司拟划入资金 1 000 万元，合同约定做增资处理，计入资本公积，未计入实收资本，故没有工商变更登记。子公司对于上述划入资金，应如何处理？

答：《财政部关于做好执行会计准则企业 2008 年年报工作的通知》（财会函〔2008〕60 号）规定："企业接受的捐赠和债务豁免，按照会计准则规定符合确认条件的，通常应当确认为当期收益。如果接受控股股东或控股股东的子公司直接或间接的捐赠，从经济实质上判断属于控股股东对企业的资本性投入，应作为权益性交易，相关利得计入所有者权益（资本公积）。"

《国家税务总局关于企业所得税应纳税所得额若干问题的公告》（国家税务总局公告 2014 年第 29 号）第二条第（一）项规定，"企业接收股东划入资产，凡合同、协议约定作为资本金（包括资本公积）且在会计上已做实际处理的，不计入企业的收入总额，企业应按公允价值确定该项资产的计税基础"。

根据上述文件的规定，既有股东发生的从经济实质上判断属于控股股东对企业的资本性投入，子公司会计上可以记入"资本公积"科目，并未要求必须进行工商登记。对符合规定的股东划入资产，可以按国家税务总局 2014 年第 29 号公告规定进行企业所得税处理。

15. 如何确定股权转让所得的纳税地点？

问：A 公司处置持有的 B 公司股权，产生的股权交易收入，应在 A 公司所属税务局缴纳企业所得税还是在 B 公司所属税务局缴纳？另 B 公司办理工商变更登记时，要求提供完税凭证，但此笔业务是否可以弥补上年亏损后按差额上缴还是可以汇算清缴一起上缴，因为 A 公司按全年计算应为亏损，此笔业务应不缴纳企业所得税。

答：关于转让股权的纳税地点，要区分纳税人的性质分别处理。

《企业所得税法》及实施条例关于企业所得税纳税地点的规定为，除税收法律、行政法规另有规定外，居民企业以企业登记注册地为纳税地点，但登记注册地在境外的，以实际管理机构所在地为纳税地点。所称企业登记注册地，是指企业依照国家有关规定登记注册的住所地。

因此，对居民企业转让境内外的股权，均以登记注册地为纳税地点。问题中所诉 A、B 公司均为中国居民企业时，A 公司转让所持有的 B 公司股权应在 A 公司登记注册地纳税。

对在中国境内未设立机构（场所）的非居民企业的股权转让所得，以扣缴义务人所在地为纳税地点。《国家税务总局关于非居民企业所得税源泉扣缴有关问题的公告》（国家税务总局公告 2017 年第 37 号）第九条规定，"按照企业所得税法第三十七条规定应当扣缴的所得税，扣缴义务人未依法扣缴或者无法履行扣缴义务的，取得所得的非居民企业应当按照企业所得税法第三十九条规定，向所得发生地主管税务机关申报缴纳未扣缴税款，并填报《中华人民共和国扣缴企业所得税报告表》。非居民企业未按照企业所得税法第三十九条规定申报缴纳税款的，税务机关可以责令限期缴纳，非居民企业应当按照税务机关确定的期限申报缴纳税款；非居民企业在税务机关责令限期缴纳前自行申报缴纳税款的，视为已按期缴纳税款”。

股权转让交易双方均为非居民企业且在境外交易的，根据《国家税务总局关于非居民企业所得税源泉扣缴有关问题的公告》（国家税务总局公告 2017 年第 37 号）第二条规定，“企业所得税法实施条例第一百零四条规定的支付人自行委托代理人或指定其他第三方代为支付相关款项，或者因担保合同或法律规定等原因由第三方保证人或担保人支付相关款项的，仍由委托人、指定人或被保证人、被担保人承担扣缴义务”。

《企业所得税法》第五条规定，“企业每一纳税年度的收入总额，减除不征税收入、免税收入、各项扣除以及允许弥补的以前年度亏损后的余额，为应纳税所得额”。

第六条规定，“企业以货币形式和非货币形式从各种来源取得的收入，为收入总额。包括：（三）转让财产收入”。

第五十三条规定，“企业所得税按纳税年度计算。纳税年度自公历 1 月 1 日起至 12 月 31 日止”。

《企业所得税法实施条例》第十六条规定，“企业所得税法第六条第（三）项所称转让财产收入，是指企业转让固定资产、生物资产、无形资产、股权、债权等财产取得的收入”。

根据上述文件的规定，企业所得税是按年度计税的，股权转让收入属于转让财产收入，应并入收入总额一并计算企业所得税，企业所得税的应纳税所得额为收入总额减除不征税收入、免税收入、各项扣除以及允许弥补的以前年度亏损后的余额，因此，股权转让收入并入收入总额后应扣除允许弥补的以前年度亏损，有余额才应该缴纳企业所得税，如果没有余额为亏损的情况，不缴纳企业所得税（因股权转让收入并入收入总额，用于弥补了亏损也是一种纳税情况的表现），B 公司在办理工商登记时可凭企业所得税汇算清缴申报表（属于法定的文书）及税务机关的证明（看 A 公司注册地主管税务机关是否能出具）来说明此项股权转让所得的纳税情况。

16. 以专利或技术等无形资产投资，财税如何处理？

问：（1）A 公司是国内一般纳税人企业，以自己的专利或技术进行投资，需要进行评估入账吗？请问：账务怎么处理？（2）如果以设备进行投资，也需要评估吗？评估高于发票价值，企业所得税、账务如何处理？以上的投资问题对于国内外法人公司在国内进行投资有区别吗？

答：会计处理

借：长期股权投资

　　累计摊销

　　贷：无形资产

借或贷：营业外支出或收入——处置非货币性资产损益

税务处理：

《企业所得税法实施条例》第二十五条规定，“企业发生非货币性资产交换，以及将货物、财产、劳务用于捐赠、偿债、赞助、集资、广告、样品、职工福利或者利润分配等用途的，应当视同销售货物、转让财产或者提供劳务，但国务院财政、税务主管部门另有规定的除外”。

《企业所得税法》第十九条规定，“非居民企业取得本法第三条第三款规定的所得，按照下列方法计算其应纳税所得额：

（一）股息、红利等权益性投资收益和利息、租金、特许权使用费所得，以收入全额为应纳税所得额；

（二）转让财产所得，以收入全额减除财产净值后的余额为应纳税所得额；

（三）其他所得，参照前两项规定的方法计算应纳税所得额”。

《企业所得税法实施条例》第七条规定，“企业所得税法第三条所称来源于中国境内、境外的所得，按照以下原则确定：……（三）转让财产所得，不动产转让所得按照不动产所在地确定，动产转让所得按照转让动产的企业或者机构、场所所在地确定，权益性投资资产转让所得按照被投资企业所在地确定；

（五）利息所得、租金所得、特许权使用费所得，按照负担、支付所得的企业或者机构、场所所在地确定，或者按照负担、支付所得的个人的住所地确定”。

《财政部 国家税务总局关于完善股权激励和技术入股有关所得税政策的通知》（财税〔2016〕101 号）规定：

“三、对技术成果投资入股实施选择性税收优惠政策

（一）企业或个人以技术成果投资入股到境内居民企业，被投资企业支付的对价全部为股票（权）的，企业或个人可选择继续按现行有关税收政策执行，也可选择适用递延纳税优惠政策。

选择技术成果投资入股递延纳税政策的，经向主管税务机关备案，投资入股当期可暂不纳税，允许递延至转让股权时，按股权转让收入减去技术成果原值和合理税费后的差额计算缴纳所得税。

（二）企业或个人选择适用上述任一项政策，均允许被投资企业按技术成果投资入股时的评估值入账并在企业所得税前摊销扣除。

（三）技术成果是指专利技术（含国防专利）、计算机软件著作权、集成电路布图设计专有权、植物新品种权、生物医药新品种，以及科技部、财政部、国家税务总局确定的其他技术成果。

（四）技术成果投资入股，是指纳税人将技术成果所有权让渡给被投资企业、取得该企业股票（权）的行为。”

《国家税务总局关于股权激励和技术入股所得税征管问题的公告》（国家税务总局公告 2016 年第 62 号）规定：

“二、关于企业所得税征管问题

（一）选择适用《通知》中递延纳税政策的，应当为实行查账征收的居民企业以技术成果所有权投资。

（二）企业适用递延纳税政策的，应在投资完成后首次预缴申报时，将相关内容填

入《技术成果投资入股企业所得税递延纳税备案表》。

（三）企业接受技术成果投资入股，技术成果评估值明显不合理的，主管税务机关有权进行调整。”

根据上述文件的规定，以专利技术或设备投资，应视同转让财产，按公允价值（评估价格）确认转让财产收益。我国实行查账征收的居民企业，按规定可以选择技术成果投资入股递延纳税政策，经向主管税务机关备案，投资入股当期可暂不纳税，允许递延至转让股权时，按股权转让收入减去技术成果原值和合理税费后的差额计算缴纳所得税。境外非居民企业，如果是以专利技术投资，应按特许权使用费收入规定代扣代缴企业所得税；如果是以设备投资，属于境外的所得不征收企业所得税。

17. 外方股东转让股权如何缴纳企业所得税？

问：我公司为国有独资公司，下设有子公司A，A公司为中外合资企业，其中外方持股比例25%，我公司与外方签订合同收购16%股权。外方投资人情况：初始投资为自然人股东，初始投资成本100万元，后该自然人注册公司B，自然人将此25%股权签订协议无偿转让给B公司，当时税法认定视同销售，按照转让时的评估价1 000万元扣除成本后按照20%缴纳了个人所得税。提问：现在该公司16%股权评估后价值1 800万元，怎么计算B公司应缴税金？企业所得税的成本如何确认？税率？

答：《企业所得税法实施条例》第七十一条规定，“企业所得税法第十四条所称投资资产，是指企业对外进行权益性投资和债权性投资形成的资产。

企业在转让或者处置投资资产时，投资资产的成本，准予扣除。

投资资产按照以下方法确定成本：

（一）通过支付现金方式取得的投资资产，以购买价款为成本；

（二）通过支付现金以外的方式取得的投资资产，以该资产的公允价值和支付的相关税费为成本”。

根据上述文件的规定，B公司25%取得股权投资成本为1 000万元，16%股权的成本为：1 000/25% ×16% =640（万元）

16%股权现价值1 800万元，若按此价转让，则为股权转让收入，并入企业所得税当年收入总额，按企业适用的企业所得税税率，按规定计算缴纳企业所得税。

18. 境外股东转让境内股权是否涉税？

问：境内外资企业A，由香港特别行政区的2个股东B（持股75%）和C（持股25%）投资设立，目前A经营后产生了利润，所有者权益由最初的3 000万元增加到了6 000万元。现在C将持有的25%股份在香港特别行政区转让给B。问：（1）此转让是否需要在境内的A企业所在地纳税？（2）如果C企业未申报纳税，A企业是否需要承担责任？

答：一、《企业所得税法》第三条第三款规定，“非居民企业在中国境内未设立机构、场所的，或者虽设立机构、场所但取得的所得与其所设机构、场所没有实际联系的，应当就其来源于中国境内的所得缴纳企业所得税”。

第四条第二款规定，“非居民企业取得本法第三条第三款规定的所得，适用税率为20%”。

第二十七条规定，“企业的下列所得，可以免征、减征企业所得税：

（一）从事农、林、牧、渔业项目的所得；

（二）从事国家重点扶持的公共基础设施项目投资经营的所得；

（三）从事符合条件的环境保护、节能节水项目的所得；

（四）符合条件的技术转让所得；

（五）本法第三条第三款规定的所得”。

《企业所得税法实施条例》第九十一条规定，“非居民企业取得企业所得税法第二十七条第（五）项规定的所得，减按10%的税率征收企业所得税”。

《企业所得税法实施条例》第七条规定，“企业所得税法第三条所称来源于中国境内、境外的所得，按照以下原则确定：

（一）销售货物所得，按照交易活动发生地确定；

（二）提供劳务所得，按照劳务发生地确定；

（三）转让财产所得，不动产转让所得按照不动产所在地确定，动产转让所得按照转让动产的企业或者机构、场所所在地确定，权益性投资资产转让所得按照被投资企业所在地确定；

（四）股息、红利等权益性投资所得，按照分配所得的企业所在地确定；

（五）利息所得、租金所得、特许权使用费所得，按照负担、支付所得的企业或者机构、场所所在地确定，或者按照负担、支付所得的个人的住所地确定；

（六）其他所得，由国务院财政、税务主管部门确定”。

《国家税务总局关于非居民企业所得税源泉扣缴有关问题的公告》（国家税务总局公告2017年第37号）规定：

“三、《企业所得税法》第十九条第二项规定的转让财产所得包含转让股权等权益性投资资产（以下称“股权”）所得。股权转让收入减除股权净值后的余额为股权转让所得应纳税所得额。

股权转让收入是指股权转让人转让股权所收取的对价，包括货币形式和非货币形式的各种收入。

股权净值是指取得该股权的计税基础。股权的计税基础是股权转让人投资入股时向中国居民企业实际支付的出资成本，或购买该项股权时向该股权的原转让人实际支付的股权受让成本。股权在持有期间发生减值或者增值，按照国务院财政、税务主管部门规定可以确认损益的，股权净值应进行相应调整。企业在计算股权转让所得时，不得扣除被投资企业未分配利润等股东留存收益中按该项股权所可能分配的金额。

多次投资或收购的同项股权被部分转让的，从该项股权全部成本中按照转让比例计算确定被转让股权对应的成本。

四、扣缴义务人支付或者到期应支付的款项以人民币以外的货币支付或计价的，分别按以下情形进行外币折算：

（一）扣缴义务人扣缴企业所得税的，应当按照扣缴义务发生之日人民币汇率中间价折合成人民币，计算非居民企业应纳税所得额。扣缴义务发生之日为相关款项实际支付或者到期应支付之日。

（二）取得收入的非居民企业在主管税务机关责令限期缴纳税款前自行申报缴纳应源泉扣缴税款的，应当按照填开税收缴款书之日前一日人民币汇率中间价折合成人民币，计算非居民企业应纳税所得额。

（三）主管税务机关责令取得收入的非居民企业限期缴纳应源泉扣缴税款的，应当按照主管税务机关作出限期缴税决定之日前一日人民币汇率中间价折合成人民币，计算非居民企业应纳税所得额。

五、财产转让收入或财产净值以人民币以外的货币计价的，分扣缴义务人扣缴税款、纳税人自行申报缴纳税款和主管税务机关责令限期缴纳税款三种情形，先将以非人民币计价项目金额比照本公告第四条规定折合成人民币金额；再按企业所得税法第十九条第二项及相关规定计算非居民企业财产转让所得应纳税所得额。

财产净值或财产转让收入的计价货币按照取得或转让财产时实际支付或收取的计价币种确定。原计价币种停止流通并启用新币种的，按照新旧货币市场转换比例转换为新币种后进行计算。

六、扣缴义务人与非居民企业签订与企业所得税法第三条第三款规定的所得有关的业务合同时，凡合同中约定由扣缴义务人实际承担应纳税款的，应将非居民企业取得的不含税所得换算为含税所得计算并解缴应扣税款。

七、扣缴义务人应当自扣缴义务发生之日起 7 日内向扣缴义务人所在地主管税务机关申报和解缴代扣税款。扣缴义务人发生到期应支付而未支付情形，应按照《国家税务总局关于非居民企业所得税管理若干问题的公告》（国家税务总局公告 2011 年第 24 号）第一条规定进行税务处理。

非居民企业取得应源泉扣缴的所得为股息、红利等权益性投资收益的，相关应纳税款扣缴义务发生之日为股息、红利等权益性投资收益实际支付之日。

非居民企业采取分期收款方式取得应源泉扣缴所得税的同一项转让财产所得的，其分期收取的款项可先视为收回以前投资财产的成本，待成本全部收回后，再计算并扣缴应扣税款。

八、扣缴义务人在申报和解缴应扣税款时，应填报《中华人民共和国扣缴企业所得税报告表》。

扣缴义务人可以在申报和解缴应扣税款前报送有关申报资料；已经报送的，在申报时不再重复报送。

九、按照企业所得税法第三十七条规定应当扣缴的所得税，扣缴义务人未依法扣缴或者无法履行扣缴义务的，取得所得的非居民企业应当按照企业所得税法第三十九条规定，向所得发生地主管税务机关申报缴纳未扣缴税款，并填报《中华人民共和国扣缴企业所得税报告表》。

非居民企业未按照企业所得税法第三十九条规定申报缴纳税款的，税务机关可以责令限期缴纳，非居民企业应当按照税务机关确定的期限申报缴纳税款；非居民企业在税务机关责令限期缴纳前自行申报缴纳税款的，视为已按期缴纳税款。

十、非居民企业取得的同一项所得在境内存在多个所得发生地，涉及多个主管税务机关的，在按照企业所得税法第三十九条规定自行申报缴纳未扣缴税款时，可以选择一地办理本公告第九条规定的申报缴税事宜。受理申报地主管税务机关应在受理申报后5个工作日内，向扣缴义务人所在地和同一项所得其他发生地主管税务机关发送《非居民企业税务事项联络函》（见附件），告知非居民企业涉税事项。”

《内地和香港特别行政区关于对所得避免双重征税和防止偷漏税的安排》第十三条规定：

“四、转让一个公司股份取得的收益，而该公司的财产主要直接或者间接由位于一方的不动产所组成，可以在该一方征税。

五、转让第四款所述以外的任何股份取得的收益，而该项股份相当于一方居民公司至少25%的股权，可以在该一方征税。”

《〈内地和香港特别行政区关于对所得避免双重征税和防止偷漏税的安排〉第四议定书》第四条规定，“关于《安排》第十条、第十一条、第十二条和第十三条，如果涉及的所得权益的产生或配置，是由任何人以取得上述相关条款利益为主要目的而安排的，则相关条款规定不适用”。

根据上述文件的规定，C企业将持有的25%股份在香港特别行政区转让给B，应由B按规定代扣代缴其企业所得税，或者由C企业向境内外资企业A的主管税务机关申报缴纳企业所得税。C企业未及时缴纳税款，A企业不需要承担责任。

19. 股东的债权转为资本公积，企业所得税如何处理？

问：公司欠一个股东的钱，原来在其他应付款，现在准备对这个股东的债权转为资本公积，另一个股东是按股权比例现金出资，从而达到共同出资的目的，企业所得税如何处理？

答：《国家税务总局关于企业所得税应纳税所得额若干问题的公告》（国家税务总局公告2014年第29号）第二条规定：

“（一）企业接收股东划入资产（包括股东赠予资产、上市公司在股权分置改革过程中接收原非流通股股东和新非流通股股东赠予的资产、股东放弃本企业的股权，下同），凡合同、协议约定作为资本金（包括资本公积）且在会计上已做实际处理的，不计入企业的收入总额，企业应按公允价值确定该项资产的计税基础。

（二）企业接收股东划入资产，凡作为收入处理的，应按公允价值计入收入总额，计算缴纳企业所得税，同时按公允价值确定该项资产的计税基础。”

《企业所得税法》第二十六条规定，“企业的下列收入为免税收入：……（二）符合条件的居民企业之间的股息、红利等权益性投资收益”。

《企业所得税法实施条例》第八十三条规定，“企业所得税法第二十六条第（二）项所称符合条件的居民企业之间的股息、红利等权益性投资收益，是指居民企业直接投资于其他居民企业取得的投资收益”。

根据上述文件的规定，贵公司接受股东资产计入资本金，不计入企业的收入总额，不缴纳企业所得税。

20. 如果企业一次分配的利润有多重用途，能否分情形适用暂不征收企业所得税政策？

问：境外A企业为境内B企业的股东，2019年1月10日B企业董事会做出利润分配决议，向投资方A企业分配3 000万元利润，其中1 000万元用于增加境内C企业资本，1 000万元用于增加境内C企业资本公积，1 000万元汇往境外用于非投资用途，全部款项于当月支付，在满足财税〔2018〕102号文件规定的其他条件前提下，上述投资是否可享受不征税政策？

答：《财政部　国家发展和改革委员会　国家税务总局　商务部关于扩大境外投资者以分配利润直接投资暂不征收预提所得税政策适用范围的通知》（财税〔2018〕102号）第二条规定：

"二、境外投资者暂不征收预提所得税须同时满足以下条件：

（一）境外投资者以分得利润进行的直接投资，包括境外投资者以分得利润进行的增资、新建、股权收购等权益性投资行为，但不包括新增、转增、收购上市公司股份（符合条件的战略投资除外）。具体是指：

1. 新增或转增中国境内居民企业实收资本或者资本公积；

2. 在中国境内投资新建居民企业；

3. 从非关联方收购中国境内居民企业股权；

4. 财政部、税务总局规定的其他方式。

境外投资者采取上述投资行为所投资的企业统称为被投资企业。"

根据上述文件的规定，如果企业一次分配的利润有多重用途的，可以分别不同情形适用政策。B企业用于增资C企业的2 000万元利润均可享受暂不征税政策；而汇往境外的1 000万元应按有关规定扣缴企业所得税。

21. 预分利润可否享受不征税政策？

问：境外A企业为境内B企业的股东，截至2018年12月31日B企业账上2018年及以前年度未分配利润500万元，2019年1月10日B企业董事会做出利润分配决议，向投资方A企业分配2 000万元利润用于其增资境内C企业，并于当月支付。在满足财税〔2018〕102号文件规定的其他条件前提下，上述利润可否享受不征税政策？

答：《财政部　国家发展和改革委员会　国家税务总局　商务部关于扩大境外投资者以分配利润直接投资暂不征收预提所得税政策适用范围的通知》（财税〔2018〕102号）第二条规定，"境外投资者暂不征收预提所得税须同时满足以下条件：（二）境外投资者分得的利润属于中国境内居民企业向投资者实际分配已经实现的留存收益而形成的股息、红利等权益性投资收益"。

根据上述文件的规定，可适用政策的分配利润应属于中国境内居民企业向投资者实际分配已经实现的留存收益而形成的股息、红利等权益性投资收益。股息、红利等权益性投资收益包括清算所得中属于股息、红利等权益性投资收益的部分。留存收益包括以前年度留存尚未分配的收益，但不包括预分利润。因此，B企业仅有500万元利润可享受暂不征税政策，剩余1 500万元预分利润由于不属于已经实现的留存收益则不能适用这一规定。

政策性搬迁

1. 搬迁完成但补偿款未收到是否需要进行清算？

问：我公司政策性搬迁，目前已经完成搬迁，但是政府的搬迁补偿款还有很大一部分没有到账，这种情况我需要做搬迁清算吗？

答：《企业政策性搬迁所得税管理办法》（国家税务总局公告2012年第40号）第十五条规定，“企业在搬迁期间发生的搬迁收入和搬迁支出，可以暂不计入当期应纳税所得额，而在完成搬迁的年度，对搬迁收入和支出进行汇总清算”。

第十七条规定，“下列情形之一的，为搬迁完成年度，企业应进行搬迁清算，计算搬迁所得：

（一）从搬迁开始，5年内（包括搬迁当年度）任何一年完成搬迁的。

（二）从搬迁开始，搬迁时间满5年（包括搬迁当年度）的年度”。

根据上述文件的规定，纳税人在完成搬迁年度，应进行搬迁清算，计算搬迁所得或损失。如有未收到的搬迁补偿款，应根据搬迁协议所确定的收款时间确认为应收款项，计入搬迁收入。

2. 核定征收企业取得政策性搬迁收入如何计缴企业所得税？

问：甲公司企业所得税为核定征收，应税所得率10%。2013年取得经营性收入200万元，取得政策性搬迁收入600万元（发生搬迁支出500万元）。按照税法规定，应税收入额＝收入总额－不征税收入－免税收入。甲公司如何纳税？

答：《国家税务总局关于发布〈企业政策性搬迁所得税管理办法〉的公告》（国家税务总局公告2012年第40号）第四条规定，“企业应按本办法的要求，就政策性搬迁过程中涉及的搬迁收入、搬迁支出、搬迁资产税务处理、搬迁所得等所得税征收管理事项，单独进行税务管理和核算。不能单独进行税务管理和核算的，应视为企业自行搬迁或商业性搬迁等非政策性搬迁进行所得税处理，不得执行本办法规定”。

第十五条规定，“企业在搬迁期间发生的搬迁收入和搬迁支出，可以暂不计入当期应纳税所得额，而在完成搬迁的年度，对搬迁收入和支出进行汇总清算”。

《国家税务总局关于印发〈企业所得税核定征收办法（试行）〉的通知》（国税发〔2008〕30号）第三条规定，“纳税人具有下列情形之一的，核定征收企业所得税：

（一）依照法律、行政法规的规定可以不设置账簿的；

（二）依照法律、行政法规的规定应当设置但未设置账簿的；

（三）擅自销毁账簿或者拒不提供纳税资料的；

（四）虽设置账簿，但账目混乱或者成本资料、收入凭证、费用凭证残缺不全，难以查账的；

（五）发生纳税义务，未按照规定的期限办理纳税申报，经税务机关责令限期申报，逾期仍不申报的。

（六）申报的计税依据明显偏低，又无正当理由的。

特殊行业、特殊类型的纳税人和一定规模以上的纳税人不适用本办法。上述特定纳税人由国家税务总局另行明确”。

根据上述文件的规定，核定征收企业主要是账册不健全，达不到进行查账征收的条件。企业取得政策性搬迁收入适用递延纳税的前提条件是，企业能进行查账征收，并且对搬迁事项能单独进行税务管理和核算。因此，核定征收企业不能享受政策性搬迁所得税政策。

甲公司的应税收入额 = 经营性收入 + 政策性搬迁收入 = 200 + 600 = 800（万元）

应纳税额 = 800 × 10% × 25% = 20（万元）

3. 政策性搬迁停产年限是否可从法定亏损结转弥补年限中减除？

问：我公司今年起因政策性搬迁而停止生产经营，没有所得，搬迁期限预计为三年。截至今年仍有三年前尚未弥补亏损 120 万元，税法规定的弥补期限为五年，但由于发生政策性搬迁改造，接下来的三年企业均无所得。

以前年度发生的尚未弥补的亏损能否在搬迁完成或恢复生产经营后，按税法规定是否继续进行弥补？

答：可以。《国家税务总局关于发布〈企业政策性搬迁所得税管理办法〉的公告》（国家税务总局公告 2012 年第 40 号）第二十一条规定，“自 2012 年 10 月 1 日起，企业以前年度发生尚未弥补的亏损的，凡企业由于搬迁停止生产经营无所得的，从搬迁年度次年起，至搬迁完成年度前一年度止，可作为停止生产经营活动年度，从法定亏损结转弥补年限中减除；企业边搬迁、边生产的，其亏损结转年度应连续计算”。

例如，某企业自 2011 年 9 月发生搬迁行为，2015 年 4 月完成搬迁行为，其实际搬迁活动耗用时间为 3 年零 7 个月，依照《国家税务总局关于发布〈企业政策性搬迁所得税管理办法〉的公告》（国家税务总局公告 2012 年第 40 号）规定，企业自 2012 年至 2014 年不计算亏损弥补期限，实际享受 3 年的政策。

4. 政策性搬迁中存货损失如何申报？

问：《国家税务总局关于发布〈企业政策性搬迁所得税管理办法〉的公告》（国家税务总局公告 2012 年第 40 号）第十八条规定，“企业搬迁收入扣除搬迁支出后为负数的，应为搬迁损失。搬迁损失可在下列方法中选择其一进行税务处理：

（一）在搬迁完成年度，一次性作为损失进行扣除。

（二）自搬迁完成年度起分 3 个年度，均匀在税前扣除”。

资产处置损失是否包括存货的损失？如不包含存货损失，存货损失如何申报？

答：《国家税务总局关于发布〈企业政策性搬迁所得税管理办法〉的公告》（国家

税务总局公告2012年第40号）第七条第二款规定，“企业由于搬迁处置存货而取得的收入，应按正常经营活动取得的收入进行所得税处理，不作为企业搬迁收入”。

《国家税务总局关于发布〈企业政策性搬迁所得税管理办法〉的公告》（国家税务总局公告2012年第40号）第十条第二款规定，“企业由于搬迁而报废的资产，如无转让价值，其净值作为企业的资产处置支出”。

根据上述文件的规定，企业由于搬迁处置存货而发生的损失，不属于资产处置损失，应按正常经营活动发生的损失进行所得税处理；企业由于搬迁而发生的存货报废损失，属于资产处置损失，按照《国家税务总局关于发布〈企业政策性搬迁所得税管理办法〉的公告》（国家税务总局公告2012年第40号）的规定处理。

5. 重置厂房和土地能否在搬迁补偿收入中扣除？

问：重置厂房和土地是否允许在搬迁补偿的专项款中税前扣除？

答：《国家税务总局关于发布〈企业政策性搬迁所得税管理办法〉的公告》（国家税务总局公告2012年第40号）第十四条规定，“企业搬迁期间新购置的各类资产，应按《企业所得税法》及其实施条例等有关规定，计算确定资产的计税成本及折旧或摊销年限。

企业发生的购置资产支出，不得从搬迁收入中扣除”。

第十五条规定，“企业在搬迁期间发生的搬迁收入和搬迁支出，可以暂不计入当期应纳税所得额，而在完成搬迁的年度，对搬迁收入和支出进行汇总清算”。

根据上述文件的规定，企业搬迁期间重置厂房和土地，不得从搬迁收入中扣除，但可作为资产按税法规定计算折旧或摊销税前扣除。

6. 如何理解购置资产剔除搬迁收入规定？

问：国家税务总局公告2013年第11号中第一条的“企业在重建或恢复生产过程中购置的各类资产，可以作为搬迁支出，从搬迁收入中扣除。但购置的各类资产，应剔除该搬迁补偿收入后，作为该资产的计税基础，并按规定计算折旧或费用摊销”该句话如何理解？购置的资产已经作为搬迁支出扣除了，是否还要进行折旧？这样做是否重复？

答：《国家税务总局关于企业政策性搬迁所得税有关问题的公告》（国家税务总局公告2013年第11号）第一条规定，“凡在国家税务总局2012年第40号公告生效前已经签订搬迁协议且尚未完成搬迁清算的企业政策性搬迁项目，企业在重建或恢复生产过程中购置的各类资产，可以作为搬迁支出，从搬迁收入中扣除。但购置的各类资产，应剔除该搬迁补偿收入后，作为该资产的计税基础，并按规定计算折旧或费用摊销”。

根据上述文件的规定，“但”字后面的规定应理解为，如果对被征用资产价值的补偿为100万元，购置该资产的成本为130万元，该资产的计税基础即计提折旧的基数为30万元，补偿收入100万元支付形成的资产价值部分计提的折旧不能税前扣除，不存在重复扣除问题。

7. 出售政策性搬迁活动中购置的固定资产是否受限?

问：企业拟出售用原政策性搬迁收入购置的固定资产（设备），是否有限制性规定(比如年限)?

答：《国家税务总局关于发布〈企业政策性搬迁所得税管理办法〉的公告》（国家税务总局公告2012年第40号）第十四条规定，“企业搬迁期间新购置的各类资产，应按《企业所得税法》及其实施条例等有关规定，计算确定资产的计税成本及折旧或摊销年限”。

根据上述文件的规定，对于纳税人政策性搬迁购置的固定资产，应按《企业所得税法》及实施条例的相关规定进行税务处理，目前并未对政策性搬迁购置设备的使用年限有强制性规定。

8. 政策性搬迁报废机器设备损失可否税前扣除?

问：我单位因政府规划进行搬迁，假设政策补助5 000万元，我单位重置固定资产2 000万元，因搬迁报废机器设备损失1 000万元。1 000万元损失可否在处置当年税前扣除?如果不能扣除，可否在完成搬迁清算时在政策补助收入中扣减重置固定资产和报废机器设备损失后再计算缴纳企业所得税?

答：《国家税务总局关于发布〈企业政策性搬迁所得税管理办法〉的公告》（国家税务总局公告2012年第40号）第十条规定，“资产处置支出，是指企业由于搬迁而处置各类资产所发生的支出，包括变卖及处置各类资产的净值、处置过程中所发生的税费等支出。企业由于搬迁而报废的资产，如无转让价值，其净值作为企业的资产处置支出”。

第十五条规定，“企业在搬迁期间发生的搬迁收入和搬迁支出，可以暂不计入当期应纳税所得额，而在完成搬迁的年度，对搬迁收入和支出进行汇总清算”。

第十六条规定，“企业的搬迁收入，扣除搬迁支出后的余额，为企业的搬迁所得。企业应在搬迁完成年度，将搬迁所得计入当年度企业应纳税所得额计算纳税”。

根据上述文件的规定，企业在政策性搬迁过程中，发生搬迁报废机器设备损失1 000万元，属于资产处置支出，应于搬迁工作完成后，在搬迁完成年度统一进行处理，不在发生实际损失的年度扣除。

9. 政策性搬迁项目中购置资产的计税基础如何确定?

问：《国家税务总局关于企业政策性搬迁所得税有关问题的公告》（国家税务总局公告2013年第11号）规定：“凡在国家税务总局2012年第40号公告生效前已经签订搬迁协议且尚未完成搬迁清算的企业政策性搬迁项目，企业在重建或恢复生产过程中购置的各类资产，可以作为搬迁支出，从搬迁收入中扣除。但购置的各类资产，应剔除该搬迁补偿收入后，作为该资产的计税基础，并按规定计算折旧或费用摊销。”

（1）总的搬迁补偿收入如何分摊到购置的各类资产中去确定计税基础?

（2）如搬迁补偿收入大于资产的购置成本，如何确定各类资产的计税基础?

答：《国家税务总局关于发布〈企业政策性搬迁所得税管理办法〉的公告》（国家税务总局公告 2012 年第 40 号）第五条规定，“企业的搬迁收入，包括搬迁过程中从本企业以外（包括政府或其他单位）取得的搬迁补偿收入，以及本企业搬迁资产处置收入等”。

《国家税务总局关于企业政策性搬迁所得税有关问题的公告》（国家税务总局公告 2013 年第 11 号）第一条规定，“凡在国家税务总局 2012 年第 40 号公告生效前已经签订搬迁协议且尚未完成搬迁清算的企业政策性搬迁项目，企业在重建或恢复生产过程中购置的各类资产，可以作为搬迁支出，从搬迁收入中扣除。但购置的各类资产，应剔除该搬迁补偿收入后，作为该资产的计税基础，并按规定计算折旧或费用摊销”。

根据上述文件的规定，购置的各类资产，应剔除该搬迁补偿收入后的计税基础，在政策没有进一步明确之前，企业可以在与主管税务机关沟通后，自己采取合理分配方法确定，如把采购市值作为权数计算确定等。搬迁补偿收入大于购置成本时，资产计税基础为零。

10. 企业跨地区迁移，迁移前亏损能否在以后年度继续弥补？

问：我们是一家上海的公司，拟跨区域迁址到山东省。请问：迁址之前的亏损在迁移到山东省后是否可以继续弥补以后年度亏损？

答：《财政部　国家税务总局关于企业重组业务企业所得税处理若干问题的通知》（财税〔2009〕59 号）第四条第（一）项规定，“企业由法人转变为个人独资企业、合伙企业等非法人组织，或将登记注册地转移至中华人民共和国境外（包括港澳台地区），应视同企业进行清算、分配，股东重新投资成立新企业。企业的全部资产以及股东投资的计税基础均应以公允价值为基础确定。企业发生其他法律形式简单改变的，可直接变更税务登记，除另有规定外，有关企业所得税纳税事项（包括亏损结转、税收优惠等权益和义务）由变更后企业承继，但因住所发生变化而不符合税收优惠条件的除外”。

企业住所改变属于法律形式改变。根据上述文件的规定，企业从上海市迁址到山东省，可以继续弥补以后年度亏损。

11. 取得的收回国有土地使用权补偿款，是否适用政策性搬迁的规定？

问：海南某房地产公司通过招拍挂取得某块土地，现当地国土资源局调整规划改为绿地，于是 2015 年决定收回国有建设用地使用权，并下达了决定书并依法给予补偿。请问，该事项可否适用政策性搬迁的相关规定？可否在 5 年后进行企业所得税清算？

答：《国家税务总局关于发布〈企业政策性搬迁所得税管理办法〉的公告》（国家税务总局公告 2012 年第 40 号）第三条规定，“企业政策性搬迁，是指由于社会公共利益的需要，在政府主导下企业进行整体搬迁或部分搬迁。企业由于下列需要之一，提供相关文件证明资料的，属于政策性搬迁：

（一）国防和外交的需要；

（二）由政府组织实施的能源、交通、水利等基础设施的需要；

（三）由政府组织实施的科技、教育、文化、卫生、体育、环境和资源保护、防灾减灾、文物保护、社会福利、市政公用等公共事业的需要；

（四）由政府组织实施的保障性安居工程建设的需要；

（五）由政府依照《中华人民共和国城乡规划法》有关规定组织实施的对危房集中、基础设施落后等地段进行旧城区改建的需要；

（六）法律、行政法规规定的其他公共利益的需要”。

第五条规定，“企业的搬迁收入，包括搬迁过程中从本企业以外（包括政府或其他单位）取得的搬迁补偿收入，以及本企业搬迁资产处置收入等”。

第六条规定，“企业取得的搬迁补偿收入，是指企业由于搬迁取得的货币性和非货币性补偿收入。具体包括：

（一）对被征用资产价值的补偿；

（二）因搬迁、安置而给予的补偿；

（三）对停产停业形成的损失而给予的补偿；

（四）资产搬迁过程中遭到毁损而取得的保险赔款；

（五）其他补偿收入”。

第七条规定，“企业搬迁资产处置收入，是指企业由于搬迁而处置企业各类资产所取得的收入。

企业由于搬迁处置存货而取得的收入，应按正常经营活动取得的收入进行所得税处理，不作为企业搬迁收入”。

《企业会计准则第6号——无形资产》应用指南第六条第二款规定，“企业（房地产开发）取得土地用于建造对外出售的房屋建筑物，相关的土地使用权账面价值应当计入所建造的房屋建筑物成本”。

根据上述文件的规定，房地产开发企业因收回土地的补偿款不能适用企业搬迁的优惠政策。房地产开发企业取得的土地属于企业的“存货”，企业由于搬迁处置存货而取得的收入，应按正常经营活动取得的收入进行所得税处理，不能作为企业政策性搬迁收入。

12. 拆迁补偿房屋企业所得税如何处理？

问：我公司响应政府要求，退城进园，受让拆迁补偿房屋（实物交换，面积相同，不支付价差）。对于受让的房屋，按什么价值入账？企业所得税如何处理？

答：入账价值：

《企业会计准则第7号——非货币性资产交换》第二条规定，“非货币性资产交换，是指交易双方主要以存货、固定资产、无形资产和长期股权投资等非货币性资产进行的交换。该交换不涉及或只涉及少量的货币性资产（即补价）”。

第四条规定，“非货币性资产交换同时满足下列条件的，应当以公允价值和应支付的相关税费作为换入资产的成本，公允价值与换出资产账面价值的差额计入当期损益：

（一）该项交换具有商业实质；

（二）换入资产或换出资产的公允价值能够可靠计量。

换入资产和换出资产公允价值均能够可靠计量的，应当以换出资产的公允价值作为确认换入资产成本的基础，除非有确凿证据表明换入资产的公允价值更加可靠”。

第七条规定，“未同时满足本准则第四条规定条件的，应当以换出资产的账面价值和应支付的相关税费作为换入资产的成本，不确认损益”。

根据上述文件的规定，贵公司因拆迁受让房屋不支付补价，属于非货币性资产交易，应当按照上述原则确认受让房屋的入账价值。

税务处理：

《国家税务总局关于发布〈企业政策性搬迁所得税管理办法〉的公告》（国家税务总局公告2012年第40号）第十三条规定，“企业搬迁中被征用的土地，采取土地置换的，换入土地的计税成本按被征用土地的净值，以及该换入土地投入使用前所发生的各项费用支出，为该换入土地的计税成本，在该换入土地投入使用后，按《企业所得税法》及其实施条例规定年限摊销”。

《国家税务总局关于企业政策性搬迁所得税有关问题的公告》（国家税务总局公告2013年第11号）第二条规定，“企业政策性搬迁被征用的资产，采取资产置换的，其换入资产的计税成本按被征用资产的净值，加上换入资产所支付的税费（涉及补价，还应加上补价款）计算确定”。

根据上述文件的规定，贵公司如果属于政策性搬迁，采取资产置换的，不确认相关资产处置收益，换入资产的计税成本按被征用资产的净值，加上换入资产所支付的税费（涉及补价，还应加上补价款）计算确定。

13. 搬迁收入所得税适用税率如何确定？

问：我公司下属一子公司从事药用玻璃制品的生产和销售，主营业务年收入1.2亿，享受西部大开发15%优惠税率。现该公司面临政策性搬迁，预计补偿收入9 000万元，搬迁成本6 000万元，搬迁所得3 000万元，5年后搬迁完成申报企业所得税时搬迁所得3 000万元是按优惠税率15%申报还是按正常税率25%申报？

答：《国家税务总局关于发布〈企业政策性搬迁所得税管理办法〉的公告》（国家税务总局公告2012年第40号）第四条规定，“企业应按本办法的要求，就政策性搬迁过程中涉及的搬迁收入、搬迁支出、搬迁资产税务处理、搬迁所得等所得税征收管理事项，单独进行税务管理和核算。不能单独进行税务管理和核算的，应视为企业自行搬迁或商业性搬迁等非政策性搬迁进行所得税处理，不得执行本办法规定”。

《国家税务总局关于发布〈中华人民共和国企业所得税年度纳税申报表（A类，2017年版）〉公告》（国家税务总局公告2017年第54号）规定，单独进行税务管理和核算的政策性搬迁作为一项纳税调整项目填列在《政策性搬迁纳税调整明细表》（A105110），计入《纳税调整项目明细表》（A105000）第38行，进而计入主表A100000第15行“纳税调整增加额（填写A105000）”。西部大开发优惠体现在《减免所得税优惠明细表》（A107040），其第21行填报说明明确：第21行“二十一、设在西部地区的鼓励类产业企业减按15%的税率征收企业所得税”：填报纳税人……，本行填报根据表A100000第23行应纳税所得额计算的减征10%企业所得税金额。

根据上述规定，西部大开发的税收优惠是对符合条件的西部鼓励类企业给予的税率优惠；政策性搬迁所得是按照政策性搬迁政策计算搬迁所得后并入企业当年应纳税所得额。两项政策可以同时适用，即贵公司既可以计算政策性搬迁所得，又可以享受西部大开发的税收优惠政策。

14. 政策性搬迁中发生的搬迁处置是指哪些支出？

问：A 企业 2019 年在政府的主导下实施整体搬迁，在搬迁过程中发生搬迁费用和处置资产的净损失，请问政策性搬迁中发生的搬迁处置支出包含哪些内容？

答：根据《国家税务总局关于发布〈企业政策性搬迁所得税管理办法〉的公告》（国家税务总局公告 2012 年第 40 号）第十条："资产处置支出，是指企业由于搬迁而处置各类资产所发生的支出，包括变卖及处置各类资产的净值、处置过程中所发生的税费等支出。"

企业由于搬迁而报废的资产，如无转让价值，其净值作为企业的资产处置支出。

15. 企业政策性搬迁的资产，发生设备大修理费用如何进行折旧摊销？

问：某企业在政策性搬迁中发生设备损坏，需要进行大修理后才能重新使用，修理后的设备按什么时间进行折旧摊销？

答：根据《国家税务总局关于发布〈企业政策性搬迁所得税管理办法〉的公告》（国家税务总局公告 2012 年第 40 号）第十二条的规定："企业搬迁的资产，需要进行大修理后才能重新使用的，应就该资产的净值，加上大修理过程所发生的支出，为该资产的计税成本。在该项资产重新投入使用后，按该资产尚可使用的年限，计提折旧或摊销。"

企业重组

1. 非居民企业股权转让是否可适用特殊性税务处理的规定？

问：非居民企业股权转让是否可适用特殊性税务处理的规定？

答：非居民企业股权转让符合一定条件可以适用特殊性税务处理的规定。主要文件依据如下：

《财政部　国家税务总局关于企业重组业务企业所得税处理若干问题的通知》（财税〔2009〕59 号，以下简称《通知》）第五条规定，"企业重组同时符合下列条件的，适用特殊性税务处理规定：

1. 具有合理的商业目的，且不以减少、免除或者推迟缴纳税款为主要目的。
2. 被收购、合并或分立部分的资产或股权比例符合本通知规定的比例。
3. 企业重组后的连续 12 个月内不改变重组资产原来的实质性经营活动。

4. 重组交易对价中涉及股权支付金额符合本通知规定比例。

5. 企业重组中取得股权支付的原主要股东，在重组后连续12个月内，不得转让所取得的股权”。

第七条规定，“企业发生涉及中国境内与境外之间（包括港澳台地区）的股权和资产收购交易，除应符合上述条件外，还应同时符合下列条件，才可选择适用特殊性税收处理规定：

1. 非居民企业向其100%直接控股的另一非居民企业转让其拥有的居民企业股权，没有因此造成以后该项股权转让所得预提税负担变化，且转让方非居民企业向主管税务机关书面承诺在3年（含3年）内不转让其拥有受让方非居民企业的股权；

2. 非居民企业向与其具有100%直接控股关系的居民企业转让其拥有的另一居民企业股权；

3. 居民企业以其拥有的资产或股权向其100%直接控股的非居民企业进行投资；

4. 财政部、国家税务总局核准的其他情形”。

《国家税务总局关于非居民企业股权转让适用特殊性税务处理有关问题的公告》（国家税务总局公告2013年第72号）指出，《通知》第七条第（一）款规定的情形包括因境外企业分立、合并导致中国居民企业股权被转让的情形。

2. 国有独资企业是否属于国资委100%控制的多个企业？

问：《财政部　国家税务总局关于促进企业重组有关企业所得税处理问题的通知》（财税〔2014〕109号）规定，对100%直接控制的居民企业之间，以及受同一或相同多家居民企业100%直接控制的居民企业之间按账面净值划转股权或资产，包不包括两个由国资委100%控股的企业间的划转？

答：《财政部　国家税务总局关于促进企业重组有关企业所得税处理问题的通知》（财税〔2014〕109号）第三条规定，“对100%直接控制的居民企业之间，以及受同一或相同多家居民企业100%直接控制的居民企业之间按账面净值划转股权或资产，凡具有合理商业目的、不以减少、免除或者推迟缴纳税款为主要目的，股权或资产划转后连续12个月内不改变被划转股权或资产原来实质性经营活动，且划出方企业和划入方企业均未在会计上确认损益的，可以选择按以下规定进行特殊性税务处理：

1. 划出方企业和划入方企业均不确认所得。

2. 划入方企业取得被划转股权或资产的计税基础，以被划转股权或资产的原账面净值确定。

3. 划入方企业取得的被划转资产，应按其原账面净值计算折旧扣除”。

参考《企业所得税法实施条例》第八十条规定，“企业所得税法第二十四条所称直接控制，是指居民企业直接持有外国企业20%以上股份。

企业所得税法第二十四条所称间接控制，是指居民企业以间接持股方式持有外国企业20%以上股份，具体认定办法由国务院财政、税务主管部门另行制定”。

因此，“对100%直接控制的居民企业之间”是指：居民企业和该居民企业直接持有100%股权的另一居民企业之间，也就是居民企业与其全资子公司居民企业之间。

“受同一或相同多家居民企业100%直接控制的居民企业之间”是指：母公司（股东）为一个或多个居民企业，母公司相同的兄弟公司之间。比如：A公司持有B公司100%股权，同时持有C公司100%股权，B公司和C公司之间。

《企业所得税法》第二条第二款规定，“本法所称居民企业，是指依法在中国境内成立，或者依照外国（地区）法律成立但实际管理机构在中国境内的企业”。

《企业所得税法实施条例》第三条第一款规定，“企业所得税法第二条所称依法在中国境内成立的企业，包括依照中国法律、行政法规在中国境内成立的企业、事业单位、社会团体以及其他取得收入的组织”。

根据上述文件的规定，国资委属于国家机关，不属于居民企业。国资委持股100%股权的居民企业不属于“受同一家居民企业100%直接控制的居民企业”，国资委持股100%股权的居民企业之间不能适用财税〔2014〕109号文件第三条规定。

3.《企业所得税法》中的企业合并为何不包括控股合并？

问：《财政部　国家税务总局关于企业重组业务企业所得税处理若干问题的通知》（财税〔2009〕59号）明确了企业重组的六种形式，即：企业法律形式改变、债务重组、股权收购、资产收购、合并、分立六种，该六种类型基本上涵盖了资本运作的所有基本形式。其中涉及的合并，是指一家或多家企业（以下称为被合并企业）将其全部资产和负债转让给另一家现存或新设企业（以下称为合并企业），被合并企业股东换取合并企业的股权或非股权支付，实现两个或两个以上企业的依法合并。

《国家税务总局关于企业重组业务企业所得税管理办法》（国家税务总局公告2010年第4号）第十七条明确了企业重组主导方的确定原则，其中规定：“（四）吸收合并为合并后拟存续的企业，新设合并为合并前资产较大的企业。”

结合上述两文件，税法涉及的企业合并类型有两种：吸收合并和新设合并；而在实践中尤其会计规范中涉及的企业合并类型有三种：吸收合并、新设合并、控股合并。

财税〔2009〕59号文件和国家税务总局公告2010年第4号所规范的企业合并是否只有吸收合并和新设合并，而不包括控股合并？

答：《企业会计准则第20号——企业合并》第二条规定，“企业合并，是指将两个或者两个以上单独的企业合并形成一个报告主体的交易或事项。企业合并分为同一控制下的企业合并和非同一控制下的企业合并”。

因此，会计上对企业合并以形成一个报告主体为结果。因此，除了吸收合并与新设合并，还包括控股合并。企业通过控股合并，被合并方变成合并方的子公司，进而将被合并方纳入合并方合并财务报表的合并范围，从合并报表角度，形成一个报告主体。

《企业所得税法》第二条规定，“企业分为居民企业和非居民企业。

本法所称居民企业，是指依法在中国境内成立，或者依照外国（地区）法律成立但实际管理机构在中国境内的企业”。

根据上述文件的规定，在控股合并方式下，从合并报表角度，合并方应将被合并方纳入合并范围编制合并报表。但从企业所得税角度，被合并方和合并方分别属于不同的居民企业，不同的企业所得税纳税人。被合并方和合并方均应独立计算其应纳税所得额，计缴企业所得税。财税〔2009〕59 号文件所述企业合并，是由两个或多个企业（两个或多个企业所得税纳税人）合并后形成一家企业（一个企业所得税纳税人）情形。因此，企业所得税法所述企业合并只包括新设合并和吸收合并，不包括会计上的控股合并。

4. 如何界定债务重组中债务人财务困难情况？

问：《企业会计准则 12 号——债务重组》第二条规定，债务重组是指在债务人发生财务困难的情况下，债权人按照其与债务人达成的协议或者法院的裁定作出让步的事项。那么税法中对于债务人财务困难是如何界定的，如果企业发生债务重组损失，需要提交哪些资料证明债务人“财务困难”，如果债务人是个人，又应该如何界定其“财务困难”及提交什么资料。

答：《（企业会计准则第 12 号——债务重组）应用指南》规定，“债务人发生财务困难，是指因债务人出现资金周转困难、经营陷入困境或者其他原因，导致其无法或者没有能力按原定条件偿还债务”。

《财政部　国家税务总局关于企业重组业务企业所得税处理若干问题的通知》（财税〔2009〕59 号）第一条规定，“本通知所称企业重组，是指企业在日常经营活动以外发生的法律结构或经济结构重大改变的交易，包括企业法律形式改变、债务重组、股权收购、资产收购、合并、分立等。

（二）债务重组，是指在债务人发生财务困难的情况下，债权人按照其与债务人达成的书面协议或者法院裁定书，就其债务人的债务作出让步的事项”。

从上述解释及税收规定中可以看出，债务重组是债权人和债务人双方在自愿基础上达成的一致意见或者经法院判决裁定，在法律层面，对于债务重组应提交哪些证明材料并没有强制性规定。但国家税务总局以及部分省市税务机关针对债务重组引起的资产损失在税前扣除时，规定了应报送的具体资料，以下规定供参考：

《国家税务总局关于发布〈企业资产损失所得税税前扣除管理办法〉的公告》（国家税务总局 2011 年第 25 号公告）第二十二条规定，“企业应收及预付款项坏账损失应依据以下相关证据材料确认：

（一）相关事项合同、协议或说明；

（二）属于债务人破产清算的，应有人民法院的破产、清算公告；

（三）属于诉讼案件的，应出具人民法院的判决书或裁决书或仲裁机构的仲裁书，或者被法院裁定终（中）止执行的法律文书；

（四）属于债务人停止营业的，应有工商部门注销、吊销营业执照证明；

（五）属于债务人死亡、失踪的，应有公安机关等有关部门对债务人个人的死亡、失踪证明；

（六）属于债务重组的，应有债务重组协议及其债务人重组收益纳税情况说明”。

5. 现金折扣与债务重组有何区别?

问：企业已经发生了销售业务，全额确认了收入，现客户想提前付款，但是提出给予折扣。

销售业务发生以后发生的折扣是现金折扣还是债务重组?

答：《国家税务总局关于确认企业所得税收入若干问题的通知》（国税函〔2008〕875 号）第一条第（五）项规定，“债权人为鼓励债务人在规定的期限内付款而向债务人提供的债务扣除属于现金折扣，销售商品涉及现金折扣的，应当按扣除现金折扣前的金额确定销售商品收入金额，现金折扣在实际发生时作为财务费用扣除”。

《财政部 国家税务总局关于企业重组业务企业所得税处理若干问题的通知》（财税〔2009〕59 号）规定，“债务重组是指在债务人发生财务困难的情况下，债权人按照其与债务人达成的书面协议或者法院裁定书，就其债务人的债务作出让步的事项”。

《国家税务总局关于发布〈企业资产损失所得税税前扣除管理办法〉的公告》（国家税务总局公告 2011 年第 25 号）第二十二条规定，“企业应收及预付款项坏账损失应依据以下相关证据材料确认：

（一）相关事项合同、协议或说明；

……

（六）属于债务重组的，应有债务重组协议及其债务人重组收益纳税情况说明”。

根据上述文件的规定，现金折扣与债务重组是两种不同的经济事项，现金折扣依附于销售合同或补充协议中约定的现金折扣条款，发生时形成销售方的财务费用，汇算清缴时不需要就此事项进行专门的申报；而债务重组则需要双方有专门的重组协议，发生时形成债权人的重组损失，汇算清缴时需要对该损失进行专项申报。

6. 债转股能否按照债务重组进行企业所得税处理?

问：我公司作为集团公司独立法人的子公司欠集团公司 300 亿元借款，集团公司根据陕西省发改委批复同意将我公司所欠集团公司 300 亿元的借款实行债转股，转为我公司的资本金。

能否按照财税〔2009〕59 号文件第四条债务重组的规定进行企业所得税处理?

答：《财政部 国家税务总局关于企业重组业务企业所得税处理若干问题的通知》（财税〔2009〕59 号）规定，“债务重组，是指在债务人发生财务困难的情况下，债权人按照其与债务人达成的书面协议或者法院裁定书，就其债务人的债务作出让步的事项”。

因此，财税〔2009〕59 号文件所说的债务重组涉及债权人对债务人做出让步。如果集团公司对你公司的债权 300 亿转为股权，没有作出让步，即转作对应股权的公允价值也为 300 亿，则该债转股事项不属于债务重组，不适用债务重组相关规定。

7. 如何理解非居民企业“转让其拥有的居民企业股权”中的“拥有”?

问：日本企业 A，拥有日本企业 B 的 100% 股权，拥有香港特别行政区企业 C 的

99.99%股权，C 拥有内地企业 D 的 100%股权。现在企业 A 将“拥有香港特别行政区企业 C 的 99.99%股权”转让给企业 B。

（1）上述股权转让是否涉及特殊重组？

（2）如何理解《财政部　国家税务总局关于企业重组业务企业所得税处理若干问题的通知》（财税〔2009〕59 号）中“非居民企业向其 100%直接控股的另一非居民企业转让其拥有的居民企业股权”中的“拥有”，能否是间接持有股权？

答：（1）《企业所得税法实施条例》第七条规定，“企业所得税法第三条所称来源于中国境内、境外的所得，按照以下原则确定：

（三）转让财产所得，不动产转让所得按照不动产所在地确定，动产转让所得按照转让动产的企业或者机构、场所所在地确定，权益性投资资产转让所得按照被投资企业所在地确定”。

《企业所得税法》第二条第三款规定，“非居民企业，是指依照外国（地区）法律成立且实际管理机构不在中国境内，但在中国境内设立机构、场所的，或者在中国境内未设立机构、场所，但有来源于中国境内所得的企业”。日本企业 A 不属于非居民企业，不属于企业所得税的纳税人。该股权转让不适用财税〔2009〕59 号文件规定，更不涉及特殊性税务处理规定。

《财政部　国家税务总局关于企业重组业务企业所得税处理若干问题的通知》（财税〔2009〕59 号）第一条规定，“本通知所称企业重组，是指企业在日常经营活动以外发生的法律结构或经济结构重大改变的交易，包括企业法律形式改变、债务重组、股权收购、资产收购、合并、分立等”。

《国家税务总局关于非居民企业间接转让财产企业所得税若干问题的公告》（国家税务总局公告 2015 年第 7 号）第一条规定，“非居民企业通过实施不具有合理商业目的的安排，间接转让中国居民企业股权等财产，规避企业所得税纳税义务的，应按照企业所得税法第四十七条的规定，重新定性该间接转让交易，确认为直接转让中国居民企业股权等财产。

本公告所称中国居民企业股权等财产，是指非居民企业直接持有，且转让取得的所得按照中国税法规定，应在中国缴纳企业所得税的中国境内机构、场所财产，中国境内不动产，在中国居民企业的权益性投资资产等（以下称中国应税财产）。

间接转让中国应税财产，是指非居民企业通过转让直接或间接持有中国应税财产的境外企业（不含境外注册中国居民企业，以下称境外企业）股权及其他类似权益（以下称股权），产生与直接转让中国应税财产相同或相近实质结果的交易，包括非居民企业重组引起境外企业股东发生变化的情形。间接转让中国应税财产的非居民企业称股权转让方”。

第六条规定，“间接转让中国应税财产同时符合以下条件的，应认定为具有合理商业目的：

（一）交易双方的股权关系具有下列情形之一：

1. 股权转让方直接或间接拥有股权受让方 80%以上的股权；

2. 股权受让方直接或间接拥有股权转让方 80%以上的股权；

3. 股权转让方和股权受让方被同一方直接或间接拥有80%以上的股权。

境外企业股权50%以上（不含50%）价值直接或间接来自于中国境内不动产的，本条第（一）项第1、2、3目的持股比例应为100%。

上述间接拥有的股权按照持股链中各企业的持股比例乘积计算”。

因此，日本企业A此笔交易如果不同时满足国家税务总局公告2015年第7号第六条的规定，且具体行为被判定为不具有合理商业目的，根据国家税务总局公告2015年第7号文件第一条规定，日本企业应在境内申报缴纳企业所得税。同时，日本企业A转让香港特别行政区企业C的股权，不属于企业重组行为，不适用财税〔2009〕59号文件规定。

（2）《财政部　国家税务总局关于企业重组业务企业所得税处理若干问题的通知》（财税〔2009〕59号）第七条规定，“企业发生涉及中国境内与境外之间（包括港澳台地区）的股权和资产收购交易，除应符合本通知第五条规定的条件外，还应同时符合下列条件，才可选择适用特殊性税务处理规定：

（一）非居民企业向其100%直接控股的另一非居民企业转让其拥有的居民企业股权，没有因此造成以后该项股权转让所得预提税负担变化，且转让方非居民企业向主管税务机关书面承诺在3年（含3年）内不转让其拥有受让方非居民企业的股权”。

因此，上述“转让其拥有的居民企业股权”的“拥有”，是指直接拥有，不包括间接拥有情况。

8. 吸收合并后将被合并公司房产出售是否适用特殊性税务处理？

问：2014年7月份我公司对一全资子公司进行吸收合并，人员、业务已在当月转入母公司，8月份税务注销，因子公司名下有房产需办理过户等相关手续，房产于2014年12月份过户至母公司名下，吸收合并账务处理在12月份完成，2015年6月份工商注销手续办理完毕，母公司预将此房产出售。

是否违背财税〔2009〕59号文件第五条适用特殊性税务处理的规定？依据哪个时点确定“企业重组后的连续12个月内不改变重组资产原来的实质性经营活动”？

答：《国家税务总局关于企业重组业务企业所得税征收管理若干问题的公告》（国家税务总局公告2015年第48号）第三条规定企业重组日的确定，按以下规定处理：

“4. 合并，以合并合同（协议）生效、当事各方已进行会计处理且完成工商新设登记或变更登记日为重组日。按规定不需要办理工商新设或变更登记的合并，以合并合同（协议）生效且当事各方已进行会计处理的日期为重组日。”

第十九条规定，《通知》第五条第（三）项和第（五）项所称“企业重组后的连续12个月内”，是指自重组日起计算的连续12个月内。

《公司法》第一百八十条规定：“公司合并或者分立，登记事项发生变更的，应当依法向公司登记机关办理变更登记；公司解散的，应当依法办理公司注销登记；设立新公司的，应当依法办理公司设立登记。公司增加或者减少注册资本，应当依法向公司登记机关办理变更登记。”

根据上述规定，贵公司应以合并合同（协议）生效、当事各方已进行会计处理且完成工商新设登记或变更登记日为重组日。

《财政部 国家税务总局关于企业重组业务企业所得税处理若干问题的通知》（财税〔2009〕59号）第五条规定，“企业重组同时符合下列条件的，适用特殊性税务处理规定：

（一）具有合理的商业目的，且不以减少、免除或者推迟缴纳税款为主要目的。

（二）被收购、合并或分立部分的资产或股权比例符合本通知规定的比例。

（三）企业重组后的连续12个月内不改变重组资产原来的实质性经营活动。

（四）重组交易对价中涉及股权支付金额符合本通知规定比例。

（五）企业重组中取得股权支付的原主要股东，在重组后连续12个月内，不得转让所取得的股权”。

根据上述文件的规定，如果贵公司吸收合并子公司后，自重组日起12个月内，将取得被合并子公司的房屋对外出售，则将改变重组资产原来的实质性经营活动。此种情况不符合上述第五条第（三）项规定，不适用特殊性税务处理。

9. 母公司吸收合并全资子公司是否适用特殊性税务处理？

问：我公司目前要吸收合并全资子公司，无需支付对价，是否符合特殊性重组的规定？如果不符合，所得税如何缴纳？

答：《国家税务总局关于企业重组业务企业所得税处理若干问题的通知》（财税〔2009〕59号）第五条规定，“企业重组同时符合下列条件的，适用特殊性税务处理规定：

（一）具有合理的商业目的，且不以减少、免除或者推迟缴纳税款为主要目的。

（二）被收购、合并或分立部分的资产或股权比例符合本通知规定的比例。

（三）企业重组后的连续12个月内不改变重组资产原来的实质性经营活动。

（四）重组交易对价中涉及股权支付金额符合本通知规定比例。

（五）企业重组中取得股权支付的原主要股东，在重组后连续12个月内，不得转让所取得的股权”。

第六条规定，“企业重组符合本通知第五条规定条件的，交易各方对其交易中的股权支付部分，可以按以下规定进行特殊性税务处理：

（四）企业合并，企业股东在该企业合并发生时取得的股权支付金额不低于其交易支付总额的85%，以及同一控制下且不需要支付对价的企业合并，可以选择按以下规定处理：

1. 合并企业接受被合并企业资产和负债的计税基础，以被合并企业的原有计税基础确定。

2. 被合并企业合并前的相关所得税事项由合并企业承继。

3. 可由合并企业弥补的被合并企业亏损的限额 = 被合并企业净资产公允价值 × 截至合并业务发生当年年末国家发行的最长期限的国债利率。

4. 被合并企业股东取得合并企业股权的计税基础，以其原持有的被合并企业股权的计税基础确定”。

根据上述文件的规定，贵公司吸收合并一全资子公司不需支付对价，属于以同一控制下且不需要支付对价的企业合并，符合上述第六条（四）项规定，如果还同时符合上述第五条规定的，可适用特殊性税务处理。

如果不适用特殊性税务处理，采用一般性税务处理的，按如下规定执行：

《关于企业重组业务企业所得税处理若干问题的通知》（财税〔2009〕59号）第四条规定，“企业重组，除符合本通知规定适用特殊性税务处理规定的外，按以下规定进行税务处理：

（四）企业合并，当事各方应按下列规定处理：

1. 合并企业应按公允价值确定接受被合并企业各项资产和负债的计税基础。

2. 被合并企业及其股东都应按清算进行所得税处理。

3. 被合并企业的亏损不得在合并企业结转弥补”。

因此，适用一般性税务处理的，全资子公司及贵公司（股东）应按财税〔2009〕60号文件进行清算的所得税处理，即全资子公司应计缴清算所得税，贵公司取得剩余资产应确认为股息所得、投资转让所得或亏损计缴企业所得税。贵公司按公允价值确定接受全资子公司各项资产和负债的计税基础。全资子公司亏损不得在贵公司结转弥补。

10. 公司之间股权互换的重组业务是否符合特殊重组?

问：B公司将所拥有的C公司的20%与A公司所拥有D公司的20%进行交换，从而变成C公司的投资方只有A公司，D公司的投资方只有B公司，这样重组，能否申请特殊性税务处理?

答：《财政部　国家税务总局关于企业重组业务企业所得税处理若干问题的通知》（财税〔2009〕59号）第五条规定，“企业重组同时符合下列条件的，适用特殊性税务处理规定：

（一）具有合理的商业目的，且不以减少、免除或者推迟缴纳税款为主要目的。

（二）被收购、合并或分立部分的资产或股权比例符合本通知规定的比例。

（三）企业重组后的连续12个月内不改变重组资产原来的实质性经营活动。

（四）重组交易对价中涉及股权支付金额符合本通知规定比例。

（五）企业重组中取得股权支付的原主要股东，在重组后连续12个月内，不得转让所取得的股权”。

第六条规定，“企业重组符合本通知第五条规定条件的，交易各方对其交易中的股权支付部分，可以按以下规定进行特殊性税务处理：……（二）股权收购，收购企业购买的股权不低于被收购企业全部股权的75%，且收购企业在该股权收购发生时的股权支付金额不低于其交易支付总额的85%，可以选择按以下规定处理：

1. 被收购企业的股东取得收购企业股权的计税基础，以被收购股权的原有计税基础确定。

2. 收购企业取得被收购企业股权的计税基础，以被收购股权的原有计税基础确定。

3. 收购企业、被收购企业的原有各项资产和负债的计税基础和其他相关所得税事项保持不变”。

《财政部 国家税务总局关于促进企业重组有关企业所得税处理问题的通知》（财税〔2014〕109 号）第一条关于股权收购规定，将《财政部 国家税务总局关于企业重组业务企业所得税处理若干问题的通知》（财税〔2009〕59 号）第六条第（二）项中有关“股权收购，收购企业购买的股权不低于被收购企业全部股权的 75%”规定调整为“股权收购，收购企业购买的股权不低于被收购企业全部股权的 50%”。

根据上述文件的规定，股权收购符合特殊性税务处理的条件之一为：收购企业购买的股权不低于被收购企业全部股权的 50%，问题所述重组情形交换股权低于 50%，不适用特殊性税务处理规定。

11. 企业分立重组企业所得税事项如何处理？

问：我公司为房地产开发企业，计划进行分立重组。现就公司分立时涉及的企业所得税问题咨询如下：

情况说明：房地产开发企业 A 欲进行存续分立，剥离部分资产，派生出 B、C、D 三家公司，分立出的新公司保持与本公司相同的股权结构，并分别拥有划出地块。

请问：

（1）若按照一般性税务处理，企业所得税的纳税人是否为股东方？

财税〔2009〕59 号规定：“被分立企业继续存在时，其股东取得的对价应视同被分立企业分配进行处理。”及企业所得税法对股东取得的利润分配免税的规定，是否存续分立下，按照一般税务处理时，企业所得税的应纳税额为 0？

（2）按照一般税务处理，企业以前年度的亏损是否可以按资产比例分配到派生的分立公司进行后续弥补？

答：《财政部 国家税务总局关于企业重组业务企业所得税处理若干问题的通知》（财税〔2009〕59 号）第四条规定，“企业重组，除符合本通知规定适用特殊性税务处理规定的外，按以下规定进行税务处理：……（五）企业分立，当事各方应按下列规定处理：

1. 被分立企业对分立出去资产应按公允价值确认资产转让所得或损失。
2. 分立企业应按公允价值确认接受资产的计税基础。
3. 被分立企业继续存在时，其股东取得的对价应视同被分立企业分配进行处理。
4. 被分立企业不再继续存在时，被分立企业及其股东都应按清算进行所得税处理。
5. 企业分立相关企业的亏损不得相互结转弥补”。

《企业所得税法实施条例》第八十三条规定，“企业所得税法第二十六条第（二）项所称符合条件的居民企业之间的股息、红利等权益性投资收益，是指居民企业直接投资于其他居民企业取得的投资收益。企业所得税法第二十六条第（二）项和第（三）项所称股息、红利等权益性投资收益，不包括连续持有居民企业公开发行并上市流通的股票不足 12 个月取得的投资收益”。

根据上述文件的规定，所述一般性税务处理的分立，被分立企业 A 要对分立出去的资产按公允价值确认资产转让所得或损失；分立企业 B、C、D 企业按公允价值确认取得资产的计税基础；因被分立企业 A 继续存在，股东取得的 B、C、D 分立企业的股权作为对价应视同被分立企业 A 分配事项进行处理。

股东属于居民企业，符合《企业所得税法实施条例》第八十三条规定的，可以适用投资收益免税规定。

一般性税务处理下，被分立企业以前年度亏损只能由存续 A 企业按规定弥补，不得由分立后的 B、C、D 企业相互结转弥补。

12. 债转股在什么时点进行账务处理？

问：我公司从境外母公司的借款，境外母公司签署了《债转股协议》，将此部分债权转为股权，请问我们公司应该在什么时点做账务处理，是在签署《债转股协议》的当月，还是在取得工商营业执照之后？或者其他的时点？

答：《企业会计准则第 12 号——债务重组》第六条规定，“将债务转为资本的，债务人应当将债权人放弃债权而享有股份的面值总额确认为股本（或者实收资本），股份的公允价值总额与股本（或者实收资本）之间的差额确认为资本公积。

重组债务的账面价值与股份的公允价值总额之间的差额，计入当期损益”。

《企业会计准则——应用指南》附录一《会计科目和主要账务处理》第 4001 实收资本科目第三条规定，“实收资本的主要账务处理：

企业将重组债务转为资本的，应按重组债务的账面价值，借记‘应付账款’等科目，按债权人放弃债权而享有本企业股份的面值总额，贷记本科目，按股份的公允价值总额与相应的实收资本或股本之间的差额，贷记或借记‘资本公积——资本溢价或股本溢价’科目，按重组债务的账面价值与股份的公允价值总额之间的差额，贷记‘营业外收入——债务重组利得’科目”。

《国家税务总局关于贯彻落实企业所得税法若干税收问题的通知》（国税函〔2010〕79 号）第二条规定，“企业发生债务重组，应在债务重组合同或协议生效时确认收入的实现”。

根据上述文件的规定，重组各方应于债务重组合同或协议生效时确认收入的实现，但企业会计准则并未对债转股业务账务处理的时点做出具体规定，从会计核算的基本原则来分析，应当自办理股东变更登记时进行账务处理。

13. 重组业务完成当年和重组日如何确定？

问：企业发生符合《财政部　国家税务总局关于企业重组业务企业所得税处理若干问题的通知》（财税〔2009〕59 号）规定的特殊性重组条件并选择特殊性税务处理的，当事各方应在该重组业务完成当年企业所得税年度申报时，向主管税务机关提交书面备案资料，证明其符合各类特殊性重组规定的条件。请问：“重组业务完成当年”应当如何确定？“重组日”应当如何确定？

答：根据《国家税务总局关于企业重组业务企业所得税征收管理若干问题的公告》（国家税务总局公告 2015 年第 48 号）第三条规定，“《财政部　国家税务总局关于企业重组业务企业所得税处理若干问题的通知》（财税〔2009〕59 号）第十一条所称重组业务完成当年，是指重组日所属的企业所得税纳税年度。

企业重组日的确定，按以下规定处理：

1. 债务重组，以债务重组合同（协议）或法院裁定书生效日为重组日。

2. 股权收购，以转让合同（协议）生效且完成股权变更手续日为重组日。关联企业之间发生股权收购，转让合同（协议）生效后 12 个月内尚未完成股权变更手续的，应以转让合同（协议）生效日为重组日。

3. 资产收购，以转让合同（协议）生效且当事各方已进行会计处理的日期为重组日。

4. 合并，以合并合同（协议）生效、当事各方已进行会计处理且完成工商新设登记或变更登记日为重组日。按规定不需要办理工商新设或变更登记的合并，以合并合同（协议）生效且当事各方已进行会计处理的日期为重组日。

5. 分立，以分立合同（协议）生效、当事各方已进行会计处理且完成工商新设登记或变更登记日为重组日”。

14. 企业重组中特殊性税务处理，是不是不要备案？也不需要报送相关资料？

答：企业重组中特殊性税务处理，属于所得税管理上的特殊事项，不属于所得税优惠事项。国税总局已于前几年取消了特殊性税务处理的核准管理，改为纳税人申报管理。因此，目前为止，全国性规定，企业仍应按照国税总局公告 2015 年第 48 号规定，履行特殊性税务处理的申报及资料报送手续。

清　算

1. 企业注销时尚未处置的资产如何纳税？

问：注销企业在做企业清算业务企业所得税处理时，没有销售的资产是否涉及企业所得税？怎么计算？

答：《财政部　国家税务总局关于企业清算业务企业所得税处理若干问题的通知》（财税〔2009〕60 号）第三条规定，“企业清算的所得税处理包括以下内容：

（一）全部资产均应按可变现价值或交易价格，确认资产转让所得或损失；

（二）确认债权清理、债务清偿的所得或损失；

（三）改变持续经营核算原则，对预提或待摊性质的费用进行处理；

（四）依法弥补亏损，确定清算所得；

（五）计算并缴纳清算所得税；

（六）确定可向股东分配的剩余财产、应付股息等”。

根据上述文件的规定，注销企业在做企业清算业务企业所得税处理时，全部资产均应按可变现价值或交易价格，确认资产转让所得或损失。

2. 高新技术企业清算能否按优惠税率纳税？

问：我公司现享受15%的高新技术企业所得税优惠税率，现公司准备注销，清算所得应适用什么税率？能否按优惠税率缴纳企业所得税？

答：《财政部　国家税务总局关于企业清算业务企业所得税处理若干问题的通知》（财税〔2009〕60号）第四条规定，“企业应将整个清算期作为一个独立的纳税年度计算清算所得”。

《国家税务总局关于印发〈中华人民共和国企业清算所得税申报表〉的通知》（国税函〔2009〕388号）附件2《中华人民共和国企业清算所得税申报表及附表填报说明》第12行“税率”明确“填报企业所得税法规定的税率25%”。

根据上述文件的规定，贵公司清算期间作为一个独立的纳税年度，清算所得依照25%的法定税率缴纳企业所得税。

3. 公司注销尚未摊销完毕的简易钢棚支出如何进行税务处理？

问：生产企业租赁社区居民委员会房屋及场地，2008年、2009年在原租赁房屋基础上加盖了简易钢棚共投入200万元，简易钢棚只有使用权，没有所有权，租赁时间未到期，现在公司决定注销，账面还有160万元的简易钢棚未摊销，如果拆除钢棚会对原来的房屋造成损坏，售给租赁的社区居民委员，对方也不同意购买，那么账面还有160万元损失怎样处理？

答：《财政部　国家税务总局关于企业清算业务企业所得税处理若干问题的通知》（财税〔2009〕60号）第二条规定，“下列企业应进行清算的所得税处理：

（一）按《公司法》、《企业破产法》等规定需要进行清算的企业；

（二）企业重组中需要按清算处理的企业”。

第三条规定，“企业清算的所得税处理包括以下内容：

（一）全部资产均应按可变现价值或交易价格，确认资产转让所得或损失”。

《国家税务总局关于印发〈中华人民共和国企业清算所得税申报表〉的通知》（国税函〔2009〕388号）附件《中华人民共和国企业清算所得税申报表及附表》及《中华人民共和国企业清算所得税申报表及附表填报说明》规定如下表所示。

资产处置损益明细表

填报时间：　　年　月　日　　　　　　　　金额单位：　　元（列至角分）

行次	项目	账面价值	计税基础	可变现价值或交易价格	资产处置损益
		（1）	（2）	（3）	（4）＝（3）－（2）
	…				
30	长期待摊费用				
	…				

“资产处置损益（4）”列：填报纳税人各项资产可变现价值或交易价格减除其计税基础的余额。

根据上述文件的规定，企业在租赁场地建简易棚，记入“长期待摊费用”核算，现公司注销，应进行企业清算的所得税处理。尚未摊销完毕的长期待摊费用应按可变现价值或交易价格扣除计税基础（即简易棚历史成本扣除按税法规定的摊销折旧费用）确认资产处置收益。

4. 注销清算期间发生的清算费用能否扣除？

问：某企业 2017 年 6—12 月开始注销清算，注销清算期间编制了注销清算报表，其中清算费用包含了保安费、财务费用、工会经费、工资、交通费、差旅费、审计费、运费、水电费、招待费、办公费、劳务费、税金、其他等费用，填写企业注销所得税申报表主表里的清算费用是否包含以上所有的费用？招待费是全部税前扣除还是按 60% 比例扣除？主表里其他所得或支出具体填写哪方面的？另外注销企业所得税申报表附表三中清算费用是以上列举的企业账面的清算费用合计，还是把工资、税金填入对应的附表三中，然后剔除工资、税金其余的清算费用填入附表三的清算费用中？

答：（1）《公司法》第一百八十四条规定，“公司因本法第一百八十一条第（一）项、第（二）项、第（四）项、第（五）项规定而解散的，应当在解散事由出现之日起十五日内成立清算组，开始清算。有限责任公司的清算组由股东组成，股份有限公司的清算组由董事或者股东大会确定的人员组成。逾期不成立清算组进行清算的，债权人可以申请人民法院指定有关人员组成清算组进行清算。人民法院应当受理该申请，并及时组织清算组进行清算”。

第一百八十五条规定，“清算组在清算期间行使下列职权：

（一）清理公司财产，分别编制资产负债表和财产清单；

（二）通知、公告债权人；

（三）处理与清算有关的公司未了结的业务；

（四）清缴所欠税款以及清算过程中产生的税款；

（五）清理债权、债务；

（六）处理公司清偿债务后的剩余财产；

（七）代表公司参与民事诉讼活动”。

《国家税务总局关于印发〈中华人民共和国企业清算所得税申报表〉的通知》（国税函〔2009〕388 号）附件 2《中华人民共和国企业清算所得税申报表及附表填报说明》第三条第（二）款行次说明规定：第 3 行“清算费用”：填报纳税人清算过程中发生的与清算业务有关的费用支出，包括清算组组成人员的报酬，清算财产的管理、变卖及分配所需的评估费、咨询费等费用，清算过程中支付的诉讼费用、仲裁费用及公告费用，以及为维护债权人和股东的合法权益支付的其他费用。

根据上述文件的规定，清算费用是指企业在清算过程中发生的与清算业务有关的费用支出。按照公司法规定，企业清算期间由清算组行使相应职权，通常所述清算费用为清算组行使相关职权时发生的费用。对于所述的与清算相关的保安费，财务费用，清算人员的工会经费及工资、清算人员交通费和差旅费、审计费、运费、水电费、办公费、劳务费等费用可以作为清算费用。非清算组人员的工资支出、清算税金及附加不属于清算费用，但清算税金及附加可在税前扣除。

(2)《企业所得税法》第五十三条规定，“企业所得税按纳税年度计算。纳税年度自公历1月1日起至12月31日止。

企业在一个纳税年度中间开业，或者终止经营活动，使该纳税年度的实际经营期不足十二个月的，应当以其实际经营期为一个纳税年度。

企业依法清算时，应当以清算期间作为一个纳税年度”。

《企业所得税法实施条例》第四十三条规定，“企业发生的与生产经营活动有关的业务招待费支出，按照发生额的60%扣除，但最高不得超过当年销售（营业）收入的5‰”。

根据上述文件的规定，企业进入清算时，属于终止经营活动。企业在清算期间发生的业务招待费支出不适用“企业发生的与生产经营活动有关的业务招待费支出，按照发生额的60%扣除，但最高不得超过当年销售（营业）收入的5‰”规定。由于业务招待费用不属于清算费用，该项支出不能在计算清算所得税时扣除。

(3)《国家税务总局关于印发〈中华人民共和国企业清算所得税申报表〉的通知》(国税函〔2009〕388号）附件2《中华人民共和国企业清算所得税申报表及附表填报说明》第三条第（二）款行次说明规定：第5行“其他所得或支出”：填报纳税人清算过程中取得的其他所得或发生的其他支出。其中，其他支出以“-”号（负数）填列。上述其他所得或支出是指清算过程中取得的除资产处置损益、负债清偿损益外的其他所得或支出。比如，企业受赠所得，属于其他所得范畴。

(4) 附表三的清算费用即为主表中的清算费用，两者的口径相同。

5. 企业清算时无力偿付的负债是否确认清算损益?

问：现一资不抵债企业清算过程中，其中其他应付款一关联公司贷方余额为500万元，现公司已无法支付此笔款，那么：

(1) 如关联公司声明放弃此债权，是否其他应付款清偿金额为0元，清偿损益为500万元?

(2) 如关联公司不放弃此债权，是否其他应付款清偿金额为500万元，清偿损益为0元?

答:《企业所得税法暂行条例》第二十二条规定，“企业所得税法第六条第（九）项所称其他收入，是指企业取得的除企业所得税法第六条第（一）项至第（八）项规定的收入外的其他收入，包括企业资产溢余收入、逾期未退包装物押金收入、确实无法偿付的应付款项、已作坏账损失处理后又收回的应收款项、债务重组收入、补贴收入、违约金收入、汇兑收益等”。

《企业所得税法实施条例释义》对此条释义，……第四，将“因债权人缘故确实无法支付的应付款项”修改为“确实无法偿付的应付款项”，将债权人之外的不可抗力等原因也纳入其范围；

（三）确实无法偿付的应付款项。根据企业财务制度规定，企业应当按期偿还各种负债，如确实无法支付的应付款项，计入营业外收入。

参考《辽宁省大连市地方税务局关于企业所得税若干税务事项衔接问题的通知》（大地税函〔2009〕91号）规定：

“十二、关于超过三年未支付的应付账款的税务处理问题

企业因债权人原因确实无法支付的应付款项，包括超过三年未支付的应付账款以及清算期间未支付的应付账款，应并入当期应纳税所得额缴纳企业所得税。企业如果能够提供确凿证据（指债权人承担法律责任的书面声明或债权人主管税务机关的证明等，能够证明债权人没有按规定确认损失并在税前扣除的有效证据以及法律诉讼文书）证明债权人没有确认损失并在税前扣除的，可以不并入当期应纳税所得额。已并入当期应纳税所得额的应付账款在以后年度支付的，在支付年度允许税前扣除。”

参考《宁波市地方税务局关于明确2008年度企业所得税汇算清缴若干问题的通知》（甬地税一〔2009〕20号）关于长期挂账未付的应付账款核销的有关问题规定，“企业已申报扣除的财产损失又获得价值恢复或补偿，应在价值恢复或实际取得补偿年度并入应纳税所得。因债权人原因确实无法支付的应付账款，包括超过三年以上未支付的应付账款，如果债权人已按本办法规定确认损失并在税前扣除的，应并入当期应纳税所得依法缴纳企业所得税”。

《财政部　国家税务总局关于企业清算业务企业所得税处理若干问题的通知》（财税〔2009〕60号）第三条第二款规定，“企业清算的所得税处理包括确认债权清理、债务清偿的所得或损失”。

《国家税务总局关于印发〈中华人民共和国企业清算所得税申报表〉的通知》（国税函〔2009〕388号）附件二《企业清算所得税申报表填报说明》第三条规定：

“2. 第2行‘负债清偿损益’：填报纳税人全部负债按计税基础减除其清偿金额后确认的负债清偿所得或损失金额。本行通过附表二《负债清偿损益明细表》计算填报。”

附表二《负债清偿损益明细表》填报说明规定：

“3. ‘计税基础（2）’列：填报纳税人按照税收规定确定的清算开始日的各项负债计税基础的金额，即负债的账面价值减去未来期间计算应纳税所得额时按照税收规定予以扣除金额的余额。

4. ‘清偿金额（3）’列：填报纳税人清算过程中各项负债的清偿金额。”

第四条规定，表内及表间关系：

“1. ‘负债清偿损益（4）’列 = 本表‘计税基础（2）’列 – ‘清偿金额（3）’列。”

根据上述文件的规定，企业清算时应确认债权清理、债务清偿的所得或损失，对于“确实无法偿付的应付款项”的形成包括债权人也包括债务人的原因，应并入清算期应纳税所得依法缴纳企业所得税。企业由于资不抵债清算时，所借关联方的确实无法偿还的借款，属于债务人的原因形成无法偿还，应确认为债务清偿收益。

6. 清算时股东如何确认所得?

问：境外A公司100%投资境内B公司，B公司清算结束时资本公积10万元、盈余公积100万元，未分利润150万元，实收资本200万元，净资产460万元，A公司投资成本200万元。若可以向A公司分配的剩余资产510万元，A公司股息所得额、投资转让所得额分别为多少?

答：《财政部　国家税务总局关于企业清算业务企业所得税处理若干问题的通知》(财税〔2009〕60号)第五条规定，"企业全部资产的可变现价值或交易价格减除清算费用，职工的工资、社会保险费用和法定补偿金，结清清算所得税、以前年度欠税等税款，清偿企业债务，按规定计算可以向所有者分配的剩余资产。

被清算企业的股东分得的剩余资产的金额，其中相当于被清算企业累计未分配利润和累计盈余公积中按该股东所占股份比例计算的部分，应确认为股息所得；剩余资产减除股息所得后的余额，超过或低于股东投资成本的部分，应确认为股东的投资转让所得或损失。

被清算企业的股东从被清算企业分得的资产应按可变现价值或实际交易价格确定计税基础"。

因此，被清算企业的股东分得的剩余资产的510万元，其中相当于被清算企业累计未分配利润和累计盈余公积中的部分，应确认为股息所得250万元；剩余资产减除股息所得后的余额，超过股东投资成本200万元的部分，应确认为股东的投资转让所得60万元。

7. 子公司注销时应如何计算缴纳企业所得税?

问：甲公司有一全资子公司乙，采用成本法核算，现在乙公司注销，甲公司收回投资并取得投资收益，该投资收益是否缴纳所得税?

答：《财政部　国家税务总局关于企业清算业务企业所得税处理若干问题的通知》(财税〔2009〕60号)第五条规定，"企业全部资产的可变现价值或交易价格减除清算费用，职工的工资、社会保险费用和法定补偿金，结清清算所得税、以前年度欠税等税款，清偿企业债务，按规定计算可以向所有者分配的剩余资产。

被清算企业的股东分得的剩余资产的金额，其中相当于被清算企业累计未分配利润和累计盈余公积中按该股东所占股份比例计算的部分，应确认为股息所得；剩余资产减除股息所得后的余额，超过或低于股东投资成本的部分，应确认为股东的投资转让所得或损失"。

《企业所得税法》第二十六条规定，"符合条件的居民企业之间的股息、红利等权益性投资收益为免税收入"。

《企业所得税法实施条例》第八十三条规定，"企业所得税法第二十六条第(二)项所称符合条件的居民企业之间的股息、红利等权益性投资收益，是指居民企业直接投资于其他居民企业取得的投资收益。企业所得税法第二十六条第(二)项和第(三)项所称股息、红利等权益性投资收益，不包括连续持有居民企业公开发行并上市流通的股票不足 12 个月取得的投资收益”。

《国家税务总局关于企业股权投资损失所得税处理问题的公告》（国家税务总局公告 2010 年第 6 号）第一条规定，“企业对外进行权益性（以下简称股权）投资所发生的损失，在经确认的损失发生年度，作为企业损失在计算企业应纳税所得额时一次性扣除”。

《国家税务总局关于发布〈企业资产损失所得税税前扣除管理办法〉的公告》（国家税务总局公告 2011 年第 25 号）第四十一条规定，“企业股权投资损失应依据以下相关证据材料确认：

（一）股权投资计税基础证明材料；

（二）被投资企业破产公告、破产清偿文件；

（三）工商行政管理部门注销、吊销被投资单位营业执照文件；

（四）政府有关部门对被投资单位的行政处理决定文件；

（五）被投资企业终止经营、停止交易的法律或其他证明文件；

（六）被投资企业资产处置方案、成交及入账材料；

（七）企业法定代表人、主要负责人和财务负责人签章证实有关投资（权益）性损失的书面申明；

（八）会计核算资料等其他相关证据材料”。

根据上述文件的规定，被投资企业注销清算，股东分得的剩余资产分为两部分，一部分为股息所得，一部分为投资转让所得或损失，符合条件的居民企业的股息所得可以适用减免税政策，投资转让所得或损失应计算企业所得税或作为资产损失在税前扣除。

8. 企业清算计算所得是否必须将全部资产变卖？

问：对于企业解散时清算的所得税处理，《财政部　国家税务总局关于企业清算业务企业所得税处理若干问题的通知》（财税〔2009〕60 号）规定，处置资产，包括收回应收账款、变卖非货币资产等，其中无法收回的应收账款应作坏账处理，报经税务机关批准后才能扣除损失。企业解散清算，计算清算所得税时是否一定要将全部资产处置变卖？

答：《财政部　国家税务总局关于企业清算业务企业所得税处理若干问题的通知》（财税〔2009〕60 号）第三条规定，“企业清算的所得税处理包括以下内容：

（一）全部资产均应按可变现价值或交易价格，确认资产转让所得或损失；

（二）确认债权清理、债务清偿的所得或损失”。

参考《山东省青岛市国家税务局、山东省青岛市地方税务局关于印发〈企业清算环节所得税管理暂行办法〉的通知》（青国税发〔2008〕161 号）第九条规定，“企业的全部资产可变现价值或者交易价格是指企业全部资产在清算处置时为企业带来的经济利益，即公允价值或实际成交价”。

第十二条规定，“清算财产以其公允价值或评估价格或合同价格作为确认价值的依据。已经处置的财产应使用实际交易价，但实际交易价不公允的除外”。

根据上述文件的规定，企业清算时，全部资产均应按可变现价值或交易价格，确认资产转让所得或损失。对于已经处置的资产，应按实际交易价确认资产转让所得或损失，但实际交易价不公允的除外；对于尚未处置的资产，应按可变现价值，即该资产的公允价值（通常与评估价一致）确认资产转让所得或损失。

9. 企业分得的清算资产如何再缴企业所得税？

问：L公司与另一公司联合购买了Q公司的股权，L公司出资2 000万元购得66.7%的股份。股权受让前，Q公司已连续亏损多年，处于停产关闭状态，仅土地尚有变现价值。受让后，新股东将Q公司债权债务清理完毕、建筑物拆除，土地平整完毕后交由政府土地部门收回转作开发用地。Q公司从政府取得土地补偿30 000万元，缴纳企业所得税10 000万元后，获利20 000万元。经营两年后，Q公司终结清算。其资产负债表中所有者权益相关时点的数据如下表所示：

Q公司资产负债表中所有者权益　　单位：万元

	股权受让前	当前清算时
股本	10 900	10 900
资本公积	100	100
未分配利润	-19 000	1 000
所有者权益合计	-8 000	12 000

按照持股比例，L公司将从Q公司分得清算资产8 000（12 000×66.7%）万元。

L公司分得的清算资产8 000万元是否还要缴纳企业所得税？

答：(1)《企业所得税法实施条例》第七十一条规定，“企业所得税法第十四条所称投资资产，是指企业对外进行权益性投资和债权性投资形成的资产。

企业在转让或者处置投资资产时，投资资产的成本，准予扣除。

投资资产按照以下方法确定成本：

（一）通过支付现金方式取得的投资资产，以购买价款为成本；

（二）通过支付现金以外的方式取得的投资资产，以该资产的公允价值和支付的相关税费为成本”。

根据上述条例规定，L公司取得Q公司66.7%的股权的投资成本为2 000万元。

(2)《财政部　国家税务总局关于企业清算业务企业所得税处理若干问题的通知》（财税〔2009〕60号）第五条规定，“企业全部资产的可变现价值或交易价格减除清算费用，职工的工资、社会保险费用和法定补偿金，结清清算所得税、以前年度欠税等税款，清偿企业债务，按规定计算可以向所有者分配的剩余资产。

被清算企业的股东分得的剩余资产的金额，其中相当于被清算企业累计未分配利润和累计盈余公积中按该股东所占股份比例计算的部分，应确认为股息所得；剩余资产减除股息所得后的余额，超过或低于股东投资成本的部分，应确认为股东的投资转让所得或损失。

被清算企业的股东从被清算企业分得的资产应按可变现价值或实际交易价格确定计

税基础”。

因此，Q公司清算时，应以全部资产的可变现价值或交易价格减除清算费用，职工的工资、社会保险费用和法定补偿金，结清清算所得税、以前年度欠税等税款，清偿企业债务，按规定计算可以向所有者分配的剩余资产。

如问题所述，若Q公司可向所有者分配的剩余资产为12 000万元，则L公司应确认股息所得：累计未分配利润为667万元（1 000 × 66.7%）；确认股权转让所得：12 000 ×66.7% −667 −2 000 =5 337（万元）

（3）《企业所得税法实施条例》第八十三条规定，“企业所得税法第二十六条第（二）项所称符合条件的居民企业之间的股息、红利等权益性投资收益，是指居民企业直接投资于其他居民企业取得的投资收益。企业所得税法第二十六条第（二）项和第（三）项所称股息、红利等权益性投资收益，不包括连续持有居民企业公开发行并上市流通的股票不足12个月取得的投资收益”。

因此，L公司从Q公司取得的股息所得667万元，属于免税收入。

《企业所得税法实施条例》第十六条规定，“企业所得税法第六条第（三）项所称转让财产收入，是指企业转让固定资产、生物资产、无形资产、股权、债权等财产取得的收入”。

因此，L公司确认股权转让所得5 337万元，应计入其应纳税所得额，计缴企业所得税。

10. 企业清算期间支付的职工安置费能否税前扣除？

问：我公司依法终止经营，企业进行清算。在清算期间需要向职工支付安置费用。支付的安置费能否在清算所得中进行扣除？

答：《财政部　国家税务总局关于企业清算业务企业所得税处理若干问题的通知》（财税〔2009〕60号）第四条规定，“企业的全部资产可变现价值或交易价格，减除资产的计税基础、清算费用、相关税费，加上债务清偿损益等后的余额，为清算所得。

企业应将整个清算期作为一个独立的纳税年度计算清算所得。”

第五条规定，“企业全部资产的可变现价值或交易价格减除清算费用，职工的工资、社会保险费用和法定补偿金，结清清算所得税、以前年度欠税等税款，清偿企业债务，按规定计算可以向所有者分配的剩余资产”。

《国家税务总局关于印发〈中华人民共和国企业清算所得税申报表〉的通知》（国税函〔2009〕388号）附件2《中华人民共和国企业清算所得税申报表填报说明》第三条规定：

“3. 第3行清算费用：填报纳税人清算过程中发生的与清算业务有关的费用支出，包括清算组组成人员的报酬，清算财产的管理、变卖及分配所需的评估费、咨询费等费用，清算过程中支付的诉讼费用、仲裁费用及公告费用，以及为维护债权人和股东的合法权益支付的其他费用。”

根据上述文件的规定，企业在清算期间向职工支付的安置费用，应在向所有者分配的剩余资产前扣除，不允许在清算所得税前扣除。

11. 企业清算所得是否包括资本公积？

问：我公司按照旧准则的要求，接受非现金捐赠，并于当年缴纳了企业所得税，税后金额确认为资本公积。现在我企业清算，清算所得是否应将这部分资本公积作为清算所得，再次缴纳所得税？

答：《财政部　国家税务总局关于企业清算业务企业所得税处理若干问题的通知》（财税〔2009〕60号）第三条规定，“企业清算的所得税处理包括以下内容：

（一）全部资产均应按可变现价值或交易价格，确认资产转让所得或损失；

（二）确认债权清理、债务清偿的所得或损失；

（三）改变持续经营核算原则，对预提或待摊性质的费用进行处理；

（四）依法弥补亏损，确定清算所得；

（五）计算并缴纳清算所得税；

（六）确定可向股东分配的剩余财产、应付股息等”。

第四条规定，“企业的全部资产可变现价值或交易价格，减除资产的计税基础、清算费用、相关税费，加上债务清偿损益等后的余额，为清算所得”。

上述规定用公式列示为：

清算所得＝资产变现价或交易价－资产计税基础－清算费用－相关税费＋（负债计税基础－清偿金额）

通过上述计算公式可知，计算清算所得时，与企业的资产、负债相关。根据问题所述，已缴纳企业所得税的捐赠计入资本公积，不影响企业清算所得的计算。

第七部分　征收管理

特别纳税调整

1. 境外关联交易金额不到2亿元是否需要制作同期资料?

问：2016年，境内外资企业A（100%境外控股）与境外关联公司B关联交易约800万元，境内外资企业A与境内关联公司C关联交易约2个亿，预计当年盈利1 000万元。2016年，境内外资企业A是否需要制作同期资料？假设A的所得税税率25%，C的所得税税率15%，这种情况下是否需要制作同期资料？

答：《国家税务总局关于完善关联申报和同期资料管理有关事项的公告》（国家税务总局公告2016年第42号）规定：

“十、企业应当依据企业所得税法实施条例第一百一十四条的规定，按纳税年度准备并按税务机关要求提供其关联交易的同期资料。

同期资料包括主体文档、本地文档和特殊事项文档。

十一、符合下列条件之一的企业，应当准备主体文档：

（一）年度发生跨境关联交易，且合并该企业财务报表的最终控股企业所属企业集团已准备主体文档。

（二）年度关联交易总额超过10亿元。

……

十三、年度关联交易金额符合下列条件之一的企业，应当准备本地文档：

（一）有形资产所有权转让金额（来料加工业务按照年度进出口报关价格计算）超过2亿元。

（二）金融资产转让金额超过1亿元。

（三）无形资产所有权转让金额超过1亿元。

（四）其他关联交易金额合计超过4 000万元。

……

十五、特殊事项文档包括成本分摊协议特殊事项文档和资本弱化特殊事项文档。

企业签订或者执行成本分摊协议的，应当准备成本分摊协议特殊事项文档。

企业关联债资比例超过标准比例需要说明符合独立交易原则的，应当准备资本弱化特殊事项文档。”

根据上述文件的规定，境内外资企业 A 的境外关联交易金额不满足需要制作同期资料的条件，如果也不满足制作同期资料的其他条件，不需要制作同期资料。但是，境内外资企业 A 向税务机关报送年度企业所得税纳税申报表时，应当就其与关联方之间的业务往来进行关联申报，附送《中华人民共和国企业年度关联业务往来报告表（2016 年版）》。

2. 支付给境外企业咨询费、顾问费是否可以税前扣除？

问：境内居民企业为产品促销，聘请境外非居民企业当顾问，主要在境外提供一些信息或在境外提供咨询（个别月份派员来境内提供信息或咨询），居民企业按月向境外非居民企业付汇（付费用）。境内企业所付给境外咨询费、顾问费可否在税前扣除？

答：《国家税务总局关于发布〈特别纳税调查调整及相互协商程序管理办法〉的公告》（国家税务总局公告 2017 年第 6 号）规定：

“第三十四条　企业与其关联方发生劳务交易支付或者收取价款不符合独立交易原则而减少企业或者其关联方应纳税收入或者所得额的，税务机关可以实施特别纳税调整。

符合独立交易原则的关联劳务交易应当是受益性劳务交易，并且按照非关联方在相同或者类似情形下的营业常规和公平成交价格进行定价。受益性劳务是指能够为劳务接受方带来直接或者间接经济利益，且非关联方在相同或者类似情形下，愿意购买或者愿意自行实施的劳务活动。

第三十五条　企业向其关联方支付非受益性劳务的价款，税务机关可以按照已税前扣除的金额全额实施特别纳税调整。非受益性劳务主要包括以下情形：

（一）劳务接受方从其关联方接受的，已经购买或者自行实施的劳务活动；

（二）劳务接受方从其关联方接受的，为保障劳务接受方的直接或者间接投资方的投资利益而实施的控制、管理和监督等劳务活动。该劳务活动主要包括：

1. 董事会活动、股东会活动、监事会活动和发行股票等服务于股东的活动；

2. 与劳务接受方的直接或者间接投资方、集团总部和区域总部的经营报告或者财务报告编制及分析有关的活动；

3. 与劳务接受方的直接或者间接投资方、集团总部和区域总部的经营及资本运作有关的筹资活动；

4. 为集团决策、监管、控制、遵从需要所实施的财务、税务、人事、法务等活动；

5. 其他类似情形。

（三）劳务接受方从其关联方接受的，并非针对其具体实施的，只是因附属于企业集团而获得额外收益的劳务活动。该劳务活动主要包括：

1. 为劳务接受方带来资源整合效应和规模效应的法律形式改变、债务重组、股权收购、资产收购、合并、分立等集团重组活动；

2. 由于企业集团信用评级提高，为劳务接受方带来融资成本下降等利益的相关活动；

3. 其他类似情形。

（四）劳务接受方从其关联方接受的，已经在其他关联交易中给予补偿的劳务活动。该劳务活动主要包括：

1. 从特许权使用费支付中给予补偿的与专利权或者非专利技术相关的服务；

2. 从贷款利息支付中给予补偿的与贷款相关的服务；

3. 其他类似情形。

（五）与劳务接受方执行的功能和承担的风险无关，或者不符合劳务接受方经营需要的关联劳务活动；

（六）其他不能为劳务接受方带来直接或者间接经济利益，或者非关联方不愿意购买或者不愿意自行实施的关联劳务活动。”

根据上述文件的规定，如该境外咨询费与境内企业取得收入直接相关、费用支出合理、符合独立交易原则，取得境外非居民企业的合法有效凭证，准予在税前扣除。如咨询费与境内企业取得收入无关，不得在税前扣除。

3. 境外子公司分红是否属于关联交易？

问：《企业所得税法》第四十一条规定，“企业与其关联方之间的业务往来，不符合独立交易原则而减少企业或者其关联方应纳税收入或者所得额的，税务机关有权按照合理方法调整”。

我公司仅有海外子公司分红，是否属于有“业务往来”？

答：根据《企业所得税法》第四十三条规定，“企业向税务机关报送年度企业所得税纳税表时，应当就其与关联方之间的业务往来，附送年度关联业务往来报告表。

税务机关在进行关联业务调查时，企业及其关联方，以及与关联业务调查有关的其他企业，应当按照规定提供相关资料”。

《企业所得税法实施条例》第一百一十四条规定，“企业所得税法第四十三条所称相关资料，包括：

（一）与关联业务往来有关的价格、费用的制定标准、计算方法和说明等同期资料；

（二）关联业务往来所涉及的财产、财产使用权、劳务等的再销售（转让）价格或者最终销售（转让）价格的相关资料；

（三）与关联业务调查有关的其他企业应当提供的与被调查企业可比的产品价格、定价方式以及利润水平等资料；

（四）其他与关联业务往来有关的资料。

企业所得税法第四十三条所称与关联业务调查有关的其他企业，是指与被调查企业在生产经营内容和方式上相类似的企业。

企业应当在税务机关规定的期限内提供与关联业务往来有关的价格、费用的制定标准、计算方法和说明等资料。关联方以及与关联业务调查有关的其他企业应当在税务机关与其约定的期限内提供相关资料”。

《国家税务总局关于完善关联申报和同期资料管理有关事项的公告》（国家税务总局公告2016年第42号）第一条规定，“实行查账征收的居民企业和在中国境内设立机构、场所并据实申报缴纳企业所得税的非居民企业向税务机关报送年度企业所得税纳税申报表时，应当就其与关联方之间的业务往来进行关联申报，附送《中华人民共和国企业年度关联业务往来报告表（2016年版）》”。

《国家税务总局关于居民企业报告境外投资和所得信息有关问题的公告》（国家税务总局公告2014年第38号）规定，在预缴申报时填报《居民企业参股外国企业信息报告表》，年度申报时填报《受控外国企业信息报告表》。

根据上述文件的规定，贵公司有海外子公司，海外子公司分红，属于关联业务往来。贵公司要在预缴申报时填报《居民企业参股外国企业信息报告表》，在办理企业所得税年度申报时，如适用企业所得税法第四十五条情形或者适用《特别纳税调整实施办法（试行）》（国税发〔2009〕2号）第八十四条规定的，应填报《受控外国企业信息报告表》。在年度申报时，当就其与关联方之间的业务往来进行关联申报，附送《中华人民共和国企业年度关联业务往来报告表（2016年版）》。

4. 如何理解财税〔2014〕109号文件的直接控制？

问：《财政部　国家税务总局关于促进企业重组有关企业所得税处理问题的通知》（财税〔2014〕109号）第三条关于股权、资产划转规定：“对100%直接控制的居民企业之间，以及受同一或相同多家居民企业100%直接控制的居民企业之间按账面净值划转股权或资产，凡具有合理商业目的、不以减少、免除或者推迟缴纳税款为主要目的，股权或资产划转后连续12个月内不改变被划转股权或资产原来实质性经营活动，且划出方企业和划入方企业均未在会计上确认损益的，可以选择按以下规定进行特殊性税务处理：……”

文件中的“直接控制”怎样理解？有无相关的法律依据？

答：参考《企业所得税法实施条例》第八十条规定，“企业所得税法第二十四条所称直接控制，是指居民企业直接持有外国企业20%以上股份。

企业所得税法第二十四条所称间接控制，是指居民企业以间接持股方式持有外国企业20%以上股份，具体认定办法由国务院财政、税务主管部门另行制定”。

因此，“对100%直接控制的居民企业之间”是指：居民企业和该居民企业直接持有100%股权的另一居民企业之间，也就是居民企业与其全资子公司（居民企业）之间。

5. 母公司向多家子公司提供服务如何进行税前扣除？

问：我集团公司包括多家独立核算的子公司。现母公司要向子公司收取部分咨询服务费。母公司向多家子公司提供相同咨询服务收取费用，是否要有统一的标准？如果将集团总部的收费汇总，然后按全部接受服务的子公司收入比例进行分摊是否可行？

答：《国家税务总局关于母子公司间提供服务支付费用有关企业所得税处理问题的通知》（国税发〔2008〕86 号）第三条规定，“母公司向其多个子公司提供同类项服务，其收取的服务费可以采取分项签订合同或协议收取；也可以采取服务分摊协议的方式，即，由母公司与各子公司签订服务费用分摊合同或协议，以母公司为其子公司提供服务所发生的实际费用并附加一定比例利润作为向子公司收取的总服务费，在各服务受益子公司（包括盈利企业、亏损企业和享受减免税企业）之间按《中华人民共和国企业所得税法》第四十一条第二款规定合理分摊”。

根据上述文件的规定，母公司向多家子公司提供同类服务可以采取服务分摊协议方式，先以母公司为其子公司提供服务所发生的实际费用并附加一定比例利润作为向子公司收取的总服务费，再向各子公司收取服务费。向各子公司分摊应收取服务费时，应符合独立交易原则。

参考《国家税务总局关于实施国家重点扶持的公共基础设施项目企业所得税优惠问题的通知》（国税发〔2009〕80 号）规定，“期间共同费用的合理分摊比例可以按照投资额、销售收入、资产额、人员工资等参数确定。上述比例一经确定，不得随意变更。凡特殊情况需要改变的，需报主管税务机关核准”。

因此，母公司应按照具体服务内容采用合理分摊方法，比如按销售收入，职工工资，资产总额等因素进行分摊。

6. 如何理解“直接或间接持有股权之和”？

问：《财政部　国家税务总局关于居民企业技术转让有关企业所得税政策问题的通知》（财税〔2010〕111 号）第四条规定，“居民企业从直接或间接持有股权之和达到 100% 的关联方取得的技术转让所得，不享受技术转让减免企业所得税优惠政策”。

如何理解 100% 比例？如果 A、B 公司分别持有甲公司 75% 和 25% 的股权，同时，A 公司和 E 自然人又分别持有 B 公司 75% 和 25% 的股权，此种情况下，A 公司是否构成了对甲公司直接或间接持有股权之和达到 100% 的规定？

参照《公开发行证券的公司信息披露编报规则第 15 号——财务报告的一般规定》（2010 年修订）（四）持股比例和表决权比例的确定，15 号编报规则及其附件中的“持股比例”填列享有被投资单位权益份额的比例：A 的持股比例为 75% +75% ×25% = 93.75%，这样算对吗？

答：（1）《国家税务总局关于印发〈特别纳税调整实施办法（试行）〉的通知》（国税发〔2009〕2 号）第九条规定，“所得税法实施条例第一百零九条及征管法实施细则第五十一条所称关联关系，主要是指企业与其他企业、组织或个人具有下列之一关系：

（一）一方直接或间接持有另一方的股份总和达到 25% 以上，或者双方直接或间接同为第三方所持有的股份达到 25% 以上。若一方通过中间方对另一方间接持有股份，只要一方对中间方持股比例达到 25% 以上，则一方对另一方的持股比例按照中间方对另一方的持股比例计算”。

上述条款虽是对关联关系的判定依据之一，但该条款也明确了如何计算一方对另一方（直接或通过第三方）持股比例的计算问题。因此，该条规定可用于确定财税〔2010〕111号文件第四条规定的股权计算事项。

对于所述案例，A公司直接持有甲公司股权75%，同时通过第三方B公司间接持有甲公司股权。

间接持股比例计算如下：由于A公司持有B公司75%股权，持股比例超过25%，A公司间接持有B公司股权比例为B公司持有甲公司股权25%，即间接持有股权比例为25%。

A公司直接或间接持有甲公司股权为100%（直接75%＋间接25%）。

（2）贵公司所述持股比例计算为会计规定的算法。持股比例计算中税法有规定，因此不能遵循会计的规定。

7. 企业无偿向境外子公司出借资金是否缴纳企业所得税？

问：我公司是一个有限公司，注册资本20亿人民币，在加拿大注册了一个全资子公司。由于经营业务的需要，母公司将注册资本中的18亿元，无偿出借给加拿大子公司达2年。现当地税务机关要求母公司按规定计算出借给子公司的利息收入，并补缴企业所得税。

我公司是否缴纳该企业所得税？

答：《企业所得税法》第四十一条第一款规定，“企业与其关联方之间的业务往来，不符合独立交易原则而减少企业或者其关联方应纳税收入或者所得额的，税务机关有权按照合理方法调整”。

《企业所得税法实施条例》第一百零九条规定，“企业所得税法第四十一条所称关联方，是指与企业有下列关联关系之一的企业、其他组织或者个人：

（一）在资金、经营、购销等方面存在直接或者间接的控制关系；

（二）直接或者间接地同为第三者控制；

（三）在利益上具有相关联的其他关系”。

第一百一十条规定，“企业所得税法第四十一条所称独立交易原则，是指没有关联关系的交易各方，按照公平成交价格和营业常规进行业务往来遵循的原则”。

《国家税务总局关于印发〈特别纳税调整实施办法（试行）〉的通知》（国税发〔2009〕2号）第九条规定，“所得税法实施条例第一百零九条及征管法实施细则第五十一条所称关联关系，主要是指企业与其他企业、组织或个人具有下列之一关系：

（一）一方直接或间接持有另一方的股份总和达到25%以上，或者双方直接或间接同为第三方所持有的股份达到25%以上。若一方通过中间方对另一方间接持有股份，只要一方对中间方持股比例达到25%。以上，则一方对另一方的持股比例按照中间方对另一方的持股比例计算”。

根据上述文件的规定，境内企业与加拿大子公司属于关联方，与子公司资金借贷应按独立交易原则确定交易额。境内企业将资金18亿元无偿借给境外子公司，不符合独立交易原则，税务机关有权进行特别纳税调整处理。

8. 支付境外母公司服务费需要代扣代缴企业所得税吗？

问：在广东省境内设立的一外资公司，设立后没有成立销售部门，销售由境外的母公司处理，境外母公司将其长期成交的客户转给子公司，同时母公司还负责维持客户，处理在日常销售中发生的品质、市场、交期等问题，母公司按客户成交的金额从子公司收取一定服务费，对此业务，在子公司支付给母公司服务费时，需要代扣代缴企业所得税吗？税率是多少？母公司转客户给子公司的行为是否涉及特许权使用费的问题？

答：（1）母公司提供服务劳务发生地均在境外的，不涉及企业所得税。

《企业所得税法实施条例》第七条规定，“企业所得税法第三条所称来源于中国境内、境外的所得，按照以下原则确定：（二）提供劳务所得，按照劳务发生地确定”。

《企业所得税法》第二条第三款规定，“本法所称非居民企业，是指依照外国（地区）法律成立且实际管理机构不在中国境内，但在中国境内设立机构、场所的，或者在中国境内未设立机构、场所，但有来源于中国境内所得的企业”。

因此，母公司在境外为子公司提供所述服务，该服务所得属于来源于境外的所得，母公司的该项所得不需在境内申报缴纳企业所得税。

（2）母公司将客户转让给子公司取得的所得，属于特许权使用费所得，需在境内申报缴纳企业所得税。

《特别纳税调整实施办法（试行）》（国税发〔2009〕2 号）第十条规定，“关联交易主要包括以下类型：……（二）无形资产的转让和使用，包括土地使用权、版权（著作权）、专利、商标、客户名单、营销渠道、牌号、商业秘密和专有技术等特许权，以及工业品外观设计或实用新型等工业产权的所有权转让和使用权的提供业务”。

《企业所得税法实施条例》第七条规定，“企业所得税法第三条所称来源于中国境内、境外的所得，按照以下原则确定：……（五）利息所得、租金所得、特许权使用费所得，按照负担、支付所得的企业或者机构、场所所在地确定，或者按照负担、支付所得的个人的住所地确定”。

第十六条规定，“企业所得税法第六条第（三）项所称转让财产收入，是指企业转让固定资产、生物资产、无形资产、股权、债权等财产取得的收入”。

第二十条规定，“企业所得税法第六条第（七）项所称特许权使用费收入，是指企业提供专利权、非专利技术、商标权、著作权以及其他特许权的使用权取得的收入。

特许权使用费收入，按照合同约定的特许权使用人应付特许权使用费的日期确认收入的实现”。

第六十五条规定，“企业所得税法第十二条所称无形资产，是指企业为生产产品、提供劳务、出租或者经营管理而持有的、没有实物形态的非货币性长期资产，包括专利权、商标权、著作权、土地使用权、非专利技术、商誉等”。

《企业所得税法》第三条规定，“居民企业应当就其来源于中国境内、境外的所得缴纳企业所得税。

非居民企业在中国境内设立机构、场所的，应当就其所设机构、场所取得的来源于中国境内的所得，以及发生在中国境外但与其所设机构、场所有实际联系的所得，缴纳企业所得税。

非居民企业在中国境内未设立机构、场所的，或者虽设立机构、场所但取得的所得与其所设机构、场所没有实际联系的，应当就其来源于中国境内的所得缴纳企业所得税”。

第三十七条规定，“对非居民企业取得本法第三条第三款规定的所得应缴纳的所得税，实行源泉扣缴，以支付人为扣缴义务人。税款由扣缴义务人在每次支付或者到期应支付时，从支付或者到期应支付的款项中扣缴”。

《国家税务总局关于非居民企业所得税源泉扣缴有关问题的公告》（国家税务总局公告 2017 年第 37 号）第二条规定，“企业所得税法实施条例第一百零四条规定的支付人自行委托代理人或指定其他第三方代为支付相关款项，或者因担保合同或法律规定等原因由第三方保证人或担保人支付相关款项的，仍由委托人、指定人或被保证人、被担保人承担扣缴义务”。

《企业所得税法实施条例》第九十一条规定，“非居民企业取得企业所得税法第二十七条第（五）项规定的所得，减按 10% 的税率征收企业所得税”。

根据上述文件的规定，母公司将客户的名单转让给子公司属于关联交易类型的无形资产的转让和使用类别。由于客户的易变性，客户名单转让属于特许权使用费范围，即使用权转让而非所有权转让。母公司将客户转让给子公司取得的所得，属于特许权使用费所得。由于支付方在境内，该所得属于来源于中国境内的所得，母公司取得该所得应在境内申报缴纳企业所得税，税率为 10%。子公司为支付方，应代扣代缴母公司的企业所得税。

9. 企业用财政补贴购买设备赠送关联企业，所得税如何处理？

问：企业收到政府的财政补贴 1 300 000 元作为营业外收入，企业用这部分钱购买了设备送给关联企业，企业所得税如何计算？会计分录如何做？

答：企业收到政府的财政补贴时已经作为营业外收入，与后续购买设备赠送给关联企业分属于两个不相关的业务。

买设备赠送的企业所得税和会计处理如下：

《企业所得税法》第九条规定，“企业发生的公益性捐赠支出，在年度利润总额 12% 以内的部分，准予在计算应纳税所得额时扣除”。

第二十五条规定，“企业发生非货币性资产交换，以及将货物、财产、劳务用于捐赠、偿债、赞助、集资、广告、样品、职工福利或者利润分配等用途的，应当视同销售货物、转让财产或者提供劳务，但国务院财政、税务主管部门另有规定的除外”。

《国家税务总局关于企业处置资产所得税处理问题的通知》（国税函〔2008〕828 号）第二条规定，“企业将资产移送他人的下列情形，因资产所有权属已发生改变而不属于内部处置资产，应按规定视同销售确定收入。……（五）用于对外捐赠”。

《国家税务总局关于企业所得税有关问题的公告》（国家税务总局公告 2016 年第 80 号）第二条规定，“企业发生《国家税务总局关于企业处置资产所得税处理问题的通知》（国税函〔2008〕828 号）第二条规定情形的，除另有规定外，应按照被移送资产的公允价值确定销售收入”。

第三条规定，“本公告适用于 2016 年度及以后年度企业所得税汇算清缴”。

根据上述规定，企业将购入的设备赠送给其他企业，应当视同销售缴纳企业所得税，可按照被移送资产的公允价值确定销售收入。同时可以确定相关的视同销售成本；由于该捐赠属于直接捐赠，捐赠支出不得税前扣除。

账务处理如下：

《企业会计准则第 4 号——固定资产》第三条规定，“固定资产，是指同时具有下列两个特征的有形资产：

（一）为生产商品、提供劳务、出租或经营管理而持有的；

（二）使用寿命超过一个会计期间。

使用寿命，是指企业使用固定资产的预计期间，或者该固定资产所能生产产品或提供劳务的数量”。

因此，只有同时符合上述条件的资产才属于固定资产，如果甲企业购入设备时，即确定其用途为对外赠送，则不应当作为固定资产核算，而应当作为库存商品核算。

购入设备时：

借：库存商品

　　应交税费——应交增值税（进项税额）

　　贷：银行存款

赠出设备时：

借：营业外支出

　　贷：库存商品

　　　　应交税费——应交增值税（销项税额）

10. 外方股东减资，放弃初始出资以外的所得是否要进行特别纳税调整？

问：某外商投资企业 A 注册资本 1 000 万元，未分配利润 2 000 万元，其中：中方股东 B 占 60%，外方股东为非居民企业 C 占 40%，A、B、C 为关联方，现 C 已取得 400 万元撤回资本即减资，而实际按股权比例计算 C 可取得资产 1 200 万元，即 3 000 × 40% =1 200 万元，那么主管税务机关能否按 1 200 万元作为撤资应取得资产价值，按股权转让调整计算缴纳非居民企业所得税即 80 万元［（1 200 − 400）×10%］？按此规定，本例中非居民企业取得 400 万元刚好是投资收回，是否不用调整补缴企业所得税？

答：（1）根据《国家税务总局关于企业所得税若干问题的公告》（国家税务总局公告 2011 年第 34 号）第五条第一款规定，“投资企业从被投资企业撤回或减少投资，其取得的资产中，相当于初始出资的部分，应确认为投资收回；相当于被投资企业累计未分配利润和累计盈余公积按减少实收资本比例计算的部分，应确认为股息所得；其余部分确认为投资资产转让所得”。

根据上述文件的规定，投资企业 C 从被投资企业 A 撤资取得 400 万元对价，相当于初始投资，未产生股息所得及股权转让所得，不涉及企业所得税。

（2）《企业所得税法》第四十一条规定，“企业与其关联方之间的业务往来，不符合独立交易原则而减少企业或者其关联方应纳税收入或者所得额的，税务机关有权按照合理方法调整。

企业与其关联方共同开发、受让无形资产，或者共同提供、接受劳务发生的成本，在计算应纳税所得额时应当按照独立交易原则进行分摊”。

第四十二条规定，“企业可以向税务机关提出与其关联方之间业务往来的定价原则和计算方法，税务机关与企业协商、确认后，达成预约定价安排”。

第四十七条规定，“企业实施其他不具有合理商业目的的安排，而减少其应纳税收入或者所得额的，税务机关有权按照合理方法调整”。

关联方利息扣除

1. 个人股东贷款用于公司利息如何税前扣除？

问：个人股东把股权质押所得资金用于其控股公司或下属子公司，该公司如何列支此笔资金费用？如何税前扣除？

答：利息的列支：

《发票管理办法》第十九条规定，“销售商品、提供服务以及从事其他经营活动的单位和个人，对外发生经营业务收取款项，收款方应当向付款方开具发票；特殊情况下，由付款方向收款方开具发票”。

《国家税务总局关于企业向自然人借款的利息支出企业所得税税前扣除问题的通知》（国税函〔2009〕777号）第一条规定，“企业向股东或其他与企业有关联关系的自然人借款的利息支出，应根据《中华人民共和国企业所得税法》（以下简称税法）第四十六条及《财政部　国家税务总局关于企业关联方利息支出税前扣除标准有关税收政策问题的通知》（财税〔2008〕121号）规定的条件，计算企业所得税扣除额”。

《财政部　国家税务总局关于企业关联方利息支出税前扣除标准有关税收政策问题的通知》（财税〔2008〕121号）第一条规定，“在计算应纳税所得额时，企业实际支付给关联方的利息支出，不超过以下规定比例和税法及其实施条例有关规定计算的部分，准予扣除，超过的部分不得在发生当期和以后年度扣除。

企业实际支付给关联方的利息支出，除符合本通知第二条规定外，其接受关联方债权性投资与其权益性投资比例为：

（一）金融企业，为5:1；

（二）其他企业，为2:1”。

第二条规定，“企业如果能够按照向税法及其实施条例的有关规定提供相关资料，并证明相关交易活动符合独立交易原则的；或者该企业的实际税负不高于境内关联方的，其实际支付给境内关联方的利息支出，在计算应纳税所得额时准予扣除”。

根据上述文件的规定，个人股东把以自己名义取得的资金用于其控股公司或下属子公司，应当由个人向主管税务机关代开发票，公司在规定的限额内税前扣除。

同时，需要注意的是，如果个人股东把股权质押所得资金用于其控股公司或下属子公司，仅是为了解决控股公司或下属子公司的融资困难，没有收取超额的利息，是否需要凭个人股东向税务机关申请代开的发票申报税前扣除，是否需要进行特别纳税调整，各地税务机关的实际操作不尽相同。参考《河北省地方税务局关于企业所得税若干业务问题的公告》（河北省地方税务局公告2011年第1号，继续有效）第十二条（关于个人贷款、企业使用发生利息的扣除问题）规定，"对个人将自己的资产作抵押向金融机构贷款、企业使用（个人与企业之间必须有相关的协议）发生的利息，在确认该项贷款直接划入企业银行账户，利息支出由企业账户划出后，允许企业在计征企业所得税时扣除"。

所以，具体执行口径请咨询当地主管税务机关。

2. 集团成员企业之间支付利息如何税前扣除？

问：我公司为集团内成员公司，向集团内财务公司贷款，我公司支付的贷款利息应以什么作为记账凭证才算是所得税前扣除的有效凭证？

答：根据《关于全面推开营业税改征增值税试点的通知》（财税〔2016〕36号）附件1《营业税改征增值税试点实施办法》所附《销售服务、无形资产、不动产注释》规定："贷款，是指将资金贷与他人使用而取得利息收入的业务活动。各种占用、拆借资金取得的收入，包括金融商品持有期间（含到期）利息（保本收益、报酬、资金占用费、补偿金等）收入、信用卡透支利息收入、买入返售金融商品利息收入、融资融券收取的利息收入，以及融资性售后回租、押汇、罚息、票据贴现、转贷等业务取得的利息及利息性质的收入，按照贷款服务缴纳增值税。"

根据上述文件的规定，贵公司从集团内财务公司贷款，财务公司属于贷款行为，所取得的利息收入应按"贷款服务"税目缴纳增值税，并开具发票，贵公司应以该发票作为企业所得税税前扣除的凭证。

3. 关联方借款利息如何进行税务处理？

问：我公司系影视投资公司，进行影视剧的投资拍摄及发行工作，本年我公司向集团公司（系集团全资子公司）借款若干，用于本公司的影视剧投资及制作及控股子公司影视剧的投资及制作，集团的资金来源于银行，集团按照高于银行贷款利率的资金使用率向我公司收取资金使用费，我公司按照从集团取得借款的实际利率向子公司收取资金使用费，目前我公司从集团取得的借款资金已超过注册资本金的2倍，子公司从我公司取得的借款金额也超过了我公司投资额的2倍，那么我公司及子公司如何进行存货资本化的核算，资本化利息应该如何计算，在税务处理上应该如何计税？

答：增值税规定：

集团公司向银行借款后，将资金再借给贵公司使用，按高于银行贷款利率向贵公司收取利息，不适用统借统还不征收增值税规定。根据《关于全面推开营业税改征增值税试点的通知》（财税〔2016〕36号）附件3《营业税改征增值税试点过渡政策的规定》第一条规定，“下列项目免征增值税：

（十九）以下利息收入

统借统还业务中，企业集团或企业集团中的核心企业以及集团所属财务公司按不高于支付给金融机构的借款利率水平或者支付的债券票面利率水平，向企业集团或者集团内下属单位收取的利息。

统借方向资金使用单位收取的利息，高于支付给金融机构借款利率水平或者支付的债券票面利率水平的，应全额缴纳增值税。

统借统还业务，是指：

（1）企业集团或者企业集团中的核心企业向金融机构借款或对外发行债券取得资金后，将所借资金分拨给下属单位（包括独立核算单位和非独立核算单位，下同），并向下属单位收取用于归还金融机构或债券购买方本息的业务。

（2）企业集团向金融机构借款或对外发行债券取得资金后，由集团所属财务公司与企业集团或者集团内下属单位签订统借统还贷款合同并分拨资金，并向企业集团或者集团内下属单位收取本息，再转付企业集团，由企业集团统一归还金融机构或债券购买方的业务”。

集团公司向贵公司收取的利息应全额缴纳增值税，根据《发票管理办法》第十九条规定，集团公司应向贵公司开具发票，贵公司应以发票作为合法凭证。

贵公司从集团公司取得借款后，再将款项借给子公司使用，由于该借款不是贵公司从金融机构取得的，不适用上述文件规定。贵公司将款项借给子公司使用收取得利息，根据《关于全面推开营业税改征增值税试点的通知》（财税〔2016〕36号）附件1《营业税改征增值税试点实施办法》所附《销售服务、无形资产、不动产注释》规定，“贷款，是指将资金贷与他人使用而取得利息收入的业务活动。各种占用、拆借资金取得的收入，包括金融商品持有期间（含到期）利息（保本收益、报酬、资金占用费、补偿金等）收入、信用卡透支利息收入、买入返售金融商品利息收入、融资融券收取的利息收入，以及融资性售后回租、押汇、罚息、票据贴现、转贷等业务取得的利息及利息性质的收入，按照贷款服务缴纳增值税”。

贵公司收取利息应缴纳增值税，并应向子公司开具发票。

企业所得税规定：

（1）未取得发票。如果贵公司向集团公司支付利息未取得发票的。根据《企业所得税税前扣除凭证管理办法》（国家税务总局公告2018年第28号）第九条规定：“企业在境内发生的支出项目属于增值税应税项目（以下简称“应税项目”）的，对方为已办理税务登记的增值税纳税人，其支出以发票（包括按照规定由税务机关代开的发票）作为税前扣除凭证；对方为依法无需办理税务登记的单位或者从事小额零星经营业务的个人，其支出以税务机关代开的发票或者收款凭证及内部凭证作为税前扣除凭证，收款凭证应载明收款单位名称、个人姓名及身份证号、支出项目、收款金额等相关信息。”贵公司的利息支出不能税前扣除。此时，贵公司不需考虑关联方债权性投资与权益性投资比例事项。

同理，如果子公司向贵公司支付利息未取得发票的，子公司的利息支出不得税前扣除。

（2）取得发票。

①超过同期同贷利息部分。贵公司向集团公司支付利息，需判定利息支出是否超过金融企业同期同类贷款利率计算的数额。超过部分，根据《企业所得税法实施条例》第三十八条第（二）项规定，该项支出不得税前扣除。从税法而言，也不存在资本化问题。

②不超过同期同贷利息部分。对于利息支出不超过在金融企业同期同类贷款利率计算的数额部分，贵公司应按照《财政部　国家税务总局关于企业关联方利息支出税前扣除标准有关税收政策问题的通知》（财税〔2008〕121 号）及《国家税务总局关于印发〈特别纳税调整实施办法（试行）〉的通知》（国税发〔2009〕2 号）规定，确认准予税前扣除的部分，对于准予税前扣除部分，属于建造存货期间发生的，应予以资本化。不准予税前扣除部分，不能税前扣除，从税法而言，也不能资本化。具体为：

根据财税〔2008〕121 号文件规定，贵公司的实际税负不高于集团公司，贵公司支付的利息支出准予税前扣除。其中，符合资本化条件的，应予资本化，计入相关资产计税基础。

根据财税〔2008〕121 号文件第二条规定，贵公司按照税法及其实施条例的有关规定提供相关资料，并证明相关交易活动符合独立交易原则的，贵公司支付的利息支出准予税前扣除。其中，符合资本化条件的，应予资本化计入相关资产计税基础。证明符合独立交易原则提供的资料，按照国税发〔2009〕2 号文件第八十九条规定确定。

上述两种情况以外，根据财税〔2008〕121 号文件第一条规定："企业实际支付给关联方的利息支出，不超过以下规定比例和税法及其实施条例有关规定计算的部分，准予扣除，超过的部分不得在发生当期和以后年度扣除。企业实际支付给关联方的利息支出，除符合本通知第二条规定外，其接受关联方债权性投资与其权益性投资比例为：

（一）金融企业，为 5:1。

（二）其他企业，为 2:1。"

此处接受关联方债权性投资与其权益性投资比例不能简单地理解为：向关联方的借款金额与注册资本之比。其计算按如下规定执行：

国税发〔2009〕2 号文件第八十五条规定，"所得税法第四十六条所称不得在计算应纳税所得额时扣除的利息支出应按以下公式计算：

不得扣除利息支出 = 年度实际支付的全部关联方利息 ×（1 − 标准比例/关联债资比例）

其中：

标准比例是指《财政部　国家税务总局关于企业关联方利息支出税前扣除标准有关税收政策问题的通知》（财税〔2008〕121 号）规定的比例。

关联债资比例是指根据所得税法第四十六条及所得税法实施条例第一百一十九的规定，企业从其全部关联方接受的债权性投资（以下简称关联债权投资）占企业接受的权益性投资（以下简称权益投资）的比例，关联债权投资包括关联方以各种形式提供担保的债权性投资"。

第八十六条规定，“关联债资比例的具体计算方法如下：

关联债资比例 = 年度各月平均关联债权投资之和/年度各月平均权益投资之和

其中：

各月平均关联债权投资 =（关联债权投资月初账面余额 + 月末账面余额）/2

各月平均权益投资 =（权益投资月初账面余额 + 月末账面余额）/2

权益投资为企业资产负债表所列示的所有者权益金额。如果所有者权益小于实收资本（股本）与资本公积之和，则权益投资为实收资本（股本）与资本公积之和；如果实收资本（股本）与资本公积之和小于实收资本（股本）金额，则权益投资为实收资本（股本）金额”。

贵公司按上述规定计算出准予税前扣除的利息额，其中对于符合资本化条件的，应予资本化。不准予税前扣除部分，不能资本化增加相关资产的计税基础。

同理，贵公司子公司也需按上述规定进行税务处理。

4. 符合独立交易原则的关联利息支出是否受比例限制？

问：公司向自然人股东借款，根据《财政部　国家税务总局关于企业关联方利息支出税前扣除标准有关税收政策问题的通知》（财税〔2008〕121 号）第二条规定，企业如果能够按照税法及其实施条例的有关规定提供相关资料，并证明相关交易活动符合独立交易原则的，实际支付给关联股东的利息支出，是否在计算应纳税所得额时就准予扣除，不用受 2∶1 比例限制？如何举证？是否有可参照的文件？

答：《企业所得税法》第四十六条规定，“企业从其关联方接受的债权性投资与权益性投资的比例超过规定标准而发生的利息支出，不得在计算应纳税所得额时扣除”。

《国家税务总局关于印发〈特别纳税调整实施办法〔试行〕〉的通知》（国税发〔2009〕2 号）第八十五条规定，“所得税法第四十六条所称不得在计算应纳税所得额时扣除的利息支出应按以下公式计算：不得扣除利息支出 = 年度实际支付的全部关联方利息 ×（1 - 标准比例/关联债资比例）

其中：标准比例是指《财政部　国家税务总局关于企业关联方利息支出税前扣除标准有关税收政策问题的通知》（财税〔2008〕121 号）规定的比例”。

第八十九条规定，“企业关联债资比例超过标准比例的利息支出，如要在计算应纳税所得额时扣除，除遵照本办法第三章规定外，还应准备、保存、并按税务机关要求提供以下同期资料，证明关联债权投资金额、利率、期限、融资条件以及债资比例等均符合独立交易原则：

（一）企业偿债能力和举债能力分析；

（二）企业集团举债能力及融资结构情况分析；

（三）企业注册资本等权益投资的变动情况说明；

（四）关联债权投资的性质、目的及取得时的市场状况；

（五）关联债权投资的货币种类、金额、利率、期限及融资条件；

（六）企业提供的抵押品情况及条件；

（七）担保人状况及担保条件；

（八）同类同期贷款的利率情况及融资条件；

（九）可转换公司债券的转换条件；

（十）其他能够证明符合独立交易原则的资料”。

第九十条规定，“企业未按规定准备、保存和提供同期资料证明关联债权投资金额、利率、期限、融资条件以及债资比例等符合独立交易原则的，其超过标准比例的关联方利息支出，不得在计算应纳税所得额时扣除”。

《财政部 国家税务总局关于企业关联方利息支出税前扣除标准有关税收政策问题的通知》（财税〔2008〕121号）第一条规定，“在计算应纳税所得额时，企业实际支付给关联方的利息支出，不超过以下规定比例和税法及其实施条例有关规定计算的部分，准予扣除，超过的部分不得在发生当期和以后年度扣除。

企业实际支付给关联方的利息支出，除符合本通知第二条规定外，其接受关联方债权性投资与其权益性投资比例为：

（一）金融企业，为5:1。

（二）其他企业，为2:1”。

第二条规定，“企业如果能够按照税法及其实施条例的有关规定提供相关资料，并证明相关交易活动符合独立交易原则的；或者该企业的实际税负不高于境内关联方的，其实际支付给境内关联方的利息支出，在计算应纳税所得额时准予扣除”。

根据上述文件的规定，企业超过财税〔2008〕121号文件规定的债资比例从关联方借入款项支付的利息支出，可参照国税发〔2009〕2号文件第八十九条的相关规定提供相关资料。未按规定准备、保存和提供同期资料证明关联债权投资金额、利率、期限、融资条件以及债资比例等符合独立交易原则的，其超过标准比例的关联方利息支出，不得在计算应纳税所得额时扣除。

5. 通过关联方担保取得银行借款发生的利息支出如何税前扣除？

问：A公司（生产企业）为我公司的子公司，现由我公司提供担保（负连带责任）向银行借款，A公司将利息直接支付给银行。此种情形下，该项借款利息的税前扣除是否受资本弱化“债券投资:权益投资：2:1”的限制？

按照《财政部 国家税务总局关于企业关联方利息支出税前扣除标准有关税收政策问题的通知》（财税〔2008〕121号）规定：“企业实际支付给关联方的利息支出，不超过以下规定比例和税法及其实施条例有关规定计算的部分，准予扣除，超过的部分不得在发生当期和以后年度扣除……”A公司的利息并非“实际支付给关联方的利息”，能否不按照此规定进行限额扣除，而是直接根据银行出具的利息通知税前扣除？

答：1.《企业所得税法》第四十六条规定，“企业从其关联方接受的债权性投资与权益性投资的比例超过规定标准而发生的利息支出，不得在计算应纳税所得额时扣除”。

《企业所得税法实施条例》第一百零九条规定，“企业所得税法第四十一条所称关联方，是指与企业有下列关联关系之一的企业、其他组织或者个人：

（一）在资金、经营、购销等方面存在直接或者间接的控制关系”。

第一百一十九条规定，“企业所得税法第四十六条所称债权性投资，是指企业直接或者间接从关联方获得的，需要偿还本金和支付利息或者需要以其他具有支付利息性质的方式予以补偿的融资。

企业间接从关联方获得的债权性投资，包括：无关联第三方提供的、由关联方担保且负有连带责任的债权性投资”。

根据上述文件的规定，A公司为贵公司的子公司，A公司与贵公司为关联方。A公司从银行贷款，但贵公司作为关联方为其提供担保且负有连带责任，A公司属于间接从贵公司（关联方）获得债权性投资。A公司发生的利息支出应按《企业所得税法》第四十六条规定扣除。

《财政部　国家税务总局关于企业关联方利息支出税前扣除标准有关税收政策问题的通知》（财税〔2008〕121号）是针对“实际支付给关联方利息”的相关规定。贵公司为A公司的银行贷款提供担保，A公司将利息支付给银行、不是支付给贵公司，因此，该利息支出不受财税〔2008〕121号文件规定限制。根据《企业所得税法实施条例》第三十八条规定，企业在生产经营活动中发生的下列利息支出，准予扣除：（一）非金融企业向金融企业借款的利息支出、金融企业的各项存款利息支出和同业拆借利息支出、企业经批准发行债券的利息支出，该利息支出准予扣除。

《国家税务总局关于印发〈特别纳税调整实施办法（试行）〉的通知》（国税发〔2009〕2号）第八十五条规定，“所得税法第四十六条所称不得在计算应纳税所得额时扣除的利息支出应按以下公式计算：

不得扣除利息支出 = 年度实际支付的全部关联方利息 ×（1 - 标准比例/关联债资比例）

其中：标准比例是指《财政部　国家税务总局关于企业关联方利息支出税前扣除标准有关税收政策问题的通知》（财税〔2008〕121号）规定的比例。

关联债资比例是指根据所得税法第四十六条及所得税法实施条例第一百一十九的规定，企业从其全部关联方接受的债权性投资（以下简称关联债权投资）占企业接受的权益性投资（以下简称权益投资）的比例，关联债权投资包括关联方以各种形式提供担保的债权性投资”。

第八十七条规定，“所得税法第四十六条所称的利息支出包括直接或间接关联债权投资实际支付的利息、担保费、抵押费和其他具有利息性质的费用”。

根据上述文件的规定，贵公司为A公司担保，A公司应向贵公司支付担保费。A公司支付的担保费支出税前扣除时，按财税〔2008〕121号文件第一条规定计算债权性投资与其权益性投资比例时，债权性投资额应包括A公司由贵公司承担连带责任担保的银行贷款。

6. “往来款”征收利息的计算方法有无规定?

问：由于集团资金统筹，造成企业账面滞留大额往来款，税务稽查要求就往来款补收利息，调增所得税额，补缴所得税，如何计算，有何文件依据?

答：《国家税务总局关于印发〈特别纳税调整实施办法（试行）〉的通知》（国税

发〔2009〕2 号）第十条规定，“关联交易主要包括以下类型：

（三）融通资金，包括各类长短期资金拆借和担保以及各类计息预付款和延期付款等业务”。

《特别纳税调查调整及相互协商程序管理办法》（国家税务总局公告 2017 年第 6 号）规定：

“第十六条　税务机关应当在可比性分析的基础上，选择合理的转让定价方法，对企业关联交易进行分析评估。转让定价方法包括可比非受控价格法、再销售价格法、成本加成法、交易净利润法、利润分割法及其他符合独立交易原则的方法。

第十七条　可比非受控价格法以非关联方之间进行的与关联交易相同或者类似业务活动所收取的价格作为关联交易的公平成交价格。可比非受控价格法可以适用于所有类型的关联交易。

可比非受控价格法的可比性分析，应当按照不同交易类型，特别考察关联交易与非关联交易中交易资产或者劳务的特性、合同条款、经济环境和经营策略上的差异：

（四）资金融通，包括融资的金额、币种、期限、担保、融资人的资信、还款方式、计息方法等；

第十九条　成本加成法以关联交易发生的合理成本加上可比非关联交易毛利后的金额作为关联交易的公平成交价格。其计算公式如下：

公平成交价格 = 关联交易发生的合理成本 ×（1 + 可比非关联交易成本加成率）

可比非关联交易成本加成率 = 可比非关联交易毛利/可比非关联交易成本 ×100%

成本加成法一般适用于有形资产使用权或者所有权的转让、资金融通、劳务交易等关联交易。

第三十八条　实际税负相同的境内关联方之间的交易，只要该交易没有直接或者间接导致国家总体税收收入的减少，原则上不作特别纳税调整。”

可参考《江苏省地方税务局 2011 年企业所得税汇算清缴之年终结账应关注的财税事项》。

7. 如何理解“实际税负相同”？

问：《特别纳税调查调整及相互协商程序管理办法》（国家税务总局公告 2017 年第 6 号）第三十八条规定，“实际税负相同的境内关联方之间的交易，只要该交易没有直接或者间接导致国家总体税收收入的减少，原则上不作特别纳税调整”。

如何理解上述条款中“实际税负”？

答：《特别纳税调查调整及相互协商程序管理办法》（国家税务总局公告 2017 年第 6 号）第三十八条规定，“实际税负相同的境内关联方之间的交易，只要该交易没有直接或者间接导致国家总体税收收入的减少，原则上不作特别纳税调整”。

此处实际税负相同，主要指关联方之间适用税率相同，而且没有其中一方享受减免税，发生亏损弥补等情形，其应纳税所得额承担了相同的税收负担。由于是境内关联之间，因此实际税负 =《中华人民共和国企业所得税年度纳税申报表（A 类）》（A100000）第 28 行“应纳税额”÷第 19 行“纳税调整后所得”。也就是说，其应纳税所得额承担了相同的税收负担。

8. 关联债资比例计算公式中的权益金如何理解?

问：股东同为一人形成关联方，关联方借款不超过权益金 2 倍的利息可税前扣除。这里的权益金如何理解，是指借款人的注册资本吗？

答：《财政部　国家税务总局关于企业关联方利息支出税前扣除标准有关税收政策问题的通知》（财税〔2008〕121 号）规定，“企业实际支付给关联方的利息支出，除符合本通知第二条规定外，其接受关联方债权性投资与其权益性投资比例为：

（一）金融企业，为 5∶1；

（二）其他企业，为 2∶1”。

《国家税务总局关于印发〈特别纳税调整实施办法（试行）〉的通知》（国税发〔2009〕2 号）第八十六条规定，“关联债资比例的具体计算方法如下：

关联债资比例 = 年度各月平均关联债权投资之和/年度各月平均权益投资之和

其中：

各月平均关联债权投资 =（关联债权投资月初账面余额 + 月末账面余额）/2

各月平均权益投资 =（权益投资月初账面余额 + 月末账面余额）/2

权益投资为企业资产负债表所列示的所有者权益金额。如果所有者权益小于实收资本（股本）与资本公积之和，则权益投资为实收资本（股本）与资本公积之和；如果实收资本（股本）与资本公积之和小于实收资本（股本）金额，则权益投资为实收资本（股本）金额”。

依据上述文件的规定，权益性投资是借款企业资产负债表所列示的所有者权益金额。

9. 间接从关联方取得的借款利息是否受限?

问：企业通过银行向第三方借款，也就是关联企业通过银行向企业定向发放贷款，是否要受关联方借款相关条件的制约？

答：《财政部　国家税务总局关于企业关联方利息支出税前扣除标准有关税收政策问题的通知》（财税〔2008〕121 号）规定，“在计算应纳税所得额时，企业实际支付给关联方的利息支出，不超过以下规定比例和税法及其实施条例有关规定计算的部分，准予扣除，超过的部分不得在发生当期和以后年度扣除”。

《企业所得税法实施条例》第一百一十九条规定：“企业所得税法第四十六条所称债权性投资，是指企业直接或者间接从关联方获得的，需要偿还本金和支付利息或者需要以其他具有支付利息性质的方式予以补偿的融资。

企业间接从关联方获得的债权性投资，包括：（一）关联方通过无关联第三方提供的债权性投资；……”

根据上述文件的规定，企业间接向关联方借入款项及支付利息时，受借款金额及利率水平的限制。所以，企业通过银行委托贷款方式从关联方取得借款，也应受财税〔2008〕121 号文件的规定和限制。

10. 关联企业间到期还本付息的利息支出如何税前扣除？

问：关联企业间签订 5 年期借款合同，5 年一次性还本付息。期间是否每年都要按权责发生制原则确认利息收入和借款费用？若确认的话，对方科目挂应收和应付账款，借出款方是否要就利息收入缴纳企业所得税？借入方确认的借款利息费用是否可以税前扣除？若双方都不确认，待 5 年后一次性都计入收入和费用是否可行？若 5 年后，因借入方资金周转困难，借出方将利息予以减免，有何税收风险？

答：（1）《企业会计准则——基本准则》第九条规定，"企业应当以权责发生制为基础进行会计确认、计量和报告"。

根据上述规定，借出方应在每个核算期末确认利息收入，借入方应在每个会计期末确认利息费用。

（2）《企业所得税法实施条例》第十八条规定，"利息收入，按照合同约定的债务人应付利息的日期确认收入的实现"。

根据上述规定，借出方应在合同约定的应付利息日期所属纳税期，将利息收入确认为企业所得税的应税收入。约定到期一次还本付息的，在到期日所属纳税期申报该笔利息收入。

（3）《企业所得税法》第八条规定，"企业实际发生的与取得收入有关的、合理的支出，包括成本、费用、税金、损失和其他支出，准予在计算应纳税所得额时扣除"。

《国家税务总局关于企业所得税若干问题的公告》（国家税务总局公告 2011 年第 34 号）第六条规定，"企业当年度实际发生的相关成本、费用，由于各种原因未能及时取得该成本、费用的有效凭证，企业在预缴季度所得税时，可暂按账面发生金额进行核算；但在汇算清缴时，应补充提供该成本、费用的有效凭证。

取得支付凭证年度，可以按照《国家税务总局关于企业所得税应纳税所得额若干税务处理问题的公告》（国家税务总局公告 2012 年第 15 号）和《财政部 国家税务总局关于企业关联方利息支出税前扣除标准有关税收政策问题的通知》（财税〔2008〕121 号）文件规定，将利息在所属年度追补扣除"。

（4）《企业所得税法实施条例》第二十二条规定，"企业所得税法第六条第（九）项所称其他收入，是指企业取得的除企业所得税法第六条第（一）项至第（八）项规定的收入外的其他收入，包括企业资产溢余收入、逾期未退包装物押金收入、确实无法偿付的应付款项、已作坏账损失处理后又收回的应收款项、债务重组收入、补贴收入、违约金收入、汇兑收益等"。

《企业资产损失所得税税前扣除管理办法》（国家税务总局公告 2011 年第 25 号）第二十二条规定，"企业应收及预付款项坏账损失应依据以下相关证据材料确认：

（一）相关事项合同、协议或说明；

（二）属于债务人破产清算的，应有人民法院的破产、清算公告；

（三）属于诉讼案件的，应出具人民法院的判决书或裁决书或仲裁机构的仲裁书，或者被法院裁定终（中）止执行的法律文书；

（四）属于债务人停止营业的，应有工商部门注销、吊销营业执照证明；

（五）属于债务人死亡、失踪的，应有公安机关等有关部门对债务人个人的死亡、失踪证明；

（六）属于债务重组的，应有债务重组协议及其债务人重组收益纳税情况说明；

（七）属于自然灾害、战争等不可抗力而无法收回的，应有债务人受灾情况说明以及放弃债权申明”。

第四十五条规定，“企业按独立交易原则向关联企业转让资产而发生的损失，或向关联企业提供借款、担保而形成的债权损失，准予扣除，但企业应作专项说明，同时出具中介机构出具的专项报告及其相关的证明材料”。

《国家税务总局关于取消20项税务证明事项的公告》（国家税务总局公告2018年第65号）规定，“企业向税务机关申报扣除特定损失时，需留存备查专业技术鉴定意见（报告）或法定资质中介机构出具的专项报告不再留存。改为纳税人留存备查自行出具的有法定代表人、主要负责人和财务负责人签章证实有关损失的书面申明”。

根据上述文件的规定，5年后，借入方对于不再支付的应付款项，应并入收入总额纳税；借出方对于无法收回的应收债权按规定在税前扣除。

11. 企业无偿借款给员工或股东，企业所得税如何处理？

问：企业无偿借款给员工，在企业所得税上需要做纳税调整增加利息收入吗？如果是股东的话，企业所得税如何处理？

答：《国家税务总局关于完善关联申报和同期资料管理有关事项的公告》（国家税务总局公告2016年第42号）第二条规定：

“二、企业与其他企业、组织或者个人具有下列关系之一的，构成本公告所称关联关系：

（一）一方直接或者间接持有另一方的股份总和达到25%以上；双方直接或者间接同为第三方所持有的股份达到25%以上。

如果一方通过中间方对另一方间接持有股份，只要其对中间方持股比例达到25%以上，则其对另一方的持股比例按照中间方对另一方的持股比例计算。

两个以上具有夫妻、直系血亲、兄弟姐妹以及其他抚养、赡养关系的自然人共同持股同一企业，在判定关联关系时持股比例合并计算。

（二）双方存在持股关系或者同为第三方持股，虽持股比例未达到本条第（一）项规定，但双方之间借贷资金总额占任一方实收资本比例达到50%以上，或者一方全部借贷资金总额的10%以上由另一方担保（与独立金融机构之间的借贷或者担保除外）。

借贷资金总额占实收资本比例 = 年度加权平均借贷资金/年度加权平均实收资本，其中：

年度加权平均借贷资金 = i笔借入或者贷出资金账面金额 × i笔借入或者贷出资金年度实际占用天数/365

年度加权平均实收资本 = i笔实收资本账面金额 × i笔实收资本年度实际占用天数/365

（三）双方存在持股关系或者同为第三方持股，虽持股比例未达到本条第（一）项规定，但一方的生产经营活动必须由另一方提供专利权、非专利技术、商标权、著作权等特许权才能正常进行。

（四）双方存在持股关系或者同为第三方持股，虽持股比例未达到本条第（一）项规定，但一方的购买、销售、接受劳务、提供劳务等经营活动由另一方控制。

上述控制是指一方有权决定另一方的财务和经营政策，并能据以从另一方的经营活动中获取利益。

（五）一方半数以上董事或者半数以上高级管理人员（包括上市公司董事会秘书、经理、副经理、财务负责人和公司章程规定的其他人员）由另一方任命或者委派，或者同时担任另一方的董事或者高级管理人员；或者双方各自半数以上董事或者半数以上高级管理人员同为第三方任命或者委派。

（六）具有夫妻、直系血亲、兄弟姐妹以及其他抚养、赡养关系的两个自然人分别与双方具有本条第（一）至（五）项关系之一。

（七）双方在实质上具有其他共同利益。

除本条第（二）项规定外，上述关联关系年度内发生变化的，关联关系按照实际存续期间认定。"

根据上述文件的规定，企业与员工之间不存在税收规定的关联关系，在企业所得税上不适用调整政策，企业也不必调整企业所得税应税收入。而股东如果达到上述关联方条件的，税务机关有权调整，股东为个人的涉及个人所得税、股东为法人的涉及企业所得税。

12. 关联企业无息借款，是否需要进行纳税调整？

问：关联企业无息借款，企业所得税纳税调整吗？政策上看好像需要调整，日常实际案例中调整吗？

答：关联方均在境内时，原则上不须做纳税调整，但在双方实际税负不同时，则有可能会引发纳税调整。

（1）对实际税负相同，目前的政策精神是尽量不做调整，因为总的税源没有流出国境。

《特别纳税调查调整及相互协商程序管理办法》（国家税务总局公告2017年第6号）第三十八条规定，"实际税负相同的境内关联方之间的交易，只要该交易没有直接或者间接导致国家总体税收收入的减少，原则上不作特别纳税调整"。

因此，只要关联各方均同属中国（大陆）境内企业且其实际税负相同，即使是无息的资金拆借，原则上不须核定拆出方利息收入以调增其应纳税所得额。

（2）对双方实际税负不同，尤其是通过此项不计息资金拆借，将利润向税负低的一方来进行转移，则也可以进行适度的调整。即此时的调整方法是仅净额的调整。

《国家税务总局关于2008年反避税工作情况的通报》（国税函〔2009〕106号）规定："反避税工作要以维护国家总体税收利益为重，坚决杜绝将转让定价调查作为各地争夺税源的手段。为了避免因转让定价调查给纳税人带来的双重征税，我国税收相关法律规定允许转让定价相应调整。各级税务机关对境内关联交易实施转让定价调查调整，应遵循以下原则：

一是如果企业实际税负等于或低于境内关联方税负，不应对该企业进行转让定价调查调整，因为相应调整会使企业的补税等于或少于关联方的退税，国家总体税收不变或减少；

二是如果企业实际税负高于境内关联方税负，可以对该企业进行转让定价调查调整，但为了避免各地之间开展转让定价相应调整谈判，应按照该企业与其关联方的实际税负差补税，关联方不退税。”

13. 投资企业撤回或减少投资如何进行税务处理？

问：投资某企业 100 万元，累计应分配利润 30 万元，取得 200 万元，如何进行税务处理？

答：《国家税务总局关于企业所得税若干问题的公告》（国家税务总局公告 2011 年第 34 号）第五条第一款规定，“投资企业从被投资企业撤回或减少投资，其取得的资产中，相当于初始出资的部分，应确认为投资收回；相当于被投资企业累计未分配利润和累计盈余公积按减少实收资本比例计算的部分，应确认为股息所得；其余部分确认为投资资产转让所得”。

根据上述文件规定，以撤回或减少投资金额决定税收事项性质：取得大于初始出资的，其中等于初始出资的，作为投资收回，剩下的作为股息所得，再剩下的作为投资资产转让所得，则 200 万元中的 100 万元做投资收回不征税，30 万元作为股息所得视情况纳税，70 万元作为投资资产转让所得。

14. 如果撤资分回的资产是非货币性资产，如何确认所得？

问：A 公司投资 M 公司，投资成本为 1 000 万元，占 M 公司 30% 股份。截止撤资时，M 公司累积留存收益为 3 000 万元，其中 A 公司按照注册资本份额享有 900 万元。

A 公司撤资时分得一栋物业，账面价值为 2 000 万元，评估市价为 2 500 万元。如何确认所得？

答：《国家税务总局关于企业所得税若干问题的公告》（国家税务总局公告 2011 年第 34 号）第五条第一款规定，“投资企业从被投资企业撤回或减少投资，其取得的资产中，相当于初始出资的部分，应确认为投资收回；相当于被投资企业累计未分配利润和累计盈余公积按减少实收资本比例计算的部分，应确认为股息所得；其余部分确认为投资资产转让所得”。

根据上述文件规定，如果撤资分回的资产是非货币性资产，按照公允价值确认所得。首先要对分得物业部分做视同销售处理，确认利润 500 万元，然后再按照 34 号公告处理，计算如下：

第一步，确认销售所得 500 万元，同时增加利润 500 万元。A 公司享有 1 050 万元（3 500 × 30%）。

第二步，确认撤资所得：2 500 − 1 000 − 1 050 = 450（万元）

15. 关联企业间借款利息费用税前扣除金额计算问题

问：A公司（非金融企业）由于资金周转有问题，向母公司借入资金1 000万元，年利率8%，金融企业同期同类贷款利率5.5%，相关交易活动符合独立交易原则。母公司B持有我公司100%股份，我公司年末权益资金总额为100万元。A公司税前扣除的利息费用是多少？

答：《财政部 国家税务总局关于企业关联方利息支出税前扣除标准有关税收政策问题的通知》（财税〔2008〕121号）第一条规定："在计算应纳税所得额时，企业实际支付给关联方的利息支出，不超过以下规定比例和税法及其实施条例有关规定计算的部分，准予扣除，超过部分不得在发生当期和以后年度扣除。

企业实际支付给境内关联方的利息支出，除符合本通知第二条规定外，其接受关联方债权性投资与其权益性投资比例为：金融企业为5∶1；其他企业为2∶1。"

第二条规定："企业如果能够按照税法及其实施条例的有关规定提供相关资料，并证明相关交易活动符合独立交易原则的；或者该企业的实际税负不高于境内关联方的，其实际支付给境内关联方的利息支出，在计算应纳税所得额时准予扣除。"

另外，《企业所得税法实施条例》第三十八条规定："非金融企业向非金融企业借款的利息支出，不超过按照金融企业同期同类贷款利率计算的数额的部分，准予扣除。"

根据上述文件的规定，考虑到债权性投资和权益性投资的比例，也就是说因权益资金为100万元，税收规定只允许200万元的借款利息费用税前扣除，因此A企业税前扣除利息费用为11万元（200×5.5%）。

总分机构汇总纳税

1. 二级分支机构应如何处理查补所得税款？能否弥补汇总纳税企业以前年度亏损？

问：某分公司为跨省二级分支机构，2019年被当地税务稽查发现业务招待费超标准列支，要求补缴税款，请问能否弥补汇总纳税企业以前年度亏损？

答：根据《国家税务总局关于印发〈跨地区经营汇总纳税企业所得税征收管理办法〉的公告》（国家税务总局公告2012年第57号）第二十八条规定，"计算查增的应纳税所得额时，应减除允许弥补的汇总纳税企业以前年度亏损；对于需由总机构统一计算的税前扣除项目，不得由分支机构自行计算调整"。

二级分支机构应将查补所得税款的50%分摊给总机构缴纳，其中25%就地办理缴库，25%就地全额缴入中央国库；50%分摊给该二级分支机构就地办理缴库。具体的税款缴库程序按照财预〔2012〕40号文件第五条等相关规定执行。

因此，二级分支机构被查补的所得税款能弥补汇总纳税企业以前年度亏损，对于需由总机构统一计算的税前扣除项目，不得由分支机构自行计算调整。二级分支机构应将查补所得税款的50%分摊给总机构缴纳，50%分摊给该二级分支机构就地办理缴库。具体的税款缴库程序按照财预〔2012〕40号文件第五条等相关规定执行。

2. 跨地区经营汇总纳税企业如何享受企业所得税优惠？

问：某汇总纳税企业的二级分支机构发生持有国债利息收入，符合企业所得税享受免税收入条件，请问总、分机构如何享受企业所得税优惠？

答：根据《国家税务总局关于发布修订后的〈企业所得税优惠政策事项办理办法〉的公告》（国家税务总局公告2018年第23号）第八条规定："设有非法人分支机构的居民企业以及实行汇总纳税的非居民企业机构、场所享受优惠事项的，由居民企业的总机构以及汇总纳税的主要机构、场所负责统一归集并留存备查资料。分支机构以及被汇总纳税的非居民企业机构、场所按照规定可独立享受优惠事项的，由分支机构以及被汇总纳税的非居民企业机构、场所负责归集并留存备查资料，同时分支机构以及被汇总纳税的非居民企业机构、场所应在当完成年度汇算清缴后将留存的备查资料清单送总机构以及汇总纳税的主要机构、场所汇总。"

《国家税务总局关于印发〈跨地区经营汇总纳税企业所得税征收管理办法〉的公告》（国家税务总局公告2012年第57号）相关程序内容。

3. 跨地区经营汇总纳税企业的税务登记管理上有何要求？

问：某汇总纳税企业的分支机构地址和名称发生了变化，总、分机构都需要到税务机关去变更信息吗？汇总纳税企业的税务登记管理上有何要求？

答：根据《国家税务总局关于印发〈跨地区经营汇总纳税企业所得税征收管理办法〉的公告》（国家税务总局公告2012年第57号）规定：

"第二十一条　汇总纳税企业总机构和分支机构应依法办理税务登记，接受所在地主管税务机关的监督和管理。

第二十二条　总机构应将其所有二级及以下分支机构（包括本办法第五条规定的分支机构）信息报其所在地主管税务机关备案，内容包括分支机构名称、层级、地址、邮编、纳税人识别号及企业所得税主管税务机关名称、地址和邮编。

分支机构（包括本办法第五条规定的分支机构）应将其总机构、上级分支机构和下属分支机构信息报其所在地主管税务机关备案，内容包括总机构、上级机构和下属分支机构名称、层级、地址、邮编、纳税人识别号及企业所得税主管税务机关名称、地址和邮编。

上述备案信息发生变化的，除另有规定外，应在内容变化后30日内报总机构和分支机构所在地主管税务机关备案，并办理变更税务登记。

分支机构注销税务登记后15日内，总机构应将分支机构注销情况报所在地主管税务机关备案，并办理变更税务登记。"

汇总纳税的相关信息与税务登记的信息直接相关。因此，纳税人上述信息变化了应及时变更税务登记信息，以及汇总纳税人报告信息。

4. 跨地区经营汇总纳税企业分支机构职工薪酬是指什么，是否包括劳务费用？

问：我企业是汇总纳税企业的总机构，分支机构中有劳务派遣用工，在计算三项因素时，“职工薪酬”是否包括这部分劳务派遣用工的劳务费支出？

答：根据《国家税务总局关于企业工资薪金和职工福利费等支出税前扣除问题的公告》（国家税务总局公告 2015 年第 34 号）相关规定：

“三、企业接受外部劳务派遣用工支出税前扣除问题

企业接受外部劳务派遣用工所实际发生的费用，应分两种情况按规定在税前扣除：按照协议（合同）约定直接支付给劳务派遣公司的费用，应作为劳务费支出；直接支付给员工个人的费用，应作为工资薪金支出和职工福利费支出。其中属于工资薪金支出的费用，准予计入企业工资薪金总额的基数，作为计算其他各项相关费用扣除的依据。”

《国家税务总局关于印发〈跨地区经营汇总纳税企业所得税征收管理办法〉的公告》（国家税务总局公告 2012 年第 57 号）第十七条规定，“本办法所称分支机构职工薪酬，是指分支机构为获得职工提供的服务而给予各种形式的报酬以及其他相关支出。

本办法所称上年度分支机构的营业收入、职工薪酬和资产总额，是指分支机构上年度全年的营业收入、职工薪酬数据和上年度 12 月 31 日的资产总额数据，是依照国家统一会计制度的规定核算的数据。

一个纳税年度内，总机构首次计算分摊税款时采用的分支机构营业收入、职工薪酬和资产总额数据，与此后经过中国注册会计师审计确认的数据不一致的，不作调整”。

因此，“三项因素”采用会计准则的表述和口径，职工薪酬为会计口径的职工薪酬，包括劳务费用。

5. 跨地区经营汇总纳税企业的分支机构的各项财产损失应如何申报扣除？

问：某分公司是跨地区经营汇总的纳税企业的分支机构，2019 年发生财产损失，在年度汇算清缴时该如何进行申报扣除？

答：根据《国家税务总局关于印发〈跨地区经营汇总纳税企业所得税征收管理办法〉的公告》（国家税务总局公告 2012 年第 57 号）第二十五条的相关规定，“汇总纳税企业发生的资产损失，应按以下规定申报扣除：

（一）总机构及二级分支机构发生的资产损失，除应按专项申报和清单申报的有关规定各自向所在地主管税务机关申报外，二级分支机构还应同时上报总机构；三级及以下分支机构发生的资产损失不需向所在地主管税务机关申报，应并入二级分支机构，由二级分支机构统一申报。

（三）总机构将分支机构所属资产捆绑打包转让所发生的资产损失，由总机构向所在地主管税务机关申报。

二级分支机构所在地主管税务机关应对二级分支机构申报扣除的资产损失强化后续管理”。

根据《国家税务总局关于企业资产损失资料留存备查有关事项的公告》（国家税务

总局公告 2018 年第 15 号）第一条规定，“企业向税务机关申报扣除资产损失仅需填报企业所得税年度纳税申报表《资产损失税前扣除及纳税调整明细表》（A105090），不再报送资产损失相关资料，相关资料由企业留存备查”。总机构在年度纳税申报时，应将二级分支机构的资产损失情况填报到《资产损失税前扣除及纳税调整明细表》（A105090）第 29 行“其中：分支机构留存备查的资产损失”。

6. 总分机构适用不同税率企业所得税如何计算分配税额？

问：某公司总机构位于辽宁省，分别在 A、B、C 地有 3 个分公司，公司适用跨地区经营汇总纳税政策。2019 年 A、B、C 三个分公司的三因素权重计算的税款分配比例分别为 0.38、0.46、0.16。C 分公司适用西部大开发 15% 的税率优惠政策，总机构和其他分支机构税率均为 25%。假设 2019 年总公司应纳税所得额为 2 亿元，各公司应分摊的企业所得税款是多少？

答：根据《国家税务总局关于印发〈跨地区经营汇总纳税企业所得税征收管理办法〉的公告》（国家税务总局公告 2012 年第 57 号）第十八条规定，“对于按照税收法律、法规和其他规定，总机构和分支机构处于不同税率地区的，先由总机构统一计算全部应纳税所得额，然后按本办法第六条规定的比例和按第十五条计算的分摊比例，计算划分不同税率地区机构的应纳税所得额，再分别按各自的适用税率计算应纳税额后加总计算出汇总纳税企业的应纳所得税总额，最后按本办法第六条规定的比例和按第十五条计算的分摊比例，向总机构和分支机构分摊就地缴纳的企业所得税款”。

即，对于汇总纳税总分机构适用不同税率的，应采取两次分配的方式计算缴纳企业所得税。首先，根据汇总应纳税所得额和分摊比例进行第一次分配，划分不同机构的应纳税所得额；然后，根据各机构的应纳税所得额及适用税率计算各自的应纳所得税额并汇总应纳所得税总额；最后，根据应纳所得税总额和分摊比例进行第二次分配，将税款分摊至总机构与各分支机构。

根据上述规定计算总公司和各分公司应分摊的税款。

第一步，计算总公司和划分各公司应纳税所得额：

1. 总公司：20 000 × 50% = 10 000（万元）

2. A 分公司应纳所得税额 = 20 000 × 50% × 0.38 = 3 800（万元）

3. B 分公司应纳所得税额 = 20 000 × 50% × 0.46 = 4 600（万元）

4. C 分公司应纳所得税额 = 20 000 × 50% × 0.16 = 1 600（万元）

第二步，计算不同税率地区的应纳所得税总额：

1. 总公司：10 000 × 25% = 2 500（万元）

2. A 分公司应纳所得税额 = 3 800 × 25% = 950（万元）

3. B 分公司应纳所得税额 = 4 600 × 25% = 1 150（万元）

4. C 分公司应纳所得税额 = 1 600 × 15% = 240（万元）

5. 计算应纳所得税总额 = 2 500 + 950 + 1 150 + 240 = 4 840（万元）

第三步：计算分摊应纳企业所得税：

1. 总公司：4 840 × 50% = 2 420（万元）

2. A 分公司应纳所得税额 =4 840 ×50% ×0.38 =919.6（万元）
3. B 分公司应纳所得税额 =4 840 ×50% ×0.46 =1 113.2（万元）
4. C 分公司应纳所得税额 =4 840 ×50% ×0.16 =387.2（万元）

7. 分支机构的营业收入是否包含同总机构间的营业收入？

问：某分公司是汇总纳税的分支机构，与总机构之间有经营业务往来，在计算三项因素“营业收入”时，分支机构的营业收入是否包含同总机构间的营业收入？

答：根据《国家税务总局关于印发〈跨地区经营汇总纳税企业所得税征收管理办法〉的公告》（国家税务总局公告 2012 年第 57 号）第十七条规定，“本办法所称分支机构营业收入，是指分支机构销售商品、提供劳务、让渡资产使用权等日常经营活动实现的全部收入。其中，生产经营企业分支机构营业收入是指生产经营企业分支机构销售商品、提供劳务、让渡资产使用权等取得的全部收入。金融企业分支机构营业收入是指金融企业分支机构取得的利息、手续费、佣金等全部收入。保险企业分支机构营业收入是指保险企业分支机构取得的保费等全部收入。

本办法所称上年度分支机构的营业收入、职工薪酬和资产总额，是指分支机构上年度全年的营业收入、职工薪酬数据和上年度 12 月 31 日的资产总额数据，是依照国家统一会计制度的规定核算的数据”。

根据上述文件的规定，分支机构参与计算的“营业收入”指依照国家统一会计制度的规定核算的数据，总分机构间的销售收入应视同独立交易原则，包含在“营业收入”范围内。

8. 新纳入总机构管理的分支机构当年是否都不就地缴纳税款？

问：A 分公司 2017 年成立，属于跨地区经营汇总纳税企业的三级分支机构，2019 年 7 月管理层级由三级变更为二级，请问当年是否不需就地缴纳税款？

答：根据《国家税务总局关于印发〈跨地区经营汇总纳税企业所得税征收管理办法〉的公告》（国家税务总局公告 2012 年第 57 号）第十六条规定，“汇总纳税企业当年由于重组等原因从其他企业取得重组当年之前已存在的二级分支机构，并作为本企业二级分支机构管理的，该二级分支机构不视同当年新设立的二级分支机构，按本办法规定计算分摊并就地缴纳企业所得税”。

因此，如果是汇总纳税企业的总机构、二级分支机构之间，发生合并、分立、管理层级变更等形成的新设或存续的二级分支机构，不视同当年新设立的二级分支机构，可以按国家税务总局公告 2012 年第 57 号计算分摊并就地缴纳企业所得税。

9. 跨地区建筑企业项目部如何预缴企业所得税？

问：我企业是建筑企业，2019 年在河北省设立项目有从事建筑业务，请问项目部应该如何预缴企业所得税？

答：根据《国家税务总局关于跨地区经营建筑企业所得税征收管理问题的通知》（国税函〔2010〕156 号）规定：“三、建筑企业总机构直接管理的跨地区设立的项目部（包括与项目部性质相同的工程指挥部、合同段等），应按项目实际经营收入的0.2%按月或按季由总机构向项目所在地预分企业所得税，并由项目部向所在地主管税务机关预缴。

五、建筑企业总机构应按照有关规定办理企业所得税年度汇算清缴，各分支机构和项目部不进行汇算清缴。总机构年终汇算清缴后应纳所得税额小于已预缴的税款时，由总机构主管税务机关办理退税或抵扣以后年度的应缴企业所得税。

六、跨地区经营的项目部（包括二级以下分支机构管理的项目部）应向项目所在地主管税务机关出具总机构所在地主管税务机关开具的《外出经营活动税收管理证明》（2018年7月5日以后改为《跨区域涉税事项报告表》），未提供上述证明的，项目部所在地主管税务机关应督促其限期补办；不能提供上述证明的，应作为独立纳税人就地缴纳企业所得税。同时，项目部应向所在地主管税务机关提供总机构出具的证明该项目部属于总机构或二级分支机构管理的证明文件。”

总机构既有直接管理的跨地区项目部，又有跨地区二级分支机构的，先扣除已由项目部预缴的企业所得税后，再按照规定计算总、分支机构应缴纳的税款。

10. 跨地区经营汇总纳税企业未按照规定准确计算分摊税款的应如何处理？

问：某企业是跨地区经营汇总纳税企业总机构，2019年第1到3季度预缴申报时，由于三项因素数据错误，造成计算分摊比例和分摊税款不正确，发现以后应该如何处理？

答：根据《国家税务总局关于印发〈跨地区经营汇总纳税企业所得税征收管理办法〉的公告》（国家税务总局公告2012年第57号）第二十条规定，“汇总纳税企业未按照规定准确计算分摊税款，造成总机构与分支机构之间同时存在一方（或几方）多缴另一方（或几方）少缴税款的，其总机构或分支机构分摊缴纳的企业所得税低于按本办法规定计算分摊的数额的，应在下一税款缴纳期内，由总机构将按本办法规定计算分摊的税款差额分摊到总机构或分支机构补缴；其总机构或分支机构就地缴纳的企业所得税高于按本办法规定计算分摊的数额的，应在下一税款缴纳期内，由总机构将按本办法规定计算分摊的税款差额从总机构或分支机构的分摊税款中扣减”。

因此，存在因分配比例计算有误导致季度预缴税款不准确的，可按上述规定在下一税款缴纳期进行调整。

第八部分　2019年出台最新企业所得税政策（截至11月底）

1. 小微企业普惠性税收减免政策

政策概述：一是放宽小型微利企业标准。自2019年1月1日至2021年12月31日，从事国家非限制和禁止行业，且同时符合年度应纳税所得额不超过300万元、从业人数不超过300人、资产总额不超过5 000万元等三个条件的企业，为小型微利企业。二是小型微利企业减税政策调整。自2019年1月1日至2021年12月31日，对小型微利企业年应纳税所得额不超过100万元的部分，减按25%计入应纳税所得额，按20%的税率缴纳企业所得税；对年应纳税所得额超过100万元但不超过300万元的部分，减按50%计入应纳税所得额，按20%的税率缴纳企业所得税。

政策依据：《财政部　税务总局关于实施小微企业普惠性税收减免政策的通知》（财税〔2019〕13号）、《国家税务总局关于实施小型微利企业普惠性所得税减免政策有关问题的公告》（国家税务总局公告2019年第2号）。

2. 修订企业所得税申报表单及填报说明

政策概述：对企业所得税月（季）度预缴纳税申报表（A类，2018年版）企业所得税月（季）度预缴和年度纳税申报表（B类，2018年版）、企业所得税年度纳税申报表（A类，2017年版）部分表单和填报说明进行了修订。

政策依据：《国家税务总局关于修订〈中华人民共和国企业所得税月（季）度预缴纳税申报表（A类2018年版）〉等部分表单样式及填报说明的公告》（国家税务总局公告2019年第3号）、《国家税务总局关于修订2018年版企业所得税预缴纳税申报表部分表单及填报说明的公告》（国家税务总局公告2019年第23号）

3. 修订非居民企业所得税申报表单

政策概述：自办理2019年度第一季度企业所得税预缴申报起，启用非居民企业所得税预缴申报表（2019年版）；自办理2018年度或2019年度企业所得税汇算清缴申报起，启用非居民企业所得税年度纳税申报表（2019年版）；自2019年10月1日起启用扣缴企业所得税报告表（2019年版）。

政策依据：《国家税务总局关于发布〈中华人民共和国非居民企业所得税预缴申报表（2019 年版）〉等报表的公告》（国家税务总局公告 2019 年第 16 号）

4. 公告 2017 年、2018 年、2019 年度公益性群众团体捐赠税前扣除资格名单

政策概述：公告 2017 年度、2018 年度、2019 年度符合公益性捐赠税前扣除资格的公益性群众团体名单如下：1. 中国红十字会总会；2. 中华全国总工会；3. 中国宋庆龄基金会；4. 中国国际人才交流基金会。

政策依据：《财政部　国家税务总局关于 2017 年度 2018 年度中国红十字会总会等公益性群众团体捐赠税前扣除资格名单的公告》（财政部　税务总局公告 2019 年第 37 号）、《财政部　税务总局关于确认中国红十字会总会等群众团体 2019 年度公益性捐赠税前扣除资格的公告》（财政部　税务总局公告 2019 年第 89 号）

5. 扩大固定资产加速折旧优惠政策适用范围

政策概述：自 2019 年 1 月 1 日起，将适用财税〔2014〕75 号和财税〔2015〕106 号规定固定资产加速折旧优惠的行业范围，扩大至全部制造业领域。

政策依据：《财政部　税务总局关于扩大固定资产加速折旧优惠政策适用范围的公告》（财政部　税务总局公告 2019 年第 66 号）

6. 放宽初创期科技型企业条件

政策概述：初创期科技型企业，应同时符合以下条件：1. 在中国境内（不包括港、澳、台地区）注册成立、实行查账征收的居民企业；2. 接受投资时，从业人数不超过 300 人，其中具有大学本科以上学历的从业人数不低于 30%；资产总额和年销售收入均不超过 5 000 万元；3. 接受投资时设立时间不超过 5 年（60 个月）；4. 接受投资时以及接受投资后 2 年内未在境内外证券交易所上市；5. 接受投资当年及下一纳税年度，研发费用总额占成本费用支出的比例不低于 20%。

自 2018 年 1 月 1 日起，公司制创业投资企业采取股权投资方式直接投资于种子期、初创期科技型企业满 2 年（24 个月）的，可以按照投资额的 70% 在股权持有满 2 年的当年抵扣该公司制创业投资企业的应纳税所得额；当年不足抵扣的，可以在以后纳税年度结转抵扣。

政策依据：《财政部　税务总局关于实施小微企业普惠性税收减免政策的通知》（财税〔2019〕13 号）、《财政部　税务总局　国务院扶贫办关于扶贫货物捐赠免征增值税政策的公告》（财政部　税务总局　国务院扶贫办公告 2019 年第 55 号），属于增值税新政策范围，建议不在企业所得税新政策列举。

7. 延续文化转制企业免征企业所得税

政策概述：自 2019 年 1 月 1 日至 2023 年 12 月 31 日，经营性文化事业单位转制为企业，自转制注册之日起 5 年内免征企业所得税。2018 年 12 月 31 日之前已完成转制的企业，自 2019 年 1 月 1 日起可继续免征 5 年企业所得税。

政策依据：《财政部　国家税务总局　中央宣传部关于继续实施文化体制改革中经营性文化事业单位转制为企业若干税收政策的通知》（财税〔2019〕16 号）

8. 企业招用自主就业退役士兵创业就业优惠政策

政策概述：2019 年 1 月 1 日至 2021 年 12 月 31 日，企业招用自主就业退役士兵，与其签订 1 年以上期限劳动合同并依法缴纳社会保险费的，自签订劳动合同并缴纳社会保险当月起，在 3 年内按实际招用人数予以定额依次扣减增值税、城市维护建设税、教育费附加、地方教育附加和企业所得税优惠。定额标准为每人每年 6 000 元，最高可上浮 50%，各省、自治区、直辖市人民政府可根据本地区实际情况在此幅度内确定具体定额标准。

政策依据：《财政部　税务总局　退役军人部关于进一步扶持自主就业退役士兵创业就业有关税收政策的通知》（财税〔2019〕21 号）

9. 企业招用重点群体创业就业优惠政策

政策概述：企业招用建档立卡贫困人口，以及在人力资源社会保障部门公共就业服务机构登记失业半年以上且持《就业创业证》或《就业失业登记证》（注明“企业吸纳税收政策”）的人员，与其签订 1 年以上期限劳动合同并依法缴纳社会保险费的，自签订劳动合同并缴纳社会保险当月起，在 3 年内按实际招用人数予以定额依次扣减增值税、城市维护建设税、教育费附加、地方教育附加和企业所得税优惠。定额标准为每人每年 6 000 元，最高可上浮 30%，各省、自治区、直辖市人民政府可根据本地区实际情况在此幅度内确定具体定额标准。

政策依据：《财政部　税务总局关于进一步支持和促进重点群体创业就业有关税收政策的通知》（财税〔2019〕22 号）、《国家税务总局　人力资源社会保障部　国务院扶贫办　教育部关于实施支持和促进重点群体创业就业有关税收政策具体操作问题的公告》（国家税务总局公告 2019 年第 10 号）

10. 上海国际能源交易中心准备金税前扣除政策

政策概述：自 2019 年 1 月 1 日起至 2020 年 12 月 31 日止，上海国际能源交易中心依据有关规定，按其向会员收取手续费收入的 20% 计提的风险准备金，按收取的交易手续费的 2% 缴纳的期货投资者保障基金，在达到有关规定的额度内，准予在企业所得税税前扣除。上述准备金如发生清算、退还，应按规定补征企业所得税。

政策依据：《财政部　国家税务总局关于上海国际能源交易中心有关风险准备金和期货投资者保障基金支出企业所得税税前扣除政策问题的通知》（财税〔2019〕32 号）

11. 取消“非居民企业选择由其主要机构场所汇总缴纳企业所得税的审批”行政许可事项

政策概述：根据修改后的《中华人民共和国企业所得税法》第五十一条第一款规定和《国务院关于取消一批行政许可事项的决定》（国发〔2017〕46 号），取消“非居民企业选择由其主要机构场所汇总缴纳企业所得税的审批”事项。

政策依据：《国家税务总局关于公布已取消税务行政许可事项的公告》（国家税务总局公告2019年第11号）

12. 明确非居民企业机构场所汇总缴纳企业所得税有关问题

政策概述：明确了在境内设立多个机构、场所的非居民企业依照企业所得税法第五十一条的规定，选择由其主要机构、场所汇总其他境内机构、场所缴纳企业所得税的相关税务处理事项。

政策依据：《国家税务总局　财政部　中国人民银行关于非居民企业机构场所汇总缴纳企业所得税有关问题的公告》（国家税务总局公告2019年第12号）

13. 符合条件的扶贫捐赠据实税前扣除

政策概述：自2019年1月1日至2022年12月31日，企业通过公益性社会组织或者县级（含县级）以上人民政府及其组成部门和直属机构，用于目标脱贫地区的扶贫捐赠支出，准予在计算企业所得税应纳税所得额时据实扣除。在政策执行期限内，目标脱贫地区实现脱贫的，可继续适用上述政策。

政策依据：《财政部　税务总局　国务院扶贫办关于企业扶贫捐赠所得税税前扣除政策的公告》（财政部　税务总局　国务院扶贫办公告2019年第49号）

14. 创新企业境内发行CDR企业所得税政策

政策概述：对企业投资者转让创新企业CDR取得的差价所得和持有创新企业CDR取得的股息红利所得，按转让股票差价所得和持有股票的股息红利所得政策规定征免企业所得税。

政策依据：《财政部　税务总局　证监会关于创新企业境内发行存托凭证试点阶段有关税收政策的公告》（财政部　税务总局　证监会公告2019年第52号）

15. 铁路债券利息收入减半征收

政策概述：对企业投资者持有2019—2023年发行的铁路债券取得的利息收入，减半征收企业所得税。

政策依据：《财政部　税务总局关于铁路债券利息收入所得税政策的公告》（财政部　税务总局公告2019年第57号）

16. 第三方污染防治企业税收优惠

政策概述：自2019年1月1日起至2021年12月31日止，对符合条件的从事污染防治的第三方企业减按15%的税率征收企业所得税。

政策依据：《财政部　税务总局　国家发展改革委　生态环境部关于从事污染防治的第三方企业所得税政策问题的公告》（财政部　税务总局　国家发展改革委　生态环境部公告2019年第60号）

17. 明确永续债企业所得税政策

政策概述：企业发行的永续债，可以适用股息、红利企业所得税政策，即：投资方取得的永续债利息收入属于股息、红利性质，按照现行企业所得税政策相关规定进行处理，其中，发行方和投资方均为居民企业的，永续债利息收入可以适用企业所得税法规定的居民企业之间的股息、红利等权益性投资收益免征企业所得税规定；同时发行方支付的永续债利息支出不得在企业所得税税前扣除。

企业发行符合规定条件的永续债，也可以按照债券利息适用企业所得税政策，即：发行方支付的永续债利息支出准予在其企业所得税税前扣除；投资方取得的永续债利息收入应当依法纳税。

政策依据：《财政部　税务总局关于永续债企业所得税政策问题的公告》（财政部　税务总局公告 2019 年第 64 号）

18. 饮水工程企业所得税优惠

政策概述：对饮水工程运营管理单位从事《公共基础设施项目企业所得税优惠目录》规定的饮水工程新建项目投资经营的所得，自项目取得第一笔生产经营收入所属纳税年度起，第一年至第三年免征企业所得税，第四年至第六年减半征收企业所得税。（三免三减半）

政策依据：《财政部　国家税务总局关于继续实行农村饮水安全工程税收优惠政策的公告》（财政部　税务总局公告 2019 年第 67 号）

19. 集成电路设计和软件产业企业所得税优惠政策

政策概述：依法成立且符合条件的集成电路设计企业和软件企业，在 2018 年 12 月 31 日前自获利年度起计算优惠期，第一年至第二年免征企业所得税，第三年至第五年按照 25% 的法定税率减半征收企业所得税，并享受至期满为止。（两免三减半）

政策依据：《财政部　国家税务总局关于集成电路设计和软件产业企业所得税政策的公告》（财政部　税务总局公告 2019 年第 68 号）

20. 保险企业手续费及佣金支出税前扣除政策

政策概述：保险企业发生与其经营活动有关的手续费及佣金支出，不超过当年全部保费收入扣除退保金等后余额的 18%（含本数）的部分，在计算应纳税所得额时准予扣除；超过部分，允许结转以后年度扣除。

政策依据：《财政部　税务总局关于保险企业手续费及佣金支出税前扣除政策的公告》（财政部　税务总局公告 2019 年第 72 号）

21. 养老托育家政服务机构企业所得税优惠

政策概述：为社区提供养老、托育、家政等服务的机构，提供社区养老、托育、家政服务取得的收入，在计算应纳税所得额时，减按 90% 计入收入总额。

政策依据：《财政部　税务总局　发展改革委　民政部　商务部　卫生健康委关于养老、托育、家政等社区家庭服务业税费优惠政策的公告》（财政部公告 2019 年第 76 号）

22. 金融企业涉农贷款和中小企业贷款损失准备金税前扣除政策

政策概述：金融企业根据《贷款风险分类指引》（银监发〔2007〕54 号），对其涉农贷款和中小企业贷款进行风险分类后，按照以下比例计提的贷款损失准备金，准予在计算应纳税所得额时扣除：（1）关注类贷款，计提比例为 2%；（2）次级类贷款，计提比例为 25%；（3）可疑类贷款，计提比例为 50%；（4）损失类贷款，计提比例为 100%。

政策依据：《财政部　税务总局关于金融企业涉农贷款和中小企业贷款损失准备金税前扣除有关政策的公告》（财政部　税务总局公告 2019 年第 85 号）

23. 金融企业贷款损失准备金企业所得税税前扣除政策

政策概述：公告规范了除涉农贷款和中小企业贷款之外的贷款损失准备金的税前扣除。明确可以计提损失准备的资产，和不得计提损失准备的资产的范围。提取的贷款准备损失金比例是 1%，本年度按贷款资产余额计提后，减去上年度累计已计提的准备金，差额是当年可税前列支金额。如果减了之后是负数，就调增当年应纳税所得额。政策执行日期是五年，2019 年 1 月 1 日到 2023 年 12 月 31 日。

政策依据：《财政部　税务总局关于金融企业贷款损失准备金企业所得税税前扣除有关政策的公告》（财政部　税务总局公告 2019 年第 86 号）

24. 跨境电子商务综合试验区零售出口企业试行所得税核定征收

政策概述：自 2020 年 1 月 1 日起，对跨境电子商务综合试验区（以下简称“综试区”）内的跨境电子商务零售出口企业，符合条件的，可以试行核定征收企业所得税办法。综试区内核定征收的跨境电商企业应准确核算收入总额，并采用应税所得率方式核定征收企业所得税。应税所得率统一按照 4% 确定。符合小型微利企业优惠政策条件的，可享受小型微利企业所得税优惠政策；其取得的收入属于《中华人民共和国企业所得税法》第二十六条规定的免税收入的，可享受免税收入优惠政策。

政策依据：《国家税务总局关于跨境电子商务综合试验区零售出口企业所得税核定征收有关问题的公告》（国家税务总局公告 2019 年第 36 号）

25. 修订企业所得税年度申报部分表单样式及填报说明

政策概述：对《中华人民共和国企业所得税年度纳税申报表（A 类，2017 年版）》部分表单和填报说明进行修订。企业申报享受研发费用加计扣除政策时，不再填报《研发项目可加计扣除研究开发费用情况归集表》和报送《“研发支出”辅助账汇总表》。《“研发支出”辅助账汇总表》由企业留存备查。

政策依据：《国家税务总局关于修订企业所得税年度纳税申报表有关问题的公告》（国家税务总局公告 2019 年第 41 号）